研究叢書32

ハプスブルク帝国のビーダーマイヤー

中央大学人文科学研究所 編

中央大学出版部

まえがき

幕が上がったばかりの二一世紀。この高度に発達した資本主義社会の中に生きる「市民」であるわたしたちは、たとえば土曜日や日曜日になると仕事を休んだりする。平日の夕暮れに近くの公園を散歩したり、あるいは仕事の合間に喫茶店に入って雑談をしたりしている。それほど頻繁ではないが、年に何回か劇場や演奏会に行ったりもするかもしれない。子供や知人たちがピアノやバレエを習っている場合には、彼らの発表会に顔をだす。散歩にしろガーデニングにしろ音楽会にしろ、それぞれ形態こそことなれ「趣味の世界」に属する出来事であり「仕事の世界」のものではない。これらのことをわたしたちは、まるで当たり前のことのように楽しんでいる。

こうした形で、多くの人々が催し物やあるいは日常生活を楽しむ姿は、もうずっと以前から市民生活の一部であったように見える。しかし振り返って見ればこうした「趣味の世界」が大衆化し、多くの市民に享受されるようになってから、まだそれほど時間が経っているわけではない。

こうした「文化活動」「余暇活動」がヨーロッパの中産階級によって貪欲に取り入れられはじめたのは、ほぼ二百年前のことといってもよいであろう。当時中部ヨーロッパのかなりの部分を占めていたハプスブルク帝国に関する限り、そこではこうした市民階級が自分たちの「趣味の世界」を拡大させ「娯楽の時間」を獲得するための、いくつかの条件が整っていた。そのひとつは、長く続いていたナポレオン戦争の終結である。戦いに疲れた人々は、平和と娯楽を欲していた。さらにこの時期に特徴的な都市人口の増加という現象もある。後者をうながしたのは、工業化社会の登場である。

一八一四年の秋、世に知られた「ウィーン会議」が始まると、今まで見たこともないような奇妙な人々が「世界都市」ウィーンに登場し始める。見たことのない人々とは、第一に外国人である。スウェーデン人、ロシア人、スペイン人、そしてすでに産業革命を経て、自由を謳歌していたイギリス人までもがウィーンの路地裏を闊歩するようになる。やがてアラブ人が、中国人が、インド人がやってきた。

見たこともない人々の二番目は、いわゆる「外国人」ではない。帝国の田舎から出稼ぎにやってきた労働者たちである。仕事をもとめる職人、奉公人の一団が広いハプスブルク帝国のさまざまな地域から大挙して大都市ウィーンに移動を開始した。この会議を契機にあわよくば仕事にありつき、やがて市民権を得ようと考えている人々である。彼等はそのほとんどがハンガリー語、チェコ語などを話していた、ドイツ語を母語としない人々である。

見たこともないグループの三番目は、農村出身者でも外国人でもない。それはほかならぬウィーン人である。昨日までは古着屋を営んでいた貧者が、急にえらそうに威張りちらすようになる。頭を下げてぺこぺこしていた商人が急に「だんな様」(Herr von) などと呼ばれたりしている。(「だんな様」とはウィーンでは、もともと貴族階級の一員を指す呼び名であった。) 一部の中産階級ではあるが、彼らのなかに「だんな様」と呼ばれるにわか成金たちが誕生する。貴族階級と同様に肉体労働をせず、それでも生活するには一向に困らない人々である。この俗人の理解を超えた現象を当時の劇作家たちは、嫉妬とため息まじりで「天上界の魔法」と名付けている。

魔法という単語を現代語訳するなら「投機」であろうか。貴重なエネルギー源であった木炭を買い占めての投機、食料源であった小麦粉の流通を押さえての投機、さらにありとあらゆる手段を使って外国人から貴重な外貨を巻き上げることもこの「魔法」のひとつであった。こうして喰うにこまらない生活がはじまる。そしてこの「だんな様」たちとはむろん比較にならないけれども、小市民にとっても、そこそこの「余暇生活」が誕生する。

「豊かな」生活が幕を上げる。休日に、家族連れで近くの森までピクニックにでかける生活がはじまる。恋人と公園をそぞろ歩きする生活がはじまる。

彼らが率先して始めた新しい生活様式。働くだけでなく、遊びもある生活。居心地のよい場所を求め、関心を社会にではなく、家族に、マイホームに向けていく生活、それがビーダーマイヤーの時代であった。

最初にこのビーダーマイヤーという言葉を用いたのは、青年時代にウィーンに住み、みずからこの都市で「楽しい青春時代」を過ごしたことのあるカールスルーエ出身の医師アードルフ・クスマウルであった。彼はたまたま故郷近郊の小さな村の教師をしていたザームエル・フリードリヒ・ザウターの詩集を目にし、その牧歌的な作品を友人のアイヒロットに紹介した。ザウターの詩がミュンヘンで出版されている「フリーゲンデ・ブレッター」誌に掲載されることになると、クスマウルはザウターの名前をゴットリープ・ビーダーマイヤーという俗受けする滑稽な名前に変えた。ビーダー（bieder）とは「正直な」、「実直な」という形容詞で、それにドイツではよくある姓のマイヤーをつけた。こうして小市民的で、融通がきかず、優柔不断な俗人「ビーダーマイヤー氏」が誕生した。

それが一八五五年のことである。

この命名の仕方には、すでに四八年革命を経た世代が、それ以前の時代の人々を、あえて戯画的に描きだそうとした姿勢が見て取れるだろう。

やがてこのビーダーマイヤー氏は、一人歩きをはじめる。当初田舎で静かに充足する日々を送っていた詩人を表していた言葉は、この時期に作られていた家具、食器、小物などの調度品の様式を表現するようになる。そして世紀末をへて二〇世紀の初頭以後は、まずは文学と芸術の分野に応用され、そして現在では広く一九世紀全般の文化様式、時代状況を表すようになってきた。

とはいってもビーダーマイヤーとビーダーマイヤー氏をめぐる理解があいかわらず否定的、消極的、後ろ向きな方向であること、この時代のイメージを表面的にしかとらえていないことにかわりはない。

なぜ正直で、実直である人々が自分の家庭や自分の周囲の小さなサークルにしか興味を示さなかったのかは、明らかにされていない。なぜ彼らが自分の小さな菜園や居間に閉じこもろうとしたのかは、説明されていないのである。

「はなやか」に見える日々、「愉しく、おもしろおかしく人生を謳歌するビーダーマイヤー」「ローストチキンをむさぼる時代」等々。このような決まり文句で一九世紀のハプスブルク帝国を考えるとき、ビーダーマイヤーという時代の複合性は、決してその姿をあらわすことはないであろう。そうした表層のイメージをとりさり、市民生活を内側から眺めるとき、これまでとは違ったこの時代の特性が顕在化する。それは「楽園生活」とはほど遠い地上の厳しい生活であり、憂鬱さと不安定さとに支配された生活である。これが、わたしたちがこの研究会を通じて明らかにしようとした世界である。

わたしたちがビーダーマイヤーをめぐる研究活動をはじめた当初、この「ビーダーマイヤー期」という時代をめぐって何回か報告があり、議論があった。しかしまもなく年代を詳細に規定したり、区分けしたりすることを断念せざるをえなくなった。というのは、通常ビーダーマイヤー期として通用しているウィーン会議（一八一四年）から革命（一八四八年）までの三四年間（この時期はこれまで「三月革命前期」とも呼ばれていた）の中に、これまで述べたような意味でのビーダーマイヤーという概念は、とうてい収まりそうにないことに気がついたからである。

この時期がビーダーマイヤー時代の中心であり、核であることは間違いない。

この間に、現代ではすでに「古典」の部類に属するような劇作品が多く書かれ、曲目が盛んに演奏された。にもかかわらず、ビーダーマイヤーの誕生は、ウィーン会議よりも以前の時代、ヨーゼフ二世の治世に求めることも可能である。また四八年革命がドイツの諸都市のみならず、ハプスブルク帝国やヨーロッパ全体に大きな影響を与えたことは事実であるが、この年を境にしてビーダーマイヤーの生活様式、態度がこつ然と消えたわけでもなかった。むしろ人々は以前にもまして、仕事以外の生活に精を出すようになる。革命を生き延び、次の時代の流れにもしたたかに順応していく。

この時代にもっとも大きな影響を与えたのは、一八世紀後半から一九世紀前半にかけてイギリスから押し寄せてきた急速な工業化であり、これにともなう工業化社会の登場であろう。「手」から「機械」への転換、これによって引きこされた大規模な形での「近代化」に対抗しようとした姿が、この時期を生きる市民生活を特徴づけている。

ウィーン会議はそのような転換をうながすきっかけの一つであり、よそ者たちの大量流入はその前提条件であった。市民たちの生活をそれなりに支えるためには、多くの安い賃金労働者が必要であった。そのせいでこの時期、ハプスブルク帝国の首都ウィーンでは、その人口がそれ以前の二倍以上に膨れあがった。

それは大規模な形での芸術の平均化、市民化をうながすのに十分な数である。この「近代化」という巨大な潮流に逆らうことはできない。もちろん否定することも、無視することもできない。このような出口なし、避難口なしの状況が「ビーダーマイヤーの世界」である。

それは文学や演劇の中では人の通わない「孤島」「理想の島」となって美化された。さまざま音楽サークルが生まれ、厚い壁の奥ではホーム・コンサートが開かれるようになった。ダンス会場のオープンに到っては、まるで雨後の筍のような様相を見せている。

絵画の世界では、ナポレオンやルイ十四世などの大人物を勇ましく描く手法が捨てられ、一挙に市民生活の内部にその興味が移っていく。たとえハプスブルク帝国の皇帝たちが描かれたとしても、そこにいるのは平服をきた「市民的」皇帝の姿であり、日常の業務にいそしむ公務員としての皇帝の姿である。

「**グリルパルツァー『ハプスブルク家の兄弟争い』**」には、そのようなオーラを失った皇帝、何もせず遅疑逡巡し、時代の流れに押し流されていく皇帝の姿が描かれる。自分の分を守り、越境せず、王家の平和と幸福を守ろうとする皇帝。彼にできることは新時代を拒否し、否定しようとすることであり、歴史の流れに可能な限りブレーキをかけようとするくらいである。そこから見えてくるのは、未来に向かって開かれたビジョンではなく、後ろ向きの世界である。

このように新時代に背を向け、拒否する人々がいた一方で、この潮流を歓迎する人々もいた。それがウィーンの新住民であり、新興成り金たちである。

「**ネストロイの喜劇『一階と二階』の社会史的考察**」に描かれた住人たちは、幸運の玉の輿にのり、「魔法の力を借りて」つぎつぎと大金を手中におさめていく。この論文はそうした一見にぎやかなドラマの背後で展開するリアリティに注目する。社会史的な基盤に目を向け、この喜劇が成立した時代背景を洗い出す。この二分割の舞台構造でネストロイが描こうとした社会は、後ろ向きの体制ではもはや行き止まりであり、将来の展望がひらけないということである。と同時にしかし、かりに前向きにこの潮流に乗って漕ぎ出したところで、その行く末はせいぜいまた振り出しに戻るくらいである、という風にも見える。

「**シュティフターの『レアールシューレのための読本』**」は、ハプスブルク帝国で一度も採用されることのなかった、それゆえこれまで言及されることの少なかった検定教科書の中身について論じている。一八一五年にウィーン大学理工学部の前身である工業専門学校が開校するが、この例が示すように、教育機関は一九世紀において細分化の一途をたどる。人文的な教養教育を重視するギムナジウムにたいして、専門的な実践教育重視の方向をめざして組織改革されたのがレアールシューレであった。そのような新たに創設された学校で使われる『読本』にこそ、とくに「一般的な人間的教養の視点」が重要である、という観点に立っていたシュティフターは、『オデュッセイア』『イーリアス』などのギリシャ古典だけでなくゲーテ、シラー、W・v フンボルト、さらにグリムによって集められた『ドイツ伝説集』などを収録する。しかしこの読本の意義は、新絶対主義下の教育省には理解されなかった。

外国文学に対する興味とともに、自国の文化（伝説、神話、昔話、民俗など）に対する関心が高まっていったのもビーダーマイヤー期の特徴の一つである。

ウィーン会議がたんに新領土の争奪、あるいは旧領土の復活だけで終わらず、異文化交流、近代化への橋渡しの役割を演じたことはすでに述べた。そのような産物の一つにオーストリアの昔話収集があげられる。この会議に出席するためにヘッセンからやってきたヤーコプ・グリムは、王宮の随員としての地位を利用しつつ、ウィーンで昔話の収集を呼び掛ける。こうして集まったのが「**無名者の声**」の話である。「のらくら者」「脳天気」「放蕩者」のタイプは、ビーダーマイヤー期の人物像としてひろく知られている典型であるが、時代状況が厳しければきびしいほど、人々はその対極として楽天的な人物像をつくり出すようだ。

こうした反社会分子、おちこぼれ、「制外者」は、同時に当時の劇場をにぎわしていた道化との共通性を持っている。

「**道化の変容と変質**」は、ビーダーマイヤー期を席巻したウィーン民衆劇の道化像を根本から問いなおす。その結果ギリシャ神話のヘルメスに端を発した道化たちが、永年にわたって保持して来た警世の道具である「打ちべら」を捨て、最終的に「攪乱者から奉仕者」へと変容し、社会復帰を遂げていく過程が描かれていく。

この時期の劇場はしかし、そのような公認された「アウトサイダー」だけを舞台にあげたわけではなかった。

劇場文化の懐はふかく、多くの未成年者たちにも出演の機会が与えられていた。その中でもとくに優遇されていたのが、バレエを踊る少女たちである。

「**ビーダーマイヤー期の子供バレエ**」は、公式にはこの時代においてのみ現れ、そして消えていった子供バレエ団の背景にせまりながら、なぜこれほどまでに幼児バレエに人気が集中したのかというその理由を探っている。ここで紹介されている「カウニッツ事件」はけっして特例ではなく、劇場が生き残るためには、多くの「カウニッツ」たちの「援助」を必要としていたのである。

「買春」も「同性愛」もビーダーマイヤー期の社会では、とくにきびしく禁止されていた。しかしそれらのタブーは「**友情のユートピア**」でも述べられているように、べつな形をとり、隠蔽され、存在し続けていた。ヨーゼフ二世の時代の政治的なユートピアが、いつのまにか友情のユートピアにすりかえられていた。その結果「友愛」のもとに結成されたサークルや、歌うことを目的として結成される男声合唱団などが存在することになる。ここでは「シューベルティアーデ」のメンバーの足取りをたどりながら、のどかな日常生活とその背後にある時代の「病」、その「病」が生み出す芸術作品とが交互に描かれている。このサークルの一員でシューベルトによってたわむれに「恋人」とよばれたシュヴィントによって好んで描かれたのが、「物語」「童話」「民間伝説」などの世界である。これらの題材がビーダーマイヤー期において特に好まれたことは、他の画家たちの絵画をみてもわかる。

「**高貴な世界に背を向けて――ルードヴィッヒ・リヒターのビーダーマイヤーへの転換**」では、もともとロマン派の流れをくんでいた画家が、「イタリアの熱病」体験をへることによって大きく方向転換し、やがて、「偉大なるもの、強大なるもの、法外なるもの」から「平凡な、習慣的で、個性のない」と思われている民衆生活に向かっていく過程が描かれる。「草の茎の一本一本、細い枝の一つ一つを愛した」敬虔的な態度は、この時期の画家たち（アルトやヴァルトミュラー、ランツェデッリやネーダー）に共通している。

　ヨーゼフ二世のもたらしたユートピアのひとつに一七八一年の「寛容令」があげられるが、これは非カトリックのキリスト教徒にカトリック教徒と同じ市民権と信教の自由を認めたものである。「三〇年戦争」「強制移住」などの宗教をめぐる悲劇はこれでいちおうの解決をみたわけであるが、同時に教会という体制に寄りかからない多くの人々を公認することになった。

　「**ビーダーマイヤー期の敬虔主義におけるベーメ受容**」で述べられているように、この時期「文学において体験詩と宗教詩とが密接に関わり合った」のは、そうしたうしろだてのない人々が自らの「体験」を根本に直接「神」と向かい合おうとしていたからであろう。

　ビーダーマイヤー期を生きた作家たちがそれぞれ直面した問題が、検閲である。グリルパルツァーは、この制度のために劇作品の出版・上演を危うくされ、ネストロイは監獄につながれる。シュティフターは『読本』の改定を余儀無くされたが、それでも出版許可はおりなかった。これらの理由は、検閲に関しての「法が存在」せず、検閲が「恣意的に行われ」ており、検閲官が「批評家的立場で検閲」を行っていたからである。

　「**オーストリアの検閲制度について**」では近代的な国家警察の確立とともに検閲制度が誕生し、肥大化し、ハプスブルク帝国全土にわたってはり巡らされていく過程を詳細に描く。こうして皇帝フランツの帝国は、一方では近代化の嵐に襲われながら、他方ではまったく新しい出版物や思想が入ってこないという、奇妙な鎖国状態、「パラダイスの時代」に陥る。

　やがて一八六七年に二重帝国の一翼をになうことになるハンガリーでも、事情は同じであった。

　「**ハンガリーのビーダーマイヤー**」で描かれるのは、当時のウィーンとブダペストの類似性である。両都市で上演される舞台の演目はほとんどが同じであった。創刊された雑誌の名前もその雑誌が扱う記事の中身にもかなりの共通性がみられる。ふたつの異なった都市に住む市民階級がひとつの帝国の内部で同じような指向をしめしていた。

以上のような論考からビーダーマイヤーに対する新たなイメージが生まれて来るであろう。それはドイツ・ロマン派によって賛美された「感情生活」「愛情生活」の中で、一度は拡大再生産された自画像の修復であり、自我の意識の縮小化である。世界市民は後退し、あらたな小市民の誕生である。その背景には、「近代化」の巨大な歯車があり、国家の「政治的統制」があった。

ロマン派的な荒ぶる自然に枠がはめられ、予測のつかない自然は調和のとれた自然となる。恐怖の対象である怪奇現象や幽霊現象は、即座に笑いの対象へと変換され、粋な小唄の中でもてはやされる。総ての世界は受容者の受容能力の枠内で理解され、処理されることになる。危険な猛獣は徹底して血を抜かれ、剝製にされる。人間もまた同じである。帝国の子供たちに一定の検定教科書が与えられ、教育を施すことで、無知蒙昧な民衆は啓蒙され、触発され、良き臣民、国民として再生される。教化された子供、教育を受けた子弟は、決して不確実な要因に自分をゆだねるようなことはしない筈である。

そのような時代の精神状況は、「諦念」や「諦観」、「安逸」と「ぬるま湯」といった消極的な表現だけではとうてい説明がつかない。「愚鈍」「愚直」「融通の利かない」といったこれまでのイメージでは、見えてこない世界がそこにはある。

ビーダーマイヤーの時代には、外見上の「服従」とともに「反抗」があり、表面上の「はなやかさ」とともに「憂鬱さ」があった。

このようにして押さえつけられた欲望や願望は、実際には強く存在しつづけたにもかかわらず、存在しないものとして無視され続けた。「ロースト・チキン」が大量に消費され、「グルメ」が大流行した時代とは、そうした危険な深層構造を内部に抱えつつ、踊りに明け暮れていた時代なのである。
やがて「革命」が、「株の暴落」が、そして「帝国の崩壊」が始まる。
それは当然、このハプスブルク帝国の「楽園時代」の終わりを示し、ビーダーマイヤーという「夢の時代」の終焉を意味する。

最後に、この研究叢書出版にあたっては中央大学人文科学研究所の新橋雅敏氏、石塚さとみさんにお世話になった。また中央大学出版部の小川砂織さんには多大なご尽力と適切な助言を頂いた。この場を借りて心からお礼を申し上げたい。

二〇〇三年　二月

研究会チーム「ビーダーマイヤー研究」
新　井　　裕

目次

ハプスブルク帝国のビーダーマイヤー

グリルパルツァー『ハプスブルク家の兄弟争い』
――オーストリア・ビーダーマイヤーの一典型としての歴史劇作品

阿部雄一

一　ビーダーマイヤー的稟性

フランツ・グリルパルツァー（一七九一―一八七二）は一九歳の時に日記にこう書いている。

わたしは捨てるつもりだ、悲惨と独裁政治とその馬鹿で鈍重な追従者のこの国を。功績を年功序列の尺度で量るこの国を。食事以外に何も楽しみがないと思われているこの国を。コリーンのようなやつが闘士として尊敬されるこの国を。理性を犯罪とし、啓蒙を国家の最も危険な敵とするこの国を。［玉座のうすのろと取り巻きの間抜けども］とその意に従う手下どもときたら禿げた凡庸を芽生えさせるのがせいぜいで、優れたものがすくすく伸びて自分たちを追い越すのを恐れ、根こそぎにするこの国を。

（日記九四番、一八一〇年、[1] カッコ内は著者がいったん書いてから消した部分――筆者注）

クラウディオ・マグリスが「ハプスブルク神話」という概念を提起した著書『オーストリア文学とハプスブル

ク神話』（イタリア語版一九六三年、ドイツ語版一九六六年）によれば、グリルパルツァーはこの神話を形成するのに誰より大きく貢献した。この神話は、一八〇六年の神聖ローマ帝国消滅の頃から一九一八年のオーストリア＝ハンガリー帝国崩壊の前後にかけて書かれたものを中心とするオーストリアのドイツ語文学作品に通底する社会的政治的特殊性、登場する人々の心性・気分、社会の雰囲気をマグリスが炙り出したもので、誠実さと几帳面さ、品位と礼節、あるいは中庸といった徳目を前面に掲げる。だがその裏で、フランツ・ヴェルフェルの言う「賢明にして荘重なる静力学」(2)を原理としている。これは帝国官吏を範とする「のんべんだらりとやっていく」(3)という行動否定の不動主義であり、多民族国家ゆえに標榜するコスモポリタン的超民族主義の裏返しとしての「存在の不確かさとそうした存在状況から生じた現実逃避の姿勢」(4)を示すものである。言い換えれば、「秩序とヒエラルヒーに対して働く感覚、あらゆる巨人的精神に対する嫌悪、事態の積極的な変革の断念」(5)といった心性がオーストリア文学に内在して神話化されているというのである。

グリルパルツァーがオーストリア帝国の現状とその王家であるハプスブルク家を礼賛したわけではないことは、彼の日記が直截に語っている。日記に書かれているオーストリアの欠点は神話的特徴を捉えている。つまり元もとはハプスブルク神話的なものをグリルパルツァーは拒否していたことになる。では作品の中では国と王家に対してどのような態度を表明しているか、歴史悲劇の一作目『オトカル王の幸運と最期』（一八二五年初演）で確認してみよう。

オーストリアの国土とハプスブルク家の始祖ルードルフ一世を称揚するこの戯曲は、宰相メッテルニヒが牛耳る王政復古期にあっては、脱稿から初演にいたるまで検閲により二年間も待たされることになった。「おとなしくしていることが市民の第一の務め」とはナポレオン占領時代のプロイセンの警視総監が発した触れだが、ウィーンにおいても三月前期を通じて有効な処世訓だった。皇室や政治家に都合のよい内容であるか否かを問う前に、

そもそも政治介入はおろか政治談義にすら政府当局が不寛容だったことが検閲理由だという。(6)

しかし作品を少し仔細に見れば、ハプスブルク家にとって好ましくない点も散見される。作品全体に関わる一点のみ指摘しておく。劇はルードルフとハプスブルク家をにぎにぎしく賛美して幕を閉じるので、これが作品の目的だったと強く印象づける。だがルードルフが活躍する場面は思いのほか少なく、それに比してルードルフによって破滅させられる主人公のボヘミア王オトカルはどの幕でも活躍する。第一幕における権勢の絶頂期から、公私ともに下降してゆき、ついに傲慢さのかけらもなくなった末に、オトカルは独白で神に向かって懺悔する。

死んで戦場に残された者のうちひとりとして、
母親が苦しみながら産み落としたとき、歓迎され、
その育む胸にかき抱かれなかった者はいない。
父親も誇りに思って祝福し、
何年も保護し、育て上げた。
…………
しかしわたしは彼らを十把一絡げに投げ捨て、
温かい体に冷たい刃の道を
貫いた。——あなたがオトカルを
裁きの庭に連れて行くご所存なら、
わたしを懲らしめ、わが民は赦し給え。

(二八四九―六二行)(7)

つまりこの作品は理想的君主像——神意を体現し、民衆に愛され、民衆と心を通わすことのできる初代皇帝——を描くハプスブルク神話物語の序章として読むことができるにしても、大枠は、オトカルがあくまで主人公であり、そのオトカルの改悛劇なのである。決してハプスブルクの栄光の物語ではない。しかも、完全無欠のルードルフと社会の停滞を招いた反動的な当代のフランツ帝（神聖ローマ皇帝フランツ二世として在位一七九二—一八〇六年、オーストリア皇帝フランツ一世として在位一八〇四—三五年）との大きい落差を感じさせる点も検閲上、問題であった可能性がある。

ところでもうひとつ注目しておきたいのは、この引用個所にビーダーマイヤー的常套句が見えることである。それがいかなるものか、典型とされているのはメルヘン劇『夢こそ人生』（一八三四年初演）の一節である。

この世の幸せはただひとつ
心の静かな平和
罪の意識を免れた胸。
偉大は危うい
名誉は空虚な戯れ
それが与えるのは虚しい影
奪うものは測り知れない。

（二六五〇—五六行）

このように語られるビーダーマイヤー的心情は、他の作品にもさまざまに変奏されている。おとなしく自分の分を守って、境界を越えず、家庭の中に平和と幸福を見出す——古典主義やロマン主義の世界でこのように小さくまとまった現実的な人生論はありえず、王政復古期でも、時代の沈滞状況に不満だったグラッベ（後出）のような人には揶揄の対象となるが、グリルパルツァーにとっては生活信条であり、行動の基本的指針であったといえるだろう。つまりこの観点に立てば、オトカルはその境地に達した称賛すべき人物なのだ。だが振り返ってみると、何のことはない、メッテルニヒの一般市民に対する要求と同じである。逆に、ルードルフ一世は神から王権を授けられたことにより、自己の一存でどのようにでも政治を行える独裁者となったわけで、独裁主義を忌み嫌う作者の志向する世界観、護持したい世界とはまったく相容れない君主ということになる（注45参照）。若き日のグリルパルツァーは、封建主義から脱け出し、啓蒙主義に基づき、農奴制廃止や寛容令などの政策によって近代化を図ったヨーゼフ二世（在位一七八〇—九〇年）に理想的君主像を見ていた。したがって変革を求めていた若い頃は、ハプスブルク家に対して臣従する意志は本来なかったと考えてよいだろう。神話形成に寄与したとは言え、皇帝家を神格化しようとしたわけではなく、ビーダーマイヤー的感性によって皇帝を中心とする全国民のあるべき姿を提起したのである。

カーレンベルクから辺りの風景を眺めたことのある人だけが、
私が何を書いたのか、私が何者なのか、理解してくれるだろう。
（一八三九）(8)

と二行詩に歌うほどに、また自らきっぱり「幼稚なまでに」(9)というほど郷土愛に満ちている「根っからのオーストリア人」(10)グリルパルツァーは結局、祖国を捨てることができず、オーストリア帝国に国家公務員として終生奉公した。本論では、グリルパルツァーがこのような屈折した感情と彼の時代を、ライフワークとなった歴史劇『ハプスブルク家の兄弟争い』（以下、『兄弟争い』と略す）にどのように投影したか、また逆に作品から彼が時代をどう捉えていたかを分析することを目的とする。その前に次節では、歴史劇というジャンルからビーダーマイヤー時代とグリルパルツァー文学の特徴を探ってみよう。

二　ビーダーマイヤー時代の歴史劇

ゲーテの『鉄の手のゲッツ・フォン・ベルリヒンゲン』（一七七三）を濫觴とするドイツの歴史劇は、歴史的思考が成立したこと、シェイクスピアの強烈な影響により、それまで規範的だったフランス古典主義を踏襲した詩学が打破されたことなどにより成立した。(11) 歴史劇を簡単に定義すると、単に歴史的な人物や事件を題材にしたというだけではなく、そこに作者の生きた社会を投影し批判する作品であると言える。現在の社会を映す鏡でもあるわけだ。それは、歴史的事実を歪曲するものではなく、歴史に対するさまざまな認識モデルと考えるべきものである。今日において傑作と評される歴史劇作品が最も多く生まれたのは一八世紀末から一九世紀中葉にかけてで、それはこの約五〇年間の時代が趨勢として大変革を必要としていたからであり、幾人かの作家たちによって領邦分立を始めとする社会システムの矛盾が認識され、世直しが切望されたからだろう。時代の流れを追うための歴史叙述が通常、勝者の側に立って行われるのに対し、歴史劇の大半は敗者の側から描写することによって、作者自身の現実世界における革命の必要性を強くアピールする。

ゲーテ、シラー、クライストという古典主義からロマン主義にかけての、換言すればウィーン会議（一八一四―一五）以前の詩人による歴史劇には未来志向性とでもいうべき性格があった。彼らの歴史劇は未来に期待して、いわば革命を約束するために書かれたものなのだ。それに対して、ウィーン会議以後のビーダーマイヤー期の作品は、その約束が実現しないことが分かってしまったことを証明している。

ひとりひとりの人間は波間に浮かぶあぶくにすぎず、大立者もほんの偶然の産物だし、天才が統治するといったって操り人形で、鉄の法則に対して滑稽千万な悪あがきをしているだけ、これを認識するのが人間にはせいいっぱいで、これを支配することは不可能なんだ。……必然というのは、いまわしい呪いの言葉だ。人間はこの洗礼を授けられてきたんだ。

(ビューヒナーの手紙、強調は原文による[12])

ゲオルク・ビューヒナー(一八一三—三七)の『ダントンの死』(一八三五)では、革命に幻滅したニヒリストの主人公ダントンは、この手紙に見られる思索のように、《必然》が支配する世界で自律性を放棄してしまったために、悲劇的形象ですらなくなりかけている。ゲーテからクライストまでの作品が「芸術的真実は歴史的真実に優先するという共通の理想主義的基盤」[13]の上にあったとすれば、理想を見失ったビーダーマイヤー期の代表的詩人であるグリルパルツァーはこう日記に書く。

わたしはわたし自身にしばしば驚く。現実のことを精神的なものよりはるかに優先させてしまい、そのためにポエジーをすっかり台なしにしてしまっているのだ。

(日記一四一三番、一八二六年[14])

グリルパルツァーはビューヒナーと違って幻滅を表面に出しはしないが、やはり未来の肯定的なビジョンは描けない。なぜなら人間の理想とは無縁の《必然》が支配する他律的な世界においては、人知を越えた歴史のメカニズムを確認することが何よりも優先されるからだ。また、お上からは「おとなしくしていること」が要求されるビーダーマイヤー時代において、詩人は理想からも憧憬からも醒めてしまい、現実を直視すればするほど現実世界に対して意気沮喪し、神への信仰心も涸れつつあることを悟るのである。ビーダーマイヤー時代のもう一人の偉大な歴史劇作家クリスティアン・ディートリヒ・グラッベ（一八〇一―三六）はどう表現したか。

地球の測り知れない奥底から地獄の軍隊が様子を窺っていて、この地上の恥ずべき見掛け倒しなものをすっかり殲滅するために、いよいよどっと繰り出してきてくれないものか。でなければ、彗星が真っ赤に燃えた炎の髪を逆立てて……。だがおれたちの馬鹿げたことや、この連中のようにくだらない、腐敗に向かってよたよた進んでゆく愚か者の群れが、大地の底や天の極みを激怒させることなどあるものだろうか。(15)

グラッベは『ナポレオン、あるいは百日天下』（一八三一）の中で、王政復古期という「馬鹿げた嘘いつわりに満ちた中途半端な時代(16)」を告発するが、それを打破できないもどかしさを同一作品の中でこう表出する。こうしたビューヒナーの虚無感やグラッベの焦燥感は、前節で挙げたグリルパルツァーのビーダーマイヤー的常套句と裏おもての関係にあると見てよいだろう。つまりグリルパルツァーは、一九歳の時の日記に見られるように、現状維持に汲々として発展性のない社会の現状についてグラッベやビューヒナーと共通した認識を持っている。彼の日記は、ウィーン会議以前のものではあるが、政治的社会的無風状態、あるいは反動的な皇帝・政府に対する嫌悪感を表現したものだ。それを後年、怒りの表明でも反語でもなく、反動的で現実肯定的と見紛う詩に反転させるところにグリルパルツァーのビーダーマイヤー的稟性がある。郷土愛ゆえに多民族国家の形態が瓦解しないことを望みつつハプスブルク帝国を描くならば、王家と国家を守り立ててゆく方向を取らなければならない。「祖国愛はわたしの心の内奥とすっかり一体化していた。……この祖国への愛情を喜んで祖国の代表である支配者一家にも向けた(17)」のである。そこにビーダーマイヤー的心情が加わって、グリルパルツァー文学はハプスブルク神話の核心を担うことになる。

同じ王政復古期ではあってもドイツの小邦とオーストリアという出身の違いもあるが、学生運動家で夭逝したビューヒナーや「酔っぱらったシェイクスピア」[18]と評されたハイネに評された破滅型のグラッベと違って、六五歳まで官吏として勤め上げたグリルパルツァーは熱さや激しさといったものを、内面に隠してはいても表面には現わさない。伝統や習慣を守る側の人間だからこれは当然と言える。歴史劇作者には極めて稀な保守派で、主人公たちも保守派に属する。革命を起こすのは若者の特権だが、グリルパルツァーは体の弱い老人も好んで主人公にする。歴史劇以外の劇作品で若い主人公を登場させても、メデーアさえも幕切れではビーダーマイヤー的教訓を語る。あくまでも外見的な激しさは見せない。

それは形式面でも大きな違いとなる。ドイツ文学史上ではビーダーマイヤー期は初期リアリズムという時代区分で呼ばれることがある。グラッベとビューヒナーは散文で叙事的な構成を行い、かつ、話が終幕にいたっても完結しないいわゆる開いた形式を用いている。彼らから本格的に登場するようになった動的な迫力あふれる群衆シーンや戦闘シーンは散文によるリアリズムを俟って初めて可能になる技法だった。それに対し、グリルパルツァーはたとえば『兄弟争い』でルードルフ二世という「静かな」[19]皇帝を主人公に据える。筋が運ぶ場所も室内であるか、屋外であっても室内に準じて、閉じた空間として扱われている。群衆や軍隊もグラッベが舞台全体に展開させる——ほとんど枠をはみ出すほどである——のに較べて、グリルパルツァーでは背景を形成する程度である。三統一の規則にはもちろん縛られないものの、自らを「散文の時代に入ってしまった最後の詩人」[20]と見る彼は、古典主義の伝統に連なることを希求して、韻文による五幕の完結した悲劇の体裁を作品に与える。但し、理想主義的基盤に立ちえない以上、古典主義の亜流でもありえない。彼にとって散文が教訓的、内省的であるのに対して、詩は「叙述と感性を、そして内省《アインジヒト》ではなく展望《アウスジヒト》を占有する」(日記三八七三番、一八四七年)[21]ものだ。つまり彼が詩に執着するのは、知性より感性を、分析より統合を重視しているためなのである。

グリルパルツァー劇におけるその他の形式上の特徴を付け加えるならば、古典劇に較べてト書による仕草の指示が格段に増えていることが挙げられる。この点と、静的な対話劇であっても身振りが伴うような科白を作者が心がけている点はリアリズムの範疇に入れてよいだろう。また、『兄弟争い』や『トレドのユダヤ女』のように形式的には完結して終わっているように見えても、それがとりあえずの終わりでしかない作品もある。理想や理念的なもので作品を括らなくなったのに応じて、作品が閉じにくくなるのもこの時代の特徴である。

三　グリルパルツァーの歴史劇

『オトカル王の幸運と最期』、『主君に忠実な臣下』(一八二八年初演)、『兄弟争い』(一八四八年完成)、『トレドのユダヤ女』(一八五一年完成)、この四作がグリルパルツァーの歴史劇作品である。後二作は作者の死後発表・初演された。このうち最後の『トレドのユダヤ女』は過去の歴史から材を取ってはいるが、先述の歴史劇の定義——現在の社会を映す鏡——から逸脱した作品で、エロスを主題としているので、われわれの考察の対象から外れる。『オトカル王の幸運と最期』は前述のとおり、現実世界に対するアンチテーゼを提示している点では歴史劇であるが、大枠は改悛劇であり、心理劇の先駆的作品と見なしうる側面もある。ハプスブルク家の立場から演出すれば、帝国に反抗するオトカルを成敗する勧善懲悪の愛国劇にさえできそうである。

その他の二作品は紛れもない歴史劇である。だが、どちらも革命劇ではない。つまり未来を約束するための作品ではない。また、グラッベやビューヒナーのような革命の不可能性に関する劇でもない。混乱やアナーキズムが生じない方途を模索する反革命劇というべきものだ。『主君に忠実な臣下』は、遠征中の王に代わって留守を預かる忠臣バンクバーヌスの頑迷固陋なまでの忠義心を描く。彼は王の命令に忠実なあまり、彼の妻を死にいたらせた男を、仇を取ろうとする者から救ってやりさえする。「迫りくる生を押しとどめ、生成と変化の破壊的な歩みを阻止する姿勢は、バンクバーヌスのなかに典型的に描き出され、それは後のハプスブルク文学に受け継がれていく」[22]とマグリスはこの作品を位置づける。『兄弟争い』は三〇年戦争に突入する過程を描く。主人公である皇帝ルードルフ二世はいかなる行動によっても戦争――より正確に言うなら外国との戦争になる前の時期なので、内戦――を回避できないとして、無為無策を貫き、事態の推移を可能な限り遅らせようとする。作品に関する作者のメモ（一八二八）には「悲劇的なのは何といっても、彼［ルードルフ］は新しい時代の襲来に気づいているが、他の人びとは気づいていないこと、いかなる行動もこの襲来を早めるだけだと彼が感じていることであろう」[23]と記されている。古い伝統が破壊されるのはすでに確定しており、固守しようとする者さえ、意に反して破壊に加担してしまう。そんな前進も後退もできない状況下で、破滅的変化とはいかなるものであるのかを提示することがこの作品のモチーフである。

四　『兄弟争い』概観

この作品の斬新さを詳細に説いたユルゲン・シュレーダーの作品論を簡略化して列挙することにより、作品の抽象的見取り図を得ることにしよう。

①　グラッベやビューヒナーと同様、このドラマにおいても歴史は絶対的支配を始める。これは前述したように、芸術的真実を歴史的真実に優先させなくなったリアリズムの反映である。理想主義的な宇宙的神的秩序はすべてを支配する歴史に対して虚構になってしまった。

②『オトカル王の幸運と最期』と『主君に忠実な臣下』にはまだ保持されていた、歴史劇に典型的な「個人」対「歴史上の世界」の対決の構図がこの作品ではもうほとんど認められない。

③歴史上の諸勢力やその政策が明確に対立することもない。人間の歴史は恣意と混乱として現れざるをえず、意味ある歴史過程は不可能になった。この作品が一九世紀中葉に示したのは、歴史的なもの自身の致命的な自己脅迫、つまり、間断なく世俗化してゆく歴史に内在する傾向、秩序が無秩序とアナーキーの中に溶解してゆく傾向である。

④シラーの『ヴァレンシュタイン』のマックスとテクラ、クライストの『ホンブルク公子』のホンブルクとナターリエのような、よりよい未来を代表する若者の特権が無効になった。

⑤グラッベの『ナポレオン』やビューヒナーの『ダントンの死』と同じく、未来ないし未来へのパースペクティブのない歴史劇である。歴史が人間的な進歩的性格を有するという信仰がなくなった。

⑥正統性を持つ支配的な勢力はそれまでの歴史劇ではもちろん、『ナポレオン』や『ダントンの死』でもなおのこと告発されてきた。『兄弟争い』で訴えられるのは新しい時代、支配者・被支配者を問わず気ままで自制心のない者たちのあらゆる利己的革命的改革、そして旧世界の無力である。(24)

この作品は、一八二四年に構想が練り始められ、三月革命の年、一八四八年に完成され、さらに死の時に至るまで推敲が続けられた。五〇年近くの歳月がかかっている。グリルパルツァーが最も心血を注いだ作品、彼の最終到達地点を示す作品と言ってよいだろう。マグリスは「これほど情熱をこめ、詩想豊かに、ハプスブルク神話に寄与した作品はほかにはない。『兄弟争い』は、神話を構成するオーストリアの伝統全体の中心に位置しているのである」(25)と言う。しかし、この出口の見えないペシミスティックな作品になぜ神話としてそのような高い評価が与えられるのだろうか。舞台は、ドイツ全土を荒廃させた三〇年戦争（一六一八－四八）が勃発する直前の時代（一六〇五－一八）で、設定からしてすでに終末論の世界である。なぜこの時代が選ばれ、主人公にルードルフ二世が選ばれたのか。しかも結末が三〇年戦争の開始である。この戦争は一六四八年、初の全ヨーロッパ的国際条約とされるヴェストファーレン条約で終結するが、この条約は「ドイツ諸侯に完全な国家主権を認め、カトリックとプロテスタントの同権化も公認した。つまり、ハプスブルク家の帝国理念とカトリックの普遍主義の根本が完全に否定されたのであった」[26]。すると、この作品の歴史世界は、ハプスブルク家を否定するための根拠としうるような時代であり、一九世紀オーストリアの八方塞がりになった政治状況の遠因をこの時代に求めることもできる。だが、グリルパルツァーがこの時代とルードルフ二世を選んだのはまさにそれゆえであろう。つまり、内戦を憂慮するルードルフの物語はきな臭くなりつつある一九世紀前半のオーストリアそのものをテーマとする寓意劇として、したがって歴史劇の衣裳をまとった現代劇として、換言すればそれゆえまさに純正な歴史劇として理解すべきものなのである。

五　『兄弟争い』の筋および歴史上の出来事の概観

ルードルフ帝は「プラハの王宮に閉じこもり、芸術品の蒐集や占星術・錬金術に耽溺するのみで、政治的にはほとんど無活動だった」[27]。その様子の一端が第一幕の謁見の場に見られる。一六〇五年の設定である。そこに不仲の弟マティーアスが来ており話しかけてくるので、皇帝は機嫌を損ねる。さらに甥（実際は従弟）のフェルディナント大公が現れ、皇帝とのふたりだけの対話となり、政治状況が説明される。マティーアスはハンガリーの統帥権を要求しているのだという。皇帝はマティーアスの希望を承諾する。史実ではマティーアスはすでに一五九〇年にオーストリアの総督になり、また一五九四年にはハンガリーの総督およびトルコ戦役の司令官になっている。こうした劇と史実の異同はほかにも多くの個所で見られる。時間を圧縮したり史実を削除したりするのは劇作品としてまとめるための措置である。この場に関して言えば、次の第二幕でハンガリーの指揮官としてマティーアスを登場させるために、ハンガリーの統帥権だけが取り上げられているのである。

この作品の時代背景として、対外的にはトルコとの一五年戦争（一五九一／九三―一六〇六）がある。第二幕は前線基地であるハンガリーの皇帝軍の陣営を舞台とする。給料が滞り、統率力も下級兵の士気も低下している。これは総帥マティーアスの無能によるらしい。戦闘を続行するには非常に不利な状況である。ここでマティーアスは他の三人の大公と諮って、国内の騒乱を抑止するためにトルコ戦役を継続させたいと考えている皇帝の承諾を得ることなしに、講和を結んでしまう（一六〇六年。ただし、ルードルフは第三幕の後まで批准しない。歴史上でも、批准を求めてマティーアスが軍隊を引き連れてルードルフを追い詰めてゆく）。それに続けて、ルードルフ帝崩御の時には最年長者であるマティーアスに権力を集中させることが合意される（史実ではこちらが講和より前のことで、しかも双方の協議ともウィーンで行われた）。劇では、かつて兄弟争いの種を蒔き、今はマティーアスの黒幕となっているクレーゼルという、後に枢機卿・ウィーン大学長となる人物の思惑どおりに事が運ぶ。それによってマティーアスの無能ぶりと優柔不断さを示そうとする意図がはっきり見えるが、この人物の知略のおかげでマティーアスはオーストリア、ハンガリーを掌中に収め、ルードルフを追い落としてボヘミア王となり、ついに神聖ローマ皇帝の位にまで登りつめることになる。

第三幕（一六〇八―〇九）に入ると、ルードルフ帝の忠実な臣下であるブラウンシュヴァイク公ユーリウスが皇帝をプラハの王宮に隠密裏に訪ねて、新しい状況を皇帝に説明する。マティーアスは、自身はカトリック教徒であるにも拘らず、ハンガリーのプロテスタントと協力関係を結んだことによってハンガリーの王冠を手に入れ、今やプラハに軍を進めているという。対トルコ戦に四苦八苦していたボヘミアの等族――土地貴族、僧侶、都市貴族ら特権を持つ領邦議会（身分制議会）の代表者[28]――は余裕を得てこの機を逃さず、皇帝にさらなる忠誠を誓うのと引き換えにプロテスタントの信仰の自由――この問題が三〇年戦争の直接的原因――を皇帝に嘆願する。皇帝と等族はこれまでも確執を続けてきたが、皇帝はマティーアスに対抗するためにやむなく勅許状に署名する。一方、皇帝の再起を誠実に願う甥のレーオポルト大公（史実ではルードルフの後を襲おうとする下心があった）は、等族の軍隊とプラハ市民の叛乱を抑えるための軍隊を用意していた。騒擾を激化させたくないルードルフだったが、勅許状に署名したことを早くも悔やんで進軍を許可してしまう。だが、すぐにその許可をも取り消そうとする。しかしレーオポルトは追っ手を振り切り、去ってゆく。

第四幕はレーオポルト軍とプラハ市民との市街戦（一六一一）から始まる。一時的にレーオポルト軍は優勢になるが、要衝となる旧市街を占拠できず退却を余儀なくされる（史実ではマティーアス軍の接近も退却の原因である）。ルードルフ帝はレーオポルト軍が町に侵入するのを許可したことから、等族によって城に軟禁されてしまう。マティーアス、レーオポルトとともにトルコとの講和の協議をしたふたりの大公フェルディナントとマックスが赦しを請いにやってくる。皇帝の死期が近いことを予感させて幕となる（史実ではこの後、マティーアスがボヘミア国王となり、ルードルフはその地位を追われる）。

第五幕は一六一二年のルードルフ帝の死から三〇年戦争に突入する一六一八年までを、順序を変えつつひとまとめにして劇化している。フェルディナントはボヘミア国王となり（一六一六）、スペインとローマ教皇からの支援も受け、また、ウィーンの宮廷でも影響力を強めた。そこで一六一七年、邪魔者のクレーゼルをチロルのクフシュタインに隔離する。これで決断力に欠けるマティーアスは傀儡になったも同然で、フェルディナントが実権を握る。ボヘミアでは、勅許状で認められていた教会の建設を中止させられたことにプロテスタントが怒って暴動を起こす。それがついに三〇年戦争の端緒として有名なプラハ城窓外放擲事件——等族が皇帝の使節を窓から投げ落とした事件で、宣戦布告を意味する——に繋がってゆく。ハプスブルク家の兄弟争いは、終息するのと引き換えに恐るべき禍根を後代に遺す。劇では、プラハを帝都としたルードルフの時代の終焉を意味するように、この第五幕で舞台がプラハからウィーンの王宮ホーフブルク城に移る。クレーゼルが放逐されるのと入れ替わりにヴァレンシュタインが登場する。これによって時代の転換を目に見える形で表す。ルードルフの死が伝えられる。窓外放擲の報せを聞いて、フェルディナントがこれから始まる戦いを短期決戦だと言うのに対して、ヴァレンシュタインは三〇年、人の一世代の長さほども続くだろうと予言する。ルードルフの死を伝え聞いた民衆が新帝を一目見ようとバルコニーの前に押し寄せて歓呼の声を上げている。マティーアスは己が無力感に打ちひしがれるばかりである。「この終幕がグリルパルツァー唯一の、ウィーンを舞台とする幕であることはおそらく偶然ではない。ことここにいたって、ホーフブルク城の広間でオーストリア史が——そしてこの詩人にとって歴史そのものが——黄昏れてゆく。早くもこの悲劇を閉じる緞帳は『人類最後の日々』の上に降りてゆくのである」(ハインツ・ポーリツァー)[29]。

史実と関連する部分は以上のとおりだが、グリルパルツァー作品には歴史——あるいはこの作者の好んだ言い方をすればもろもろの出来事——を作品化するにあたって創作した重要人物がいる。ルードルフの庶子ドン・ツェーザーである。この人物と皇帝の私的関係を副筋にして、時代の構図を浮き彫りにする。第一幕冒頭部分は彼が中心である。法に逆らう身勝手な抵抗をする。第四幕で、彼がそれまでずっとつきまとっていた町娘に無理な要求をし、拒まれると殺害してしまう。その挙句、父である皇帝に処刑される。彼は、ルードルフの言う「野卑な新しい時代」(三三二一行)の申し子、あるいは新しい時代の象徴である。ツェーザーという名前は皇帝を意味するドイツ語「カイザー」と同語源(カエサル)であり、この関連から、野卑な時代とは言っても、それもルードルフの中から生まれてきたものだということを暗示する。

六　作品と一九世紀前半のオーストリア社会との対応関係

第三幕でユーリウスがルードルフに、「何ゆえに論争を調停し、／信仰にその値打ちである自由をお与え下さらないのでしょうか。／陛下ご自身がご遠慮なく全権を掌握なされればよいのです」（一二三〇―三二行）と進言するのに対して、ルードルフはこう答える。

全権だと？　権力こそみなの欲しがっているものだ。
確かに、この分裂も始めのうちは、
信仰の教義の誤解に過ぎなかったのかも知れん。
だが今では、平時においては世を混乱させるようなこと
許されざることまでぐいぐい飲み込んでしまった。
帝国の諸侯は帝国から離脱しようとする。
すると貴族たちがやって来て、諸侯に歯向かう。
さらに浪費の子供たる困窮は、
貴族を市民や商売人や周旋屋の手に引きわたす。
そういう連中は物の値打ちを何でも金《きん》の重さで決める輩だ。
この手合いはのさばり出すと、英雄と呼ばれる愚か者の話や、

損得勘定の頭を持たない賢者の話、
役立たずのくせに利子ばかり嵩むあれこれのことを
聞いては嘲り笑うのだ。
そしてついには、最底辺から
見るもおぞましい化け物が這い上がってくる。
広い肩に大きく裂けた口をして、
何でも欲しがり、何によっても満たされない化け物だ。
この者どもは、せっかく昼を手に入れても、
夜にはもうなくしてしまうような屑で、
ほとんど精神も意志もない物体に近いものだ。
やつらはこう叫ぶ。おれにも分け前を、いや、全部よこせ！
われらが多数派で、強者なのだから。
あんたらと同じ人間なんだ。われらに権利を！

（一二三三一一五六行）

これが一六〇〇年ごろの人物の科白ではないことは明らかである。グリルパルツァーが自らの現代史理解をルードルフの科白に紛れ込ませた言葉だ。前半は市民階級の台頭を、後半――「そしてついには、最底辺から」以下――はプロレタリアートの出現を語っている。そもそもプロテスタントのユーリウスは、異教徒である自分を信頼して友人として遇してくれる皇帝に、宗教対立を調停するように嘆願したのだった。引用した最初の五行は宗派の争いについてだが、そのあとは政治問題に話が移ってしまう。歴史学者ルイス・ネーミアが「宗教は十六世

紀にはナショナリズムをあらわす言葉だった」(30)と言っているが、この作品では一七世紀初頭の宗教問題が、一九世紀前半における階級闘争とナショナリズムの対立の隠喩にされているのである。
だが、神と信仰の問題は隠喩として使われているばかりでなく、それ自体、グリルパルツァーの信条の根本に関わる問題だった。

人間が神を考えることができるなら、この考えること自体がすでに神なのだ。だがこの考えること以外にもしかすると神はいないのかもしれない。
（日記一六八〇番、一八二八／二九年）(31)

つまり純粋に信仰するとは、彼の本音ではこういう素朴なものであってそれ以外の何ものでもない。しかし、これは個人としての信仰である。社会的な関わりの中では「教義の誤解」が生じて、信仰は形を変える。宗教対立の発端となったルターの宗教改革についてこう綴っている。

ルターの宗教改革は――宗教戦争が、殊にドイツで行われたものがもたらした禍を顧慮すれば――しかも、文献学研究がすでにあらゆる面から盲目的信仰を切り崩し始めていた、ということからして性急だった。ルターは教皇や枢機卿の誰よりも信仰心が篤かったのだ。彼は外面的な迷信を攻撃したが、それはとりもなおさず内面的な迷信を強化させることになってしまった。彼は闘争を引き起こしたが、それによってとりもなおさず、――畏怖すべき慣習こそが宗教を教養のある時代のための恩恵にしてくれるのに――キリスト教が徐々にこの畏怖すべき慣習になってゆくのを妨げてしまった。人がこの慣習を保持するのはそれより良いものを知らないからであり、しかも証明したり大本を尋ねたりする必要もないからだ。
（日記四〇六六番、一八五二年）(32)

このあと、時代状況が悪かったのだから非難しても始まらないと続くが、宗教改革のためにいずれ醸成されるはずだった「畏怖すべき慣習」が失われてしまった。だがこれこそが個人のレベルでは「神を考えること」であるから、グリルパルツァーの考えでは社会にとって最も必要なものになるはずだった。[33] 身勝手なエゴイズムの蔓延を警告する彼の有名なエピグラム、

近ごろの教養の道は
人間性《フマニテート》から
民族性《ナツィオナリテート》を経て
残虐性《ベスティアリテート》へと向かってゆく
（一八四九年）[34]

をヨーゼフ・ロートは「エラスムスからルター、フリードリヒ、ナポレオン、ビスマルクを経て、今日［一九三七年］のヨーロッパの独裁者たちへ」[35] と読み換える。これを裏返してみれば分かるように、非近代的な「畏怖すべき慣習」こそが教養を得た社会の状態を安定させる基礎となるべきものであった。それもやはり理性や知性でなく、人間の感情や感覚の世界に属することがらで、グリルパルツァーにとって詩と同様、世界の根幹に触れ、世界を展望するための拠り所なのである。この基礎があのビーダーマイヤー的心情のよってきたる淵源でもあることは明らかだろう。

ルードルフの長い科白の続きを見てみよう。

人間の権利とはな、友よ、飢えることと苦しむことなのだ。

だがそれは、畑ができ、せっせと育てたものが実を結び、
一年の蓄えができるようになる前のこと、
そして、肉親をも殺す野獣が
武器を持たない人間を殺したり、
冬や飢饉が牙をむいて毎年、
人間から収穫を奪っていた昔のことだ。
権利を大本の最初の形で欲するならば、
原初の状態に立ち返らねばならない。
しかし神が秩序なるものをもたらし給い、
爾来、この世に光がさし、獣は人間となった。
　わたしはスキタイだのハザールだのと言っているのではない。
あの種族はかつて古い世界から輝きを消してしまったが、
今の時代を脅かすのはよその民族ではない。
己が胎内から乱暴に野蛮人が生まれるのだ。
野蛮人は、抑えがなくなれば、あらゆる偉大なもの、
芸術、学問、国家、教会を
それらを保護している高みから突き落とし、
己が卑賤の域にまで貶め、ついに
何もかも平等にする、そう、すべてが下等になるからだ。

(強調は原文による、一二五七―七六行)

前に引用した科白を受けて人間の権利の問題に移っている。これもまたエゴイズムの肥大化にともなって人間を堕落させる元になったものである。次の日記に出てくる「権利」という言葉はドイツ語の Recht《レヒト》 の訳語だが、レヒトは「権利」のほか、「正義」「法」とも訳せる。次の文章でも「権利」を「正義」と置き換えることが可能である。

> それゆえすでに、神の権利という言葉はナンセンスである。なぜなら権利という概念には不完全さのイメージが伴うからだ。権利はエゴイズムの原則を愛の原則に優先させることによって、道徳的立法と対立する。ところがわれわれはみな、神の意志はまさに正反対のものであるということで一致する。権利とは、さまざまな欲求の産物であり、人間が悪くなってゆく過程の産物であり、ゆえに人間に由来するものである。
>
> （日記三五〇〇番、一八三九年）[36]

グリルパルツァーにとって大切な概念がここでも出てくる。エゴイズムに対立する愛、レヒトに対立する道徳的立法である。これが何に由来するのかは、ルードルフの科白を見れば分かる。権利は人間が人間になる以前に本来所有していたものだが、それを不要にしたのは神がもたらした秩序なのだ。これがあれば人間は不完全な「正義＝権利」という思考回路を必要としない、つまりこれが人間世界すべての根源であると断じているから、神の秩序こそグリルパルツァーにとって最も信奉したいものだったわけだ。

ところが歴史は逆方向に進展してゆく。自由、平等、人間の権利という近代ヨーロッパが到達した輝かしい理念をグリルパルツァーは容認しなかった。自由を容認しうるとすれば畏怖すべき慣習を持つ人、ビーダーマイヤー的心性の人においてのみであろう。だが、自由は人間の欲望を増長させ、エゴイズムを拡大させてゆく。平等は他者に対する妬みから生じ、他者を貶め、すべてのものを下等にすることによって達成される。人間の権利は本来「飢えることと苦しむこと」以外になく、それ以上の要求は神の秩序を冒すものだ。冒し続けてきた結果、「天高くに秩序は住み、その棲家もある。／この地上には虚しい野望と混乱があるのみ」（四二八―九行）となってしまった。グリルパルツァーの願望に従えば時代を逆行させなければならないが、古典主義から遠く離れた現実を直視するなら、理想も秩序も虚構にすぎないことは確定しているのである。

人は自由と平等を求める「権利」に目覚める。「己が胎内から乱暴に野蛮人が生まれるのだ」。この科白は神聖ローマ帝国のことを言っていると同時に、またもや一九世紀前半のオーストリア帝国の現状を憂える言葉でもある。劇ではルードルフの生み出したもの、ツェーザーであり、新しい時代、三〇年戦争である。日記には「ルードルフにはドン・ツェーザーの中に彼の時代の姿を見させるばかりでなく、将来の、今日の時代の典型をも見させよう」（強調は原文による、日記三八三五番、一八三九年）[37]と書かれている。作者の意図としてツェーザーは三月前期から見た次の時代の隠喩ということになる。これが一九世紀ではどのような形をとってグリルパルツァーの眼に見えたのか。

こういう言いかたもできるだろう。古代世界の文化に対する民族大移動と夷狄の侵入に相当するものは、今日のわれわれの文化および文化のさらなる形成に対する国内土着の夷狄の成り上がりとなるであろうと。この現象の萌芽はすでに人口過剰と共産主義とに判然と感じられるのだ。
（日記三七六七番、一八四四年）[38]

一九世紀のオーストリア帝国という多民族国家では、各地でナショナリズムの炎が燃え上がってゆく。端緒は一七八四年にヨーゼフ二世が公用語をラテン語からドイツ語に切り換えたことだが、それはドイツ・ナショナリズムのためではない。ハプスブルク家の中にドイツ語を話せない人びともいたし、それどころかドイツ語ができない神聖ローマ皇帝すらいたほどである。個人はもちろん、王朝でさえ自分がどの国民・民族に帰属するかは今日われわれの想像を絶するほど小さい問題だった。ヨーゼフ二世によるこの言語令は、従来どおり貴族本位でラテン語による行政を行っていては、一般民衆のための改革が遂行できないと考えたゆえのことだった。だが皮肉にも、これは「民族や伝統の異なる諸領邦の反発を招き、逆に諸領邦の愛邦主義……に火をつけ、啓蒙思想の影響を受けた知識層による諸地域の文化的独自性の発見・研究をうながす契機をつくった」(39)。多民族国家の実態はどうなっていたか。オーストリア帝国の総人口は、たとえば一八一五年では四千万人、人口比率で言えば、ドイツ人が二一%、マジャール人が一三%、その他ではスラブ系住民が多く(40)、人口は増加してゆくが、比率はその後もあまり変わらなかった。ドイツ人の人口比率が四分の一を超えることはなく、しかも、主な民族だけでも一一を数える寄り合い所帯である(41)。加えて、ドイツの啓蒙思想やロマン主義に啓発されて、各地で固有の文化の発掘・創出が行われ始めた。「一九世紀は、ヨーロッパとその隣接周辺地域において、俗語（ラテン語に対して他のすべての実際に話されている言語を指す──筆者注）の辞典編纂者、文法学者、言語学者、文学者の黄金時代だった。これら専門的知識人の精力的な活動は、……一九世紀ヨーロッパにおけるナショナリズム形成に中心的役割を果たした」(42)。四八年革命の際には、さまざまな政治的・社会的要求のほかに国民語を公的な場で使用する権利も各地で要求された。現実に各地で俗語が採用されて「国民的理念の威信が急速に高まっていくにつれ、ヨーロッパ・地中海地域の君主たちは、国民的帰属という誘いにしだいににじり寄っていくようになる。……こうした新しい国民的帰属は、資本主義、懐疑主義、科学の時代にあって、これまでのような憶測上の神聖性や古さだけに拠っているのがむつかしくなっていた王権の正統性を支えるつっかえ棒となった」(43)。だが、そうするとオーストリア皇帝とドイツ人はどこに帰属すればよいのだろう。「オーストリア人」なるものが培われる前に、ドイツ人が作り出し、フランツ帝が否定した啓蒙主義とヨーゼフ主義という思想が原動力となって、諸領邦から民族的自立の欲求が湧き起こった。しかしフランツ帝が一八三五年に死んだあともメッテルニヒ体制は革命が起きるまで生きのび、帝国内のドイツ人は反動的な中央集権的支配勢力であり続けた。一八四八年一〇月、フランクフルトの国民議会で統一ドイツ国制が審議された。しかし、ドイツ人であるとはいえ、プロイセンを中心とする他のドイツ人とひとつになるならば、ドイツ人居住地区とそれ以外の地区を分割しなければならなくなるので、オーストリア政府はこの大ドイツ主義に反対した。「他のドイツと完全には馴染むことができなかった」(44)グリルパルツァーにしても、彼が愛してやまないドナウ帝国は、ボヘミア、ハンガリー、ガリツィアなどの周辺諸国――これらの国ぐにからどれほど詩的霊感を得たことか！――を含めてこそ存在意義があった。だからこそ特に分離独立の気運が高まるハンガリーを国内土着の夷狄と決めつけ、グリルパルツァーは激しい敵意を抱いたのである。

七　グリルパルツァーというビーダーマイヤー現象

オーストリア帝国という国の形をグリルパルツァーは、ハプスブルク神話の特質として冒頭に挙げたような心性――秩序とヒエラルヒーの遵守、積極的変革の断念など――を堅持することによって、四八年以前の状態に保ちたかったのだ。

立憲制と各領邦の自治権は要求されていた。しかし時代の要請は未だ王制の廃止にまではいたっていなかった。グリルパルツァーにとって、王とはどうあるべきものだったのか。他の実力者に侵害されないために、言い換えれば正統性を保つために神の権威という後ろ盾を必要とはするが、それは独裁者になってよいということではまったくない。独裁政治はグリルパルツァーにとって最も唾棄すべきものである。(45)ルードルフが先に引用した長科白の直前でこう語っている。

生きてゆくにはこの身を葬らねばならん。
時勢に合わせていれば、わたしはもう死んでいたであろう。
だがな、きみ、わたしが生きている、そのことが必要なのだ。
わたしはこの世を束ねる絆だ。
絆自身は不毛だが、束ね役だから必要なのだ。

（一一六〇—六四行）

王の権威にあっては実より名が大切だと言っているのである。王とは行動よりもむしろ、その存在自体に意義のあるものなのだ。作品の他の個所で述べられていることもまとめると、王というものは、無能な者もしばしばいるが、そうであっても中心点を作ることで優れた臣下を引き寄せることができる存在であり、あるいは平等思想とは反対に、高所を形成することによって下じもの民衆と有機的に作用し合うことができる。民衆が生産するのに対し、王は泉であり、自身は不毛でも実を育む。こうして全体がひとつにまとまるわけだ。であるからこそ、これまでまとまって伝統を作り出してきた、ひとつの国を構成する個々の人間・民族・階層がばらばらに分かれることが、グリルパルツァーにとって大問題だった。王とは他のことは措いてもまず第一に、国の中心に位置することによって全体を統括するものでなくてはならない。

だが一方で為政者は通常、行動しなくてはならないものである。しかしたとえば、「神の支配を達成させたいと思うかたが、／ご自分の身を主の右腕だと思うのは実に容易でして、／神が支配者となるために、そのかたは支配すべく努めるのです」（二五三〇—三二行）とクレーゼルが、狂信的なカトリック信者で一六一九年に神聖ローマ皇帝フェルディナント二世となるフェルディナント大公の急所を刺すように——前述したプロテスタントの教会建設を中止させたのが当時ボヘミア王だったこの人物で、クレーゼルはそれを諫めていた——、決断力を持って行動する人は過ちを犯す。であるからルードルフは「賢明なる逡巡こそ唯一の救いと見」(二〇三一行)ているのだが、ではなぜ第三幕の終わりでレーオポルトに出兵を許可するという行動に出てしまうのか。結果は予想通り、取り返しのつかない失敗に終わる。実在したルードルフにしてみればあれこれ天秤にかけて選択した結果であろうが、そのような知的営為によるものであれば、この行動と結果には人生の皮肉、あるいは運命の気紛れという程度の批評をすれば終わってしまう。グリルパルツァーによるルードルフは他の選択肢と比較考量して判断しているわけではない。つまり選び取る自由のない必然なのである。理由を詮索しても答えは見つからない。直前まで行動する意志がなかったのになぜかサインしてしまう。自然現象と同様に「その理由と正当性は、現実がそうなっているという点にある」(二六一六行)としか言えない証明不可能かつ証明不要な現象なのだ。皇帝の意志やレーオポルトの熱意とは無関係に、いわば時が満ちてこの出来事がひとりでに生じる。出来事全体の流れからどうしてもそうならざるを得ないように作品を仕組んでゆくのが、ビーダーマイヤー時代の詩人たるグリルパルツァー特有の劇作法である。[46] ロマン主義と違い、作者だからといって思いどおりの筋を捏造することは彼にはできない。しかも、何もかも首尾一貫する現実などありえないから、因果関係の不一致を垣間見させつつ、受容者の感覚と感性に訴えて劇の成り行きにうむを言わせない、それが彼の芸術にとっての、無理解に陥る危険性を大いに孕んでいるが、最高の課題であった。[47] 知性ではなく情動的なこのような瞬間こそ、心の内奥に隠れている神の秩序が「いと高き神の使者たる偶然」(『主君に忠実な臣下』二〇〇三行)という形を取ってふっと現れる至高の時でもある。しかしそうだとするなら、ルードルフの行動は結果的に過ちだったにしても、愚行ではなかったわけだ。ビューヒナーの必然は人間を虚しい操り人形にする。それに対してグリルパルツァーの必然は諦観を促しはしても虚無的ではない。グリルパルツァーが造形したルードルフはやはりハプスブルク神話の人物で、オーストリア官吏の特徴を備えており、それまでことなかれ主義を貫きつつ、中庸を弁えた思想を着々と築き上げてきたのだ。それにも拘らずつい行動に出てしまうのは、歴史が人の思惑と無関係に動くのが見える瞬間であり、他の劇作家には見られない《偶然》のドラマなのである。伸るか反るかの判断を下すとき、結果が見通せる人はいない。行動を起こすとき、人は良心を捨てて決断しなくてはならない。だが破滅の道をたどったとしても、それは歴史、すなわち人間も含めた自然の成り行きであるから誰の責任にもならない。この圧倒的事実を認めなくてはならない。ビューヒナーは「鉄の法則」を認識するのが精一杯と嘆いたが、グリルパルツァーというビーダーマイヤー的心情を体現する人においては「神の秩序」が偶然現れたものとして追認して、よしとするばかりである。

このように歴史の動きに「神の秩序」を認めるならば、王制のように存続するものばかりでなく、三月前期と革命以後の変化しつつある状況もやはり不服であっても承認しなくてはならない。ハプスブルク帝国が孕んでいた各国の国民意識の覚醒やハンガリーの独立運動も、それが必然なのかを見極める努力が必要だろう。すなわち歴史の絶対的支配を確認しなければならない。ドン・ツェーザーの断罪が作品には書き込まれているが、三〇年戦争という新しい時代は阻止できず、結局到来したのだから、その断罪は作者の願望の表明でしかない。「一八六一年、グリルパルツァーはついに上院議員に選ばれ、議員としては、なかんずくハンガリーの要求に対して中央集権主義の立場から反対し[48]た。また、「連邦主義の政治家が国を滅ぼす」[49]のではないかと危惧していた。『兄弟争い』の中でも「すべての部分がまとまって全体となるものは、／分割されることに耐えられない」とさりげなく分離独立や連邦制に反対している（二三二一―二三行）。だが、歴史に逆らってひとつの時代を人間の力で維持することがいかにしても不可能であることを自らの作品で例証しておきながら、実際に行動する場で蟷螂の斧を振りかざすのはなぜか。グリルパルツァーの考えでは、ボヘミア人やマジャール人は四八年革命を起こそうとしたとき、「他のことはすべて措くとしても、種族が民族でないのは、方言が言語でないのと同様であり、自立しえない者は寄り添わなければならないということを忘れていた」[50]と言うのである。彼から見れば帝国内にいる諸国の民はいずれも民族ではなく、各地域の地方住民でしかない。したがって、諸領邦のナショナリズムがヨーゼフ二世以来の必然的結果であることを理解しないのは、グリルパルツァーが今日のわれわれの感覚や基準からすれば偏狭とでも形容したくなる愛国心のために諸国民を個別的集合と見なせなかったからだ。諸民族の要求をショーヴィニスティックな利己的改革と決めつけ、世の中が残虐性《ベスティアリテート》——ロートの一九三〇年代ならば、独裁主義——へ向かってしまうと考えたのだ。そこでルードルフに、「もうわたしの目の前に迫ってきた。人殺しだ、内戦だ。／わたしが一生避けてきたものが／人生の終わるときになって目の前に迫ってきた」（一六七五—七七行）と言わせるように、作者自身もオーストリアの歴史が黄昏れてゆくのを極力遅らせようとしたというわけだ、せめて自分の生きている間だけでも。シュレーダーの作品論にあったように、グリルパルツァーの歴史観ではよりよい未来を信じることはできず、未来へのパースペクティブもない。彼は「皇帝より皇帝らし」[51]く、「オーストリア史が知っている唯一の保守的革命家」[52]だったとロートが評するとき、グリルパルツァーが単なる反動的人物ではなく、支配王家を存続させるためには王家にさえ憚らない物言いをし（たとえば、嗣子が不作であることもしばしばだ、などと言う。『兄弟争い』一一七二—七五行参照）、他に類を見ない極右だったこと、一般通念とは反対に、誰よりも過激に右側から反逆を起こして、神の秩序に由来するビーダーマイヤー的心性を可能な限り維持しようと努めたことを意味している。ビーダーマイヤー的特質と自らの政治的信念を結合させることによって、彼はハプスブルク神話を生み出す中心的役割を演じたのである。

（1） 日記からの引用は次の全集による。
Franz Grillparzer: Sämtliche Werke. Historisch-kritische Gesamtausgabe. 3 Abteilungen mit insgesamt 42

Bänden, hg. v. August Sauer, fortgeführt von Reinhold Backmann, Wien (Gerlach u. Wiedling; seit 1916: Schroll u. Co.) 1909-48. HKA と略す。日記（第二集の第七巻から第一二巻まで）の整理番号と年号は本文中に示し、巻数と頁数は注に次のように示す。この個所の引用は、HKA Bd. 7, S. 53.

(2) クラウディオ・マグリス『オーストリア文学とハプスブルク神話』鈴木隆雄、藤井忠、村山雅人訳、書肆風の薔薇・白馬書房、一九九〇年。二七頁。

(3) 前掲書、二七頁。

(4) 前掲書、一九頁。

(5) 前掲書、三〇頁。

(6) Vgl. Richard Alewyn: Grillparzer und die Restauration, S. 283, in: R. A.: Probleme und Gestalten, Frankfurt a. M. (Insel) 1974, S. 281-298.

(7) 日記を除くグリルパルツァーの引用はすべて次の選集による。
Franz Grillparzer: Sämtliche Werke. Ausgewählte Briefe, Gespräche, Berichte, hg. v. Peter Frank und Karl Pörnbacher. 4 Bände, München (Hanser) 1960-65. SW と略す。劇作品からの引用は本文中に行数を示すのみとし、その他からの引用は注に巻数と頁数を示す。

(8) SW Bd. 1, S. 462, und vgl. auch S. 1258.
カーレンベルクはウィーン北郊の小さい山。

(9) „Meine Erinnerungen aus dem Revolutionsjahre 1848", SW Bd. 4, S. 220.

(10) „Selbstbiographie", SW Bd. 4, S. 162.

(11) Vgl. Jürgen Schröder: Geschichtsdramen: die „deutsche Misere" — von Goethes „Götz" bis Heiner Müllers

„Germania“?, Tübingen (Stauffenburg) 1994, S. 17.

(12) 『ゲオルク・ビューヒナー全集』手塚富雄、千田是也、岩淵達治監修、河出書房新社、一九七〇年、三一六頁。ただし、この訳文（中村英雄訳）では強調はなされていない。

(13) Jürgen Schröder: „Der Tod macht gleich“. Grillparzers Geschichtsdramen, S. 50, in: Gerhard Neumann und Günter Schnitzler (Hg.): Franz Grillparzer. Historie und Gegenwärtigkeit, Freiburg i. B. (Rombach) 1994, S. 37-57.

(14) HKA Bd. 8, S. 187.

(15) Christian Dietrich Grabbe: Werke und Briefe. Historisch-kritische Gesamtausgabe in sechs Bänden, hg. v. der Akademie der Wissenschaften in Göttingen. Bearbeitet v. Alfred Bergmann. Bd. 2, Emsdetten (Lechte) 1963, S. 399.

(16) Ebd., S. 457.

(17) „Selbstbiographie“, SW Bd. 4, S. 158f.

(18) ハインリヒ・ハイネ『ルテーチア――フランスの政治、芸術および国民生活についての報告』木庭宏、宮野悦義、小林宣之訳、松籟社、一九九九年、一九九頁。

(19) Karl Pörnbacher (Hg.): Dichter über ihre Dichtungen. Franz Grillparzer, München (Heimeran) 1970, S. 226.

(20) „Selbstbiographie“, SW Bd. 4, S. 80.

(21) HKA Bd. 11, S. 130.

(22) マグリス　前掲書、一六五頁。

(23) Karl Pörnbacher: a. a. O., S. 236.

(24) Vgl. Jürgen Schröder: a. a. O. (Anm. 13), S. 51-57.

(25) マグリス　前掲書、一八八頁。

(26) 南塚信吾編『新版世界各国史一九　ドナウ・ヨーロッパ史』山川出版社、一九九九年、一一五頁。

(27) 江村洋『ハプスブルク家』講談社、一九九〇年、一三一頁。

(28) 菊池良生『戦うハプスブルク家』講談社、一九九五年、三九頁参照。

(29) Heinz Politzer: Grillparzer oder das abgründige Biedermeier, Wien, München, Zürich (Molden) 1972, S. 372. 『人類最後の日々』はカール・クラウスが書いた一九一九年発表の、第一次世界大戦を題材にした長大な悲劇。

(30) 高澤紀恵『主権国家体制の成立』山川出版社、一九九七年、三四頁参照。

(31) HKA Bd. 8, S. 327.

(32) HKA Bd. 11, S. 232f.

(33) Vgl. Dolf Sternberger: Politische Figuren und Maximen Grillparzers, S. 126f., in: Helmut Bachmaier (Hg.): Franz Grillparzer, Frankfurt a. M. (Suhrkamp) 1991, S. 122–134.

(34) SW Bd. 1, S. 500.

(35) Joseph Roth: Grillparzer. Ein Portrait, S. 745, in: J. R.: Werke 3. Das journalistische Werk 1929–1939, hg. v. Klaus Westermann, Köln (Kiepenheuer & Witsch) 1991, S. 742–751.

(36) HKA Bd. 10, S. 292.

(37) この個所はKarl Pörnbacher: a. a. O., S. 237. に書いてある年号を採った。HKA Bd. 11, S. 117. にも同一の日記が載っているが、こちらでは一八四六年のものとなっている。

(38) HKA Bd. 11, S. 90.

(39) 南塚　前掲書、一五二頁。

(40) Geschichte Österreichs in Stichworten, Teil 4 (von 1815 bis 1918), Wien 1976, S. 30.

(41) ドイツ人、マジャール人、チェコ人、スロヴァキア人、クロアチア人、セルビア人、ポーランド人、ルテニア人

（ウクライナ人）、ルーマニア人、スロヴェニア人、イタリア人。

(42) ベネディクト・アンダーソン『増補　想像の共同体――ナショナリズムの起源と流行』白石さや、白石隆訳、NTT出版、一九九七年、一二四頁。

(43) 前掲書、一四六頁。

(44) „Selbstbiographie", SW Bd. 4, S. 159.

(45) 日記四二七六番、一八六〇（?）年（HKA Bd. 12, S. 42f.）。「君主の神権。これすなわち純然たる独裁政治である。君主は自分の好むことを何でもすることができ、したがって彼の良心と、彼の良心が操作しているものたちに対してしか責任がない。神が役職を与えるとき、知力をも与えるという命題には、誰でも笑ってしまう。なぜなら市民的役職を与えるのは神ではなく、人間だからであり、人間は役職を与えることはできようが、そのための能力は与えられないからだ。しかしもし神自身が君主に役職を与えるとすれば、そのための能力をも与えることができるし、また必ず与えるはずである。それゆえ、恣意性のほかに、自惚れ、つまりすべてを誰よりもよく理解できるという考えが生じる。この自惚れがこの国を破滅させるだろうし、破滅への第一歩はすでに（一八五九年）しっかり踏み出されているのだ」

一八五九年とは、「不可分にして一体」（南塚　前掲書、二一四頁）を基本理念にしてきたオーストリアがフランスに支援されたサルデーニャ王国軍に敗戦し、ロンバルディアを失った年である。翌一八六〇年、トスカーナとモデナもサルデーニャに併合される（一八六一年、サルデーニャ王によりイタリア統一なって、イタリア王国が誕生する）。一八六六年にはオーストリア・プロイセン戦争（普墺戦争）で大敗し、プロイセンと同盟していたイタリアにヴェネツィアを割譲する。一八六七年、オーストリア＝ハンガリー二重君主国が成立する。

(46) Vgl. Ulrich Fülleborn: Geschichtsdrama und geschichtliche Begebenheit. Ein Beitrag zum Thema „Grillparzer und Geschichte", S. 202, in: Elfriede Neubuhr (Hg.): Geschichtsdrama, Darmstadt (Wissenschaftliche Buchgesellschaft) 1980, S. 189-207.

（47）　日記一四〇〇番、一八二五年（HKA Bd. 8, S. 176f.）。「歴史悲劇の究極的な点は神の御業であることである。つまり事実なるもの、存在そのものである。作品中では原因と結果を結び合わせることが詩人に許されているなどと、考えうるのは愚か者だけだ。だが、自然において原因と結果が相互に完璧に一致することが極めて稀であるように、作劇において両者のある種の不一致を垣間見させることは、詩人が自らに与える最高の課題であるかもしれない。ただし、極度に危険な岩礁だ！　一歩でも足を踏み外せば、理解不能やナンセンスに陥る恐れがじっと待ち受けている。直観のみが救いの手を差し伸べうるものである一方、観念はまったく無益となり、取り残されてしまう」

（48）　マグリス　前掲書、一九四頁。

（49）　Robert Mühlher: Grillparzer—Metternich—Napoleon, S. 3, in: Jahrbuch der Grillparzer-Gesellschaft. 3. Folge, 17. Bd, hg. v. Klaus Heydemann und Robert Pichl, Wien（Hora）1991, S. 1-14.

（50）　„Selbstbiographie", SW Bd. 4, S. 129.

（51）　Joseph Roth: a. a. O., S. 747.

（52）　Ebd., S. 748.

ネストロイの喜劇『一階と二階』の社会史的考察

篠原敏昭

はじめに――『一階と二階』とビーダーマイヤー期のウィーン

小論は、ヨーハン・ネストロイ(一八〇一―六二)の喜劇『一階と二階』を社会史的背景に照らして考察しようとする試みである。

あらためて言うまでもないだろうが、ネストロイはビーダーマイヤー期のウィーンで人気を博した喜劇役者にして民衆劇の台本作家である。生涯に八〇を超える喜劇作品があり、『一階と二階』は初期の代表作の一つ。初演は一八三五年。観客や批評家から大好評を博したと言われる。彼の他の多くの作品同様、この作品も「歌入り御当地笑劇」の形式をもち、「幸運の気まぐれ」という副題がついている。

ネストロイの諸作品はしばしばビーダーマイヤー期――政治史の用語でいえば、三月前期――ウィーンの社会史的研究のなかで言及される。なによりも当時のウィーンを舞台とし、ウィーン弁を話す住民たちが登場するからだ。『一階と二階』も例外ではない。まずはこの芝居を紹介しよう。

図1　ネストロイ『一階と二階』の舞台
J. Ch. Schoeller の水彩画にもとづく銅版画（1838年）
出典：Peter Csendes (Hg.):*Österreich 1790-1848*, Wien 1987, S. 216.

『一階と二階』の舞台

　『一階と二階』は、手短にいえば、若い男女の恋を縦糸とし、「幸運の気まぐれ」によるそれぞれの家族の貧富の逆転を横糸にして織りなされる人情喜劇である。あら筋はすぐあとで述べるけれど、この作品はユニークな舞台構造をもっている。建物の一階の貧しい古着商の住まいと、同じ建物の二階にある億万長者の投機家の住まいで同時に芝居が進行するのだ。ネストロイはそのためにわざわざ、図1に見られるように舞台を上下二つこしらえ、一階と二階のそれぞれに登場する役者たちに、並行してあるいは交互に台詞をしゃべらせ歌をうたわせるという、奇抜でかなり手のこんだ舞台づくりを試みている。

　おもな登場人物は、一階には古着商のシュルッカー氏とその妻セッファル。子供は公証人のもとで書記をやっている二一歳のアードルフ（じつは養子）を頭に全部で五人。ほかに同居人として、セッファルの弟でいまはシュルッカーを手伝っている破産した元古着商のダーミアンと、シュルッカーの遠縁の娘サーラファルがいる。二階には投機家フォン・ゴルトフックス氏とその娘エミーリエ。息子もいるようだが、舞台には現れない。使用人として召使のヨーハンと小間使のファニー、ほかに数人の召使や料理人たちがいる。二つの家族以外では建物の家主ツィンス、フランス貴族のムッシュー・ボンボンが比較的重要な人物として出てくる。

ちなみに、ネストロイが演じたのはゴルトフックス家の召使ヨーハン。ずる賢く立ちまわるものの結局はひどい目に会う悪党の役である。芝居のあら筋には書きこみにくい役回りだけれど、けっして端役ではない。「歌入り御当地笑劇」の呼び物の一つである時事小唄を聴かせたり、意味深長な長い独白をしゃべったり、あるいはまた、サーラァルとペアを組んで、ダーミアンとファニーのペアとともにかけあいの四重唱をこなしたりもする、いうなれば道化にして狂言回しの役どころ。不器用な善人のダーミアンとともに、ある意味ではこの喜劇のいちばん重要な役だといっていい。

舞台のようすについて述べておくと、一階では貧乏古着商の家庭のみじめな生活が示される。部屋も台所もみすぼらしく、質に入れる衣類すらもうない。食事は家族全員にパンと水だけという粗末さ。二階の投機家の部屋は対照的にきわめてエレガントにしつらえられており、お客を呼んで豪勢な料理に高級ワインやシャンペンの宴会と舞踏会の連続という贅沢ぶり。台所ももちろん立派なつくりになっている。

芝居のあら筋

さて、芝居はさしあたり一階のアードルフと二階の娘エミーリエの恋を軸に展開する。一階ではサーラァル、二階ではファニーが若い二人の仲をとりもとうとする。けれども、投機家ゴルトフックスには娘をボンボンと結婚させる計画があり、実際に婚約の宴が催される。古着商シュルッカーは億万長者の怒りを恐れて息子に結婚をあきらめるように言う。ここに家主のツィンスがからむ。ツィンスは投機家にエミーリエとの結婚を申しこむが拒絶され、さらにエミーリエとアードルフの仲を知って、腹いせにアードルフを遠い勤め口に追い払ってエミーリエから遠ざけようとたくらむ。エミーリエとアードルフは駆け落ちすら考えるようになる。

そうこうするうちに二つの家族にはそれぞれちがった運が訪れる。二階の投機家は息子がハンブルクでこしらえた一〇万ターラーという巨額の借金を払わされるはめになる。これにたいして一階の古着商のところには、あるイギリス貴族の召使がダーミアンに売り払ったフロックコートのなかの主人の隠し金を取り戻すことができたお礼にと、三〇〇グルデンの大枚が舞いこむ。そのお金で家族そろって飲食店へ食事に行って帰宅すると、こんどはセッファルが飲食店で買った宝くじが八〇〇グルデン当たったという知らせがくる。

芝居は終わり近くになってさらに大きな展開を見せる。二階では投機家が全財産をかけて大もうけを企んでいた船が難破したとの至急便が届き、投機家は自分が破産したことを知らされる。そのうえ娘のエミーリエと貧乏古着商の息子の関係を聞いて激怒する。これにたいして一階では、アードルフの実の父親が億万長者になって東インドで生きていることが判明。アードルフは一夜にして莫大な財産の相続人になり、さしあたり三万ドゥカーテンの大金を贈られる。家主のツィンスは、家賃を払えなくなった投機家の家族を二階から追い出して一時的に一階をあてがい、アードルフと古着商の家族を二階に移らせる。

ツィンスはさらにアードルフが自分の甥にあたることを知って、エミーリエとの結婚を断念、アードルフを自分の相続人に決める。一方、貧富が逆転してもアードルフのエミーリエにたいする純愛は変わらない。アードルフはエミーリエとの結婚を宣言し、全員から祝福をうけるというハッピー・エンドで芝居は幕となる。

以上が『一階と二階』のあら筋だけれど、実際の舞台には、いま紹介したような人情喜劇の要素とならんで、にぎやかなドタバタ喜劇の要素も盛り込まれている。その点をここで紹介する余裕はないが、さいわいこの作品には邦訳がある。(1) 詳しくはそれを読んでいただきたい。

課題とねらい

小論の課題とねらいについてもう少し説明しておこう。オーストリアの歴史家W・ホイスラーはかつて、「ネストロイの作品のリアリティの検証は、文学研究者と社会史家が共同して解明すべき課題である」[2]と述べたことがある。『一階と二階』をその社会史的背景に照らして考察するということは、一面では「社会史家」の側から作品の「リアリティの検証」をおこなうことだと言えないこともないけれど、ここでやろうとしていることはそれに留まらない。むしろ、この作品を当時のウィーンという社会史的背景の前に置くことによって、芝居の状況設定や人物設定のもつ意味あいを明らかにし、作品のテーマと基本構造の輪郭をこれまでよりも明確に提示してみたい、ということだ。

ただ、この芝居は有名なわりには、オーストリアでも背景にかんする詳しい研究成果がまだ現れていない[3]。だから、ここでの社会史的考察をとおして示す作品解釈がどれくらいの妥当性をもつものなのか、まだ少々おぼつかない。そういう事情はあるけれど、ともあれ、さっそく考察に取りかかることにしよう。

一　貧困と富裕――ウィーン住民の階層構成

『一階と二階』でまず目につくのは、なんといっても、舞台を上下二つに分けて示された貧困と富裕のコントラストだろう。さきに述べたように、貧乏古着商シュルッカーの住まいはあくまでみすぼらしく、億万長者の投機家ゴルトフックスの住まいは豪華に飾られている。食事も一階は粗末、二階は贅沢と、きわめて対照的に示されている。

恋の成就も貧富の逆転も「幸運の気まぐれ」次第、つまりはお金のめぐり方次第というのが作品の――通俗的ではあるにせよ——大きなテーマだと思われるが、貧富のコントラストはこのテーマを演劇的に表現するための舞台装置だろう。けれども、この作品はいまあげたいわば表面的なテーマの下にもう一つ、勧善懲悪というこれまた通俗的なテーマをもっている。貧富の対照的提示は、もちろんこのテーマとも関連があるけれど、この点は第三節と第四節で取りあげる予定である。ここではまず、そこに至る準備作業として、舞台上の貧困と富裕がどのような種類のそれなのかを、背景をなす三月前期のウィーンに現実に存在した貧困と富裕に照らして明らかにしてみたい。

ビーダーマイヤー文化が花ひらいた一九世紀前半は、いわゆる産業革命の進展とともに、ヨーロッパのほかの大都市と同様、ウィーンでも急速な人口増加が見られた時期でもある。オーストリア帝国の首都では依然として貴族を頂点とする旧来からの支配体制が続いていたけれども、一方で金融と工業の分野に新しい富裕層が生みだされ、他方はかつてない規模で貧困層が生じていた。この点をまず、ウィーン市の住民にかんするいくつかの統計をつかって見ていこう。

表1　ウィーンの人口　1830—46年

年	家屋	世帯	人口	（地元民，外来民）	外来民比率（%）
1830	8,037	70,098	319,873	(223,603,　96,270)	30.1
1834	8,223	74,117	327,775	(221,609, 106,166)	32.4
1837	8,264	76,050	334,600	(202,708, 131,892)	39.4
1840	8,343	81,172	357,927	(204,298, 153,629)	42.9
1843	8,540	83,675	375,843	(232,923, 142,911)	38.0
1846	8,756	88,868	410,947	(244,440, 166,507)	40.5

出典：M. C. Humpel/A. Hensinger: *Statistische Tableaus über die Bewegung der Bevölkerung, über die wichtigsten Lebensmittelpreise, über die Erwerbs-, Einkommen- und Hauszinssteuer-Verhältnisse in der k. k. Haupt- und Residenz-stadt Wien, vom Jahre 1810-1861*, Wien 1869.

ウィーンの人口

さしあたり人口から見ていこう。表1は一八三〇―四六年のウィーン市の人口動態を示したものである。この一六年間に人口が約三三万人から約四一万人へ、数にして九万人ほど、割合で二二%増加している。そのさいに目につくのは、地元民にたいする外来民の増大だろう。同じ期間に地元民が二万人程度しか増えていないのにたいし、外来民は約七万人も増加している。つまり、人口増加の八割近くは外部からの流入である。この流入人口の大部分は貧困層だと考えられる。

ここで地元民と外来民という区分について説明しておく。地元民というのは、たんにウィーンで生まれ育った者という意味ではなく、ウィーン市に本籍権を有する者という法的地位を表す用語である。もちろん、外来民はウィーン市以外の土地に本籍権を有する者のことで、これは外来内国人、すなわちウィーン以外のオーストリア帝国内に本籍権がある者と、外国人とに分かれる（ちなみに、外来民は一定の条件を満たせば、ウィーンで本籍権を取得して地元民になることができた。外来民の数が減っている年があるのはそのためだろう。地元民の減少は別の要因が働いたものと思われる）(4)。

話をもとに戻すが、M・ハンの研究『三月前期のウィーン下層民』（一九八四）によれば、外来民のウィーン移住には二つの大きな波があるという。一つは一八三三年から一八三七年にかけてで、皇帝フェルディナント北鉄道の建設（一八三七年開通）によって引き起こされたもの。失業者などの貧困層に就労の機会を提供したようだ。もう一つは一八四三年から一八四六年にかけて、帝国領だったボヘミア（現在のチェコ）で多色染色装置が導入されたために大量に失業した労働者たちが職を求めて首都にやってきたために生じたものらしい。表1の統計数値には現れていないが、ウィーン市の周辺にはそのころ毎年二万人がボヘミアから流れてきていたという報告もある(5)。

けれども、いま述べたような外部からの貧困層の流入がなくても、当時のウィーン住民の間にはすでに貧困と富裕が、より正確に言えば、大多数の貧困と少数の富裕の大きなギャップが存在していた。『一階と二階』に示された貧困と富裕のコントラストがどのような種類のそれかを見定めるために、つぎに、当時の貧困層と富裕層を、住民の階層構成をとおして見ていくことにする。

ウィーン住民の階層構成

三月前期のウィーン住民は上から、高位貴族、「第二社会」、市民層（中層および小市民層）、下層民という四つないし五つに階層区分するのがふつうである。区分の基準は、財産や収入といった客観的ファクターだけでなく、社会的威信という主観的ファクターもあるようだが、いま述べた階層区分はほぼ富裕層から貧困層への順になっている。(6) 各階層ごとに簡単に説明しよう。

（一）高位貴族　貴族とは一般に、世襲の大土地所有を基盤に、領邦や帝国などの政治運営への参加特権を有していた身分である。ただ、貴族にもピンからキリまであって、下級貴族のなかには政府や軍隊の職にあぶれて窮乏化する者も少なくなかったらしい。

三月前期ウィーンで社会的ヒエラルヒーの最上位に位置していたのは、カトリックで世襲の高位貴族である。彼らは宮廷や行政、軍隊のなかで高位高官を独占し、「第一社会」と呼ばれる、下位のグループが容易に入りこめない閉鎖的な世界を形成していたといわれる。ネストロイの喜劇には、検閲で登場を禁じられていたせいもあって、高位貴族や聖職者などは登場しない。

（二）「第二社会」　高位貴族に次ぐ地位を占めていたのは、下級貴族の高官や将校、市民身分の銀行家や卸売商、大工場主、著名な知識人、名声ある芸術家などからなるグループで、「第二社会」と呼ばれた。このグループの中心は貴族に列せられた富裕な銀行家たちであり、この金融上層はウィーン・ビーダーマイヤー文化の後援者でもあった。「第二社会」に入る上層市民には、財力だけでなく、教養も必要だったようだ。

市民身分の貴族叙爵にふれておく。三月前期のオーストリア帝国では、経済的功労（国債の引受け、大工場の設立など）、愛国的功労（軍隊への納入、戦傷者への援助など）、人道的功労（貧民への援助、教育への援助など）の度合いに応じて、市民身分の者にも非世襲だが、下位から順にいうと、単純貴族、騎士、男爵の爵位が与えられた。というより、裕福な有力市民たちが名誉欲から貴族への叙爵を望んだのであり、彼らは多分に非難あるいは軽蔑の気持ちをこめて貨幣貴族と呼ばれた。叙爵者数が多いのはやはり銀行家と卸商で、比較的上位の爵位が与えられるケースが多かったのにたいし、企業家は数も少なく、ほとんどが姓に「フォン」がつくだけの単純貴族の位だった。叙爵は宗派には関係がなく、たとえば、ユダヤ人豪商ロートシルトは男爵の位をもらっている[7]。

ネストロイの作品には貨幣貴族と思われる人物たちもしばしば登場する。ただし、かなり戯画化されており、諷刺の対象となっている場合が多い。

（三）市民層――中層と小市民層

市民層とは一般には、貴族・聖職者・農民・下層民以外の都市住民をいう。ここでは「第二社会」に入る上層市民を除いて、手工業者、小売商、工場主、建物所有者、知識人や芸術家、官吏などを指すことにする。

市民層のなかで中層と小市民層の間にはっきりした線を引くのはむずかしいけれど、小売商や手工業者たちのなかにも富裕な部分と貧困な部分がいたことはたしかである。『一階と二階』のなかでネストロイはダーミアンに、「お金が存在して以来、どの職業にも金持ちと貧乏人がいる。パン屋の間に格差があり、肉屋の間に違いがある。しかし、古物商の間の隔たりといったら、もう途方もないのになっている。卸売商を見くだすような古物商もいれば、ロウソク立て売りすら商業顧問官に見えるようなあわれな古物商もいる[8]」と言わせている。中層に

表 2　ウィーン男性地元民の職業・身分構成　1840年

職業・身分	人数
1）僧　侶	704
2）貴　族	3,340
3）官吏および名士	5,453
4）営業所有者、芸術家、芸術学生およびアカデミー会員	10,596
5）上記分類に属さない者	76,254
6）男性地元民　　　計	96,347

出典：Johann Karl: *Detaillierte Darstellung der k. k. Haupt-und Residenzstadt Wien und der Vorstädte nach letzten Conscription im Jahre 1840*, Wien 1840 による。(Michael Hann: *Die Unterschichten Wiens im Vormärz*, Diss.(MS), Wien 1984, S. 76–77 より引用)

は小売商や手工業者の富裕な部分が入るだろう。けれども、三月前期ウィーンで中層の中核を成していたのは、ハンによれば、工場主と呼ばれたマニュファクチュア所有者たちである。彼らはネストロイの作品のなかにもしばしば登場する。ウィーンではとくに絹織物マニュファクチュアが盛んで、好景気の時期の工場主層の収入は莫大なものだったらしい。[9]

これにたいして、小市民層は大部分が小規模・零細な手工業親方や小売商などの営業者から成る。この時期には伝統的なツンフトに組織されたカトリックの市民手工業親方もしくはツンフト親方だけでなく、近代的な営業の自由への過渡段階として、宗派に関係なく当局から営業資格をもらって営業する資格親方または資格営業者もさまざまな業種に広範に存在していた。小売業にも同様に、市民営業者と認可営業者の二種類があったようだ。[10] もちろん、ネストロイの作品に盛んに登場する階層である。

市民層の上層部分は「第二社会」へ上昇する機会もあったが、零細な営業者のなかには、ダーミアンのように破産して他の営業者のもとで働く者もかなりいたらしい。けれども、一般に市民層、とくに小市民層にとって——官吏は別として——自らを下層民から区別するメルクマールは、他人に従属せずに生活できる自立した生計基盤ないし資産をもっていること、独立した営業を有することだった。

(四) 下層民　下層民は当時、その全体ないし部分が「庶民」「賤民」「下層諸階級」「プロレタリアート」

表 3　ウィーンの私的産業　1840年

工場・マニュファクチュア	両替業・卸売商	商業	手工業 行政業種	手工業 交易業種	特殊業種	合計
425	89	1,037	15,181	10,000	2,565	29,297

出典：*Tafeln zu Statistik der oesterreichischen Monarchie für das Jahr 1842*, Wien 1846.

などと呼ばれていたが、ウィーン住民の最も大きな部分を占める階層である。この階層には種々雑多な職種の者たちが含まれていた。さきにあげたハンは下層民のカテゴリーに属する人びととして、工場労働者、手工業職人、日雇い、浮浪者、行商人、奉公人、辻音楽師、乞食、食料品売り、失業者、被援助貧民、水売り夫、輿担ぎ、辻馬車御者、売春婦の十五の職種をあげている。もちろん、これで網羅されているわけではないけれど、いずれにしても、資産をもたず、他人の支配下に入って労働力を賃金と引き換えに売るか、他の住民の施し物で生活するしかない人びと、および伝統的に賤民視されてきた人びとのことである。

下層民のカテゴリーに入る者たちのうちで、ネストロイの芝居によく登場するのは手工業職人や奉公人という、どちらかといえば旧来からの要素である。お針子や薪割り夫なども登場するけれど、新しい要素である工場労働者は出てこない。『一階と二階』に登場する下層民も、小間使いや料理人といった奉公人に属する者たちである。

貧困層と富裕層

さて、これまで述べたウィーン住民の諸階層のうち、富裕層と見なされるのは、高位貴族、富裕な上層市民、とくに銀行家や卸売商、および工場主を中核とする中層までと考えるのが妥当なところだろう。貧困層に属するのは、まず下層民に属する者たち。小市民層も、意識のうえでは異なるだろうが、かなりの部分は実態としては貧困層に近い存在だと思われる。

では、富裕層と貧困層の数はそれぞれどれくらいだったか。残念ながら、ウィーン住民全体にかんするくわしい階層別の統計資料は見あたらない。ここでは、表2のウィーン男性地元民のみにかんするごく大まかな職業・身分別の人口統計（一八四〇）と、表3のウィーンの私的産業にかんする統計（一八四〇）をもとに、いくつかの関連資料も考慮に入れて、一八歳を超える男性住民にかんして階層別の人口比率を推計してみた。[11] 下層民について言えば、表2の統計では「上記分類に属さない者」のなかに、一八歳以下の児童とともに入れられており、表3の統計数字にはどこにも含まれていない。結論だけを示すけれど、大ざっぱに見積もって下層民は住民の約七〇％、小市民層は二〇％前後だと思われる。したがって、貧困層は下層民にかぎっても住民の七割、小市民層の半分を含めれば八割にも達する。一般に言う民衆層である。富裕層は一割か、せいぜい二割にすぎない。[12]

『一階と二階』の貧困と富裕

ここで話を『一階と二階』における貧困と富裕のコントラストにもどす。まず貧困について言えば、これまでの考察から、舞台で示されている貧困が、住民の最大部分を占めていた下層民のそれでなかったことがわかるだろう。シュルッカーの家族は貧乏ではあっても、けっして下層民ではない。独立した古着商を営んでいるのだから、明らかに小市民層に属する。つまり、小市民の貧困、商売がうまくいかないための零細古着商の貧困なのである。

それでは、二階の富裕はどの階層のそれだろうか。二階の当主は、脚本では「フォン・ゴルトフックス氏、投機家で億万長者」という設定である。姓のまえに「フォン」があるけれど、貴族ではない。あとで見るように、小市民からの成り上がりのようだが、では貨幣貴族だろうか。おそらくそうではないだろう。推定の根拠は二つ。一つは、当時のウィーンで「フォン・何々氏（Herr von X）」という言い方は、たんにフランス語のムシューの言いかえにすぎない可能性があること。[13] もう一つは、ネストロイの作品を見わたしてみると、貴族ないし貨幣貴族と思われる登場人物には、「フォン」をふくめて称号は付いていても、「氏（Herr）」は付けられていないという事情があることだ。

とはいえ、ゴルトフックスが貴族志向の持ち主だったことは間違いない。芝居のなかでこの投機家は、娘の結婚相手の条件として「財産だけでなく、立派な家柄」[14]をあげ、実際にフランス貴族との婚約を娘に強制しようとしている。いずれにしても、ゴルトフックスはその財力からいって一応は——一応の意味は第四節で述べるが——上層市民だと言っていいだろう。

要するに、『一階と二階』の舞台に示されている貧困と富裕は、小市民の貧困と上層市民の富裕なのである。では、なぜ貧困と富裕を表す人物として小市民層に属する古着商と上層市民に属する投機家が選ばれているのか。もちろん、この問題はさきに示唆した勧善懲悪という芝居のテーマと密接に関連している。けれども、そこへ行く前にこの芝居の状況設定の社会史的背景を別の側面からもう少し見ておこう。

二　一階と二階——ウィーン住民の住居事情

この節では、ビーダーマイヤー期におけるウィーン住民の住居事情を考察して、そこから『一階と二階』の状況設定や場所設定について考えてみたい。

繰り返しになるけれど、ネストロイの芝居では、同じ建物の一階に貧乏古着商シュルッカーの家族が住み、二階には大金持ちの投機家ゴルトフックスの家族が住んでいた。あらためてとりあげて何を言いたいか。古着商と投機家という取り合わせはともかく、一階に貧しい小市民の住まい、二階に裕福な上層市民の住まいというこの芝居の設定自体はけっしてでたらめのものではない、ということである。

一階と二階

W・グライフ編『ウィーン三月前期の民衆文化』(一九九八年)所収のE・ケスマイアーの論文「ビーダーマイヤーの住居事情」によれば、「地下室や一階、屋根裏部屋、裏庭向きの張出しは、建物のうちの価値の低い部分であった。……十九世紀には居住用建物の一階は店舗や手工業経営、それに(たいていはこれらに結びついた)住まいによって占められており、二階——立ちのぼる地面の湿気のこもる一階の上方——は『ベレタージュ(立派なフロア)』と呼ばれて、家主もしくは金離れのいい借り手のために取っておかれた」[15]という。つまり、『一階と二階』の舞台は当時のウィーンにふつうに見られる、実際の状況にもとづいているのだ。

古着商シュルッカーは建物の一階、おそらくはその一部を居住用として借りていただけだろう。店舗は別の場所にあったと思われるが、これについてはあとで述べる。子供が五人に、同居人がダーミアンとサーラァルの二人、それにシュルッカー夫婦がいて、全部で九人の世帯である。舞台に出てくるのは一つの部屋と台所だけで、何部屋借りていたのか、家賃がいくらだったのか、残念ながら台本からはわからない。

これにたいして、投機家ゴルトフックス家はおそらく二階のフロア全部を借りていたと思われる。舞台に出てくるのは宴会の会場にもなる部屋と台所だけだが、これ以外に舞踏会を催す広間もあるという想定。ゴルトフックスと娘のエミーリエのほかに、使用人がヨーハンを含めて全部で七人。ゴルトフックスの妻は姿も名前も出てこないけれど、不在だが息子もいる。二階だけでは足りなかったかもしれない。それはともかく、「金離れのいい」ゴルトフックス家の家賃は台本に書かれている。半年で二、〇〇〇グルデン、つまり年四、〇〇〇グルデンという大変な額である。

では、それはどれくらい大変な額だったのか。これを理解してもらうために、ここで当時オーストリア帝国において使用されていた貨幣単位と通貨について説明しておこう。とりあえず、通常よく用いられていたのは、グルデン、グロッシェン、クロイツァーの三つ単位で、これらの単位間の関係は、一グルデン＝二〇グロッシェン＝六〇クロイツァーであった。これだけだと簡単だが、一九世紀前半には正式の通貨である協定通貨(Conventionsmünze＝CM)と、より価値の低いウィーン通貨(Wiener Währung＝WW)という二種類の通貨が同じグルデン、グロッシェン、クロイツァーの名前、同じ単位間の関係で流通しており、後者は前者の五分の二の価値しかなかった。つまり、二グルデンCM＝五グルデンWWである。したがって、お金の話が出てくる場合、どちらの通貨による表示かが問題になるが、ふつう統計数字や公共の料金などでは協定通貨、日常生活にかかわる金額ではウィーン通貨による表示が使われていたという。

家賃と収入

さて、さきほどのゴルトフックス家の家賃年四、〇〇〇グルデンという額だが、おそらくこれはウィーン通貨表示だろう。協定通貨に換算すれば一、六〇〇グルデンCM。判断の目安になりそうな金額を示すと、一八四八年の官報の示す労働者家族の家計では、成人男性労働者の年収が二〇〇グルデンCM前後。妻が働いていたとして、家族の収入は年二五〇グルデンCM程度。家賃は夫婦と三－五人の子供がいて年三〇－四〇グルデンCMとされている。(16) ただし、これは当時としても人間らしい住まいの最低限――おそらくは一部屋の住まい――の家賃で、ふつうは安くてもその倍の六〇－八〇グルデンCMくらいは払っていたという報告もある。(17) もちろん、シュルッカー家の家賃はこれよりは高かったと思われるが、それにしても、ゴルトフックス家の四、〇〇〇グルデンWW＝一、六〇〇グルデンCMという家賃がいかに大きな金額だったか理解できるだろう。

ところで、一階に手工業者や小売商などの小市民層が仕事場や店舗と住まいを借り、二階に家主や金持ちなどの上層市民が立派な住まいを借りていたとすれば、下層民はどこに住んでいたのか。同じ建物の内部にかぎって言うなら、『一階と二階』の舞台では示されていない部分、すなわち地下室や屋根裏部屋などである。家賃が安かったからだ。もちろん、又借り人（Aftermieter もしくは Untermieter）もいた。ウィーンではとくに、親戚のところに寄宿したり仕事場に寝泊りすることのできない移住者や独身の若者たちのために、小部屋の又借りや月決めの部屋が多かったという。もっと安いところでは、寝床借り人（Bettgeher）、すなわち夜ベッドだけを借りる者も少なからずいた。人数がどれくらいいたかはわからないけれど、借り賃は週二五クロイツァーCM前後だったというから、安いといっても年換算すれば約二〇グルデンCMになる。(18)

けれども、住民諸階層の住居事情は、いま述べたような、建物のなかのいわば垂直分布だけでは捉えきれない。むしろ、都市全体における水平分布を視野に入れる必要がある。そのためにつぎに、ビーダーマイヤー期ウィーンの都市構造を示して住民諸階層の分布状況を考察する。それをおこないながら、『一階と二階』の舞台になっている建物がウィーンのどこらあたりに想定されていたのかを考えてみたい。

ウィーン市の構造

まず、都市の構造から見ていこう。一九世紀前半のウィーンは、旧市街である市内区（Innere Stadt）とその周囲に位置する三四の市外区（Vorstadt）から成っていた（図2参照）。市内区は市の中心部にあって、東西約一・二キロ、南北約一・一キロのいびつな卵形をしていた。王宮のあるこの地区は、防塁をかねた高さ四メートルの市壁に囲まれ、市壁の一二カ所に設けられた市門とそこから放射状にのびた道路で外とつながっていた。市壁の周りは、幅約三〇〇メートルから五〇〇メートルの、グラシ（Glacis）――築城術用語で斜堤の意――

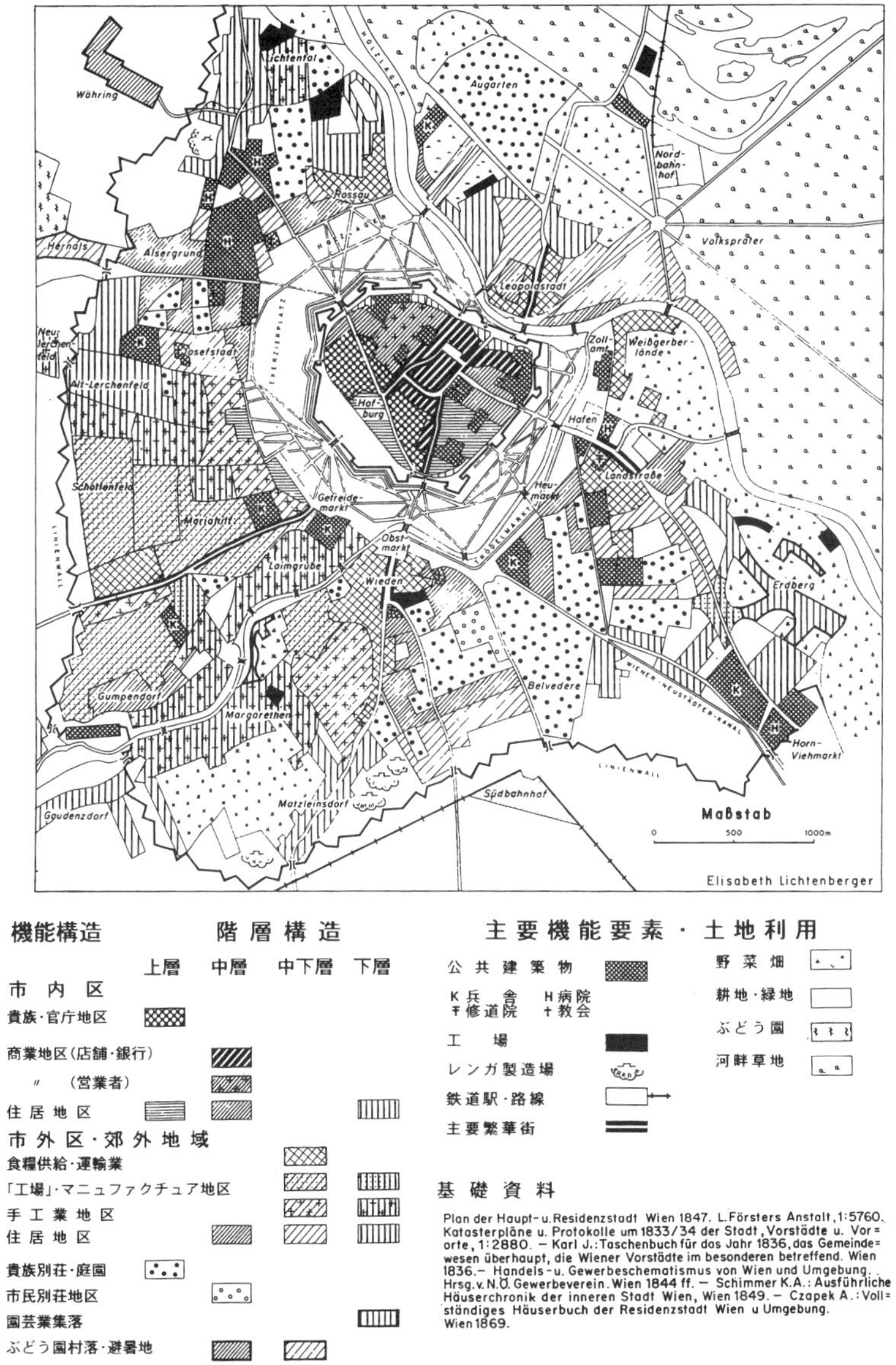

図 2　ウィーンの住民階層および機能構造　1850年

出典：Elisabeth Lichtenberger: *Die Wiener Altstadt*, Wien 1976, S. 204-205.

表4　ウィーンの人口　市内区と市外区

年	市全体 建物数	市全体 人口	市内区 建物数	市内区 人口	34市外区 建物数	34市外区 人口
1827	7,919	298,202	1,212	51,992	6,705	246,210
1837	8,264	333,582	1,212	53,450	7,052	280,132
1840	8,489	357,927	1,217	52,593	7,272	305,334

出典：1827年の人口は［Groß-Hoffinger］: *Wien wie es ist*, Teil 1, Leipzig 1833, S. XI より。1837年と1840年の人口は Freiherr von Reden: *Vergleichende Kultur-Statistik der Gebiets-und Bevölkerungsverhältnisse der Gross-Staaten Europas*, Berlin 1848, S. 167 による。家屋数は R. Banik-Schweitzer u.a.: *Wien im Vormärz*, Wien 1980, S. 158 による。

と呼ばれる空き地が帯状に取り囲み、このグラシの外側に、大小さまざまの三四の市外区が広がっていた。ただ、市壁の北東部はドナウ運河が通っていて、運河の向こう岸がすぐ市外区になっていた。市外区の外側の縁はリーニエの壁（Linienwall）と呼ばれる土塁で囲まれており、市門から発した通りがリーニエの壁にぶつかったところに、一二の市門にほぼ対応してリーニエ（Linie）と呼ばれる一二の柵木戸が設けられ、そこで市に出入りする者たちの検問、消費税の徴収などがおこなわれていた。このリーニエおよびリーニエの壁までが当時のウィーンの市域である。

三月前期ウィーンの市内区および市外区の建物数と人口の推移を、一八二七年から一八四〇年の一三年間だけだが、表4に示しておいた。そこから明らかなように、市内区の人口は五万二一三〇〇でほぼ一定。これにたいして市外区の人口はこの間約五万人増えている。つまり、さきに見たウィーン市の人口増加――その大部分は貧困層から成っていたと思われるが――はほとんど市外区で生じていたことになる。

さて、『一階と二階』のシュルッカー家とゴルトフックス家の住む建物の場所だが、もちろん台本に指定はない。では、市内区と市外区のどちらを想定したほうがいいのか。この点を考えるために、市内区、市外区それぞれの階層構成の特徴を見てみよう。[19]

表5　ウィーン男性地元民の職業・身分構成　1843年

職業・身分	市全体	市内区(%)	市外区(%)
1）僧　侶	605	306(　2.0)	299(　0.3)
2）貴　族	3,485	1,937(12.8)	1,548(　1.6)
3）官吏・名士	5,823	1,725(11.4)	4,098(　4.4)
4）市民・営業者・芸術家	13,182	2,203(14.5)	10,979(11.7)
5）上記分類に属さない者	85,765	8,975(59.2)	76,790(81.9)
6）男性地元民　　合計	108,870	15,146(100.0)	93,724(100.0)

出典：A. A. Schmidl: *Wien und seine nächsten Umgebungen*, Wien 1847, S. 142.

市内区と市外区の住民

一八五〇年ごろのウィーンの住民階層および機能構造を示した図2はE・リヒテンベルガーの『ウィーン旧市街』（一九七七）からとったものだが、この図からわかるように、市内区は王宮、貴族および政府関係地区、高級商店街や銀行街、中層以上の営業者および居住地区から成り、下層民の地区はわずかである。ただし、これはあとで見るように、市内区に下層民が少なかったことを意味するものではない。

市外区について言うと、北東部のレオポルトシュタット（Leopold-stadt）はユダヤ人の比率が高く、隣接するイェーガーツァイレ（Jäger-zeile）とともに中・上層の住民が多く住んでいた地区。南部のラントシュトラーセ（Landstraße）などは上層ないし中層の別荘などが多かった地区。工場やマニュファクチュア、手工業者の仕事場が多く、中層から下層の者たちが多く住んでいたのは、グンペンドルフ（Gumpendorf）、マリアヒルフ（Mariahilf）、ショッテンフェルト（Schottenfeld）、ヨーゼフシュタット（Josefstadt）といった南西部から西部にかけての市外区である。西部のアルトレルヒェンフェルト（Altlerchenfeld）や北部のリヒテンタール（Liechtenthal）などは下層民が多く居住していた地区である。

いま述べたような市内区、市外区それぞれの階層構成の特徴をうかがわせる統計がないでもない。表5の一八四三年の男性地元民にかんする大ま

表6　ウィーン一家族あたり平均年間家賃総額　市内区と市外区

(単位：fl CM)

		1831年	1837年	1843年	1846年
市　内　区		409	416	511	510
市外諸区	レオポルトシュタット	152	150	172	176
	イェーガーツァイレ	172	180	213	185
	ラントシュトラーセ	105	103	118	120
	グンペンドルフ	98	99	105	107
	マリアヒルフ	100	114	121	137
	ショッテンフェルト	78	84	90	97
	ヨーゼフシュタット	104	103	123	127
	アルトレルヒェンフェルト	58	57	58	60
	リヒテンタール	53	48	50	54
市内区・34市外区　全体		140	140	156	160

出典：R. Banik-Schweitzer u.a.: *Wien im Vormärz,* Wien 1980, S. 160.

かな職業・身分別の人口統計がそれである。表2と同種の統計だが、これには市内区と市外区の内訳が付いている。各職業・身分の数字それぞれについて、市内区の総数および市外区の総数にたいする割合を%で括弧のなかに示しておいた。

これによると、たとえば「貴族」は、市内区では市内区の地元民男性総数の一二・七%を占めるのたいし、市外区では総数のわずか一・六%にすぎない。「官吏・名士」もほぼ同様の傾向。「市民・営業者・芸術家」は市内区で一四・五%、市外区で一一・七%と、やや市内区が高い程度。ところが、下層民を含む「上記以外の分類に属する者」では逆転して、市内区が五九・二%にたいし、市外区では八一・九%と、市内区を大幅に上回る比率になっている。この統計は男性地元民にかんするものだが、いま示した比率の傾向は外来民男性の場合には、下層民の割合がより高いと考えられるので、もっと顕著に出てくるのではないかと思う。

もっとも、この数字は『一階と二階』の建物が市内区と市外区のどちらにあったかを判断する材料にはあまりならない。なぜなら、おそらくシュルッカー家もゴルトフックス家も――かりに彼らがともに地元民だったとすると——統計では「市民・営業者・芸術家」の分類に入ると思われるが、そこでは市内区と市外区それぞれの総数にたいする比率にさほど差がないからである。

それよりももっと建物のありかを考える場合の手掛かりになりそうなのは、表6に掲げた三月前期ウィーンの一家族あたりの平均年間家賃総額にかんする統計である。市内区および市外区のうち九つの区について数字を示している（表のなかのflは貨幣単位のグルデン、CMは協定通貨の略号）。

一見して明らかなように、市内区の一家族あたりの平均家賃は群を抜いて高い。一八三〇年代半ばで四〇〇グルデンCM前後。西部のマニュファクチュア地区であるショッテンフェルトの約五倍である。ゴルトフックス家の家賃は協定通貨で一、六〇〇グルデンだったけれど、もしも建物が市内区にあったとすれば、四〇〇グルデンCMというのはあくまで平均だから、四倍の一、六〇〇グルデンCM程度の家賃の住まいも当然あったにちがいない。

それでは、シュルツカー家もまた市内区に住まいを借りていたと考えていいだ

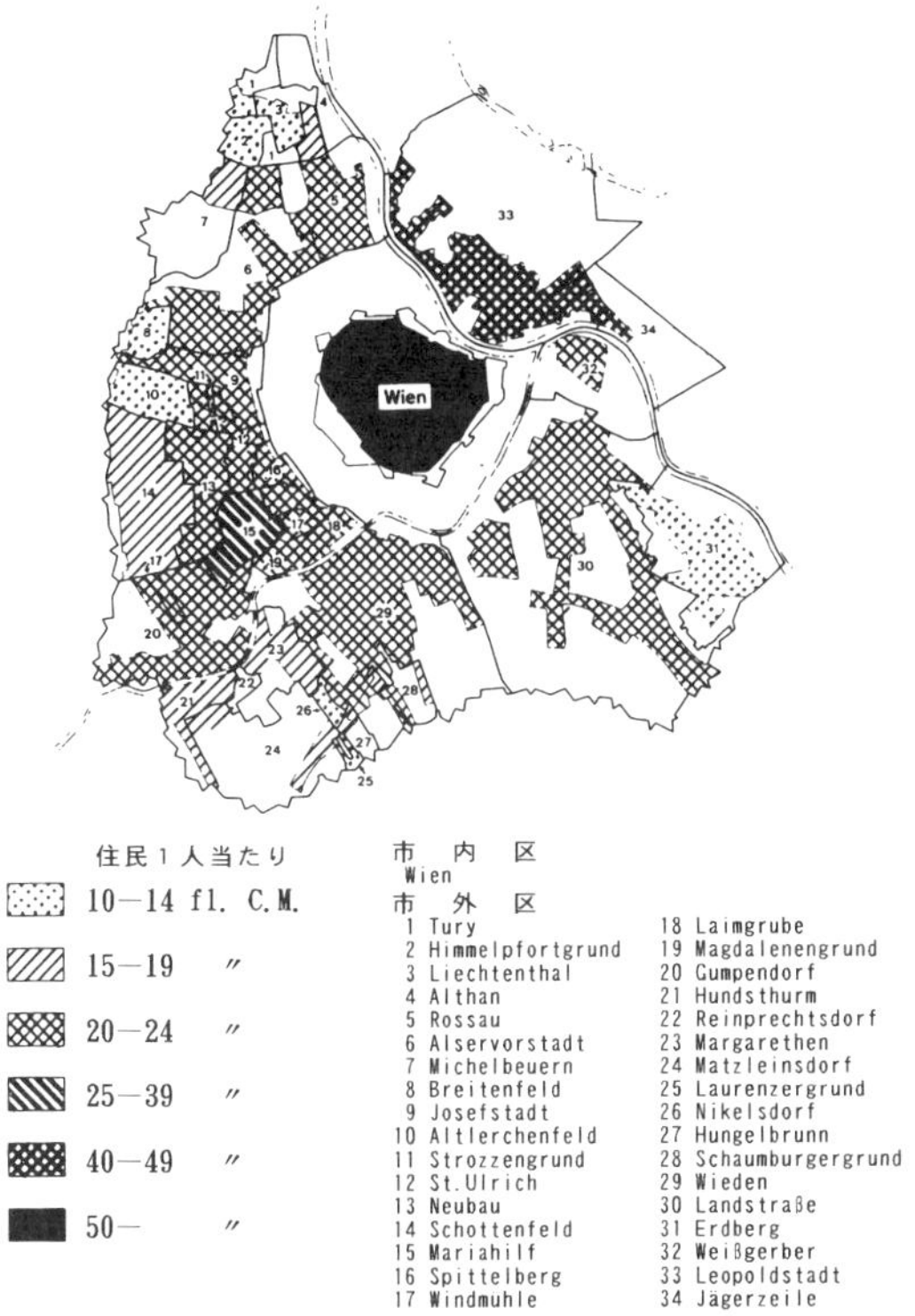

図3　ウィーン住民１人当たりの平均年間家賃負担 1834年（市内区と市外諸区）

出典：R. Banik-Schweitzer u.a.: *Wien im Vormärz*, Wien 1980, S. 170.

表7　ウィーン小売業の分布状況　市内区と市外区　1847年

業　　種	市内区	市外区	合　計
香辛料商（市民）	87	4	91
ワイン商	20	4	24
食料品商	72	1,236	1,308
絹物商	42	—	42
撚糸商	82	203	285
女性用装身具商	123	272	395
下着商・亜麻布下着商（市民）	9	1	10
〃　（資格）	24	95	119
雑貨商	2	318	320
古物商（市民）	20	202	222
〃　（認可）	—	299	299

出典：E. Lichtenberger: *Die Wiener Altstadt*, Wien 1976, S. 195.

ろうか。ところが、市内区は図3の示すところによると、一八三四年に住人一人当たりの平均家賃負担がウィーン市域全体でただ一カ所五〇グルデンCM以上の地区である。シュルッカー家は全部で九人だから、平均的な世帯だとして家賃は少なくとも四五〇グルデンCM。もう少し安く見積もってかりに市内区平均の四〇〇グルデンCMだったとしても、家族全体の収入は最低でもその三倍、すなわち一、二〇〇グルデンCMくらいは必要だろう。妻のセッファルは働いていないようだが、サーラァルは帽子作りの仕事で多少は稼いでおり、アードルフも公証人の書記をやっていて収入がある。とくにアードルフは給料の全部を家計に入れているようだけれど、それほど稼ぎが多いとは考えられない。それに、そもそも貧乏古着商という設定だから、家賃四〇〇グルデンCMの負担はこの家族にはやはり重たすぎるような気がする。

小売業の分布

したがって、家賃のことを考えるとシュルッカー家は、市内区ではなくて市外区のどこかの建物の一階に住まいがあったと想定したほうがより現実的のようだ。それに、この推測を補強してくれるような数字もある。一八四七年のいくつかの小売業にかんする市内区・市外区間の分布状況を示した表7がそれである。

この表からは、業種によって市内区に多く店舗をもつもの（たとえば香辛料商）と、市外区のほうに多くの店舗をもつもの（たとえば食料品商や雑貨商）が、かなり歴然と分かれていることが見てとれるだろう。同じ業種の小売業では、おそらく市内区にあるほうが上層客向けの高級店だと思われる。また、下着商・亜麻布下着商（Pfaidler u. Leinenwäschehändler）のように市民営業者と資格営業者を区別して数字を載せている業種もある。市民営業者というのは、第二節でふれたけれど、伝統的に業種ごとにあったツンフトに属する営業者で、資格営業者はツンフトの外部で営業資格を与えられた営業者のことである。この場合、市民営業者のほうが当然ながら資格営業者よりも格が上で、下着商・亜麻布下着商も、前者が市内区に店舗を多くもち、後者は市外区に多くもっていた。

シュルッカーが属する古物商――古物商と訳した Trödler（ウィーン弁では Tandler）は古着商の意味もふくんでいる――は、統計によると全部で五二一人いるが、この業種でも市民営業者と認可営業者が区別されている。両者は数のうえではさほど差はない。店舗について言うと、前者の大部分と後者の全部は市外区だが、前者の一部分は市内区である。ダーミアンの言う「卸売商を見くだすような古物商」は、市内区に店をもつ市民営業者のなかにいたのだろう。シュルッカーが富裕な古物商でなかったことは間違いないが、この貧乏古着商の店舗が市内区になかったことも また確実である。

古物市場

根拠を示そう。表7では古物商の店舗の所在場所は大半が市外区となっているけれど、実際に市外区にあったのは若干で、大部分はグラシに位置していた。というのは、当時は市内区の南外側のグラシにかなり大きな規模の古物市場（図2中の Trödelmarkt、ウィーン弁では Tandelmarkt）があったからだ。同時代のウィーン在住の作

図 4　ウィーンの古物市場
(L. Müller の写生にもとづく木版画)
出典：Edgar Weyrich : *Wien geschildert von Künstlern der Feder und des Stiftes. Teil 4: Alt-Wien*, Wien 1927, S. 259.

家A・シュティフターは「古物市場」(一八四四)と題する文章を残しているが、それによれば、ウィーンの古物市場は「数百軒の木造小屋がぎっしりと軒を接して」[20]立ち並んでいて、さながら一つの町のように小路で区切られていた。ありとあらゆる種類の品物を扱う小屋がひしめき、古着商はそのなかに特定の区画を占めることなく散在していた。小屋にはすべて番号が付いており、たいていの小屋は屋号を描いた看板を掲げていたというが、芝居ではシュルッカーは「小屋番号八七の古物商」[21]とされている。つまり、グラシの古物市場に小屋の店舗をもっていた貧乏古着商という設定なのである。また、次節で事情を述べるけれど、この貧乏古着商はおそらく認可古物商だったはずだ。

ともあれ、シュルッカーが市内区に住まいを借りていた可能性はやはりきわめて低いと推測される。そうなると、住まいのある建物は市外区にあったことになる。その場合、ゴルトフックスの住まいのほうはどう考えたらいいか。年家賃一、六〇〇グルデンCMくらいの「ベレタージュ」は市外区にもけっこうあったのではないか。むしろ、市外区のどこかに想定したほうが貧富のコントラストの効果は大きいかもしれない。けれども、他方でゴルトフックスの貴族志向を考えると、やはり投機家の住まいは市内区のほうが似合っているような気もする。――

というようなわけで、『一階と二階』の建物が市内区にあったのか市外区にあったのかという問題は、市外区のほうに傾くものの、ここでは最終的な決着がつけられなかった。もっとも、ひるがえって考えてみると、一階が市外区で二階は市内区であってもかまわないのかもしれない。なぜなら、一階と二階の貧困と富裕のコントラストは、市外区と市内区との格差をシンボリックに表すものだと言えないこともないからだ。

以上、不十分ではあるけれど、『一階と二階』の芝居の背景をなす都市構造と住居事情について考察した。つぎの二つの節では、これまでの議論を踏まえて、古着商や投機家、召使といった登場人物をその背景にある現実の存在に照らして考察し、それをとおして、この芝居の根幹をなす対立構造を明らかにしてみたい。芝居に盛り込まれている勧善懲悪のテーマもそれによって明確になるはずである。

三　投機家とその召使――登場人物の社会史的背景（一）

『一階と二階』の根幹をなす対立とは何か。むずかしいことではない。一階の貧乏古着商シュルッカー家の人びとにたいする共感と、二階の投機家で億万長者ゴルトフックス家の――エミーリエとファニーをのぞく――人びとにたいする反感である。言いかえれば、登場人物たちが、それを見る観客の気持ちがそれぞれ共感と反感に向かうように設定されているということ、つまりは、勧善懲悪のテーマが盛り込まれているということだ。

そのことはもちろん、この芝居が想定した観客の階層と無縁ではない。芝居が演じられたのは、市外区、それも手工業職人、家内労働者などの下層民や小市民層、いわゆる民衆層の多く住む西部地区にあったアン・デア・ウィーン劇場。グロース＝ホフィンガーはこの劇場を「きわめて民衆的な施設」[22]と呼んだが、ネストロイは一八三一年から一八四五年まで、この民衆劇場の喜劇役者を兼ねた座付き作者であった。

一階にたいする共感と二階にたいする反感のうち、後者はこれまでも作品の諷刺的側面として指摘されてきた。ここでも後者から見ていくことにする。では、どのようなところが観客の反感を引き起こす要素だったのか。社会史的視点を交えながら考察しよう。

投機家という存在

まず、二階の当主のゴルトフックス。この人物はたんなる億万長者の上層市民ではない。重要なのは投機家という設定である。ゴルトフックスの企てる投機はどのようなものだったか。台本で語られているのは、ボンボンの兄のマルセイユの銀行家と組んで、船が所定の場所に無事に着くと投資が一挙に一・五倍になるという商売に全財産を賭けるというものだ。もちろん、船が遭難してゴルトフックスはすべてを失ってしまうのだけれど、ここで問題なのは、当時のウィーンで投機家がどのような存在だったかという点である。

この点については、A・エーダーが論文「三月前期における文学による社会批判――社会史の史料としてのネストロイの著作」（一九七三）で述べていることが参考になる。

ナポレオン戦争時代の戦時利得者たちにたいしてすでにある種の不審の念が自然に起こったが、三月前期の経過のなかでは取引所制度と貨幣経済にたいする、反ユダヤ感情に縁どられた反感が、とりわけ、新しい経済の考え方に適応できない、もしくは適応しようとしない人びとの間に生まれていった。それに対応する形で一八〇〇年以降、民衆劇

表8　オーストリア帝国の産業・工場・営業（特殊業種）　1841年

業　　種	ウィーン	ボヘミア	ロンバルディア	ヴェネツィア
管財人・仲介業 仲買人・取次業	64	35	1,164	1,188
船大工・水車大工 航海士	—	16	244	23
劇場所有者	5	2	8	11
用益賃借人・投機家	—	5	11,504	1,264

出典：*Austria oder Österreichischer Universal-Kalender für das Jahr 1849*, [Wien 1848], S. 180.

のなかに怪しげな投機家や仲買人が登場する。……彼らは、その財産を犯罪的な術策以外のやり方では説明できないような財産家である。[23]

このように、ビーダーマイヤー期のウィーンでは投機家は民衆にとって反感を覚えるような存在だったらしいのだ。それに関連して、投機家の数をふくむ面白い統計資料があるので紹介しよう。表8がそれだが、この数字は暦本『アウストリア』（一八四九）の載せる、ウィーン、ボヘミア、ロンバルディア、ヴェネツィアというオーストリア帝国の四地域についての「産業、工場および営業（一八四一）」にかんする統計から「特殊業種」の一部を取り出したもので、これによると「用益賃借人・投機家（Pächter u. Speculanten）」の項目は奇妙なことにウィーンだけがゼロなのである。エーダーは、ゴルトフックスの投機の企ては「ベニスの商人を思い起こさせる」[24]と言っているが、同じ統計項目の一、二六四というヴェネツィアの数字のなかには、たぶん投機家も入っているだろう。そうだとすると、ヴェネツィアでは投機家が統計上、職種として認知されていたのにたいし、ウィーンでは公認の存在ではなかったということなのだろうか。

エーダーはさらに、投機家ゴルトフックスが少なくともフランス貴族のボンボンのなかに一人の取巻きをもっているが、この取巻きがゴルトフックスの「地元との結びつきの欠如を目立つものにしている」[25]と指摘している。一階のダーミアンは、サーラァルの尻を追っかけまわすこの「フランス人のしゃれ者」[26]に一発お見舞いしようとする。おそらく、この「地元との結びつきの欠如」あるいは外国、とくにフランスとの結びつきもまた、観客の民衆に反感を抱かせる要素の一つだろう。

にわか成金ゴルトフックス

けれども、この「投機家で億万長者」にたいする観客の反感を引き起こす効果が最もあったのは、ゴルトフックスが典型的なにわか成金として設定されていたことだろう。台本にはこの投機家が自分の出自を仄めかしている場面がある。それは、家主ツィンスから、「わたしの父は金持ちではなかったんですが、尊敬できる人間でした。あなたのお父上もそうでしたか」と尋ねられて、それには直接答えず、「親父は配達業者だった。わしは天性の億万長者なんだ」と言い放つ場面である。[27]

このゴルトフックスの台詞にかんしては二点ほど注釈を加えておく。一つは「配達業者」ということば。原語はLieferant。辞書類を見るだけでは実体がつかみにくいけれど、これは当時、御者や運送業者、郵便配達夫などとともに、交通・運輸業に分類されていた職種の一つである。三月前期に貴族に叙せられた市民身分の者たちのなかに、卸売商でかつMilitärlieferantあるいはHeereslieferant、つまり軍納入業者である者が数人おり、また、辞書にはHoflieferant、すなわち宮廷納入業者というものもあげられている。けれども、ゴルトフックスがたんにLieferantとしか言っていないところを見ると、父親はそんな、御用商人と訳してもいいような大物のLieferantではなかったのだろう。[28]

もう一つは「天性の億万長者」。「天性の」の原語はgeboren。「生まれながらの」という意味にとれないわけではないけれど、ゴルトフックスは、父親が億万長者だったから、自分も「生まれながらの」億万長者なんだと言っているわけではないと思われる。むしろ、父親はしがない配達業者にすぎなかったけれど、自分には投機で大儲けできたような、億万長者になる天性の才能があると言っているのではないか。E・ライヒマンは『ネストロイの戯曲における保守的内容』(一九九五)のなかで、さきにあげた台詞を根拠にゴルトフックスを「少し前に金持ちになったばかりの小市民」[29]だと述べている。

けれども、ゴルトフックスが観客の反感を買うのは、おそらくそんな経歴の示唆ではない。それよりもむしろ、いかにも成り上がり者を思わせるもろもろの言動のほうだろう。たとえば、宴会のときの、高額であればいい、豪勢でありさえすればいいといった、これみよがしの品のないお金の遣い方。さらには、財力の劣る者にたいする高慢な態度。娘の結婚を自分の名誉欲と金銭欲を満たす手段としてしか見ない利己主義。家の使用人たちからも尊敬されない。召使の一人は早くも芝居の冒頭近くでにわか成金の没落を予言している。ゴルトフックスは、床に落としだけの最高級の亜麻製ハンカチを召使に窓から捨てさせるが、そのときこの召使は——捨てるふりをして自分のものにしたあとで——独り台詞を吐く。「おれは占い師じゃなくって召使にすぎない。だけど、いつも思うよ、あいつが一文なしになっても、おれ様はまだ何かもってるだろうってね」[30]。

ただし、この億万長者はエミーリエの父親でもあるので、徹底的な憎まれ役としては設定されていない。どこかお人好しで抜けたところのある人物でもある。召使や料理人たちが酒や食材の値段をごまかして主人のお金をくすね取っているのに気づかず、かえってその忠勤ぶりを褒めてやる始末。反感というより嘲笑の対象というべきかもしれない。

金の亡者ヨーハン

そこへいくと、召使(Bedienter)のヨーハンは二階のフロアで最も観客の反感を集める悪党である。表面上は主人のゴルトフックスに忠臣づらしてへつらいながら、陰で主人のお金を六、〇〇〇グルデンも――協定通貨に直せば、二、四〇〇グルデンCM――くすね、さらにそれを従兄のお金と称して、八％の利子のつく主人の事業につぎ込む。エーダーの言う「犯罪的な術策」による蓄財である。小間使のファニーとは結婚の約束をしていたが、ファニーが小金を溜めていないと知るや反故にしてしまう。

それにしても、ヨーハンはなぜそんなにお金を欲しがるのか。他人に使われる召使の境遇から脱け出して、他人を使う身分になりたいからである。この悪辣な召使は芝居の最初のあたりで自分のもくろみを歌のなかで公言する。

いまあと三年はこの制服を着ているつもりさ
そのあと自分で馬と馬車をもつ
料理女に御者と下男をおく
召使だけはご免だね、おれの言うのはほんとだよ
召使のなかにはゴロツキがいるからね、これはたしかさ(31)

もちろん、ヨーハンのもくろみは、ゴルトフックスの破産と一緒に、あの六、〇〇〇グルデンもろとも潰えてしまう。それだけではない。破産した投機家を見限った悪党はこんどは高価な指輪をねらって、債務不履行者となったフランス貴族ボンボンの逃亡に手を貸すが、ボンボンの服から財布を抜き取ったのがばれて警察に逮捕されるはめになる。悪は懲らしめられるのである。

奉公人と召使

ヨーハンにたいする観客の反感を理解するためには、やはり現実の召使という存在にふれる必要がある。さきに見たように、召使は奉公人の部類に属する。奉公人とは一般に、給金をもらって主として家庭内で私人に仕える者たちのことだが、下男、下女、門番、靴磨き、食卓係、料理人、子守、御者、馬丁、侍女、小間使、召使、執事、家庭教師等々、さまざまな職種の者がこの部類にふくまれる。これらの家内雇員たちは、三月前期のウィーンでは手工業職人や徒弟、あるいは工場労働者などとは別に、一八一一年の僕婢条令によって雇い主の家父長的な監督のもとにおかれており、そのさい、たんなる労働力ではなく、家を構成する一員とみなされ、主家にたいする帰属意識も強かったといわれる。(32)

当時のウィーンにおける奉公人の数については詳しい統計はないようだが、さきにあげたリヒテンベルガーによれば、大ざっぱに言って、市全体でほぼ貴族および市民層の成人男性一人に対して一人の割合で奉公人がいたという。荒っぽく計算すれば、これは一八四〇年頃で四万人前後、市人口のほぼ一割にあたる。とくに多かったのはやはり、上層住民の居住地区だった市内区である。一八二〇年代には市内区人口の四五%、つまり二万三、〇〇〇人ほどが奉公人で、そのうちの四分の三は女性だったという。(33)

奉公人のなかに召使と呼ばれる者がどれくらいいたのかもよくわからないけれど、召使のなかでも、身分の高い者たちの個人的ないし代理の仕事をおこなう執事（Diener）は、ハンによれば、かなりの教養を必要とした家庭教師などとともに、奉公人の部類には入れられても、下層民に数え入れることはできないという。奉公人のなかではランクが高かったのだ。奉公人のうち本来の意味での下層民と見なされるのは、家事にかかわる仕事をおこなう者たちだけである。(34)

主人―召使関係の変質

ところで、ハンは召使についてではないが、一八四〇年代にある保守派の貴族が記した執事にかんするつぎのような嘆きの声を引用している。「この四半世紀の間に執事身分（Dienerschaft）、あの制服勤務に生じた変化ほど、封建的、家父長的関係の崩壊をはっきりと表すものはない。利己主義が通例となり、例外でなくなって以来、他人のために自分の職務を捧げる者はみな、私利私欲ための俸給以外の理由、それ以外の目的を前提していないが、それは至極当然のことなのだ」と。この人物によれば、家令（Lakai）ということばがほとんど侮蔑のことばになっていたともいう。[35]

こうした声は当時、保守派だけでなく、民主主義的な考え方をもった人物からも発せられていたらしいが、要するに、当時すでに主人にたいする執事の個人的な忠誠関係は壊れかけており、たんなる金銭関係になりかかっていたということである。ヨーハンのような召使は執事ほどランクが高くなかっただろうが、それだけに執事よりも一般に質が悪かったと思われる。もっとも、『一階と二階』の場合は主人のほうも忠誠を捧げるに値するような立派な人物ではなく、また、主人と抜け目のない召使という取り合わせはもともと笑劇の伝統のなかにあったものだろう。けれども、ヨーハンのような金の亡者で「ゴロツキ」の召使が民衆劇の舞台に登場しても不思議ではないくらいの現実の地盤は、当時のウィーンに形成されていたようなのである。

ともあれ、二階のゴルトフックス家の人びとにたいする反感はこれくらいで切りあげて、つぎに一階のシュルツカー家の人びとにたいする共感について考察しよう。

四　古着商とその手伝い——登場人物の社会史的背景（二）

古着商シュルッカーの家族は貧乏でも、世間的な意味で善人や正直者ばかりである。そこに観客の共感が一階の住人たちに向かう理由がある。それを見るためにも、まずはシュルッカーの経歴について見ておきたい。経歴はシュルッカー夫婦がアードルフを養子にした事情を裁判所の廷吏から尋ねられて答えるさいに明らかにされる。

古着商シュルッカーの経歴

それによれば、シュルッカーはもとからのウィーンっ子ではない。この古着商は二〇年前——芝居の初演の年を基点にすれば、一八一五年には——首都から二〇マイル離れたミューレンベルクという町で仕立屋をやっていた、という設定である。(36) 何年前にウィーンに移ってきたかはっきりしないけれど、シュルッカーが古着商をやり始めたのは、ウィーン移住以後のことだと思われる。仕立屋と古着屋のつながりについてはあとで述べるが、そのさい、外来民のシュルッカーは当然のことながら、さきに説明した区分のうちの市民古物商ではなくて認可古物商だったはずである。店舗はグラシにあった古物市場の八七番の小屋。もっとも、まともな生業を営みながら一〇年間定住すれば、外来民もウィーンに本籍権を得ることができたから、シュルッカー夫婦も地元民にはなっていたかもしれない。(37) その間に子供が四人でき、シュルッカーの遠縁の娘サーラァルと、妻の弟の破産した元古着商のダーミアンが同居するようになる。商売のほうはさっぱりで、貧乏暮らしが続いているといったところだろう。

さて、シュルッカー家の人びとの善人ぶりだが、それはまず、シュルッカー夫婦がアードルフを養子にして立派に育てあげた点に現れている。夫婦は二〇年前ウィーン近郊の町で、破産して外国に逃げた隣の時計屋が残した男の赤ん坊を引き取っている。これについても社会史的背景から見てみよう。

養子をめぐる状況

アードルフの場合とは異なるけれど、当時ウィーンにあった国立の捨て子院のケースについて言えば、捨て子院に収容された子供たちの大半はそこから養育金つきで個人の養い親のところに出されていた。ハンによれば、一八四五年には捨て子院の保護を受けた約一万二、〇〇〇人の子供のうち、施設に留まった者はわずかで、ウィーンで個人の養育に回された者は一、〇〇〇人弱、農村で個人の養育に出された者が約一万二、〇〇〇人弱となっている。けれども、たいていの場合、養い親による引き受けは人道的な動機からよりも、むしろ養い金目当てから出たもので、[38]また、養い親は子供を自由に扱える権利を有しており、ただ同然の労働力としてこき使えることも養子引き受けの大きな動機だったようだ。[39]

このような風潮のなかにあって、シュルッカー夫婦のような養い親は子供にとってはおそらく幸運な例外だったはずだ。夫婦は自分たちの子供が死んだばかりだったとはいえ、アードルフを自分たちの子供として育てた。そして、二一歳のアードルフは、ダーミアンのことばに従えば、「小説が読めて、標準ドイツ語が話せ、立派な文章が書ける」[40]青年になっている。なによりも公証人のところで書記をやっているのだから、貧乏のなかでもちゃんとした学校に行かせてもらったのだろう。

アードルフがどのレベルの学校まで行ったかは台本に書かれていないけれど、一二歳まで就学義務のある——といっても、表9に見られるように、全員就学には程遠いが——小学校（Trivialschule）やその上の高等小学校（Hauptschule）、あるいはその上の、一五歳まで履修義務のある復習学校（週一回の日曜学級程度のもの）といっ

表9　ウィーンの教育施設　1842年

ギムナジウム		民衆諸学校						
		高等小学校・小学校・女子学校			復習学校		生徒合計	
学校	生徒	学校	就学可能児童	就学児童	学校	生徒	男子	女子
3	1,633	105	28,287	28,391	63	8,932	23,813	13,510

出典：*Tafeln zu Statistik der oesterreichischen Monarchie für das Jahr 1842*, Wien 1846.

た民衆諸学校（Volksschulen）のレベルではなかったかもしれない。ギムナジウムは三月前期にはウィーンに三校あって、生徒の出身階層で最も多かったのが官吏・管理職の五四・一％、次いで手工業者・営業者の三〇・六％、医師・法律家は六・一％を占めていたという(41)。比率だけを見ると、古物商の息子が行ってもおかしくはないが、なにしろ表9にあるように、三校の生徒数を合わせても一、五〇〇人前後、一学年あたりの生徒はきわめて少ない。それに、当時のギムナジウムは年に一二グルデンCMかかったというから(42)、アードルフが出来のいい子供だったとしても、貧乏古物商にはやはり無理だったのではないか。高等小学校から行ける実科学校に相当するものとしてはウィーンには当時一校だけ、一八一五年に創設された総合技術学校（Polytechnisches Institut）があって、一、五〇〇人ほどの生徒がいた。この学校には商業部門も設けられていたが(43)、ここに行かせてもらっていただろうか。

好青年アードルフ

以上はもちろん、憶測の域を出るものではない。とにかく、芝居ではシュルッカー夫婦は、養子だったにもかかわらず虐待や酷使などはせず、アードルフにちゃんとした教育の機会を与えて立派に育てあげた人情に厚い夫婦という設定なのである。他方、アードルフもまた気立てのいい青年として登場する。稼いだ金は全部母親に渡して貧しい家計を支えているし、莫大な遺産の相続人となっても、セッファルにたいしては「あなたは本当の母さんとしてぼくを可愛がってくれました」と感謝のことばを述べ、シュルッカーとダーミアンにたいしても、「ぼくに示された親切以外は何も覚えていませんし、感謝の気持ちは限りがありません」と言っている。[44] サーラァルはどうか。「セッファルさんは、お金があってもせっせと働かなくちゃいけないって言ってたわ。あたしにはなかなか納得できそうにないけど、あの人がそう言うんだから、ここに座って糸を紡ぎましょ」[45]と、少し浮ついたところもありそうな台詞だが、サーラァルはおおむね堅実な働く娘として描かれている。フランス貴族のボンボンの誘惑に負けず、貧乏で不器用なダーミアンを支え続ける女性の役である。

けれども、シュルッカー家の人びとにたいする観客の共感を理解するには、やはりシュルッカーとその手伝いダーミアンの古着商としての側面を見ておく必要がある。シュルッカーがどのような古着商だったかについては、これまでもいくらか述べたけれど、以下、もっと詳しく見ていくことにしよう。

古着商という存在

さきに仕立屋と古着商とのつながりについて示唆したけれど、二〇年前シュルッカーがウィーン近郊の町で仕立屋をやっていたときには、おそらくかなり下のランクの仕立屋だったのだろう。というのも、さきにあげたエーダーによれば、当時のウィーンの仕立屋は、貴族向け仕立屋、市民向け仕立屋、市外区の民衆仕立屋、市場仕立屋、繕い仕立屋といったランクに分かれていたが、古着屋は「たいていは落ちぶれた仕立屋」[46]だったというからだ。もっとも、シュティフターによると、古物市場の「古着商の大半は、その生業から言えば仕立屋なのだが、多くの労働者を自宅にもっていたり、他の所に雇っている者もかなりいて、そこではまったくの新品も作られている。つまり、まったくの新品もあるのだろうが、古い物からまったく新しく作られる品物もある」[47]というから、古着商を「落ちぶれた仕立屋」というイメージだけで捉えてはいけないのかもしれない。とはいえ、貧乏古着商シュルッカーはやはり「落ちぶれた仕立屋」だったのではないか。台本からは他人を何人も雇って古着の仕立て直しをやっているような気配はうかがえない。商売人としても活発なほうではなかったようだ。シュルッカーは言っている。「わしは今日、絵のなかのトルコ人みたいに小屋にじっと座ってとったけど、一クロイツァーも手にできんかった」[48]と。

表7に示されている五二一軒の古物商のうちの何軒が古着専門だったかわからないけれど、では、当時のウィーンで、また民衆にとって古着商はどのような存在だったのだろうか。シュティフターはそのあたりの事情をつぎのように書いている。

> 品物それ自体ではなく、買い手の財布のことを考えると、これらの商品はやはりとても安くて、結局はもとから仕立屋に注文したのと同じくらい長もちしてしまうのだから、これらの小屋にはかなり多くの客がつくことになる。客は市域から来るだけでなく、周辺の農村のひどく貧しい者たちもこぞって衣装を古物市場から調達するのである。ここでは、長く待つ必要がないという利点がある。仕立屋が約束を守らなくて、天気のいい日曜日の午前中いっぱいを待たされたり、あるいは裁断を間違えたりすることに腹を立てる必要もない。[49]

大衆向け衣類の大量生産がまだ始まっていなかったこの時期には、ウィーンでも、ヨーロッパの他の大都市と同様に、「都市住民の大部分に衣料を提供しているのは事実上古着商人であった」[50]と思われる。あまりお金のない民衆は、衣類を必要とする場合に仕立屋に注文することは少なかった。とくに下層民は衣類の大半を古物市場や繕い仕立屋で手に入れていたし、奉公人はしばしば主家の着古した服をもらっていたという。[51]つまり、古着商は――家々を回って古着を買いつける行商人もふくめて――民衆にとってきわめて生活に密着した、必要不可欠の存在だったのである。

古着商にたいする反感

ところが、古着商にかんしては別の事情も存在した。シュティフターは書いている。

古着商は、買いつける品物はみな古くてほとんど価値がないと言うかたわらで、売る品物はどれもまったくの新品でとても高価なものだと言い立てる。わたしはこの矛盾を見いだすたびに、このたくさんの新しい物はいったいどこからやってきたのかと考えたものだ。[52]

シュティフターの文章からも感じ取れると思うが、このように当時のウィーンでは、安く買って高く売りつけようとする古着商にたいしては民衆の疑念や反感もあったようなのだ。その疑念や反感には、古着商のなかにユダヤ的要素がかなり混じっていたという事情もあずかっていただろう。良知力氏は『青きドナウの乱痴気』（一九八五）のなかで、「当時の一般民衆の意識の上ではユダヤ人と泥棒と高利貸しは、ほぼ同義語だったが、さらにそれに古着屋を加えてもよかった。人の弱みにつけこんで、ずいぶんあくどい買叩きをしたのだろう」[53]と書いている。ユダヤ人のことはともかく、それでは、古着商にたいするこのような民衆の感情があるなかで、『一階と二階』ではシュルッカーとその手伝いはどのような古着商として設定されていただろうか。

じつを言うと、芝居のなかでシュルッカーは、アードルフの父親としての意味あいが強く、古着商としては影がうすい。古着商の立場でものを言っているのは、むしろシュルッカーを手伝う破産した元古着商ダーミアンである。

善良な古物商ダーミアン

ダーミアンは、自分がどんな古着商なのかを芝居の冒頭近くの歌のなかで告白している。

おいらは心やさしい阿呆者
物に高値がつけれない
おいらには——知ってる人はみんな知ってる——
人をだます才がない
だから隠さず言ってしまう
古着商なんかならなきゃよかった(54)

つまり、ダーミアンは不器用で善良な正直者、あくどい儲けのできない古着商として登場しているのである。この性格は貧乏古物商シュルッカーにもかなりの程度あてはまるはずだ。古着商にたいする民衆の反感はおそらく和らげられている。それに、いま述べたところから、一階の破産した元古着商には、ずる賢くてお金をくすね取ることしか頭にない二階の召使ヨーハンとは正反対の、きわめて対照的な性格が与えられていることがわかるだろう。ヨーハンに反感が集中するとすれば、ダーミアンには——ヨーハンにたいする反感ほど強くはないかもしれないけれど——観客の共感が集まる仕掛けになっているのだ。サーラァルは言っている、「頭のいい悪人より、頭の悪い善人のほうがましよ」(55)と。

ところで、古着商シュルッカーに雇われていて、実態としては下層民に属するダーミアンには、古着商という小市民の立場とともに、もう一つ、貧困層の立場を代弁するような発言もある。二階のゴルトフックス家で催される宴会について、サーラァルが「あそこで食事をするのはお金持ちだけよ」と言うのにたいして、ダーミアンは、「それこそ愚かで不公平の極みだよ。金持ちが金持ちを招待するのをこれっきりにして、貧乏人を招待すれば、みんなにたっぷり食い物がまわるのになあ」[56]と言い返している。

ダーミアンのいわば民衆的な立場は、アードルフが億万長者の実父の相続人になったあとでも変わらない。仲間の古物商から「これからおまえさんたちはとても威張るようになるだろうな」と言われたのにたいして、「お金があってもおいらは、だれが見ても以前は庶民だったってわかるように、これからもずっとふるまうよ」[57]と応えているのだ。

最後の台詞

けれども、ダーミアンの立場は最終的にはやはり古着商、それも良心的な古着商のそれである。しかも、『一階と二階』の芝居は、アードルフとエミーリエの婚約を舞台上の全員で祝福しながら、観客に向かって言うダーミアンのつぎの台詞で終わる。

おいらは古着商の名誉にかけても、一年をとおしての皆さまのご愛顧よりほかのことは望みません。[58]

シュルッカーとセッファルの人情味ある夫婦やアードルフの好青年ぶりに共感が向かうように芝居が作られていることはすでに述べた。けれども、それらもさることながら、ダーミアンのこの最後の台詞に注目するならば、古着商への共感を集めることがこの芝居の隠れたテーマだったと言うことすらできるかもしれない。いずれにしろ、悪人ヨーハンは消え、善人ダーミアンが残る。あるいは成金投機家の一家は没落し、貧乏古着商の一家が栄える。通俗的な民衆劇の世界の出来事である。

おわりに――残された諸問題

論じ残した事柄

ここまでネストロイの『一階と二階』という芝居を、ビーダーマイヤー期のウィーンとその住民という社会史的背景から考察してきたけれど、まだまだ論じ残した点がある。当初の予定では、たとえば、シュルッカー家の人びとが宝くじにあたったお金で食事に行くシーンに関連して、当時の民衆の娯楽や余暇についても考察するつもりだった。また、宝くじについても言及したかった。あるいはまた、舞台に登場する女性たち、とくに小間使や女中などの奉公人や帽子造りなどに従事する女性労働者のことなども論じてみたかったが、今回は果たせなかった。

また、ここで考察した事柄についても議論を深められなかった点がいくつかある。とりわけ登場人物の社会史的背景にかんしてはわからないことが多い。たとえば、この芝居が取りあげている投機家と古着商という二つの業種には、どちらにもユダヤ人との関係があると思われるのだが、ネストロイはどのような意図をもってこの二つをわざわざ舞台にのせたのか。そこには単純な勧善懲悪の思想では割り切れないものが残るような気がするが、十分な調べがまだついていない。もう一つ言えば、考察の最後に取りあげた、古着商が好意的に描かれている点だけれど、背景になにか古着商をめぐる事件があったか、古着商からのなんらかの要請があったことを思わせる幕切れだが、突きとめられなかった。もっとも、これは社会史的背景というより時事的背景というべきかもしれない。

図5　歩哨に立つ国民軍兵士ネストロイとショルツ　1848年革命
Josef Lanzedelly(?)の水彩画(1848年)
出典：Edgar Weyrich : *Wien geschildert von Künstlern der Feder und des Stiftes. Teil 4: Alt-Wien*, Wien 1927, S. 259.

本論への補足三点

最後に、本論で説明する予定で議論のなかにうまくはめこむことができなかった事柄を三つほど述べて小論を終えることにしたい。

第一に、芝居のあら筋のところで述べた巨額のお金について。金額を協定通貨のグルデン単位で示すとつぎのようになる。ゴルトフックスの息子の借金一〇万ターラーは八万グルデンCM、シュルッカーの養子アードルフが本当の父親から贈られた三万ドゥカーテンは五万四、〇〇〇グルデンCM。さきに示したように、下層民の成人男性労働者の年収が二〇〇グルデンCM前後だったことを考えると、これらの金額がいかに莫大なものだったかわかるだろう。

さらに、イギリス貴族からお礼にもらった三〇〇グルデンをウィーン通貨と見なして協定通貨に換算すると一二〇グルデンCM。サーラァルが買った宝くじの賞金八〇〇グルデンは三二〇グルデンCM。宝くじの当たり額ですでに、成人男性労働者の年収の一・六倍に相当する金額である。

第二に、登場人物の名前について。投機家ゴルトフックスGoldfuchsは、文字どおり訳せば、金狐。ドイツ語では古い俗語で金貨の意味があった。億万長者用のネーミングである。古着商シュルッカーSchluckerにはein armer Schluckerの形でみじめな奴、あわれな貧乏人を意味する。やはり貧乏古着商にはふさわしい名前。

ダーミアンは、フルネームではダーミアン・シュトゥッツェル Damian Stutzel。ダーミアンにはウィーン弁で不器用な人間の意味がある。(59) これは文字どおりの命名。シュトゥッツェルには、やはりウィーン弁だろうが、ちび、小男の意味があるという。(60) ダーミアン役は、ネストロイと長年舞台でコンビを組んだヴェンツェル・ショルツが演じたが、背の高いネストロイにたいしてこのショルツは背が低かったところからのネーミングのようだ。召使のヨーハンはネストロイ自身が演じたので、自分の名前をとってヨーハンなのだろう。ほかには家主ツィンス Zins は家賃の意味。全体に安直と言えば安直だけれど、通俗喜劇によくある、それ自体ですでに笑いを取ろうとする名前の付け方である。

第三に、『一階と二階』のドラマが展開する日付について。芝居は三幕から成っていて、第一幕が九月二八日、第二幕と第三幕が九月二九日という二日間の出来事として設定されている。ネストロイは登場人物たち自身にも語らせているけれど、この日付の設定にはもちろん意味がある。当時のウィーンでは家賃を年に二回、四月二四日の聖ゲオルクの日と九月二九日の聖ミヒャエルの日に半年分ずつ前払いで支払うことになっていた。この日の前後は借金取りや掛取りが押しかけるときでもある。家賃の前払いの関係でどうしても引越しが多くなるせいだろう。この芝居の幕開きも、シュルッカーの住まいに肉屋や食料品店から掛取りがやってきて、妻のセッファルと押し問答をやる場面から始まる。それによってシュルッカー家の貧乏ぶりが明らかになる仕掛けである。家主のツィンスが登場するのも、エミーリエに求婚するためだけではなく、家賃の取立てという目的もあったわけだ。ちなみに、ツィンスのファーストネームはゲオルク・ミヒャエルである。

日付に関連してもう一つ。アン・デア・ウィーン劇場における芝居の初演の日付は一八三五年九月二四日であった。つまり、聖ミヒャエルの日を五日後に控えた日。観客にとってはひどく身近な状況設定だった。芝居は社会史的に見てもその頃のウィーンの現実に地盤をもっていたが、当時の風俗・習慣にもしっかり根ざしていたのである。

（1）ネストロイ（斎藤松三郎訳）「一階と二階」（ウィーン民衆劇研究会編訳『ネストロイ喜劇集』行路社、一九九四年）六三―一九〇頁。同書六五四―六五五頁には訳者斎藤松三郎氏による作品解題がある。ネストロイの作品全般については、同書六六三―六七七頁の新井裕氏による解説を参照されたい。なお、小論における『一階と二階』の訳文はかならずしも邦訳どおりではなく、レクラム文庫版 Johann Nestroy: *Zu ebener Erde und erster Stock oder Die Launen des Glückes. Lokalposse mit Gesang in drei Aufzügen*, (Reclam), Stuttgart 1990 からの訳出であることを断っておく。

（2）Wolfgang Häusler: *Von der Massenarmut zur Arbeiterbewegung*, Wien 1979, S. 91. なお、ネストロイの作品を当時のウィーンの社会史的背景との関連で論じた文献としては、Alois Eder: Literarische Sozialkritik im Vormärz. Nestroys Werk als Quelle der Sozialgeschichte, in: *Beiträge zur historischen Sozialkunde*, 3. Jg./Nr. 3, 1973, S. 49-52 や Michael Rogers: Handwerker und Fabrikarbeiter, in: *Nestroyana*, 10. Jg./1990, Heft 3/4, S.68-78 など、また邦語文献としては、松岡晋「ヴァインバルとクリストファルの冒険、または飽食の夢――„Jux“の社会・経済史的解釈――」（『駒澤大学外国語部研究紀要』第二一号、一九九二年三月）、拙稿「ネストロイ『悪霊ルンパーチヴァガブンドゥス』の社会史的背景」（『関東学院大学文学部紀要』第七五号、一九九六年二月）などがある。

（3）各作品に詳細な注と豊富な資料が付けられている新ネストロイ全集 Johann Nestroy: *Sämtliche Werke. Historisch-kritische Ausgabe*, Wien [1977-] はまだ『一階と二階』を収める巻が刊行されていない。この作品の個別研究も意外に少ないようだが、さしあたり Jürgen Hein: Nachwort, in: Nestroy: *Zu ebener Erde*, (Reclam), S. 139-151 や Jürgen Hein: Possen- und Volksstück-Dramaturgie im Vormärz-Volks-theater. Zu Johann

Nestroys ‚Zu ebener Erde und erster Stock' und ‚Der Un-bedeutende', in: *Der Deutschunterricht*, Jg. 31, 1979, Heft 2, S. 122-137 をあげておく。

（4）地元民（Einheimische）と外来民（Fremde）の区別その他については A. R. Kratochwill: *Die Armenpflege der k. k. Haupt- und Residenzstadt Wien, verbunden mit einer besonderen Abhandlung über die Zuständigkeit oder das Heimathsrecht*, Wien 1846, S. 63-145 に救貧制度との関連で詳細な解説がある。野村真理「三月前期ウィーンの大衆的貧困と救貧制度」（『一橋論叢』第九七巻第一号、一九九七年一月）一七—一八頁も参照せよ。

（5）Michael Hann: *Die Unterschichten Wiens im Vormärz*, Diss. (MS), Wien 1984, S. 22f. を参照せよ。

（6）Ebd., S. 53-78 では貴族、「第二社会」、中層、小市民層、下層民の五つの階層に区分されている。各階層についての本文中の記述はこの Hann の論文に負うところが多い。なお、Eder: a. a. O., S. 49-52 では貴族、金融上層、中産層・小市民層、下層民に区分されている。

（7）市民身分の者たちの貴族叙爵については Franz Putz: *Die österreichische Wirt-schaftsaristokratie von 1815-1859*, Diss. (MS), Wien 1975, S. 34ff. を参照せよ。

（8）Nestroy: *Zu ebener Erde*, (Reclam), S. 14-15.「一階と二階」（『喜劇集』）七五頁。

（9）Hann: a. a. O., S. 67ff. を参照せよ。

（10）Andreas Baryli: *Gewerbepolitik und gewerberechtliche Verhältnisse im vormärzlichen Wien*, in: R. Banik-Schweitzer u. a., *Wien im Vormärz*, Wien 1980, S. 9-31 を参照せよ。

（11）とくに重要な参考資料は Freiherr von Reden: *Vergleichende Kultur-Statistik der Gebiets-und Bevölkerungsver-hältnisse der Gross-Staaten Europas*, Berlin 1848, S. 411 に掲載されている一八三七年のオーストリア帝国全体にかんする職業・身分別のつぎの人口統計である。

オーストリア帝国男性人口構成　1837年

職業・身分	人　　口
1）聖職者	66,101
2）貴族	400,636
3）官吏・名士	99,528
4）軍人	476,130
5）営業者・芸術家	261,385
6）農民	1,963,969
7）上記分類に属さない者	6,697,211
8）0—15歳男子	6,682,533
9）16—18歳男子	1,020,078
7）－9）小計	14,399,817
10）男性人口総数1)—9)計	17,667,572
11）女性人口総数	18,211,292
12）総　人　口10)-11)計	35,878,864

(12) Hann: a. a. O., S. 77 および Ernst Bruckmüller: *Sozialgeschichte Österreichs*, 2. Aufl., Wien 2001, S. 219 を参照せよ。下層民の比率については、拙稿「ビーダーマイヤー期のヴィーンとヴィーン民衆（1）」（中央大学人文科学研究所『人文研紀要』第三六号、一九九九年九月）一三四—一四〇頁においても推計を試みている。当時のヴィーン住民の間における富の偏りは Roman Sandgruber: *Die Anfänge der Konsumgesellschaft. Konsumgüterverbrauch, Lebensstandard und Alltagskultur in Österreich im 18. und 19. Jahrhundert*, München 1982, S. 229 の載せるつぎの、遺産評価額等級別の死亡者分布にもとづく資産分布状況の統計にも現れている。

(13) [A. J. Groß-Hoffinger]: *Wien wie es ist*, Teil 1, Leipzig 1833, S. 55 を参照せよ。

(14) Nestroy: *Zu ebener Erde*, (Reclam), S. 25.「一階と二階」（『喜劇集』）八四頁。

(15) Erich Kaessmayer: Die Wohnverhältnisse im Biedermeier, in: W. Greif(Hg.), *Volkskultur im Wiener Vormärz*. Frankfurt a.M. 1998, S. 134.

三月前期ウィーン住民の資産分布（遺産評価額による）

遺産評価額（fl CM）	評価額等級別死亡者分布 1830年	評価額等級別死亡者分布 1840年
0 — 1	69.0%	52.9%
1 — 10	6.1	16.2
11 — 100	11.5	15.8
101 — 1000	6.4	6.7
1001 — 10000	5.4	5.5
10001 — 100000	1.5	2.7
100001 —	0.1	0.2
死亡者総数	5,508人	4,695人

（16） Ernst V. Zenker: *Die Wiener Revolution 1848 in ihren socialen Voraussetzungen und Beziehungen*, Wien, Pest, Leipzig 1897, S. 76 を参照せよ。

（17） Ebd., S. 82 を見よ。三月前期ウィーン民衆の住居事情については R. Banik-Schweitzer/W. Pircher: Zur Wohnsituation der Massen im Wien des Vormärz, in: R. Banik-Schweitzer u.a., *Wien im Vormärz*, Wien 1980, S. 133-174 も参照されたい。

（18） Kaessmayer: a. a. O., S. 134 を参照せよ。一階と二階、屋根裏部屋や地下室、又借り人や寝床借り人になどついては Konstanze Mittendorfer: *Biedermeier oder Das Glück im Haus. Bauen und Wohnen in Wien und Berlin*

1800-1850, Wien 1991, S. 152-163 にウィーンとベルリンにかんするもう少し詳しい記述がある。一八―一九世紀ヨーロッパ諸都市における下層民のさまざまな居住形態については Josef Ehmer: *Soziale Traditionen in Zeiten des Wandels*, Frankfurt a.M./New York, S. 52-100 に詳しい。

(19) 一九世紀前半期ウィーンの市内区と市外区の違いについては、Elisabeth Lichtenberger: *Die Wiener Altstadt*, Wien 1976, S. 143-206 に詳しい記述がある。

(20) Adalbert Stifter: Der Tandelmarkt, in: A. Stifter, *Aus dem alten Wien*, hrsg. von O. E. Deutsch, Frankfurt a.M. 1986, S. 142. シュティフター（佐藤康彦訳）「古物市場」（『シュティフター作品集』第四巻一九八四年、松籟社）八七頁。ただし、訳文は邦訳どおりではない。ウィーンの古物市場については Werner T. Bauer: *Die Wiener Märkte*, Wien 1996, S. 169-173 も参照せよ。

(21) Nestroy: *Zu ebener Erde*, (Reclam), S. 52.「一階と二階」（『喜劇集』）一一〇頁。

(22) [Groß-Hoffinger]: a. a. O., S. 74.

(23) Eder: a. a. O., S. 50. エーダーはゴルトフックスを金融上層の箇所で論じている。

(24) Ebd., S. 50.

(25) Ebd., S. 50.

(26) Nestroy: *Zu ebener Erde*, (Reclam), S. 119.「一階と二階」（『喜劇集』）一七五頁。

(27) Nestroy: *Zu ebener Erde*, (Reclam), S. 25.「一階と二階」（『喜劇集』）八五頁。ただし、このゴルトフックスの台詞は邦訳では、「親父は御用商人で、わしは生まれながらの億万長者なんだ」となっている。

(28) Lieferant が交通・運輸業に分類される職種の一つであったことについては Winfried Bammer: *Beiträge zur Sozialstruktur der Bevölkerung Wiens aufgrund der Verlassenschaftsakte des Jahres 1830*, Diss.(MS), Wien 1968, S. 90 を参照されたい。貴族に叙せられた軍納入業者については Putz, a. a. O., S. 347, S. 362, S. 476 を見よ。

(29) Eva Reichmann: *Konservative Inhalte in den Theaterstücken Johann Nestroys*, Würzburg 1995, S. 80.

(30) Nestroy: *Zu ebener Erde*, (Reclam), S. 11.「一階と二階」（『喜劇集』）七二頁。

(31) Nestroy: *Zu ebener Erde*, (Reclam), S. 13.「一階と二階」（『喜劇集』）七四頁。

(32) 奉公人については Hann: a. a. O., S. 94-101 を見よ。市内区の奉公人の職種の多様さについては Lichtenberger: a. a. O., S. 166-167 を参照せよ。

(33) Lichtenberger: a. a. O., S. 167 を参照せよ。

(34) Hann: a. a. O., S. 94 を参照せよ。

(35) Ebd., S. 96 を参照せよ。

(36) Nestroy: *Zu ebener Erde*, (Reclam), S. 102-103.「一階と二階」（『喜劇集』）一五九頁。

(37) 外来民がウィーンで本籍権を取得して地元民になるための要件には、出生、家屋の取得、営業権の取得、公務任官、婚姻、および生業を営みながらの一〇年間の定住という六つがあった。本籍権の取得はウィーン市から救貧措置を受けるための条件であった。この点については Kratochwill: a. a. O., S. 68ff および野村、前掲論文、一八頁を参照せよ。本籍権をもたない外来民が困窮したり犯罪を犯したりした場合には本籍権のある自治体へ送還された。この点については Andrea Vogel: *Kleinkriminalität im Wiener Vormärz*, Diss. (MS), Wien 1985 が豊富な事例を載せている。

(38) Hann: a. a. O., S. 190-193 を参照せよ。

(39) Vogel: a. a. O., S. 65-68 を参照せよ。

(40) Nestroy: *Zu ebener Erde*, (Reclam), S. 63.「一階と二階」（『喜劇集』）九〇頁。

(41) Helmut Engelbrecht: *Geschichte des österreichischen Bildungswesens*, Bd. 3., S. 257 を参照せよ。

(42) Vogel: a. a. O., S. 73 を参照せよ。

(43) Engelbrecht: a. a. O., S. 262-264 を参照せよ。

(44) Nestroy: *Zu ebener Erde*, (Reclam), S. 105-106.「一階と二階」（『喜劇集』）一六一頁。

(45) Nestroy: *Zu ebener Erde*, (Reclam), S. 108.「一階と二階」(『喜劇集』) 一六四頁。
(46) Eder: a. a. O., S. 51.
(47) Stifter: a. a. O., S. 143. シュティフター「古物市場」(『作品集』) 八九頁。
(48) Nestroy: *Zu ebener Erde*, (Reclam), S. 41.「一階と二階」(『喜劇集』) 一〇〇頁。
(49) Stifter: a. a. O., S. 143. シュティフター「古物市場」(『作品集』) 八九頁。
(50) フィリップ・ペロー（大矢タカヤス訳）『衣服のアルケオロジー　服装からみた19世紀フランス社会の差異構造』(文化出版局、一九八五年) 六三頁。
(51) Vogel: a. a. O., S. 150-153 を参照せよ。
(52) Stifter: a. a. O., S. 143. シュティフター「古物市場」(『作品集』) 八九頁。
(53) 良知力『青きドナウの乱痴気 ウィーン一八四八年』(平凡社、一九八五年) 五二頁。Bauer: a. a. O., S. 171 も参照せよ。
(54) Nestroy: *Zu ebener Erde*, (Reclam), S. 12.「一階と二階」(『喜劇集』) 七三頁。
(55) Nestroy: *Zu ebener Erde*, (Reclam), S. 111.「一階と二階」(『喜劇集』) 一六七頁。
(56) Nestroy: *Zu ebener Erde*, (Reclam), S. 18.「一階と二階」(『喜劇集』) 七八頁。
(57) Nestroy: *Zu ebener Erde*, (Reclam), S. 120.「一階と二階」(『喜劇集』) 一七六頁。
(58) Nestroy: *Zu ebener Erde*, (Reclam), S. 134.「一階と二階」(『喜劇集』) 一九〇頁。
(59) Julius Jakob: *Wörterbuch des Wiener Dialektes*, Wien u. Leipzig 1929, S. 46.
(60) Nestroy: *Zu ebener Erde,* (Reclam), S.3, Aum.3.

シュティフターの『レアールシューレのための読本』
――三月革命後の新絶対主義のなかで

戸口日出夫

はじめに

オーストリアの詩人アーダルベルト・シュティフター（一八〇五―六八）は教育者でもあった。彼は『晩夏』をはじめとするいくつもの作品で人間の成長と教育をテーマにした。さらに一八五〇年六月以降、上オーストリア州の視学官として学校行政にも深く関わり、毎年多くのフォルクスシューレ（ほぼ日本の小中学校にあたる）やレアールシューレ（実科的な中学・高等学校）の授業を視察し、教員と面談した。

こうした教育との日常的な関わりのなかで古今の詩文を集めたドイツ語読本を彼は編集することになった。題名は、“Lesebuch zur Förderung humaner Bildung in Realschulen und in anderen zu weiterer Bildung vorbereitenden Schulen”（『レアールシューレおよびさらなる教育を準備するその他の学校における人間的な教養を高めるための読本』、以下『読本』）である。リンツのレアールシューレ教授ヨハネス・アプレントとの共著であった。それはオーストリアのレアールシューレ第四・五学年（一四、一五歳）のために編集された。一八五四年に出版社グスタフ・ヘッケンアストより出され、同年五月、上オーストリア州長官アロイス・フィッシャーの「きわめて優れた」書との推薦書とともに、Ministerium für Kultus und Unterricht（文部教育省）に送られて教科書認定の申請がなされたが、審査のあと、不認可の通知が翌年一月に届けられた。それが教科書としてはじめて公式に採用されたのは、第二次世界大戦後の一九四七年、バイエルンにおいてである。[1] 本論ではこの書がいかなる性格を持っていたか、また不認可の理由は何だったのか、について考察したい。

一　一九世紀半ばのオーストリアの教育事情

まず『読本』執筆の背景を眺めよう。

三月革命の衝激になおオーストリアが動揺していた一八四八年三月三〇日、将来の教育相フランツ・ゾマルガ男爵は教授と学習の自由を告知し、四月二七日には当時の教育相であったレオ・トゥーン伯爵のもとで革命的ともいえる教育省の設立が実現した。それまではそういう省はなかったのである。そして思いきった教育改革がなされた。そして「オーストリアにおけるギムナジウムおよびレアールシューレの組織計画」（Organisation-sentwurf. 同年ウィーンで教育省により発表）によって、レアールシューレのカリキュラムが定められた。そのなかで、レアールシューレはたんなる専門教育機関をこえて、ギムナジウムのような一般教養教育機関の性格も与えられた。すなわち実科的・技術的な教育と共に人文的な教養も重視されることになったわけである。それは、新しいタイプの学校が生まれたことを意味した。

ここでいう人文的な教養とは、古典古代と中世を一貫するリベラル・アーツの教育およびそれに基づいてW・v・フンボルトによって高い次元において理論形成された近代的な教養教育である。このような生徒たちの精神的・情操的陶冶をめざす教育は、当然のことながらすでにフンボルト以前からギムナジウムでは実践されていた。

ただし母国語であるドイツ語教材を用いた教養教育の導入は遅れていた。オーストリアのギムナジウムでも長くラテン語が重視され、やっとマリア・テレジアの教育改革によって、それまでのラテン語やフランス語とならんで、ドイツ語がギムナジウムの教科になったのである。以後一七六六年のテレジアーヌム教授J・M・デニスのものをはじめ、いくつか教科書としてドイツ語の名文集・詩文選が編まれていった。

しかし新たにレアールシューレに教養教育を導入するという上記の新制度下で、まだレアールシューレ用の適切なドイツ語読本に不足し、教師の養成も不充分であった。やむなくドイツなど、オーストリア以外の国の教科書を使うケースもあった。こういう事態においてシュティフターは、生徒たちの人格形成のために新たなドイツ語読本を考えたのであった。

二 『読本』の執筆、そして不認可

州長官アロイス・フィッシャーはチロル出身で、ザルツブルク州フラッハガウの弁護士だった。一八四九年に長官に任命されたリベラリストである。一八四八年の三月革命では学生たちの前で演説もした人物であり、自由と憲法制定を強く訴えた。彼はシュティフターの教育者的資質を認め、一八四九年トゥーン伯爵に対して視学官として推薦した。翌年、シュティフターは帝国視学官に任命され、視学の仕事を開始する。はじめフォルクスシューレの視学官だったが、やがてレアールシューレのそれも委ねられた。そのなかで一八五一年リンツにおけるレアールシューレの創立に成功した。これはやがてオーバーレアールシューレへと格上げされる。

『読本』の最初の構想はアプレントに遡るようである。彼がシュティフターに共同編集をもちかけたと思われる。(2) アプレントは、始まった教育改革の試行のなかで、教師のための補助教材を考えたようである。『読本』の原稿引渡しは予定よりもかなり遅れ、とくに一部のテクストの獲得が難しく、一八五三年末まで延び、さらに残りが五四年二月に出版社に郵送された。校正はアプレントひとりが行った。

『読本』の目的について触れたい。

リンツのレアールシューレ創立にさいしてシュティフターは記念講演をしたが、そこで教育目的に関してとくに人文的教養を強調している。それはまた『読本』序文において明瞭に述べられているとおり、『読本』の目的でもあった。

『読本』の表現を使えば、それは、「一般的な人間的教養（Humanismus）の視点から作られたものである」。そしてレアールシューレで実学的な教育を受ける生徒が「より高い普遍的な人間的思考・情操の世界に導き入れられることを目的とする」。そして序文は教師の働きにも触れて、「本書を使用される教師はおそらく高貴なもの、尊ぶべきものを生徒たちの心に生み出すことができるであろう」として、その教育的な努力が求められている。さらに「この目的のために著者は一方でひとえに道徳的に美しいもの、尊ぶべきもの、知性的なもの、すなわち芸術的に形成されたものを編集しようと心がけた」と述べられている。(3)

ところで一八四八年の上記「組織計画」には読本作成のガイドラインが次のように記されている。「読本はたんに言語の規則や語り方の実例集にとどまってはならず、それが全体として内容と形式によって生徒を教育する要素であるべきゆえに、その読本のなかの何が、またどれほどの分量が読まれるかということが重要であり、さらに全体が、それが向けられた時代のなかで選択されることが肝要である」。(4) シュティフターとアプレントもこの線にそって編集したことはいうまでもない。

教育省の文書によれば、『読本』が認可されなかった理由は「カリキュラムに対応していない」というものであった。審査委員たちの全会一致の見解であったが、しかし報告書には長所も述べられていたようである。シュティフターはその後ふたたび合格に向けた努力をしてみたものの、結果は思わしくなかった。

後年一八六六年六月一〇日のクリークス＝アウ男爵宛ての書簡において、シュティフターは次のように述べている。「……すなわち私たちの判断力の及ぶ限りにおいて、言葉の点で、知性を重視する点で、さらに道義的、芸術的に、完全な純粋さをもたない作品はいかなるものも採用しない、そういう読本を私たちは作ったのでした。序文で私たちは自分たちの意図を述べました。この本は授業の段階（Stufengang）を考慮していないと審査委員が述べたため、この本は許可されませんでした。……審査委員のこうした批判に、本書はじっさい値します。しかし授業の段階と、人間の思想と文学の高み、そしてそれらが心に与えるすばらしい作用とを一致させることは困難です。それゆえじつに多くのいわゆる詞花集なる厭わしいものが存在するのです」[5]。

こうして『読本』の内実と授業の段階との関係に問題ありという指摘についてシュティフターもそれなりに理解していたようであるが、「序文」に書かれているように、彼には本書の内容についてははっきりとした確信というか信念があった。「提供されているもののうちには個々の生徒にとってまだ理解困難なものがあるとしても、そのほうがまだ、理解し易くありふれたもの（Gemeines）を供するよりも害が少ないと編集者は考えた。そういうありふれたものは精神に害をもたらすが、そうした害を当座は理解できないものはもたらすことがないし、それは徐々に理解できるようになってゆくのである。なぜならこの本もまた学校を出たのちに長く生徒たちの愛読書となるはずだからである」[6]。

だがそれでも、なぜ『読本』が認可されなったのか、その理由がこれだけではどうもはっきりしないように思われる。

当局は上述のカリキュラムに対応していないという理由のほかはいっさい述べていないが、それ以外に、いくつかのことが研究者によって指摘されている。

まず認可された他の著者は教育省に直接関係するか、少なくとも首都に在住し、教育省の審査関係部局とのつながりがリンツのシュティフターよりも強かった。彼はそうした人脈の力を過小評価していたようであり、また詩人としての彼の名声に信頼しすぎていたのかもしれない。そうエンツィンガーは推測する。[7] 当局にとって、詩人と教育者は別のものであった。

教育省のシュティフター個人に対する評価や考えは、人脈関係も含め、きわめて重要である。というのは、のちに詳しく見るように、教科書合否の問題は当然の事ながら教育省の（政治的動向のなかで決定される）文教政策と密接に関係し、シュティフターの場合も彼の思想と『読本』の内容がその政策との関連で問題視されたことが大きいと思われるからである。その事情を見るには『読本』の構成と内容を吟味しなければならない。

三　『読本』の構成と内容

まず『人間的な教養を高める（推進）のための読本』というタイトルであるが、ヘルダーの『人間性の育成のための書簡』に明かにならったもの、というエンツィンガーの指摘がある。[8] じっさいそうかもしれない。そして重要なことは、このタイトルにすでに、カント、ヘルダー、ゲーテ、シラー、W・v・フンボルトと流れているドイツ古典主義の普遍的・コスモポリタン的ヒューマニズムの人間観・世界観が明瞭に示されている、ということである。

全体で三六〇ページ。目次を除いたテクストの部分が三五五ページの『読本』は、最初に序文があって、本体は二部構成になっている。「外部から von Außen」と「内面へ nach Innen」である。「序文」で述べられているように、前者は社会や自然界の「対象観察」の文を集め、後者はそうした外界の出来事や事象によって触発された感情表現と事物の思索を集めている。スタイルはしたがって前者では叙述的散文、後者では抒情詩と省察的文章となっている。生徒たちのなかで「外部から」「内面へ」という精神的な発展が自然になされ、世界の観察、感受、思索を経て、ふたたび外部世界に働きかける行為に結びつき、全体の円環を完成する、そのように配慮されている。

なお戯曲は載せられていない。版権の理由で掲載できなかったが、「序文」に書かれているように、生徒に指示するか、彼らと一緒に読めるような適切な戯曲を教師は簡単に見つけられるだろう、というのが編集者の考えであり、そのひとつとして彼らはゲーテの『イフィゲーニエ』を考えていた(9)。

『読本』に採用されたテクストの特徴を述べよう。

1　聖書

旧約聖書ではとくに詩的、抒情的な部分を取り出している。出エジプト記（モーセによる神賛美）、ヨブ記（ヨブの嘆きと神の応答）、エレミア書（エルサレム陥落の嘆き）、エゼキエル書（捕囚からの解放の預言）。全体として聖書を宗教的文書としてよりも、むしろ文学的文書として扱っている傾向が感じられる。聖書に当てられた分量は一一ページ、全体の四・四％であった。

2　古典古代

ホメロスは有名なフォス訳で『イーリアス』、『オデュッセイア』より抜粋。一八五三年一一月、ちょうど長編小説『晩夏』執筆の頃、シュティフターはふたたびホメロスに打ちこみ、「その信じがたい強大な力」を感じていた。[10] しかしすでに少年時代、クレムス・ミュンスターのギムナジウムにおける古典教育以来、彼はホメロスはじめ古典古代に本質的な関心を持ちつづけていた。

プラトンの『パイドン』からは、魂の不滅性とソクラテスの死についての箇所が選ばれた。死のテーマについては、前半「外部から」の最後近くにユング・シュティリングの文章があり、「内面へ」末尾の『パイドン』とちょうど対の形をなしている。著者が構成によく注意を払っていることが感じられよう。ヴィンケルマン、ゲーテ、シラー、ヘルダーリンに代表されるようなギリシア古典時代への一八、一九世紀の憧憬はシュティフターにも流れている。精神と肉体の統合された美しい人間像を生き生きとした生命体として提示した古代ギリシアは、ドイツ古典主義の人間性概念の形成に決定的な影響を与えたのである。そしてその古典主義の影響下にシュティフターもあった。ホメロス二〇ページ、プラトン一七ページの合計三七ページは、いかにシュティフターが教養源としての古典古代に関心を持っていたかの証左となろう。

さらにイソップ寓話は一一篇。またポエニ戦役に関するリウィウスからの翻訳はシュティフター自身によってなされている。

3　自国（オーストリア、ドイツ）の古典文学

ニーベルンゲンとヴァルター・フォン・デア・フォーゲルヴァイデから抜粋。けっして多いとはいえない。それもオリジナル・テクストなしの現代語訳のみ。なお、グリムの『ドイツ伝説集』一四篇はここに入れるべきか。ほかにニーベルンゲン論、中世文学論が一篇ずつ。

4　近代ドイツ文学

多い方から並べれば、ゲーテは五〇回（篇）でトップ、六六ページ（全体の約一八％）を得ている。詩のみな

らず、芸術論や文学論もゲーテのものが多い。またヘルダーも三三回と多い。人間や自然のさまざまな面についての哲学的な省察は、ほとんど彼から取られている。W・v・フンボルトはアフォリズムの形で三二回登場する。アフォリズムといえば短いようだが、フンボルトのばあい一四ページにわたってぎっしり文字がつまっている。方針上戯曲が載らないため不利であるシラーは、それでもバラードをはじめとする詩の形式で一五回。この四人を合わせたページ数は一三三ページで、じつに全体の約三八%になる。以上のヴァイマール古典主義の担い手たちがいかに多く採用されているかがこの数字で明らかと思われる。なお、カントは後に挙げる理由から載せられなかったのだろう。

それ以外ではシュティフターがかつて強い影響を受けたジャン・パウルは一七回。そしてシュティフターが共鳴していたリベラル派で民主主義的詩人ウーラント一二回で、かなり多い印象を与える。またヘーベルも多く、八回。

シュトルム・ウント・ドラングからは、若きゲーテの若干の詩のみ採用された。ドイツ・ロマン派はフケー、シャミッソー、ウーラント以外に文学作品なし。リュッケルトの短いアフォリズムとA・W・シュレーゲルのニーベルンゲン論はあるが、詩作品ではない。シュトルム・ウント・ドラングのほかの作品やハイネなど「若きドイツ派」が採用されていないのは、後に見るような当時の新絶対主義体制への政治的配慮から理解できよう。シュティフター自身のものとしては唯一、「荒野の少年」（短編『荒野の村』の冒頭）が載っている。

収録されたテクストのジャンルをみれば、文学作品（叙事詩、散文、抒情詩、寓話、アフォリズム）が圧倒的に多い。哲学的省察、文学論、芸術論、紀行文がそれに続く。メルヒェンに関しては、伝説と対照的に、弱い。メルヒェンではシュトルムの“Schneewittchen”とシャミッソー“Abdallah”だけが採用された。第一部冒頭のグリム一四篇はメルヒェンでなく、すべて『ドイツ伝説集』より採られている。それはあるいは、ヘッケンアストに宛てた手紙で述べているように、(『読本』テクストの)「選択にさいして(アプレントに対し)いたずらに空想《ファンタステライ》にふけること、知性に反することなど指摘し、退けた」シュティフターの詩人としての価値判断からだろうか?[11]。

不思議に思われるのは、アイヒェンドルフが載っていないことだ。まだ存命していた大詩人アイヒェンドルフとシュティフターはウィーンで個人的に知りあいだったし、その妹のルイーゼとシュティフターにも親しい交流があった。にもかかわらず、一篇の詩も掲載されていないのはなぜか。ロマン主義的な空想世界への耽溺のありようがシュティフターには受け入れられなかったのか? それは大いにありうることである。それにしても、やはりロマン派のシャミッソーは六回、フケーは五回登場するのだが。それともアイヒェンドルフが信条的には保守的なカトリックであって、カントを始めとするような新しい時代の精神に対して批判的であったことが理由なのだろうか?

なおドイツ啓蒙主義を代表する作家レッシングが二回でわずか一ページ(寓話二篇)とは、少ない気がする。なぜだろうか。『読本』の編集方針から除外された戯曲のジャンル以外にも、レッシングには重要な演劇論や美学論文があるのだが。

また詩三篇が採用されたクロプシュトックだが、『ヴェルター』で暗示される「春の祝い」はあっても、代表作の「メシアス」はない。また、いまだ一般には評価されていなかったにもかかわらず、後述する読本編集者ヴァッカーナーゲルには載せられたヘルダーリンが、ない。オーストリアの同時代の詩人としては、進歩的リベラル派の詩人A・グリューン、J・ザイドル、友人ツェドリッツ、J・N・フォーグルが載せられた。しかしどうみてもより優れた詩人レーナウやグリルパルツァーがない。

グリルパルツァーの作品が皆無なのは、アイヒエンドルフと同様、とくにいぶかしく思える。たしかに彼の多くの詩は当時入手しがたい状況だったようである。だが手に入る詩もあったはずである。

シュティフターが感動をもって読んだグリルパルツァーの『貧しき辻音楽師』が見送られたことについて、どう考えたらよいのだろうか。この辻音楽師とシュティフターの『石灰石』の主人公は、いずれも理想を抱きつつ清貧に生き、最後はいずれも他者のために死んでゆく点で、まさに兄弟のような印象を読者に与えるのであるが。

グリルパルツァーの詩で当時比較的入手しやすかったと思われるものは、愛国的な内容の「ラデツキー元帥」と「わが祖国」だったようである。いずれも採用されなかったことは、ハプスブルク家の栄光を称えることにつながるような作品をシュティフターができるだけ避けたことが推測される。『読本』には、基本的に王朝的《デュナスティッシュ》思想がないことに注目したい。

四　他の読本

ところで同時代の他の読本はどうだったのか。以下ヴァッカーナーゲル、モーツァルトとフェアナレケンのものを簡単に紹介しておきたい。

その前にまずギムナジウム時代のシュティフターが読んだ本について。それは“Sammlung Deutscher Beyspiele zur Bildung des Styls”(『文体形成のためのドイツ語文例集』)という二巻本であり、初版の一八〇七年から版を重ね、一八四八年以降まで使われた。ルネサンス以来のラテン語教科書にならって作られたこの“Sammlung”は、生徒たちが模範的な文体を学び、模倣するための文例集・詩文選といった性格の本であった。シュティフターのやや否定的なニュアンスを込めた表現を借りれば、読本でなく、教科書であった。内容はさまざまなジャンルや文体レヴェルに整然と分けられている。第一巻の内容は、比喩と比較（Gleichnisse und Vergleichungen）、物語文学（Erzählungen）、描写と性格、寓話、書簡、教訓詩、風刺文学、エピグラムと格言詩（Sinngedichte）、田園詩となっている。第二巻は悲歌、抒情詩、演説、戯曲、叙事詩である。たとえば物語文学は、「散文的なもの」と「詩的なもの」に、さらに後者が「真面目なジャンル」と「陽気で喜劇的なジャンル」に分けられている。また寓話はイソップとその他に分かれ、書簡は「散文的なもの」と「詩的なもの」に分れている。

一八〇七年版にはゲーテの『ヘルマンとドロテーア』第一歌のうち四七行が載っているが、それは叙事詩のジャンルとしてではなく、「描写と性格」のなかで、難民の描写として扱われている。ちなみにゲーテの名前は巻末の文学的な注（作家紹介）にも出ていない。一八四六年版にも出ていない。なぜだろうか。ちなみにシラーは詩人としてではなく、歴史家として登場する。それは因襲破壊的なシュトルム・ウント・ドラング文学運動の旗手という彼のイメージをやわらげることが目的だろう。四一年版には新たな詩が追加されたものの、依然ゲーテの抒情詩はない。ただこちらには「イフィゲーニエ」は載せられた。そして巻末の注にはやっとゲーテが紹介されたが、わずか三行（ほかのマイナー作家でも一二行与えられているのに）。こうしてこの本ではゲーテの扱いはきわめてつつましい。『ヴェルター』の作者、かつ古代的な美徳と肉体を重視する自律した近代的知識人ゲーテに対する検閲をおそらく意識してであろう。

ゲーテのみならず、この本は同時代の文学についても、ひどく慎重であった。後の一八四一年版、一八四六年版においても同じ方針が貫かれ、依然ロマン派さえも採用されていない。一八四六年版ではエピグラム（啓蒙主義的戯曲ではない）にレッシングが二五回登場し、シラーは四回登場する。なおG・プフェフルやF・ハウク（シラーのカールスルーエ時代の同級生）といった文学史的には忘れられた作家が厚遇されている。J・エンゲルといった劇作家の駄作"Der Edelknabe"も載っている。シュティフターの『読本』におけるテクスト選択の文学的な水準の高さと比べて、好対照をなしていよう。

外国の作品（古典古代や聖書も）の翻訳はこの読本にはない。愛国的な教材を採用すべしという当時の当局の方針に従ったものであろうか。顕著なのは、オーストリアにとくに比重がかかっていることだ。とくに第二巻の「演説」においてそうである。ゾンネンフェルスのハプスブルク王朝顕彰演説に始まって、皇帝賛美的なものが目立ち、王朝的思想を生徒たちに植え付けようという国策的意図が明白である。第二巻一六九ページのうち、七二ページ、四三パーセントが愛国的・王朝的、ないしドイツ国民的意識の強化に向けられている。ちなみにシュティフターの『読本』にはこういう内容のものは一行もない。

第一巻のなかにビーダーマイヤー期に採用されたL・F・ゴッキング（一七四八―一八二八）の詩は青年にむけてこう訴えている。「おお息子よ、ただ正直者（Biedermann）となるがよい」と。これは小市民的なビーダーマイヤーの時代精神を反映していよう。だがそれと矛盾する意味で注目に値するのは、グリルパルツァーの帝国風刺的な（王朝を飼い牛と比べた）詩「アルプス風景」やオーストリアの軍人を批判したラチキーの詩が載っていることだ。

ところで、宗教的信条面で"Sammlung"は驚くほど寛大であった。プロテスタントの作家や牧師のテクストが多数載っているからである。オーストリアにおける学校の監督は、ヨーゼフ二世とレーオポルト二世以降、それまでの教会から国家に委ねられるようになった。この方針が再び変化するのは皇帝フランツ、そしてとくに彼の在位中の一八〇五年以降である。しだいに監督権限が教会の手に移行していった。この"Sammlung"はこうした移行以前の性格をまだ残しているように思われる。また政治的視点においても、愛国的な性格はあるものの、比較的おおらかな性格をもっている。

版を重ねた四〇年間ほとんど内容に変化のなかった"Sammlung"の存在は、一八〇六年におけるフンボルトによる教育改革がオーストリアに何の影響も与えなかったことの証拠とみなされるだろう。やっと三月革命後、新しい精神がオーストリア教育界にも流れ込むようになった。功績ある教育家フィリップ・ヴァッカーナーゲルはフンボルトの崇高な教育理念と王政復古期の秩序維持の原則を一致させようとした。

彼はみずから三冊の読本を編集した。一八六二年までにそれぞれ一六、二四、二五版を重ねるという好評ぶりだった。当然シュティフターにも何らかの影響を与えたと思われる。ヴァッカーナーゲルは、教育におけるナショナリズムを重視した点で、個人的な交わりのあったヤーコプ・グリムと比較することができる。また彼はキリスト教的モラルをも重視した。グリムとともに大文字に反対し、読本においても方言やドイツの古文学を重視しているのもロマン主義の影響だろうか。

注目に値するのは、ドイツ古典主義、ティーク、ウーラント、リュッケルト、さらに当時ほとんど無名だったヘルダーリンを積極的に載せていることである。こうした的確な批評眼にもとづいた文学的な視野の広さはシュティフターと一致する点であろうし、またヴァッカーナーゲルが「美は世界の神秘」と言い、こうした認識がレアールシューレの読本においても考慮されるべきだと考えた点もシュティフターの教育理念と一致する。

次にモーツァルトの読本はフンボルトのギムナジウム改革理念にしたがって作られた。ヨーゼフ・モーツァルトはシュティフターとともに「オーストリアのギムナジウムのための雑誌」を編集していた。彼は"Deutsches Lesebuch für die oberen Classen der Gymnasien"(『ギムナジウム上級用ドイツ語読本』)(一八五一)をはじめとする三冊の読本を編集した。"Deutsches Lesebuch"の第二版は一八五三年に出ているから、当然シュティフターも知っていたと思われる。シュティフターはこれにも「教科書」として辛い点をつけた。

第一巻は二二〇ページのなかに、ほとんどは年代順に四〇人以上の作家・詩人を並べた網羅的な本だった。クロプシュトックは七〇ページで三二%、シラーは二三ページで一五%（このうち、エウリピデスの『アウリスのイフィゲーニエ』の翻訳で一二ページ）、レッシング二〇ページで九%、ゲーテ一九ページで八%。オーストリア人は"Sammlung"からずっと減って、マスタリエ、ゾンネンフェルス、デニスのわずか三人になった。デニスはオシアンの翻訳と自身の詩で六ページを割り当てられている。フリードリヒ大王の賛美者である歴史家アルヒェンホルツが登場しているが、それは本書がハプスブルク王朝的なものよりも大ドイツ主義的な、ドイツ国民的な思想によって編まれていることを示すだろう。

ヴィンケルマンの古代芸術論を載せていることは、フンボルトやドイツ古典主義者の古代憧憬の継承の現れだろう。著者は古代的な美徳を賛美し、教会の教えには距離を取った。このキリスト教色のごく薄い教科書が一八五一年に合格したのは、フランツ・ヨーゼフ帝の検閲強化がまだ始まらないこの時代のゆえであったろう。それはその後もギムナジウムで使われたのだった。一八五四年には第三巻が出た。そこではヘルダー、シラー、ゲーテに多くのページが割かれ、"Sammlung"の王朝的・宗教的な演説の代わりに、教養と真理探求を称える演説が取り入れられた。オーストリアの教育制度を改革した偉大な教育家フランツ・セラフィン・エクスナーの一八三四年プラハ大学における講演である。

以上の三冊に加えて、一八五九年に第四冊目が出る。六八八ページの大著で、うち一一〇ページが詳細なドイツ文学史に当てられた。このうちゲーテについて九ページにわたって好意的に解説されているのは注目すべきだろう。ゲーテのテクスト自体は九二ページ。うち五〇ページが『イフィゲーニエ』である。リベラリズムの闘士ウーラントには五ページ。ハイネがおそらくオーストリアの読本では初めてここに登場した（「ローレライ」。ここでは「帰郷」Heimkehr という題で）。またグリルパルツァーのモーツァルト記念碑序幕の演説も載せられた。

ところで一八五五年以降、後述のトゥーン伯爵のもとで教育環境は再び保守化し、そのなかでカント、シェリング、フィヒテ、ヘーゲルにいたるドイツ観念論の思想家たちはみな批判の対象になってゆく。だがモーツァルトは彼らやW・v・フンボルトの功績を、「自立した思想家」、彼の「時代の代表的哲学者たち」という言葉によって称揚したのだった。

テオドール・フェアナレケンは一八五一年新制度のもとに設立されたレアールシューレの読本を作り、それは一八七〇年以降までも使用された。彼は北ドイツ生まれ、スイスで教師をしたあと、エクスナーによって、彼を補佐するために、オーストリア教育省に招かれた。新しいレアールシューレの教育ならびに読本に対する彼の考え方はシュティフターとほとんど同じといってよい。行政的な実務面でも彼は有能で、トゥーン伯爵に厚遇された。彼の読本の初版は一八五一年、第二版は一八五四年に出されており、まさにシュティフターが『読本』を認可申請するときには、彼の本が目の前にあったわけである。“Deutsche Lesestücke für die höheren Klassen der Ober-Realschulen”（『オーバーレアールシューレ上級用ドイツ語読本』）である。それはすでに周到な計画のもとに一八四九年から計画されていた。充分に時間をかけて作った読本だった。

この本は全体で一七六ページ。宗教的な素材のものが二六ページ（一四%）、オーストリア的・愛国的なものが一七ページ（九・六%）、帝国の風景三一ページ（一七%）、ゲーテの「ノヴェレ」二〇ページ（一一%）、シラーの「鐘」が四ページ半、グリルパルツァーの断片『ハンニバルとスピキオ』が五ページ半、ヘーベルとA・v・フンボルトがそれぞれ四ページ与えられている。

教皇至上主義《ウルトラモンタニズム》を批判したカトリック進歩派の司教メルヒオール・ディーペンブロックの演説や一八〇九年のチロル解放戦争の記述を載せている点は注目すべきであろう。ドイツ神話から二つの物語を載せ、ダハシュタイン登山体験を記した登山家シモニーの文も載っている。

さらにフェアナレケンは三巻のオーバーレアールシューレ用の読本を一八五三年より公表し、その後たゆまず編集を続けた。第一巻は古典古代、一八五五年に出された第二巻は中世、そして一八六六年の第三巻は近代を収めている。一八五四年以降のものには、文教政策の保守化を反映し、明瞭にハプスブルク王朝的な理念が現れている。それとならんで帝国内のスラヴ人、マジャール人、イタリア人の文学も取り上げて、ドナウ君主国全体を一丸とした多民族国家の愛国心を育てようとする意図が見られる。

王朝的理念のみならず、ドイツ国民意識(大ドイツ主義)も強い。彼は本書のなかで「祖国的なものへの大いなる喜びを呼び覚まし」「ドイツ人の文化生活」を知ることにむけて作られたのであった。彼の読本はまさにレアールシューレの生徒たちが「ドイツ人の文化生活」を知ることにむけて作られたのであった。ハインリヒ・ルーデン(「祖国の歴史の研究について」)、フリードリヒ・Ch・シュロッサー(「ドイツ民族のための世界史」)などドイツ民族主義的な立場――ただしショーヴィニストではなく、むしろリベラリスト――の歴史家を載せているのも、大ドイツ主義的な視点からである。採用されているシェッフェルの小説『エッケハルト』も同様な精神から書かれている。

ただし宗教面では、カトリシズム中心ではない。著者はルター訳聖書の一部をあえて載せ、さらにルターの父への手紙までも載せた。ミンネゼンガー・ヴァルターの反教皇的な詩を「世俗権力の権限に対する教皇の干渉を拒否する」との注釈つきで載せたことは、まぎれもなく著者の時代批判と読める。彼はまた、宗教改革時に皇帝に対してルターの件に心を向けるよう求める熱狂的な人文主義者フッテンの激しい詩までも採用させることができたのであった。

とくに宗教的テクストの性格を考えると、このような読本がなぜあの新絶対主義と呼ばれる時期に認可されたのか、いぶかしい。おそらく著者が皇太子の教育係であり、教育省に勤める官僚であったことが大きいのではないか。また彼がフリードリヒ・シュレーゲルやゲレスなどカトリック保守派も載せて、上手にバランスを保ったことも効果的だったかもしれない。また一八五五年にはスラヴ民族の文学にかなりのスペースを与えたものの、民族主義を煽るという恐れからか、五年後にはそれを取り除いた。フェアナレケンはそういう政治的な状況の読みに聡い人物であった。高級官僚になるためにカトリックに改宗し、年金生活に入ると再びプロテスタントに戻った彼は見事な処世術を身につけていた。しかし政治的信条において、けっして反動主義者ではなく、自覚的なリベラル派であったことだけは明らかだろう。

五　人文的、非政治的な『読本』

シュティフターに戻る。

『読本』でシュティフターは人文的な内容を強調した。『読本』のなかに普遍的な教養世界を形成するために、特定の時代に関する歴史のテクストもほとんど載せなかった。歴史に関するテクストはリウィウスのポエニ戦役の文章だけである。その他の実科的なテクストも大変つつましい。地理関係でA・v・フンボルトの旅行記「Ataruipe の有名な洞窟」、動物学に関連してヘーベルのエッセー「もぐら」、天文学関係で同じく「恒星」くらいである。合格した他の読本と比べ、こうした実際的なテクスト、百科事典的なテクストが少ないことも、後述のブラトラネクの批評が示すように、非難された点である。

ちなみに共著者アプレントは一八六八年にみずから『ドイツ語読本』を編集して認可された。それはカリキュラムの規定をきちんと守ったものであり、授業の要求にしたがう形でテクストを配分し、「学校の読本はつねに教科書でなければならない」という原則から作られたものであった。この事実から、シュティフターの非学校的な（！）『読本』は、シュティフターが主導権を持って編集されたことが推測されるのである。『読本』は、内容が高度であった。以下に、それに関するエンツィンガーの見解を挙げておこう。四、五学年の生徒にとって、これらのテクストの多くは教師の手助けを必要とする（実際いくつかはきわめて高い精神的な成熟を前提としている。じっさい、編集者のねらいと使用法を記した教師用のハンドブックが一年以内に出版されることも示唆されている）。また一、二学年、およびまた六学年には関連してどんな読本を使ったらよいか、そういうレアールシューレの全学年的な目配りがこの読本には欠けているのではないか。[12]

たしかにこの本のレヴェルは高い。『読本』は最初の非教科書的・非百科事典的（非実科的）な読本だった。また編者はドイツ語教育とは本来無縁の政治的・道徳的素材が混ぜ合わされた美文的な読本を作らなかった。あくまでも美しいドイツ語の水準、すなわち文学的な批評眼により厳選されたテクストの詩的言語のレヴェルは維持しつつ、しかし単なる美文の羅列に終らせるのではなく、人間、世界、精神について生徒たちに深く感じ、じっくりと考えさせるための一級の素材のみを提供しようとした。テクストは、一貫した教養理念のもとに慎重に選択され配置されているのである。

「組織計画」は第四学年のために、オーストリアの同時代の詩人を知らせるよう求めていたが、『読本』はこの点も弱いという印象を与えるかもしれない。また、『読本』にあといくつか帝国支持的なテクスト、あるいは少なくとも当時役人に好まれていた人物のテクストを載せていれば、合格したかもしれない、とドマンドルは述べている。[13]

たとえばフェアナレケンは彼の読本に、教育省の官僚であった教育学者ホイフラーの特別寄稿を載せた。その前にホイフラーが書いた小冊子、帝国臣民の服従義務、人間の尊厳にふさわしからぬ隷従を説く『忠実なる臣下』はただちに認可され、当時すべての学校に配布されていたのであった。[14] この小冊子こそまさにビーダーマイヤー精神のすすめともいえるものであったろう。こうしてホイフラーを載せたフェアナレケンは功妙な方法でトゥーンをはじめ、教育省との良好な関係を維持し、その読本は当時もっとも使われたもののひとつであった。非ドイツ系の人物を載せるにしても、オーストリア国民を載せた。それが教育省の支持を獲得できる秘訣であった。しかし狭い政治性や宗教性から自由な教育を願うシュティフターには、そういう政治性を教育のなかに持ちこむことがよいとは思えなかったし、当局との政治的かけひきにもたけていなかった。

六　リベラルな視学官

シュティフターは初期リベラリズムの知識人であった。三月革命前の法律・政治読書協会のメンバーだったと思われる。一八四五年には検閲緩和を求める有名な請願書に署名している。[15] 彼は三月革命を感激して迎え、その政治集会にも出席し、その居住区からフランクフルト国民議会に議員を出すための選挙人にも選ばれた。一八四九年ウィーンを去ってリンツに住むようになってからは、「リンツ新聞」の主幹として全般的な教育制度について論述をいくつも書いている。同年、はじめて可能になった非聖職者による学校視察の制度が教育現場に進歩をもたらした、と教育界の報告において強調した。これは責任ある立場の人間の発言としてはかなり大胆な発言だった。彼はさらに一八五〇年三月まで一年間「ウィーンの使者」(Wiener Boten) の編集長であったが、一八四九年二月一六日、この新聞に「衆愚化と奴僕化」(Verdummung und Knechtung) という政府批判的な記事が載った。おそらくシュティフターが書いたのだろうと推測される。[16]

ところで、シュティフターのリベラリズムの関連で断っておかなければならないが、たとえ『読本』に愛国主義的なテクストが少ないとしても、彼は愛国心に欠けることはなかった。『晩夏』を読めば、それが明かである。また彼は共和制に賛成したことはなく、リベラルな立憲君主制が彼の望むところだったと思われる。[17] 彼のリベラリズムは自由のための自由を求めるものではなく、「何に対する自由 frei wozu」が答えられぬとき、「何からの自由 frei wovon」もありえなかった。人間の自由の具体的な目標を彼はつねに考えるのであった。三月革命のなかで彼が革命参加者の「偏狭さ、エゴイズム、良心と思想の欠如」を目にして嘆いたことは有名な話である。[18] また、たしかに彼が公務員の宗教行事への参加や聖職者による視学の復活を定めた一八五五年の政教協約《コンコルダート》の諸規定を圧迫的なものと感じたのは事実である。しかしそういうリベラルな見解の背景は、エンツィンガーの指摘[19]のように、むしろ当時の教養市民層の世界観となっていたリベラリズムであり、彼のカトリシズムそのものと矛盾するものではない。彼のリベラリズムはむしろ時代思潮としての啓蒙主義的ヨゼフィニスムスの延長線上において考えられるべきものと思われる。

一八五四年この読本に対する唯一の論評が、かつてシュティフターも編集に参加していた教育雑誌「オーストリアのギムナジウムのための雑誌」に掲載された。著者はクラカウ大学教授フランツ・ブラトラネク。人文的なテクストが多すぎて実科的なものが少なすぎる、ゆえに本書が他の読本を必要とし、よい教師が不可欠であると言って、彼は本書を批判したが、もうひとつ、この読本が倫理的なものの養成を主要な課題にした、と非難した。すなわち、倫理的な面で欠陥がある、と。[20] この関連でシュティフターのカトリシズムに触れておかねばならない。当時のオーストリアの読本にはキリスト教的倫理学の反映が重要視されていたが、そういう色彩がここには稀薄である。それが『読本』の一特徴である。むしろヒューマニズムの自立的倫理学、人間生得の実践理性による倫理学がここでは濃厚なのである。カントやゲーテを貫く倫理学といってもよい。いってみれば、シュティフターは特定の宗教から独立した普遍的人間性にもとづいた精神世界を本書で提供しようとしたと考えられる。ゲーテを多く採用し、アイヒェンドルフを採用しなかったことも、この基本姿勢から理解できるように思う。『晩夏』の主人公の精神の決定的な転機となったものは、雷光に照らされて輝く古代ギリシア彫刻であり、また主人公の成長を祝して贈られるのがゲーテ全集全巻であった。

それにもかかわらずシュティフターはキリスト教に無関心ではなかった。これもまた否定しえない。『晩夏』では食卓の祈りのような敬虔な日常習慣が心を込めて描写されているし、その中の数箇所で触れられているように、人間がその美と秩序を模倣し・再創造すべき自然界・人間界をつらぬく大きな秩序は、聖書的な創造の秩序と理解されていたといえよう。『荒野の村』、『石灰石』、『水晶』、『晩夏』をていねいに読めばわかるように、シュティフターはけっしてキリスト教ないしカトリックから離れようとしたのではない。それどころか病苦で悲劇的な死をとげるその最後まで心情の内深く敬虔な宗教心を持ち続けたのであった。ただ彼は偏狭な教条主義を嫌った。国家公務員に礼拝出席を義務づけるコンコルダートの精神に彼はついてゆけなかった。神の似姿として創造された人間の根源的な主体性と意志の自由、またそれを他者にも認める寛容とは、彼がヨゼフィニスムスから継承した理性的宗教観とともに、彼のリベラルなカトリック的信念の中枢をなしていたと思われる。

視学官の仕事は教育者的理想に生きたシュティフターにとって、大変ふさわしいものであった。

一八四九年のフィッシャーによる視学官への推薦は、シュティフターの人物や「リンツ新聞」に掲載された教育改革に関する一連の記事を評価してのことであったろう。

また一八五一年四月に彼はきっぱりとした表現で教師の給与の引き上げを要求したし、宗教教師の発言力が大きすぎることも問題視した。一八五五年には「上オーストリアのフォルクスシューレにおける読みの改善について」というレポートを教育省に提出し、教師の期待する一部の優等生だけでなく、すべての生徒に正確にテクストを読ませる教育的な意味について述べ、授業の改善を提案している。さらに教育の現場を去った後、一八六二年にも、フォルクスシューレの教員を養成する師範学校における定期的な体操の授業を提唱した。

そして何よりも視学の出張の数々。それは楽なものではなかった。教育内容について教師に助言し、試験に立会い、教員養成、教員の待遇、学校新改築などさまざまなことを考え解決せねばならなかった。女教員が壁の隙間に麻くずをつめ風を防ぎ、生徒たちが吹きこむ雨から教科書で身を護った小学校の改修についても彼は訴えた。[21] 一八五五年のコンコルダート締結以前の彼の視学報告は、彼がどれほど熱心に、周到な配慮をもって教育制度の改善に取り組んでいたかを示している。報告は教師の能力やひどい給与、子供たちの通学路を扱い、すぐれた教材の実現を奨めている。[22] 彼は集中的な努力によって責務を充分にまっとうした。それはいろいろな証言が示しているが、フィッシャーの後任の二人の州長官（バッハ男爵、シュピーゲルフェルト男爵）もシュティフターの高い功績を評価し、彼を支援し、提案に耳を傾けた。さらにリンツの聖職者グループの主要メンバーもシュティフターのはたらきを評価し、個人的にも信頼していた。

一八四九年一二月シュティフターが教育省に赴いたとき、まだ彼は「大臣（トゥーン）はわたしを大変歓迎し、心から私の提案に同意してくださった」[23] と書くことができた。トゥーンの委託によってシュティフターは学校改革に対してきわめて重要な「オーストリアのギムナジウムのための雑誌」の共同編集者にもなった。一八五〇年には芸術と科学のための大金牌が授与された。まさに『読本』認定申請の一八五四年、シュティフターはフランツ・ヨーゼフ騎士勲章を皇帝より授与されている。オーストリアにおける詩人としての名声は高く、また教育面での功労も評価された勲章だったと思われる。誉れの頂点であった。

七　新絶対主義の逆風――トゥーンとヘルファート

一八五一年末ただでさえ保守的であった欽定憲法も廃止され、オーストリアは再び保守主義に支配されるようになる。その移行はすでに一八四九年、首相シュヴァルツェンベルク侯爵がメーレンのクレムジーアに移された帝国議会 Reichstag を力ずくで閉鎖したとき始まっていた。そのなかでいわゆる自由主義的な知識人は官僚から不信の目で眺められるようになる。一八五三年一月「革命の残り物とみなされ」、「そのため失脚せねばならなかった」[24] フィッシャーも年金生活に負いこまれる。トゥーン伯爵はリベラル派追放においてきわめて厳しかった。新絶対主義とも呼ばれる反革命のこの時代、ふたたび密告やスパイや尾行が横行し、監視体制が復活した。トゥーンに信頼された相談役カール・エルンスト・ヤルケは一八五二年八月七日にこの人物について言っている。すなわち、彼自身が「兄弟の告発者になる必要はない。なぜなら大臣（トゥーン）はまさに警察上部に信頼できる有能な人間を見つけられるだろうから。彼らは個人の事情についてのいかなる解明にも備えた完全な態勢についている。」トゥーンは「信頼できる秘密の部下たちの協力のもと、省内の専制君主」として存在し続けたのだった。[25]

ここで教育相トゥーンにつぐ省内ナンバー・ツー、アレクサンダー・フォン・ヘルファート（一八二〇―一九一〇）に触れておこう。歴史家だった彼は一八四七年までクラカウ大学教授だったが、一八四八年に帝国参議院 Reichsrat の議員に選出された。帝国議会閉鎖のさい、ヘルファートは貴族の側に立ってそれを支持した。直後彼はトゥーン指揮下の教育省の事務次官となった。一八五四年当時彼はトゥーンにつぐ最強の実力者だった。その後トゥーンが一八六一年に教育相のポストを去ってからは、事務次官として省内で文教行政のすべてを支配したのである。それは、新たなリベラリズムの台頭する一八六五年まで続いた。

彼は一八五三年にプラークで一冊の本を出版した。"Über Nationalgeschichte und den gegenwärtigen Stand ihrer Pflege in Österreich"（『国民の歴史およびオーストリアにおけるその奨励の現状』）という。そのなかでヘルファートは帝国内の非ドイツ系民族がオーストリア国民（Nation）のために固有の民族的アイデンティティを放棄することを求めた。フランス革命後の当時、民族的な存続が危機的なまでに脅かされているブルターニュ人やアルザス人の例を引き合いに出しながら。こうした中央官僚の考えがしかし各地で強力な反発を引き起こし、帝国の崩壊を加速させていったのは周知のことである。すなわちイタリア人、誇り高いマジャール人、比較的最近になって強い民族意識に目覚めたスラブ人とルーマニア人において。

それに対してシュティフターは、大作『ヴィティコー』でも明かなように、ドイツ人とチェコ人が民族的な相違にもかかわらず、それぞれのアイデンティティを持ちながらオーストリアに平和共存することをよしとした。

新絶対主義の時代、いまや教育の目的は皇帝と国家のためのよき臣下を作ることであった。カントの説くような自律的な批判的理性による人間の精神的自由・独立の思想はふたたび革命をもたらしかねない危険思想であった。遡ってフランス革命直後の一七九三年、皇帝フランツの支配が始まったとき、カントの哲学はオーストリアの大学や学校で禁じられた。そして一九世紀後半の今やまた、反カント・反ヘーゲルで有名なトゥーンは両者を論じるすべての大学教授を冷遇するようになったのである。

部下ヘルファートは当時のオーストリアで影響力をもち、精神的な領域で指導的な人物のひとりだった。そして彼の教育理念は、上記の著書によれば、一方で保守的な宗教性の重視、他方で愛国主義であった。「コスモポリタン的で曖昧な」教育は「愛国的で実際的な」(26)それによって代わられねばならない。「祖国重視の要素」が教材において優勢にならねばならない。コンコルダートの精神は守られねばならない。彼は読本の編集基準やレアールシューレについてもたびたび発言しており、その考え方が教育省を支配していたことは想像にかたくない。たとえシュティフターの『読本』審査にヘルファート自身が干渉しなかったとしても、その部下たちが彼の方針にしたがって行動したであろうと思われる。ヘルファート自身上記の著書で述べているように、「読本の編集に対しては、少なくとも歴史と地理に関する読み物の半分が祖国を扱うものでなければならないという指示が再三なされてきた」からである。(27)

シュティフターは『読本』序文ではっきりと彼の教育理念を語ったが、そのひとつの柱は反民族主義的・コスモポリタン的な普遍的人間性の育成である。ここで彼はカントと一致する。カントは国家的・王朝的な教育をきっぱりと拒否し、「教育計画の構想はコスモポリタンの視点から作成される」ことが必要と考えた。こうしてシュティフターはヘルファートにとって好ましくない人物となっていった。『読本』が認可されなかったことは、こうした状況下で必然的であったと思われるのである。

フランツ・ヨーゼフ勲章授与の直後、一八五四年一〇月彼はリンツのオーバーレアールシューレの校長ツァムピエーリと意見の対立を見る。学校指導者にふさわしくない彼の野蛮な態度を訴えた教師たちの意見を聴取したときであった。そしてシュティフターは教育省から叱責される。それは、その対立についてシュティフターが事態を困難にし、悪化させた、さらに彼が監督責務に欠け、教員側につき党派的にふるまった、というものであった。(28) そして一八五五年『読本』不合格。同年三月一日(バウマーの研究では二月五日)、(29) やっと正式な視学官に任命する辞令が届く。年俸一、八〇〇フロリン。それまでの五年間は仮の(provisorisch)形であった。そしてこの間の事態の変化はこれほどまでに大きかった。『読本』の申請却下後、省内でのシュティフター攻撃はますますひどくなった。一八五六年九月には正当な理由も示されずに突然リンツのオーバーレアールシューレの視学官から外される。

ドマンドルが強調するように、その頃の教育省のシュティフターへの仕打ちは人間的な配慮をぜんぜん感じさせないものであった。明かに自発的に提出した詳しいレポート“Das Rechnen in den obderennsischen Volksschulen”（『エン川上流地区のフォルクスシューレにおける算数』）――授業内容の具体的な改善提案――に対して、簡潔な拒否返答が届いた。「当省は満足をもって著者の熱意と勤勉を認めるが」という言葉と共に。やがてそのレポート自体が一八五六年七月二三日付けで省からリンツの役所に送り返された。省内で多くの欄外書き込みがなされたままで。すなわち「誤りである」、「極度に無趣味」、「これはまさに全く憐れむべきものである」、「この著者は方法というものを知らない」、「この言葉には全く身の毛がよだつ gräßlich」、「無能」、「全くいまわしい」など一一のコメントである。[30] このレポートは教育省関係のすべての部局を経由して最後に著者に渡され、シュティフター自身の受領確認の署名を必要とした。明らかに彼を屈服させ、彼を支持するリンツの役人のなかで彼の高い名声を貶めることが目的であった。硬直した機械的な官僚システムが、個人的な悪意を加味されることによって、いまやさらに冷酷さを発揮するのであった。

同じ一八五六年やはり学校視察のレポート、および教師にたいする総合的な予備教育や試験を提案するシュティフターの改善案が、同様な侮辱的な欄外書きこみをされて返送された。[31]

一八七二年に刊行された『オーストリアのふたりの作家―グリルパルツァーとシュティフター』のなかで、エーミル・クーは述べている。

教会によって整えられたキリスト教を完全に自身のものとしていた深く宗教的なシュティフター、身も心もオーストリア人であった彼、完成されたこの国民の教育者、この有能な視学官に、このような嘲り、このような冷遇と軽蔑が降りかかったのである。まことに、グリルパルツァーのエピグラムは正鵠を穿っていた。

聞け、君たちよ。そして言うがよい、

文部（Cultus）は教育（Unterricht）を叩き殺した、と。[32]

クーの引用した「文部は教育を叩き殺した」というのは、「文部教育省」の語を解体することによって、その内的機能不全を皮肉ったものと取れるのではないだろうか。世俗の視学官がしだいに無用になっていくなかで、それでも教育省に厚遇された視学官も少なくなかった。省の方針に異を唱えない限り、またかつてのリベラリストも転向すれば、冷遇されなかったようである。シュティフターが提起した教員給与引き上げや教員養成の改善を必要なしとしたアムベルクなどはとくに厚遇された例である。

一八五四年からシュティフターの持病となる肝臓の病が始まり、その後何度もその症状に襲われることになる。あるとき彼は療養のために切実な言葉による休暇願いを出した。彼に返送された請願書にヘルファートが個人的に記した欄外書きこみは、次のようなものであった。「公務の利害は非常に重大な措置をもたらすことを警告する」。休暇に関する公務員の服務規定はあったにせよ、省のトップにいる人物が個人的にこうした意見表明をすることは少なくともきわめて異例であった。そしてヘルファートは同じ欄外に「ここ数年貴殿はまったくわずかな業績しかあげなかった」とも書いた。[33] しかしコンコルダート締結以来、重要な会議を含めて、重要事項は世俗の視学官の仕事から取り上げられており、彼らには形式的な事務事項以外ほとんど残らなかったのである。それをいちばんよく知っているのがヘルファートだったのだ。

こうしたヘルファートの個人的な敵視のリストはさらに延長される。彼は長官からシュティフターに命じられた視学の出張について、批判的に「なぜこんなに多くの出張なのか？」と記している[34]。詩人の死後一七年たってもヘルファートの気持ちはおさまらず、一八八五年出版のA・フィッシャーについての本のなかで次のようなシュティフター評を展開したのであった。「彼（シュティフター）の教育分野における業績はゼロに等しかった。地方への視学をシュティフターにさせることは、ほとんど不可能だった。なぜなら彼はアマーリエ（妻）から離れたがらなかったし、彼女を出張に同伴すれば日当を超えるコストがかかったからである」。さらに「シュティフターの職業上のいいかげんさは、フィッシャーがすでに一八四九年四月に作成した計画、上オーストリアの首都におけるレアールシューレ設立計画が時宜にかなって実現されなかったことの恐らく一因にもなったのである」[35]。

ここでシュティフターの姿が、事実誤認どころか、グロテスクなまでに歪曲されていることは、もはや言うまでもないであろう。ここまで死者に鞭打つヘルファートという人物のパラノイアにむしろ病理学的な興味さえ抱かされる。この人物が一八九八年にフランツ・ヨーゼフ皇帝の即位五〇周年記念の書、『皇帝の書』（Buch vom Kaiser）を執筆する栄誉を与えられたことを付記しておこう。

『読本』の検定不合格の根拠を記した書類はとうに処分されていて、審査過程や却下の根拠は謎に包まれている。エンツィンガーを引いてドマンドルが言うように、それは審査過程におけるヘルファートの不当な個人的干渉の跡をとどめていたゆえに彼自身により処分されたのではないかと推測されるのである[36]。一八四九年に提出されたシュテルツハーマーの読本が、やっと一八六七年のリベラリズムの勝利のあとで教育省で発見される、ということもあった。

上級官庁のこうした対応によってシュティフターは深い失意の淵に沈み、詩人の繊細な神経はひどく参ってしまう。そういう苦しみ、とりわけ傷つけられ踏みにじられた名誉心の痛みは想像するに余りある。彼は一八五六年一〇月二〇日の手紙に、「わたしの名誉心はこの出来事によって深く傷つけられました」と、胸中を友人ヘッケンアストに語っている。理由もなくリンツのオーバーレアールシューレの視学官を解任されたときのことである。そして続けて、経済的な諸事情からすぐに勤めをやめられないことを嘆いている。[37] 教育省から彼に与えられる仕事はますます無価値な、彼の理念から遠いものになってゆく。今でいう窓際族である。一八五九年八月二四日のヘッケンアストへの手紙では、「もし私がきっぱりと真実なものを否み、その反対のものに黙って従ってそれを進めなければならないとしたら、私はしかしそれを強制労働と、しかも最高に苦しい強制労働と呼ぶでしょう」と語り、そうした現状を報じている。[38]

そしてシュティフターは耐え、ただ義務を果たすことを願った。ほかに何ができただろう。そのような時、善のためにのみ善を行えというカントの定言命令はシュティフターを導く指導原理であった。彼は『実践理性批判』をよく読んだ。「星をちりばめた天空」とともにある道徳律の章を彼が『読本』に採用したかったのではないかとも想像できるが、トゥーン以下の当局の反カント主義ゆえ、かわりにフィヒテの同様な義務論、道徳の自律性を扱う部分（『人間の使命』第三の書）を載せた。それによれば義務は、「私の人格から世界のうちへ進入する」掟なのである。それゆえ人は誰でも義務を人格の内奥から果たすために、真の自由を尊重されねばならない。その自由は万人に対して、自分に悪を行う他者に対してさえも保証されねばならないのである。このような思いのうちにシュティフターは生きたと思われる。

一八六五年一二月二二・二三日の手紙において、名誉ある恩給つき退職と経済的確証を与えてくれたクリークス＝アウ男爵に対してシュティフターは深い感謝の意を表した。そして同じ感謝の手紙のなかで、このように彼の遅ればせの承認がなされ、彼の精神的な功績が尊重されたことを、シュティフターは「わが愛するオーストリアのために」喜んだのであった。(39)

八　文学作品としての『読本』

視学官として充分には実現できなかった教育的な情熱と理想、それを詩人は文学において語ることになる。それが一八五七年に完成された長編小説『晩夏』であった。このなかには当時の詩人の思いが色濃く反映されている。

エンツィンガーが指摘したことだが、『読本』におけるテクスト配列は、『晩夏』に描かれる主人公ハインリヒの教育対象の配列と一致する（自然学、論理学、道徳律、法学、歴史、哲学、そして人間精神の活動の頂点としての芸術と詩）。すなわち同時期に作られた、それぞれ性格の異なるこの二冊の書物は教育をめぐる書物として対となっており、いずれもシュティフターの精神世界を映す鏡となっている。(40)

一九世紀中葉のオーストリアの激動する政治的・社会的状況を離れ、いま『読本』をあらためて眺めるならば、それがもつ高い文学性と精神性に驚かされるであろう。そしてそれは学校用の教本というよりも、むしろ繰り返し耽読されるべきドイツ語による文学的な読本として受け止められるべきなのだろう。この本の高い意味と現代世界への生きたはたらきを知っていたひとりがトーマス・マンであった（『巨匠の苦悩と偉大』の「シャミッソー」）。エンツィンガーとともに、われわれはこれがドイツ語で書かれたもっとも美しい読本のひとつといえるだろう。そしてやがてホーフマンスタールが一九二二、二三年にシュティフターの理念を継承して、あの『ドイツ語読本』を編むのである。人間と世界をめぐる深い洞察を散りばめた古今の詩文を集め、ひとつの大きな秩序ある精神世界を創造したシュティフターの『読本』は、彼の真の作品といえるだろう。それもまた『晩夏』同様、詩人の創造的な精神が生み出したものなのだから。

おわりに――シュティフターとビーダーマイヤー

最後に、『読本』の考察からは離れるが、本論集の性質上、ビーダーマイヤーとシュティフターというテーマについて若干考えてみたい。

ビーダーマイヤーとは何か。この定義次第でシュティフターの位置づけはがらりと変わると思われる。たとえば家具や調度の様式についてビーダーマイヤー様式をいうならば、一八三四年の『習作集』において主人公が理想の家を夢想するときに、シュティフターは堅牢さと美しさの調和した簡素な家具というその時代の価値感情をよく表している。(41) そして『晩夏』において見事に整えられた庭園や菜園、そのなかに立つ瀟洒な家、丹精こめて作られた家具や調度、古代の大理石像などの芸術品、あるいは田園のなかの散策やアルプス登攀などが描かれるとき、それもまた一九世紀中葉の美しい生活への憧れを表現しているであろう。あるいはむしろ轟々と進む産業革命の時代の中に失われてゆく古きよき時代、古きよき生活様式への悲歌といったほうがよいかもしれない。そしてそのような悲歌的な感情はシュティフターの作品に通奏低音として流れている。

だが、それをビーダーマイヤー的と呼べるのであろうか。それは一般的に理解されている「ビーダーマイヤー的」な牧歌的感情というよりも、もっと切迫した、何か悲劇的なものをはらむ気分である。すでにロマン派の詩人たちの中世憧憬にその種の切迫した感情はなかったろうか？　そして一九世紀後半の（ラスキンやモリス、R・ヴァーグナーに代表されるような）中世志向にまでそれは延びているのではないか。すなわちビーダーマイヤーをも内包する一九世紀全体にわたる憧憬感情なのではないか。

また、もしもビーダーマイヤーという言葉を通常それによって理解される次のような意味で使うならば、シュティフターをビーダーマイヤー詩人とするのはやはり困難になろう。すなわち、復古的な時代にあって国家や社会に身の程知らずの要求をせず、権力に逆らわず、何よりも身の回りの平穏さを愛し、小市民的な実直さをもって生活し、ささやかな家庭的な安楽を喜び、それに満足する生き方、またそのような生活感情を表現した牧歌的な芸術作品という意味で。しかし、シュティフターの生活はそうではなかった。本論でもその一端は示したはずである。また――初期作品にはそうした牧歌性を帯びているものもあるが――とくに晩年に成立してゆく彼の主要な作品群は、そのような概念枠を超えている。

次に、ビーダーマイヤー現象といわれるものとして、政治、社会、文化の諸分野において、復古的心情による秩序愛のうちに生きる、という説明もあろう。この点において、シュティフターはどうであろうか。たしかに秩序を愛したシュティフターであった。だが彼の秩序愛は歴史の発展に対する復古的・反動的な心情にもとづくのであろうか。

自然界や人間界の小さなものばかり描くというフリードリヒ・ヘッベルのシュティフター非難に対する反論として、シュティフターは『石さまざま』序文に述べている。彼が偉大と思うものは誰の目にも目立つような自然界・人間界の破壊的・暴力的な力ではない。むしろ永続的な「穏やかな法則」の種々の現象、つまり風のそよぎや穀物の成長のごとき自然界の目立たぬ生成力、人間においては公正や聡明、美の嘆賞、情愛や節度の力である、と。

シュティフターが人類の導き手と考えるような「穏やかな法則」というこうしたテーゼを核とする美学および人間学をとらえて、上記定義のようなビーダーマイヤー性と考えるならば、それはシュティフター像の矮小化につながるのではないか。学校現場や文学世界において全人格を育むことに靭い意志と情熱をかたむけたシュティフター。彼の「穏やかな法則」は、目立たず、しかし限りなく営まれる人間の内的成熟の秩序に他ならない。彼の教育者的世界像の根幹をなすこうした（「穏やかな法則」に凝縮される）美学および人間学こそ、むしろ古典主義的教養小説の世界像と同根なのではあるまいか。ましてそのような「穏やかな法則」は、復古的・反動的な秩序愛とは無関係であろう。作家として、視学官として、新しい時代を肌身に沁みて感じつつ、彼は自然界との深い共生のなかに、産業革命後の激動する近代社会においてすさまじい速さで失われてゆく人間的な生の世界、その秩序を模索したのである。シュティフターは、大都市ではなく、村や自然を主要な舞台にしつづけた。それはたんに都会からの逃避にもとづく牧歌趣味ではなく、自然界との共生という彼の根源的な生活意識を詩的に展開するためであった。そして、ここにおいてシュティフターはあらためて現代的な意味を帯びるのである。

人間的な生の秩序、人間性の生成の秩序をめぐって彼は生涯問い続けた。そしてその思考は詩人をして、人間界の地平を超える秩序に向かわせずにはおかない。人間を囲む自然界の力、および人間存在を左右する運命の力は盲目で不条理か、それともそこに何かより高い秩序があるのだろうか。神の摂理はあるのか、それともすべては偶然なのか。「穏やかな法則」の美学が核心をなすとはいえ、多くのシュティフター研究が一致しているように、彼はけっして静止した調和的な牧歌的な世界のみを描いたのではなかった。そうした安らかな世界を一挙に破壊しつつ人間に襲いかかる不条理な残酷な運命や自然の恐るべき力もまた直視した。まるで古代悲劇のコロスのような厳粛さをもって、そしてゲーテ的な畏怖をもって彼はそれを語った。そして『水晶』や『晩夏』以降のシュティフターは、なおそのなかで人間と自然界・宇宙のより高い秩序への信頼に突きぬけていった。彼が主人公たちに経験させる挫折や諦観はそうした作家の広やかな視点を拓くためのものであった。『石灰石』の司祭やリーザッハ男爵など、一見人生の敗者と見られるような彼らは、生の不条理を知悉しつつ、なお人間の深い内的成熟の神秘な過程を示す証人たちなのである。そしてその成熟のプロセスのなかで、他者に対する私心をこえた願いや愛といった人間の靭い内的力を放射するのである。それを詩人は「穏やかな法則」と呼ぶ。この力の多様な展開と変奏こそ、彼が描き続けたものであった。

この点において、彼らの経験した挫折や諦観が、ビーダーマイヤー性といわれるような復古的・反動的時代における権力追従的・逃避的現象とは次元を異にしているといわざるをえない。また彼らの諦観がハプスブルク的処世術を表す概念であり、彼らがハプスブルク支配下の、生き生きとした生から締め出された人物たちを示すというマグリスの指摘[42]には、その意味で疑問を抱かざるをえない。そもそも諦観の人物についていえば、ハプスブルク帝国領を超えて、一九世紀西洋はそういう主人公たちに充ちているではないか。

そのようなデモーニッシュな力の現実を含めて、シュティフターは人間の生の全体的なパースペクティヴを立体的に描いた。単なる人間中心の生のありようではなく、些細な人間存在をはるかに超えるヌミノーゼ的諸力との関係のなかに人間の生の大きさ、人間の全体的な課題を描いた。ここでも彼はゲーテの後継者なのである。『晩夏』や『曾祖父の書類綴じ』、『水晶』や『石灰石』は、綿密に再構成された詩的世界であって、けっして作家がそこに自閉するような狭い私的世界ではない。また独特の視野の狭隘さを伴う「郷土文学」の概念が当てはまるものでもないであろう。それらの提供する世界は時代と空間を超える広やかな普遍性を帯びた文学世界となっているからである。クーニッシュが強調するように、たとえば『曾祖父の書類綴じ』最終稿は、大きな秩序の中に事物を描く成熟した客観性の文体において、遠くホメロスの叙事的世界に連なっていると見ることもできる。

『読本』に繰り返し登場したヘルダー、ゲーテ、シラー、W・v・フンボルト（そしてそこには隠されてはいるがカント）に流れる普遍的・コスモポリタン的ヒューマニズムの人間観・世界観。それをシュティフターは継承し、その大きなピラミッドの上にみずからも人間性の味わいのきわめて深い新たな詩的世界を加えたのであった。『晩夏』と『読本』は、そうしたドイツ古典主義の遺産継承と創造的な展開のじっさいを見せている。

本論の資料は、多くがシュティフターの『読本』についての詳細な研究〈Sepp Domandl, *Adalbert Stifters Lesebuch und die geistigen Strömungen zur Jahrhundertmitte*, Linz 1976〉にもとづいている。

(1) Hrsg. v. Josef Habisreutinger. München, Bayerischer Schulbuchverlag, 1947.
(2) Moriz Enzinger, *Gesammelte Aufsätze zu Adalbert Stifter*, Wien 1967, S. 273.
(3) Domandl, S. 43.
(4) *Organisationsentwurf*, S. 137, 142, 143f. aus Enzinger, S. 272.
(5) An Freiherrn von Kriegs-Au. Zit. in *Adalbert Stifter. Leben und Werk; In Briefen und Dokumenten* (= *L.u.W.*), Frankfurt a. M. 1962, S. 611f.
(6) Domandl, S. 43.
(7) Enzinger, S. 278.
(8) Enzinger, ebda.
(9) Domandl, S. 44.
(10) Otto Jungmair, *Adalbert Stifters Linzer Jahre*, Graz-Wien 1958, S. 85.
(11) An Gustav Heckenast vom 13. Mai. 1854. Zit. von Enzinger, S. 280.
(12) Enzinger, S. 282.
(13) Domandl, S. 102.

(14) Emil Kuh, *Zwei Dichter Österreichs, Grillparzer-Stifter*, Wien 1872. Zit. von Jungmair, S. 106f.
(15) Enzinger, S. 289.
(16) Jungmair, S. 255f.
(17) Enzinger, S. 289f.
(18) Enzinger, S. 290.
(19) Enzinger, S. 281.
(20) Domandl, S. 61.
(21) Franz Baumer, *Adalbert Stifter*, München, 1989. S. 120.
(22) Domandl, S. 101.
(23) An Alois Kaindl vom 15. 12. 1849. Zit. von Domandl, S. 95.
(24) Jungmair, S. 29f.
(25) Domandl, S. 93.
(26) Alexander v. Helfert, *Über Nationalgeschichte und den gegenwärtigen Stand ihrer Pflege in Österreich*, S. 29f. Zit. von Domandl, S. 87.
(27) Helfert, S. 34. Zit von Domandl, S. 87.
(28) Jungmair, S. 102f.
(29) Baumer, S. 120.
(30) Baumer, ebda. Jungmair, S. 121f.
(31) Jungmair, S. 128.
(32) Emil Kuh, *Zwei Dichter Österreichs, Grillparzer-Stifter*. Zit. von Jungmair, S. 106f.
(33) Domandl, S. 97.

（34） Jungmair, S. 128.
（35） Domandl, S. 104.
（36） Domandl, S. 105.
（37） Domandl, S. 100.
（38） *L.u.W.*, S. 441.
（39） *L.u.W.*, S. 587.
（40） Enzinger, S. 281.
（41） マックス・フォン・ベーン『ビーダーマイヤー時代』飯塚信雄他訳、三修社、一九九三年、四七七頁。
（42） クラウディオ・マグリス『オーストリア文学とハプスブルク神話』鈴木隆雄他訳、書肆・風の薔薇、一九九〇年、二一〇頁。

他に参照した文献
Urban Roedl, *Adalbert Stifter—Geschichte seines Lebens*, Bern 1958.
Urban Roedl, *Adalbert Stifter mit Selbstzeugnissen und Bilddokumenten*, Hamburg 1965.
Peter A. Schoenborn, *Adalbert Stifter*, Bern 1992.
谷口泰『アーダルベルト・シュティフター研究』、水声社、一九九五年。

無名者の声
――「能天気」（KHM 81）

飯豊道男

一　メールヒェン元年

オーストリアのメールヒェンの歴史はウィーン会議に始まる。それはヤーコプ・グリムがドイツ代表の随員のひとりとして、一八一四年九月から、一八一五年六月までウィーンに滞在したとき、オーストリアの人たちにメールヒェンの採話を呼びかけた。それがきっかけでオーストリアの人々はそういうものがあることを意識するようになったからである。

ヤーコプはウィーンにくる二年前、一八一二年に弟のヴィルヘルムと共に『子どもと家庭のメールヒェン』（Kinder und Hausmärchen 略称 KHM）を発表した。それはドイツでの、というよりもヨーロッパ、いや世界で最初の本格的なメールヒェンの採話集であり、しかも一つ一つの話に詳細な後注をつけた研究書でもあった。グリム兄弟はこの本によってメールヒェンが文学の新しいジャンルとして成立しうる内容をもつことを初めて立証してみせ、同時に基層文化の新鮮な魅力をも顕在化させた。たちまちヨーロッパ各国で反響を呼び起こし、次々に同趣の試みをする人たちが現れた。

グリム兄弟は自分たちの生国ヘッセンで採話したが、一地方のメールヒェン集というよりも、ドイツ語圏全体のメールヒェンの集成を意図していた。だからヤーコプはウィーン会議に出るためウィーンにやってくると、オーストリアでの採話を呼びかけたのである。

折りしもよそからの文化輸入を事としていた時代は行き詰まり、方向転換を迫られ、内側に向けられるようになった関心の目は底辺にたどりつこうとしていた。R・ドーソンの『アメリカ民俗学』によると、イギリスでフォークロアという語が初めて使われたのは一八四六年のことで、その五年後には『ノース・エンプトンシャーの方言と民俗』という本が出た。ドイツでは普通人への関心はもっと早く、民俗学《フォルクスクンデ》という語の初出は一八〇六年である。(1) ヘルダーを先駆者として二人のロマン派の詩人アルニムとブレンターノがドイツ民謡を集めた『少年の魔法の角笛』を発表したのも同じ一八〇六年と一八〇八年だった。グリム兄弟の『子どもと家庭のメールヒェン』は韻文集成の『少年の魔法の角笛』に呼応する散文集成の仕事だった。ドイツにおける神学者たちによる民間信仰の研究はもっと古く、経済学者たちも経済や政治の立場から一八世紀にすでに民衆生活に目を向けていた。二七歳と二六歳という若いグリム兄弟は、漠然と時代が待ち望んでいたものに明確な形を与えたといえるのである。

オーストリアのメールヒェンはしかしグリムの本にあまり入っていない。のちに各地で発掘された話の数々を思えばもっと入っていてもよさそうだが、そうはならなかった。ヤーコプがウィーンで集めた九話のうち、ウィーンの話が二話、ニーダーエスターライヒ州が一話、ボヘミア（今のスロヴァキア）が三話、ハンガリーが一話となるのが興味深い。チロル州とかシュタイヤーマルク州、オーバーエスターライヒ州など、のちにすぐれた語り手や研究者が出たところが採話地として出てこないのである。ブルゲンラント州もあいまいな形で一話の由来地として出てくるに過ぎない。代りにボヘミアがよく出てくるし、ハンガリー在住のドイツ人（オーストリア人）

の話も一話ある。ボヘミアのドイツ人（オーストリア人）の話が三話も取り上げられているのは、当時もウィーンとの往来が盛んだったことを思わせる。複合民族国家の特色がKHMに入っている僅かな話からだけでも想像できる。私がシュタイヤーマルクの二つの村で暮らしたとき、ウィーンから休暇で来た人にはボヘミア出身の家族がいた。アトモントの修道院に匹敵するエンス谷の大山林地主の元貴族もボヘミア出身だった。旧ユーゴスラヴィアのクロアチア人もいたし、ハンガリーが父の任地だったという老婦人にも会ったことがあった。イタリア人の農民もいた。村で暮らしていると、思いがけないときに複合民族がオーストリアという国を形成してきたことを思い知らされる。この国はまるでメールヒェンの由来そのもののように複数の民族の間ではぐくまれてきたのである。

オーストリアの話はグリム二五番の「七羽のワタリガラス」の導入部で使われていた。四九番の「六羽の白鳥」の後注ではボヘミアの話が言及されている。五三番の「白雪姫」の後注ではウィーンの話、七四番の「狐と名付け親のおばさん」というボヘミアの話、八二番の「遊び人ハンスル」の後注ではニーダーエスターライヒ州の話、一〇八番の「針鼠のハンス」の後注ではハンガリーの話、一二五番の「悪魔とその祖母」の後注ではボヘミアの話に言及している。一二二番の「キャベツろば（愚かもの）」はボヘミアの話である。六八番の「ぺてん師と親方」の後注ではウィーンの図書館司書だったゲオルク・パシが提供したウィーンの話に言及している。九五番の「ヒルデブラントじいさん」もパシの提供なのかどうかはよくわからない。ボヘミアの話か、ブラゲンラント州の話だったのかということもはっきりしない。このほかに「ウィーンのある老婦人から」とグリム兄弟が注に書いている八一番の「能天気」がある。これもゲオルク・パシから入手した話である。素性のはっきりしている、そしてきちんと紹介されている生粋のオーストリアの話は、結局この「能天気」一つだけということになる。

寂しい成果だが、こういう呼びかけの結果は一八一五年の第二巻ではなく、一巻と二巻をまとめた一八一九年の第二版に生かされることになった。

ツィンゲルレ兄弟の『チロルの子どもと家庭のメールヒェン』が出たのが一八五二年、もう一冊の『南ドイツ（オーストリア）の子どもと家庭のメールヒェン』が出たのが一八五四年、『チロルの習俗』が一八七一年、『チロル伝説集』の出版が一八九〇年である。あるいはテオドーア・フェアナレケンの『アルプス伝説集』が出たのが一八五八年、『アルプス諸国（オーストリア）の子どもと家庭のメールヒェン』が出たのは一八九〇年だった。ヤーコプの呼びかけはちょっと早すぎたのかもしれない。例えばイグナーツ・ツィンゲルレが生れたのはもっとあとの一八二五年になってからなのである。

そこでここでは「能天気」を取り上げることにする。この話は部分的に採用されたのでなく、オーストリアの話で唯一話全体がそっくり載っているらしいからである。グリム兄弟はよく複数の話を複合させてより「完全な」話をこしらえあげていた。作家たちの再話とは違うにしても、自分たちの研究に基づいて「原型」を復元させようとした。原資料が残っていないので、これがどこまで忠実に活字化されたのかわからないが、オーストリアの一九世紀初期のメールヒェンの一例として取り上げてみたい。

これは先にふれたように「ウィーンのある老婦人から」と由緒が記されている。ウィーンの図書館司書ゲオルク・パシを通して得た話だが、パシとこの女性の関係はわからない。女性がウィーン生まれだったのか、どこかの地方から来た女性だったのかもわからない。

現代オーストリアの民俗学研究者で、ウィーン大学の学生だったころからブルゲンラント州を歩きながら語り手を探しては話をノートに書きとめ、第二次大戦後テープレコーダーが発明されると、その重たい機器を背中に担いで御夫婦でシュタイヤーマルク州やオーバーエスターライヒ州の山村を歩き回っていたカール・ハイディングは、オーストリアのメールヒェンの語り手たちは男だといった。女性は農作業や家事や子育てその他やることがいっぱいあって、メールヒェンは語れない、女性が語るのは伝説だと私にいっていた。私は晩年の彼と一緒に村々を歩いて口承文芸を聞いたり、民俗調査に同行したりしていたので、その発言は信頼できると思っている。ただメールヒェンは変えてはならないし、変わらないという彼のメールヒェン観には同調できないが。私はメールヒェンは人々と共に、時代と共に変わらざるをえないと思うようになっていた。

私が会ったオーバーエスターライヒ州の語り手もブルゲンラント州の語り手も、大抵は女性だった。しかし誰から話を聞いたのかと訊くと、パパからだといった。私もハイディングのように、メールヒェンの本来の語り手は男だったと思えてならないのである。それにメールヒェンそれぞれの話の内容からしても、男が代々の語り手だったと思えてならないのである。

とすると、ビーダーマイヤー時代のウィーンでこの話を語った女性はどういう環境で育ち、誰から聞いたのか、知りたい思いに駆られる。同時にまた一九世紀初めのオーストリアの首都ウィーンでも、本来の語り手でない語り手が存在していたらしいということになる。丁度ドイツ中部の都市カッセルに暮らしていたグリム兄弟の周辺に本来の語り手と思えない二次的な若い女性の語り手たちがいたようにである。メールヒェンはその存在を知られたときすでに本来の村を離れ、都市の中でも生きていたということになる。むしろ都市化したことによって初めて存在意義を認められるようになったといえるのである。

こういうオーストリアの首都、大都市の中での採話ということにも興味がもたれる。一九世紀におけるオーストリアのメールヒェンの採話活動を見ると、ツィンゲルレ兄弟のチロルのメールヒェン集には、チロルの中心都市インスブルックで聞いたという話がない。フェアナレケンのオーストリアメールヒェン集にもない。フェアナレケンの本ではウィーンに接するニーダーエスターライヒ州やボヘミアが採話地となっているのだが、ウィーンで聞いた話はない。強いていえばウィーン近くのメートリングで聞いたという「一クロイツァーが百に」があるだけである。ここはベートーヴェンやシューベルト、グリルパルツァーが滞在したところとして知られているが。グリム兄弟はベルリン大学教授になった晩年に、ベルリンで学生から話を聞いて第五版（一八四三年）から入れている。それは学生が郷里で聞いた話だった。ウィーンの老婦人が語った話というのも、ウィーンで語られていたというよりも、他郷で聞いた話を語っていたのかもしれない。

二　ウィーンのおばあさん

「能天気」は一八一九年の第二版から、それまでの「鍛冶屋と悪魔」に代わって八一番に収められた話である。グリム兄弟は後注で、「私たちがここに取り入れた話はウィーンでゲオルク・パシが老女の口から聞いて書き留めた、極めて完全で、極めて生き生きとしている」と書いている。

「能天気」Bruder Lustig はこんな話である。

昔、戦争が終って兵隊が解雇され、軍用パンの小さなかたまり一個と四クロイツァーのかねをもらって歩いていると、聖ペトロが物乞い姿で道ばたに坐っている。つい同情して兵隊が持っていたパンを四分の一、それに一クロイツァーのかねをやると、聖ペトロはさらに二度も先回りして毎回お恵みをねだる。

兵隊は残った四分の一のパンと一クロイツァーをもって居酒屋《ヴィルツハウス》に入り、ビールを飲む。出ると、聖ペトロは今度は兵隊と同じような服装になっていて、旅の道づれとなる。ペトロは多少医者の心得がある、かせいだら半分お前にやるという。果たして彼は農夫の病気を治して子羊の謝礼をもらい、森でそれを料理することになる。ペトロは心臓だけもらえばいいといって、その場をはずす。帰りを待ちきれずに兵隊は心臓を食べてしまい、ペトロには子羊には心臓がないのだと突っぱねる。

ペトロは行手の道に幻影の水をあふれさせ、兵隊に真相を告白させようとするが、兵隊は溺れそうになりながらも自説を曲げようとしない。

旅を続けるうち、王女が死んだと聞いて、ペトロは死人を生き返らせることもできるといって城に行き、死体をばらばらにし、鍋で煮て、骨を組み立て直した。こうして生き返らせたことによって、王が王国の半分をくれるというのにペトロはそれを断った。すると王は元兵隊のはいのうにお金をいっぱい詰めてくれた。

森でその金を分けようとすると、ペトロは三つに分けた。三つめは子羊の心臓を食べたものの分だと聞いて、能天気があれはおれが食べたんだと白状した。ペトロはかねは全部やるから、ここで別れようと去る。

兵隊は気前よくかねを使いまくるうちたちまち無一文になった。そのとき王女が死んだと耳にして、早速城に乗りこみ、見よう見まねで始めたが、骨の順番を間違え、途方に暮れていると、窓然ペトロが現れ、生き返らせてくれる。そのあとすぐまた窓から消え、兵隊は王からはいのういっぱいのかねをもらう。

外にいたペトロは能天気が礼金をもらったのを怒り、医療活動ができないようにし、代りにはいのうに入れたい物を入れられる神通力を与えた。兵隊は居酒屋で早速試し、二羽のガチョウの丸焼きをはいのうの中に吸いこませ、一羽を若い旅の職人にやるが、職人二人は盗みの疑いをかけられ、店のおやじにはしばみの枝でなぐられてしまう。

兵隊がなおも旅をするうち、粗末な宿なのに混んでいて、泊まれないところがあった。向いには豪勢な屋敷があるのにがら空きだった。というのはそこには悪魔がいて、泊り客は生きて出られないのだという。彼はそこに行って泊ることにする。夜中に九人の悪魔が出てくるが、みんなはいのうに入れてしまい、翌日鍛冶屋に行き、大きなハンマーではいのうをたたかせた。八人は死んだ。はいのうの隅っこにいた一人だけが命拾いをして地獄に逃げ帰った。

やがて面白おかしく生きていた兵隊もあきてきて、この世におさらばしたくなり、天国に行くか地獄に行くかを思案したが、隠者に地獄への道の方が楽だと聞いて、地獄へ行く。ところが地獄門にいたあの九番目の悪魔が彼と知って入れてくれない。

そこで今度は天国に行くと、聖ペトロが門番をしていた。入れてくれと頼むが入れてくれない。すると能天気は奥の手を出し、格子の間からじゃ、はいのうを返すよと入れた。そのあと、おれをはいのうに入れろと呪文をとなえ、まんまと天国に入りこんでしまった。

これがウィーンのおばあさんが語ったという話である。奇異なのは彼女がたった一話しか語っていないことである。これだけの話を語れる女性なら、その後の語り手たちの歴史からすればもっと語れたはずなのに、一話しか伝えられていない。一体彼女はどんな女性だったのか、私は知りたい思いに駆られる。父がすぐれた語り手でも子どもが語り手になるとは限らない。私がオーバーエスターライヒ州シュヴェアトベルク村ヴィンデンにいたとき、私が寝起きしていた家の前に居酒屋があった。そこの女主人は同じ集落の亡くなった語り手の娘だったが、彼女は父の話を覚えていなかった。数年の間に時を置いて何度か訊いたが、覚えていないという。暇なときでも答えは同じだった。興味がなければ伝承は断絶するのである。ブルゲンラント州ウンターーヴァルトというハンガリー人の村のローザ・チュラクおばあさんが亡くなったあとに訪ねて行くと、一人残った五〇代の息子さんは薄暗い部屋に電灯もつけずにじっとしていた。おかあさんが元気だったころ、語りながらドイツ語の単語が思い浮かばないと、すぐに助け舟を出していて、母の話はみんな知っていたように思えたのに、母が亡くなると語り手として自立しないで、生きる気力すら失いかけていた。別な村で祖父とか祖母が語っているときに孫たちが聞いている場面を見たことがある。男の子でも女の子でも部屋の隅で一心に聞いている子と、そうでない子がいた。

語り手に成長する人とそうでない人では子どものころの聞き方がすでに違うのだろう。時には自分の子どもでなく、姪や甥が話を受け継ぐ場合もある。私の知っている例ではシュヴェアトベルク村のアンナ・フィッシャーおばあさんの場合がそうである。

「能天気」を語ったウィーンのおばあさんはどうしてこの話を記憶していたのか。話を聞く場、語る場が老年までの間にあったと思えるのだが、その場はずっとウィーンだったのか。

そしてまたどんなきっかけで彼女は図書館司書をしていた人物にこの話を聞かせたのか、親族だったのか、知人だったのか。いずれにしても気を許さなければこんな話を語らなかったろう。飛躍した想像をすれば図書館司書と彼女とは同じような暮らし方をしていたのだろうか。グリム兄弟が妹まで動員して、メールヒェンを語ってもらおうとした女性がいた。マールブルクの病院にいた女性だった。彼女が語れると聞いて出かけるのだが、彼女は大学を出たような人がメールヒェンを聞きにくるなんておかしい、私を侮辱しようとしているのだといい、ヴィルヘルムが苦労して漸く二話を聞き出した。

ウィーン大学のカーロイ・ガール教授は語り手がメールヒェンを仲間に語っているときに地主が来あわせたら、地主は入ろうとしなかったという。話を聞こうとしなかったのである。メールヒェンの背後には階層が横たわっているらしいのである。メールヒェンは富裕でない人たちが仲間や家族で楽しむことばの財産らしいのである。私がウィーンのおばあさんにこだわるのもそういう点が闇に包まれているからである。閉じられた社会に生きてきた限定的な言語財産がいつの間にか都市にも流入して、支持基盤をひろげていったらしいのである。

グリム兄弟への語り手たちの例からすると、ドイツでは一九世紀初めにメールヒェンの都市化が起こっていたが、それはオーストリアでもいえるのかどうか。図書館司書を経由していたところにオーストリアでも都市メールヒェンが成立しつつあったといえそうな気がするのである。

三　実と虚のあわいを楽しむ

それにしてもなぜ彼女はこんな話を一つだけ覚えていて、人に語ったのか。

メールヒェンは「昔」と語り始める。時間を現在と遠く離れた時間に設定することによって表現の自由を確保し、ごく身近かな出来事と思えるようなことを語っても、今のここの話ではないことを聞き手に承知させる。時間ばかりでなく空間もここではない、この近くでもない、どこかの話であることを前提にして物語を展開していく。

しかし話の内容はこの話に限らず決して語りの場の現在の状況と無縁ではない。メールヒェンはどこかの昔の話のように見せかけながら、いつも現在のここの状況を語っている。現在の状況をふまえた話でないと、みんなに聞いてもらえないのである。現在の身近かな問題がことばの遠心力と求心力を巧みに使いこなしながら語られていくのである。メールヒェンは時代と離れることがない、と私はつくづく思うのである。

この話は戦争が終って失業した兵隊と聖ペトロがかかわりをもつ話である。おばあさんが信仰の功徳をたたえる話を覚えていて、それを語ったというのならわかり易い。教会に行けばどこでも女性が目につくし、お墓掃除にまめにくるのも、墓前に蠟燭をともしにくるのも大概は女性である。

こういう女性たちが案外笑話を好むような感じを受ける。シュヴェアトベルクの私が泊まっていたうちのおばあさんは、第二次大戦が終ろうとする一九四五年の二月、マウトハウゼンの強制収容所からロシアの将兵が五百数十人ほど集団脱走したとき、夫の反対を押し切って戦争が終るまで二人のロシア兵を家にかくまい通した人である。彼らにもおかあさんがいるだろうといって。彼女の息子の一人は東部戦線でロシア軍と戦っていたのにである。私がこの家に下宿したのも村の人があそこなら泊めてくれるだろうと教えてくれたからである。彼女とその一家はとても熱心なカトリック教徒だった。その敬虔なおばあさんが艶話をした。農家の下女が同僚の下男たちの作戦にひっかかって、自室で来年嫁にいけるか、素裸になって占いをしたところ、ベッドの下に隠れていた下男の一人がいきなりとび出し、あわてて籠で前を隠したものの、底が抜けていたので丸見えだったというのである。おばあさんは語り終わるとくっくっくと笑った。ブルゲンラントのチュラクおばあさんは何回も訪ねて行くうち、おしっこやうんちの笑い話を始めた。話しながら自分でも大きな声で笑っていたのが耳に残っている。女性はしたたかなリアリストなのである。オーストリアでもドイツでも第二次大戦にふれた文章を読んでいると、よく出征する息子を見送る母が部屋の中では涙を流し、無事の帰国を願ったとあった。兵士の妻も夫の無事の帰還を願って涙を流した。公けの場の気丈な姿だけを見ていてはいけないのである。恰好の悪い姿をさらすのもメールヒェンには欠かせない場面であり、メールヒェンの真骨頂といえるのではないだろうか。

この時代は戦争ばかりの時代だった。ヤーコプ・グリムがウィーンに来たとき、彼は二九歳だった。彼は南ドイツのレーゲンスブルクから船に乗ってドーナウ川をくだってウィーンに入った。退屈で、陸路を馬車でくればよかったとウィーンからヴィルヘルムに書き送っているが（『ヤーコプ・グリムとヴィルヘルム・グリムの青春時代の文通』）(2)、いざ来てみると、会議がはかどらず、実際は休養になったかもしれないような日々が続いた。思えば彼にはずっと戦争がつきまとっていた。マールブルク大学の学生のころは法制史の恩師サヴィニーに頼まれて、パリに写本を写しに行き、卒業すると、支配者として来たナポレオンの弟ジェロームのため図書館の司書として働き、やがてジェロームがフランスへ逃げ帰る段になると、今度はフランスへ奪い去るドイツの貴重書や美術品の整理をさせられ、のちにはそれらを取り戻す交渉役をやらされ、プロイセン王までそのみごとな仕事ぶりに同様の取り戻し役を彼に頼んでいた。そしていまは戦後処理の件でウィーンにきているのである。

子どものころ、シュタイナウの町では地面に耳を押しつけて、フランス軍がマインツを攻撃する大砲の音を聞いていたという。シュタイナウのフランクフルト寄りの小さな隣り町にある旅館の入口には、ロシアから敗走してきたナポレオンがここに泊まったというプレートが今でもある。ナポレオンはよくライプツィヒの戦いに敗れてドイツ支配に決定的な打撃を受けたといわれるが、とどめを刺したのはハーナウの戦いだった。グリム兄弟が生れたハーナウは、フランクフルトに程近いところに位置している。ハーナウの戦いは一八一三年の一〇月三〇、三一日のことだった。これについては地元の人が『ハーナウの戦い、一八一三年一〇月三〇日』という本を同じ年のうちに出している。翌一八一四年には第二版が、一九一三年には第三版が出、一九八八年に第四版が出ている。戦争のことは簡単に忘れられるものではないのである。私は『ハーナウ　破壊と再建』という一九四五年三月一九日の空襲を記録した本ももっている。同じライプツィヒ街道沿いのシュリュヒテルン――シュタイナウの反対方向の隣り町――からも『苦難の歴史』という兵隊の暴虐や手足を失った兵隊の絵などがある苦難の長い歴史を綴った本が出ている。(3)

グリム兄弟にとって戦争は決してひとごとではなかった。戦争のさまざまな渦にまきこまれながら生きていたのである。グリムの『子どもと家庭のメールヒェン』の前書きには「カッセル、一八一二年一〇月一八日」という日付けが入っている。ヴィルヘルムの息子で、のちに作家になったヘルマン・グリムによると、その下にヤーコプはあとで「ライプツィヒの戦いの丁度一年前」と書き加えていたそうである。(4) ライプツィヒ近傍で、オーストリア・プロシャの連合軍は、一八一三年の一〇月一六日から一九日にかけての解放戦争でついにナポレオン軍を破った。そして引き続き一〇月三〇、三一日のハーナウの戦いでもナポレオン軍を打ち負かした。長い間故郷を占領されていたヤーコプは思わずそんなことばを書き加えずにいられなかったのだろう。

翌一八一四年一月、二月、つまりウィーンへくる半年前に、ヤーコプは公使館書記としてパリに出張を命じられた。彼は弟ヴィルヘルムへの手紙の中で「とにかく捕虜の大部分が殺されるのだ」とか、「大抵の村はからっぽで、時々服をはぎ取られた死体が道ばたにころがっていた」とか、「こんな日にオーストリア人が一人軍道に倒れているのを見た。死にかけている人をよけて通らなければならなかった。ほかの人たちは無関心に通り過ぎた。彼は青天井の下で死んでいったのだ。埋葬されるのかどうかはわからない」というように戦争のあとの悲惨な状況を克明に伝えている。(5)

また、グリムの本に一家で協力した北ドイツのハクストハウゼン男爵家のアウグストは、一八一三年、戦場で歩哨に立っているときに、「鉄のハンス」という話を聞いたといって、グリム兄弟の許に送ってきている。

こういう現実の生活があったから、ウィーンのおばあさんが語ったお払い箱になった兵隊の話にもヤーコプは敏感に反応したことだろう。

オーストリアの人たちにしてもしょっちょう戦争に悩まされていた。一七世紀には三〇年戦争があったし、トルコ軍はウィーンまで攻めてきた。一八世紀に入ると継承戦争、七年戦争があり、ナポレオンとの戦争も始まった。第一次、二次、三次、四次というふうに数年置きにフランスとの戦争が起きている。この時代の人々は戦乱の中で生まれ、育ち、老いていったのだった。戦争はなまなましい現実だった。例えば『シュタイヤーマルク州史』を見ると、一八〇九年のグラーツ攻防戦に敗れたグラーツ市はフランス軍の駐留費として毎月一万から一万二、〇〇〇グルデンをナポレオン軍に支払わなければならなかった。翌一〇年に州からフランス軍が去ったとき、残ったのは発疹チフスだった。シュタイヤーマルク州の人口は一七八八年の八三万人から一八一五年には七六万三、〇〇〇人に減少した。約三〇年間に六万七、〇〇〇人も減ったのである。(6)

この州のドンナースバッハという山奥の行きどまりの村でも、村史を見るとフランス軍が四回宿泊している。人数を割り当てられた二二軒の名前が列挙されている。一八〇五年一〇月の場合は一週間に一、八〇〇名がきて、毎日二〇〇ないし三〇〇キロの肉と二〇〇個のかたまりのパンを要求された。翌年一月一七日には二四時間以内に屠殺できる雄牛を二頭、それに肉を五〇〇キロ、四〇〇個のパンの塊などを用意せよという命令がきた。八〇〇人と馬一、〇〇〇頭が宿泊できるようにせよ、酒もシュナップス、それに上質の干し草、カラスムギ、藁などを準備せよとか。女性も要求された。兵隊はしばしばアルコールの量に満足せず、食事が気に入らないと火をつけるとおどかした(7)。

多くの村では村民は山や森に逃げ、ハンガリーに逃げた人たちもいた。略奪も行われた。中には鎌とかフォークのような農具で抵抗し、ひそかに敵兵を撲殺したり、射殺したりしたケースもあったが、表立った戦闘にはならなかった(8)。

語り手の側でも聞き手の側でも、ウィーンのおばあさんの側でもグリムの側でも、戦争とひとことといえば瞬時に多くの何かを感じ合える共有の状況があった。メールヒェンでは物語以前の、あるいは物語の背後にあるものを増幅して味わえるこういう話があとまで残ったのではないか。架空の昔、架空の場所として語りながら、いつも深く現在と結びついている現在性が話の魅力だったのではないか。

くびになった兵隊は現実にも身近かに大勢いた。他国を多く見聞しているということで学校の先生になったのもいたが、元の自分を取りもどすのに苦しんだ人もいた。メールヒェンは現実の人々が生涯自分の歴史を語ることなく生を終えるように、個々の姿には驚くほど無口である。

この時代は戦乱ばかりでなく、産業革命のあおりを受けて多くの失業者が出た。不作から離農する家族もあったし、機織りのようにこしらえても売れなくなり、放浪する身の上になった人々もいた。物乞いする人の姿はどこでも珍らしくなかった。

能天気は兵隊をお払い箱になったとき、小ぶりの四角い軍用黒パン一かたまりと四クロイツァーをもらっただけなのに、道ばたの物乞いに乞われると、パンもおかねも四分の一をやってしまう。それを御丁寧に三回もやってしまう。自分自身がどうやって暮らしていったらいいのか不安だったろうに、気前のいい分け方をしているのである。彼の施しは日常感覚のように自然な印象を受ける。物乞いに声をかけられると自然に手が動いてしまうような感じである。こういう、人には優しくする、助け合うのが当り前といった社会通念が前提となっているかのようなのである。

私はウィーンで物乞いを見たが、村でも見たことがある。ブルゲンラント州の村を歩いていたとき、一人のおばあさんがうしろから来て、かねをくれという。開いた右の手のひらに白い小銭が数枚のっていた。私がいくばくかの小銭を出すと、そのまますたすたと前方の村の方へ遠ざかっていった。もう一度は北イタリアの南チロルのスイス、オーストリアとの国境近くの村の道を歩いていると、不意にうしろから一人のおじいさんが声をかけてきて、かねをくれと手をつきだした。昔はこういう人がもっと多くいたことだろう。

よそものに寛容な村や人と、寛容でない村や人の二つがあるように思える。山上の牧場小屋に現れたよそものが泥棒その他危険な人間に豹変することがある、と一人で牛の世話をしていたおばあさんが話していたことがある。旅人を泊めてやったのに寝煙草で干し草が燃え、火事になった例もある。私が知らない村へ行ってメールヒェンを聞こうとしても、ドアもあけてもらえないことがあった。まるで見たことがない外国人だから当然だったかもしれない。居ついて半年くらいたって漸く声をかけてもらえたこともある。繰り返し何年も同じ村に行くうち少し打ち解けてくれるようになったりした。初対面からいい人もいる。僅かな経験しかないが、総じてそんなに豊かに暮らしているとは思えない人の方が私に優しくしてくれたような気がする。すぐ食べろ食べろと物を出してくれる。私はおばあさんの体が不自由なのを知っていたし、旦那さんが買い物をしに行くにしても山を降り、隣りの集落まで行かなければならないこともわかっていて、そう気楽に御馳走になれないのだが、おばあさんは私が行くとしきりに物をすすめた。

「能天気」もこういう村の伝統を受け継いでいたのだろうか。彼は物乞いが実は聖ペトロだったとは知らなかった。自分が聖ペトロに試されているのだとも知らなかった。ただ自然に声をかけられると立ち止まってしまい、自分の物を分けてやってしまうのである。こういう何気ない動作には村落共同体の生き方が身にしみついているような気がする。

話の中の居酒屋も、何の説明がなくても私が村々で見たときの印象と照らし合わせて違和感がない。ただ違和感があるのはビールである。「能天気」はここで自分のもっていたパンを食べ、ビールを飲む。居酒屋、ヴィルツハウスという語は一九七〇年代までは使われていたが、いまは使われない。そこは朝からあいている店もあり、夕方になって開店する店もある。喫茶店であり、食堂であり、居酒屋であり、旅館であり、ダンスホールであり、結婚披露宴の宴会場であり、通夜の席でありというようにさまざまな人間接触の場になっているが、店に大小があり、全部の機能を発揮しているところばかりではない。村でも複数の店があれば集まる人の顔ぶれがおのずから決まってきて店に階層性がうまれる。旅行者にはそれがわからない。トランプができるところもあれば玉突台を置いているところもあるし、九柱戯（ボーリングの古形）ができるところもある。

この店内で「能天気」はビールを飲む。なんでもないようだが、この言葉にはちょっとひっかかるものがある。なぜ彼はモストを飲まないのかと。モストは果実酒で、りんごとか洋なしなどを収穫してしぼり、地下の木製のたるに貯蔵しておく。収穫したてはまさにジュースだが、その後酸っぱくなってくる。この方がビールより安いのである。シュヴェアトベルクのラングターラーおばあさんは、このごろはみんな贅沢になって飲まなくなったといっていた。確かにヴィルツハウスでモストを注文している村の人は滅多にいなかった。村のどこの店に行っても、よその村でもそうだった。そういう人がいなくなったのは一九七〇年代を境にしていたような印象がある。

話の中のヴィルツハウスの存在と機能は実状を反映していると思えるのに、ビールは違う。最後のかねが一クロイツァーしかないのに、気楽にビールを注文する。メールヒェンの細部、構成する諸要素には実状を反映する部分とそうでない部分がさりげなくまじり合っているらしい。実状からそれる部分は特殊化を避けている部分なのだろう。その土地固有の部分にあまりこだわらないようにしているのだろう。あくまでも古くからの伝承を固く守っているようでいて、柔軟に変えてしまう部分があるらしいのである。時と所の標準サイズに合わせても動じないところにメールヒェンの共同体を越えて移動し、伝播していける原動力があるのだろう。この大胆さはモチーフの増減、入れ替えにも発揮される。方言で語りながら内容は標準語化していくのである。

モストは一九七〇年代で居酒屋では消えたらしいといったが、村の医者のあり方もそのころに大きく変化したらしい。一九七〇年代は古い伝統のしっぽに当るような時代だったのかもしれない。そのころの景観は古い時代を推測できる手がかりが残っていた時代といえるのかもしれないという気がしている。女性たちが戦争で激減した結婚相手を求める広告を新聞や週刊誌に盛んに出していたのも、そのころまでだった。農家の後継ぎの男性たちがオーストリアでもドイツでも花嫁募集を呼びかけたのも、ほぼ同じ時期だった。一九七〇年代というのは戦後の新旧の流れの大きな転換期だったのかもしれない。

そんなことを強く感じさせたのは『夏の穀物　農民文化の没落』（一九九六年）を書いたウィーン大学の社会学者ローラント・ギルトラーが、翌年に『田舎医者』を発表しているからである。それはシュタイヤーマルク州の村医者だった彼の両親のことを書いているのである。そこに書かれていることはマリーア・ホルナーの自伝『助産婦の生活から』（一九八五年）にも通じるものがある。(9)

村医者がいた村はシュピタール・アム・ピュールンといい、私がいたエンス谷に近い山村である。一九一三年版のベデカー『オーストリア・ハンガリー案内』では、人口が一、二五〇人となっている。私がいたエーブランという村が一九七二年の人口が一、四〇〇人でも、医者がいたから、大きくも小さくもない規模の村だろう。もっともこの一九七二年のグリーベンの『シュタイヤーマルク州』という旅行案内には、シュピタールはリーツェンの項に地名が出ているだけで、その後の人口の増減はわからない。

この村に最初にいた医者はチロル出身で、一八四二年から一八七四年までいた。三二年暮らしていたことになる。この村は一九世紀半ばまで無医村だったのかもしれない。後任の医師の息子はクレムスミュンスター修道院に入ったというから、二代でまた無医村にもどったことになる。村当局が懸命に探した医者はにせ医者で、一八八六年一月のローカル新聞に彼が峠をくだってリーツェンに逃げたが逮捕されたとのっている。外科医が村にきたこともあった。

『田舎医者』の著者の両親は第二次大戦後からここに住みついた。母親はヘリコプターに同乗して山の遭難者救助にも当ったらしい。もちろん村人の人生相談や進学相談も受けた。急患で夜中に起こされることもあった。しかも二人とも山道を、あるいは吹雪でもひたすらてくてく登っていかなければならなかった。そして謝礼はもらえないこともあった。医者の方で辞退することもあり、あとで農作物が届けられることもあった。聖ペトロと「能天気」が農民の病気を治して子羊をもらうように、現物の謝礼という形がつい最近まで存在していたのである。ここにもメールヒェンが現実を反映しているらしいことがうかがえる。こういう現実を反映する描写がメールヒェンの話の現実感を高め、聞き手を思わず話に引きこむ効果をあげていたのだろう。

いまは羊の群れを見かけることが少いが、少数の規模では飼われている。山上の放牧では牛よりも高い位置に放牧されている。しかしシュタイヤーマルクの山奥に、孤立してかなりの規模で羊毛製品を作っている、古い工場を見たことがある。ブルゲンラントで伝説を聞いた農家の語り手は、自分の家にパンがまをもち、パンを焼き、牛ばかりでなく羊も飼っていた。そういう家が昔はもっとあったのだろう。

ところで手もちの何冊かの料理の本には、子羊の心臓を中心としている料理は出てこない。煮こみのような内臓料理（ボイシェル）はオーストリアの村の食堂のメニューに時として出ていることがある。ドイツの中部、北部の人にいってもその言葉は、南ドイツからオーストリア、スイスにかけてよく食べられていたのかもしれない（中部ドイツのシュタイナウの職人が集まる居酒屋で時々一緒になった屠殺場で働いていた人は、大抵の人がいやがる腎臓がうまいといっていた）。

聖ペトロが子羊の心臓にこだわったのは「世の罪を取り除く神の小羊」が念頭にあったせいかもしれない。神の小羊はキリストにほかならないからである。第一の使徒である聖ペトロが常にキリストのことを思っていてもふしぎではない。治療の謝礼に子羊が出てくるのも聖ペトロに合わせたせいなのかもしれない。

一九世紀末のシュピタールの村ににせ医者が住みついていたというが、にせ医者はきっとあちこちに多くいたのだろう。二〇世紀後半の時代になっても村医者の行動半径は非常に広いのだから。いいかえると、それだけ医者が少かったということになる。まして一九世紀初め、一八世紀のころは村医者はもっと少なかったろう。

リヒテンシュタインで一九八八年に復刻された医師ヘーフラーの『民間薬と俗信』はとても興味深い本だが、これは一九世紀末、一八八八年に出た本だった。この南ドイツの医師はオカルト、呪術、お守りから水、薬草、小水その他非常に広範囲な話題を取り上げている。[10] 昔の医者は専門医であるよりも、多様な患者に対応できる知識を必要としていたらしいことが目次からも察せられる。

旅の医者もいた。しかし旅の医者たちは『うさんくさい人たち、追放された職業』の中に分類されている。[11] 元兵隊の「能天気」が医者になりすますことができたのも、定住していない医者たちが実際にいたからである。そして病気を治した先例があったから彼もいい医者なのだろうと信頼されたのである。

先にあげた助産婦となった女性の父も山の薬草の知識が豊富で、村の人たちにそれを処方していたらしい。私がシュタイヤーマルクのバート・ミッテルンドルフのいつも泊まっているうちのおばあさんが持っているのを見て買った薬草の本は、近くの村のおばあさんが書いた本だが（一九八〇年刊）、英仏伊など一八の言語に訳され、八〇〇万部以上売れているという。エンス谷のエーブランの主婦がもっていた薬草の本は修道女の書いた本で、プラハから一九八三年に出ている。(12) 私は薬草の本も目につくと集めていたが、一度エーブランの人たちと山に登って薬草を探したことがあったが、四人で行って誰も見つけられなかった。しかし地下室にはよく瓶詰めの薬草が並べられていて、村人の薬草への関心は根強い。

「能天気」は聖ペトロが王女をばらばらにしてまた骨を組み立て直すのを見て、自分も別の王女で生命の復活を志すが、失敗する。使徒と元兵隊の間には絶対にちぢめることができない神秘的な力の差がある。それでも「能天気」は自分の錯覚に気づかない。能天気のままに日々を過ごす。

そのうち物質的な安楽を享受していた彼に今まで見えなかったもう一つの世界が気になり始める。それに期を合わせるように悪魔と出くわす機会がやってくる。彼は満員の旅館に泊れないので、その前の方にある、誰も行かない豪邸で一夜を過ごすことにする。すると真夜中に悪魔が九人現れるが、聖ペトロが何でも入るように魔力を与えてくれたはいのうをもっていたので、すぐさま九人ともはいのうに入れてしまった。これまで聖ペトロが彼の物質的欲望を満たしてきてくれたように、悪魔退治にも協力してくれるのである。「能天気」はそのはいのうを鍛冶屋にもっていき、大きなハンマーで叩いてもらう。みんな死んだと思ったが、隅にいた一人だけが命拾いして地獄に逃げていく。鍛冶屋の大ハンマーはとてつもなく大きい。実物は木造で数人がかりでもとても重くて使いこなせないだろう。鍛冶屋は川べりによくある。水車を回してハンマーを動かしていたからである。今はこういうハンマーを使う鍛冶屋を見かけない。ただ昔鍛冶屋だったという家だけがそういうところに残っている。今は仕事をしている例はもっと少い。昔なら、そういうハンマーで悪魔たちをやっつける場面が目に見えるように思い浮かんだことだろう。これもメールヒェンがふだんの生活に密着していたあかしである。こんなふうにメールヒェンは話の要所要所に現実のイメージを織りこんで話を強化していたのである。

聖ペトロはグリムでは三五番の「天国の仕立屋」や、八二番の「遊び人ハンスル」、一四七番の「火であぶられて若返った小男」、一六七番の「天国の小百姓」、一七五番の「月」、一七八番の「プフリーム親方」、一九二番の「盗賊の名人」にも出てくる。天国の門番であることが多い。その人を天国に入れるかどうかの判定をくだす、人生の総決算役である。彼は布教先のローマで捕えられ、処刑されたが、殉教者ペトロは初代のローマ教皇とみなされた。ローマカトリックの総本山も彼の名を冠して聖《サン》ピエトロ寺院と呼ばれている。遊行譚ではキリストと一緒のことが多い。現実にも聖人は旅をしていた。『ウィーンを通った聖人たち』(13)は一五人の旅を辿っている。

「能天気」はあの世に出かけると、楽な道の方がいいと地獄に行く。ところが地獄門にいたのはあの鍛冶屋の生き残りの悪魔で、あんなのが入ってきたら大変と地獄に入れてくれない。そこでやむなく天国に行くと、その門番がペトロで、やはり入れてくれない。すると「能天気」ははいのうはペトロがくれた物だから返すと格子の隙間から入れた。そうしておいてから、おれをはいのうに入れろ、と呪文をとなえ、まんまと天国に入ることに成功した。

ペトロは失業した兵隊が物乞いに優しかったのを見て彼に加勢し、幸運児にした。ペトロの試みに合格したからである。身の程知らずの振る舞いをしても見捨てずに救った。それなのに死んでもなお悪さをし、ペトロをだまして天国にまで入りこんでしまった。たちの悪い放蕩息子のようだった。折角面倒を見続けたのに、それを有難いと思わない。神聖なものにもはや敬意を払わないのである。神聖なもののいうことに従わない、自分の生き方に従う人間がここには現れている。神が平俗化している時代の到来を告げている。

ウィーンのおばあさんが一つだけ語った話は、戦乱の時代の影を色濃く残しながら、時代の思想の変化も浮き彫りにしていたのである。

（1） Dorson, Richard M.: American Folklore. Chicago 1959. p. 1.
Bach, Adolf: Deutsche Volkskunde. Heidelberg 1960. S. 27ff.
（2） Schoof, Wilhelm (Hrsg.): Briefwechsel zwischen Jacob und Wilhelm Grimm aus der Jugendzeit. Weimar 1963. S. 348f.
（3） Leonhard, Karl Caesar von: Schlacht bei Hanau am 30. Oktober 1813. Hamau 1988.
Hanau Zerstörung und Wiederaufbau. Eine Dokumentation des HANAUER ANZEIGER zum 19. März 1945. Hanau 1985.
Kühnert, Alfred: Erlittene Geschichte. Schlüchtern 1980.
（4） Brüder Grimm: Kinder-und Hausmärchen. München 1966. S. 19.
（5） Schoof. Wilhelm (Hrsg.): a. a. O. S. 101–106.
（6） Pirchegger, Hans: Geschichte der Steiermark. Graz 1996. S. 231ff.
（7） Czimeg, Hans: Geschichte von Donnersbach. Donnersbach 1980. S. 84ff.
（8） Pirchegger, H.: a. a. O. S. 226.
（9） Girtler, Roland: Sommergetreide. Vom Untergang der bäuerlichen Kultur. Wien 1996.
Ders.: Landärzte. Als Krankenbesuche noch Abenteuer waren. Wien 1997.
Horner, Maria: Aus dem Leben einer Hebamme. Wien 1985.
（10） Höfler. M.: Volksmedizin und Aberglaube in Oberbayerns Gegenwart und Vergangenheit. Vaduz 1988 (1888).

(11) Danckert, Werner: Unehrliche Leute. Die verfemten Berufe. Bern•München 1963.
(12) Treben, Maria: Gesundheit aus der Apotheke Gottes, Steyr 1980.
Schwester Bernardines große Naturapotheke. München 1983.
(13) Fried, Jakob: Heilige die durch Wien gingen. Wien-Leipzig 1935.

道化の変容と変質

――道化論から見たウィーン民衆劇

荒川宗晴

一　道化論

コンメディア・デッラルテの一番の人気者アルレッキーノにひとつの淵源を持つウィーン民衆劇は、かつて高橋康也や山口昌男によって華々しく展開された「道化論」に拠り所を求めるとき、豊かな実りを約束するかに思われる。

高橋の『道化の文学――ルネサンスの栄光』(1)は、ルネサンス文学を中心に、エラスムス、ラブレー、シェイクスピア、セルバンテスの四人の作品を道化論の立場から読み解いていく。高橋によれば、道化とは、

① 「正常な市民の規準に照らして異形《いぎょう》の風采」を持つ非常識かつ非社会的な存在であり、ラブレーの表現を借りるならば、「金運に乏しく、女性にも恵まれず、一切の国家公共の責務に適せず、常に笑いこけ、常に誰とでも酒を酌み交わし、常に嘲り笑う」だけの存在である。(2)

② 道化は「矛盾対立した要素を同時に孕んだ」多義的な緊張であり、(3)「『賢』なのか『愚』なのか、『狂気』なのか

『正気』なのか、悪徳なのか美徳なのか、天使なのか悪魔なのか……。……そのような二者択一的設問の根拠となる枠組」を取り払ってしまう。また、道化は、「愚者・阿呆・白痴・狂人・職業道化――これらの意味を未分化のまま含んだ複合体《コンプレックス》として」も理解されるべきである。[4]

③「道化の本来的な機能」は、「『フィジス』（ギリシア語で自然・形而下・肉体の意）」を「『ノモス』（ギリシア語で掟・法律・制度・慣習の意）よりも根源的なものとみなし、自然的存在としての人間の肉体的本能を容認し、快楽と幸福への欲望を『ノモス』の抑圧から解放する」ことである。[5]

④「そもそも、喜劇は主人公たちの結婚によって幕となるのが常套であるが、その場合、脇役たる道化はたいていその祝婚の輪舞から身をはずして、斜にかまえたコメントを加え、主人公たちの幸福にちょっぴり苦い薬味を投じることになっている。『フィジス』と『ノモス』という図式を用いてこれを言いかえれば、喜劇とは、いったん『フィジス』（反秩序的欲望）を解放したあとで最後にこれを結婚という『ノモス』（慣習・秩序）に収め込む儀式である。そして道化は、このノモスの最後的勝利にいささか異議をさしはさみ、結婚によって一時的に統御はされても根源的には折伏されることなく存在し続ける『フィジス』を観客に思い出させるのである」。[6]

⑤国王が宮廷に道化を雇うとき、その道化は、「いったん王国の外へしめ出された呪術的な闇の力の体現者として、王国の秩序を取り巻くより大いなるものを国王にたえず思い出させる役を果たす。周辺から中心へと呼び入れられた彼は、中心と周辺、秩序と混沌の間に維持されるべき緊張を指摘しつづける」。[7]

⑥道化は「しばしば一種の殉教をとげる……。……文化人類学的な『犠牲羊《スケープゴート》』という呼称がよりふさわしいだろう。侏儒やせむしといった肉体的異形者である道化は、一方では『厄除《やくよ》け』のまじない（マスコット）として神聖視されると同時に、他方では、悪態をつくことによって共同体の罪を一身に背負い、追放される」。道化は「古代祭儀の犠牲の末裔」である。道化は「異形の姿をもって出現して、市民たちの日常的感覚を脅かし、機知と悪態と

笑いによって『愚』と『賢』の価値基準をくつがえし、共同体の慣習と秩序を攪乱し活性化したあげくに、やがて『法《ノモス》』によって追放される」――これが道化がしばしば示すパターンでもある。[8]

⑦「同一の単語ではとうてい覆いつくせないはずの内容を含んだ『道化』という言葉に、われわれの近代的合理精神は苛立つ。……しかし、そういう合理的識別の努力を嘲笑するのが、まさしく『道化』の本領」である。[9]「風刺は道化の戦術の一つではあるが、決してすべてではない。……。『近代的』な批判的知性による風刺は、われわれ『近代人』には理解しやすい。理解しにくいのは、どうやら『近代』と同義ではないらしいエラスムス的道化の精神と、その語り口である」。[10]

すでに高橋よりも先に精力的に道化論を展開していた山口は、文化人類学と民俗学の立場から出発して、その立論は、著書『道化の民俗学』[11]と『道化的世界』[12]を例に取るならば、アルレッキーノの民俗学的出自からアフリカ、インド、アメリカ・インディアンの文化へ、能・狂言や映画、演劇から音楽、詩的言語へ、さらには中心と周縁の関係から「宇宙論」にいたるまで幅広い分野に及んでいる。山口によれば、

①「人間の意識の展開の歴史的過程の最も早い時期の記録」すなわち神話的思考において、人は「その意識の現われる状態を、混沌を介して自覚してきた……。混沌から身を引き離した瞬間に、彼は混沌を対象化する。混沌の対象化は、秩序の確認への第一歩」となったろう。「混沌こそは、すべての精神が、そこへ立ち還ることによって、あらゆる事物との結びつきの可能性を再獲得することができる豊饒性を帯びた闇である。それゆえ、すべての文化は、それが、いかに論理的明晰性を公的な価値として称揚していても、文化構造のあらゆる片隅に、こうした暗闇と遭遇することができる仕掛けを秘め匿している」。[13]

②　日頃は覆い隠されているそうした「闇」に接触させる仕掛けのひとつに祭りがあり、カーニヴァルがあり、そのカーニヴァルでの「阿呆王」の選出があり、道化がある。あらゆる種類の道化は、秩序と効用性に縛られた日常世界と、宇宙論的広がりを持つ闊達な世界というふたつの世界の境界に立ち、自在に「両世界を往還するもの」(14)であると同時に、ふたつの世界の「触媒」(15)でもある。

③　道化はその非常識な行為によって日常の世界に無秩序をもたらすが、たとえば「阿呆王」の選出に見られるように中世西欧社会はこうした無秩序に対して一定の許容度を持っていた。この「秩序の覆滅の正当化」は、「秩序というものは相対的なものであるということを思い起こさせる、制度的工夫」であると見られる。すなわち、「秩序が自らの存続の根拠を確かならしめようとするならば、秩序の範疇に許容し得ない行為及び意識に対して、期間を限って表現の機会を与える必要」があり、そのようにして、「秩序にとって異質な要素に排け口を与えることによって秩序そのものを浄化することができる」(16)ことを中世西欧社会は知っていたかのようである。

④　このような「祝祭と秩序の弁証法的関係」(17)の中で、道化は「世界の騒擾屋として、混乱を導入し」(18)、そのことによって、硬直化していた秩序の破壊と再生、世界の活性化という作用を及ぼす。しかしその半面で、道化自身は混乱を導入した張本人として憎まれ、罰を受け、打擲されて、人間以下のものとして扱われたあげくに、「スケープゴートとして世界の穢れを一身に引き受けて去っていく」(19)。

⑤　道化は「祭り、劇においては宇宙的活力の導入口」(20)となり、笑わず話さぬバスター・キートンの身振り言語においては、「人間のイメージを日常世界の塵の中から取り出して、広大な宇宙に置き換える知的技術としての神話的想像力」(21)となる。一般に道化は、民俗学で言う形代《かたしろ》と同様に、「日常的ならぬ何物かとコミュニケートする媒体」(22)であり、「平凡な日常生活の中に、見馴れぬ事物の姿を立ち顕わさせたり、何でもない人、事物の中に見馴れぬ相貌を重ねていく」(23)技術を持っている。道化の異様でグロテスクな外見（「時にはせむしの小人であり、時には大き

なファロスをぶらさげており、時には黒い仮面を被っており、まだらの服を着る、又、鳥類の中でも狂燥の象徴と考えられる雄鶏の斗冠《とさか》を帽子につけたり、阿呆の装飾のろばの耳を突き出したり、垂らしたりしている」[24]は、そのような「異化」作用と「関節外し」[25]の直接的表現でもある。

⑥　道化の「不羈は、彼らが社会的秩序の外に留る限り許されるものであった。それ故、定住社会は、一定期間彼らを受け入れて、日常世界を構成する諸要素、ヒエラルキーをすべて、疑わせ揚棄させて、新しい秩序に置き換えるのを援けさせる。しかし、その期間が終わると、彼は元の位置に戻らなければならない。所詮彼は、秩序の内側、『文化』の中心に棲息すべき人種でなく、周辺部、あるいは境界の外に住むか、絶えず、この世界の周辺を放浪しなければならない種族に属する」[26]。

こうした山口の所論においてわれわれにとって特に興味深いのは、山口が、人間と世界をより深層のレヴェルでとらえるためには、「これまでの社会科学が身上として来た『因果論的モデル』から『演劇論的モデル』へ、直線的思考からメタファー的思考への移行」[27]が有効であることを明確に見て取っていることである。近代の演劇の歴史におけるひとつの大きな転換点は、「近代的知性」が、「進歩と真面目主義の名において道化の頑迷さを愚劣なナンセンスとして極めつけることで道化的叡智を葬り去ったと信じた」[28]ことにある。「このあたりのいきさつは、科白劇のフランス喜劇が道化的肉体劇としてのイタリア喜劇を圧するに至ったいきさつ」[29]にもよく現われる。特に第二次世界大戦後の日本においては、モスクワ芸術座とスタニスラフスキーの理念が強く浸透したために、「日常生活の中に埋没した感受性の仮眠状態から、人を連れ出して、世界を全く違った角度から見ることを可能にするという、演劇の真の魅惑的な部分がどこかに消えてしまうという時期が続いた」[30]。その結果として、演劇は本来、身体的なものであるにもかかわらず、「せりふが芝居の中心、心理的葛藤が劇的展開の中心」とな

って、「俳優が、自らの身体を媒体として表現できる宇宙はぐっと縮小され」てしまった。(31)

こうした身体性についてキートンを例に取るならば、「キートン映画における主人公の失敗」は、「事物とそれが日常生活において属している秩序の間に混乱を惹き起こし、事物の秩序剝離状態を惹き起こす効果」(32)をもたらす。「失敗のパントマイム」は、それが飽くことなく繰り返されることによって「〈肉体の技術〉の体系性」を獲得して、「ひとつの独得の〈混乱〉の上に樹てられる自立的な空間」を作り上げる。(33) この「〈混乱〉空間」を作り上げるために「キートンの無表情、大きなギョロッとした眼、整った顔立ち、少し短い足、人を酔わせる独得のリズム効果を持った手の動き、歩き方、ポーカー・フェースにたけた表情、少し大きすぎるか小さすぎるかする衣服、表現はするが、演技しすぎない顔」が不可欠になる。(34)

一九世紀は、「表情と声色だけで、可成り演技ができる芝居」(35)が書かれすぎた時代だった。これに対して、それに続いたサイレント映画はむしろ、「そういった心理表白の従僕としての演技という観念のなだれ込みを、阻止するとともに、ほとんど大道芸であったマイムの芸の保護区域となった」(36)。

コンメディア・デッラルテのひとつの特徴であり、世界の多くの民族芸能に見られる仮面もまた、「表現の可能性の一部を殺すことによって、他の部分の、じつは、より雄弁な表現の可能性を拡大する」(37)機能を持っている。というのも、近代的な「表情の演技は、日常生活的な心理の表現、対人関係の浅い表現たりうるが、同時に何ものか別の意味作用を果たすことができない」のに対して、「表情を殺した全身の身振りによる（時にはアクロバットを加えた）演技は、より多元的な現実《リアリティ》に対応することができ」るし、表情や心理に限定されない全体としての身体は「より多岐的な演技の展開の媒体」となり得る(38)からである。

「道化は秩序に対する脅威を絶えず構成する」(39)。しかし「このことは、道化が常に従属的立場であることにより、可能になる。彼は絶えず、中心的存在の分身として、あるいは影の部分として、演技の負の部分を担当する」(40)。

道化は常に「主」に対して「従」の位置を占め、中心を回る円周を構成する。中心なしには道化は存在し得ない。しかし他方の中心的存在もまた、能楽の図式で言うならば、「特異な資格を帯びたワキ」の挑発を受けて初めて、その「眠っている潜在的な活力」を引き出される。[41] このような両者の「持ちつ持たれつの関係」[42]は、ドン・キホーテとサンチョ・パンサ、ファウストとメフィストフェレス、ドン・ジョヴァンニとレポレロのようなプロタゴニストとアンタゴニストの関係として、古くから演劇的表現のひとつの定型を形作って来た。[43]

山口の所論の究極的な目標は、このような演劇論的モデルと道化的「知」を通して、「事物を本来それらが属していた本源的な体系の中に連れ戻し、それらが本来帯びていた輝きを取り戻させる」[44]ことにある。それは、「平板化し、通俗化したヒューマニズムの鍛え直しのための方法論」[45]であり、ともすれば「人間の生の本源性を抑圧する装置に転ずる危険性を孕んでいる」[46]日常の効用と必然の世界に、道化の偶然性を導入することによってこの世界にバランスを作り出そうとする作業である。そうした世界の健康回復の作業の際に、俳優とその身体表現が、「日常生活世界の外延に広がる宇宙論的現実のレヴェル」[47]への開眼を促す働きをする。俳優は、「我々の社会に生き延びた〈原社会〉の豊饒儀礼の司祭」[48]として、人々にたえず、日常世界とは別のレヴェルの存在を告げ知らせようとしている。

二　道化論とウィーンの道化

以上のような道化論は大変魅力的であるし、ウィーン民衆劇の解明にとっても多くの点で示唆的であろう。しかし原研二が「後世はハンスヴルストにシェイクスピア流の賢い道化を見たがった」[49]と揶揄的に述べて、ヘルムート・アスパーの次の一文を引用するとき、ウィーンの道化はまさにその馬鹿さ加減によって、右記のような道化論の大仰さを、高橋や山口の「こわばり」を逆に嘲笑うかのようである。アスパーは言う。ウィーンの道化の元祖、初代ハンスヴルスト、シュトラニツキーは「自分で自分が馬鹿であることをさらけ出し、それを自分は知らず、知らないからこそ馬鹿だとわかってしまうのである」と。[50] むろんここでアスパーは、ソクラテスの「私は、自分が何も知らないということを知っている」という有名な格言から、シェイクスピアの『お気に召すまま』でタッチストーンが格言めかして述べる言葉「愚者はおのれを賢いと思い、賢者はおのれの愚かなるを知る」[51] にいたる、「馬鹿」とは縁遠い「賢い人間」としての阿呆の系譜を意識している。しかし原によれば、シュトラニツキー＝ハンスヴルストは『リア王』の道化のような「幻想なき注釈家」ではなく、どこまでも鈍な「百姓」にすぎない。[52] しかも、もとは放浪芸人だったこの「百姓」が、自分の血筋の維持にこだわって、二代目ハンスヴルスト、プレハウザーに舞台上で自分の緑のとんがり帽と打ちべらを麗々しく譲ってみせる。この「家督相続」と「襲名披露」の儀式に世襲貴族への批評はない。むしろ本人は、「世に名高いザルツブルクの豚殺し、ハンスヴルスト」[53] を名乗って大まじめであるだけに、これはただひたすら笑止な、文字通りの道化芝居にすぎなくなる。シュトラニツキーがたんなる「馬鹿」であるならば、彼には、「この世界すべてを混乱に陥れ、哄笑の大渦を起こす」[54] だけの資格はないことになる。

周知のようにウィーン民衆劇は、一六世紀から一七世紀にかけて全ヨーロッパで人気を博したイタリア即興喜劇「コンメディア・デッラルテ」のザンニ（召使たち）のひとりアルレッキーノが、各国でそれぞれの言語にあわせてアルルカン（フランス）、ハーレクイン（イギリス）、ハルレキン／アルレキン（ドイツ）と名を変え、さらにピッケルヘリング、ハンス・クナップケーゼ、ハンスヴルストなどと名と服装と芸を変えていった先に生まれてきた。この過程で、ジョン・ポセットやピッケルヘリングなどの道化師を擁するイギリス巡業劇団（englische Komödianten）も、ドイツの道化師の発展に影響を及ぼす。ウィーン初の道化師とされるヨーゼフ・アントン・

シュトラニツキー（一六七六―一七二六）は、一七〇八年にハンスヴルストを名乗ってウィーンに登場した。しかし、すでにその前年の一七〇七年に、ゴットフリート・デンナーがドイツ人初のアルレキンと称してウィーンで人気を集めていた。すなわちシュトラニツキーがウィーンの道化の元祖ではないという説もある。[55] 一七一一年、シュトラニツキーと彼が率いる「ドイツ俳優座」(Die teutschen Comödianten) は、一七〇九年一一月二三日に柿落としをしたばかりのケルンテン門劇場の専属劇団となり、放浪の劇団が石造りの常設固定劇場への定着を果たす。[56] 彼はこの劇場を舞台に、イタリアオペラから翻案した自作の国事大活劇 (Haupt- und Staatsaktionen) でハンスヴルストを演じ、かたわらではワイン商および歯科医としても大いに稼いだ。一七二五年八月二六日には、ケルンテン門劇場でゴットフリート・プレハウザー（一六九九―一七六九）にハンスヴルストの名前と持ち物を譲る儀式を行ない、翌一七二六年五月二九日に死亡する。「家督」を譲られたプレハウザーは、その後、死亡するまでの四四年間、ドイツ俳優座を率いてケルンテン門劇場に居座り続けた。

高橋の所論は、副題にもあるとおり、ルネサンス時代の文学を取り扱い、山口は、ミハイール・バフチーンの『フランソワ・ラブレーの作品と中世・ルネサンスの民衆文化』[57] に依拠しつつ、高橋のもうひとつ前の時代の中世において、カーニヴァルという形で絶頂を迎えた市場と広場のエネルギーの爆発を基点とし、そこから現代にいたるまでのあらゆる道化的現象を取り扱う。それらに比べれば、右記のとおり一応一七〇八年に始まるウィーン民衆劇の歴史は、高橋や山口が取り扱った時代のむしろ後日譚に近い。その意味で、原が次のように述べているのは興味深い。一七〇九年にウィーン市当局が、わざわざ放浪芸人のために三万五、四一七グルデンもの巨費[58] を投じて石造りの常設固定劇場を完成させたのは、危険な路上と広場のエネルギーを室内に封じ込め、劇場を「旅一座の収容所」[59] とするためであったと。ウィーンは、山口が述べるような放縦な民衆のエネルギーの爆発を、そのままの形では許さなかった。ウィーンは、ウィーン一流のやり方でこれをたわめ、吸収していく。これにより、秩序の維持を最優先とする者にとっては危険きわまりない道化が、みずから変容と変質を始める。こうしたウィーンのやり方に比べれば、のちにゴットシェートの一派が、ドイツで成功したハンスヴルストの追放と規則劇の普及をウィーンでも愚直に追求したのは、あくまでもドイツ的な、無骨で稚拙なやり方であったと言えるだろう。一七一一年以降のシュトラニツキーの生涯は、本人自身も、放浪芸人が市民に昇格していくサクセス・ストーリーと理解していたと思われる。しかしこれもまた、実態はむしろウィーン市当局側のサクセス・ストーリーであった。

このような、高橋や山口の道化論とウィーンの道化との違いは、以下のような諸点にも求めることができるであろう。

二―一　道化の市民化

道化は常に共同体の外からやってきて、共同体に混乱を引き起こしたあげくに再び外へ追放される、道化はけっして共同体の内部に属する存在とはなり得ない。この道化の「原則」は、早くもウィーンの初代道化師シュトラニツキーによって破られる。シュトラニツキーは当初こそ、人形劇のパンチの使い手として、また、当時の有名な人形劇団ヒルファーディング一座のメンバーとしてミュンヒェンやウィーンに出没する周縁的な存在であった。この時期のシュトラニツキーの活動の実態は、怪しげな品物を売りつける本業に客寄せとしての芸（彼の場合は人形芝居）を付けただけの「大道香具師」(60)である。このときまでの彼にはまだ、ウィーンの外と内の境界にあって両者をつなぐ「触媒」としての道化の片鱗があったのかもしれない。しかし、ハプスブルク家の中心都市に根を下ろしたのちの彼は、あたかも資産家のように変貌する。定着を果たして三年後の一七一四年にはウィーンの北の郊外フランドルフに四〇〇グルデンで一軒の家と三、五ヨッホの畑を買い、さらに三年後の一七一七年には市壁内のザルツグリースに豪邸を手に入れただけでなく、グンペンドルフにも一万九、〇〇〇グルデンで土地を買う。彼が五〇歳で死亡したときには、四万六、七二五グルデンと評価される遺産のほか、グンペンドルフには九、五〇〇グルデン分、フランドルフには四〇〇グルデン分のワインの在庫が残されていたという(61)。道化としてウィーンの秩序に混乱をもたらすよりはこれを利用して成功する方を選んだ一市民としてのシュトラニツキーは、けっして「馬鹿」ではなかったことになる。

このような、初めは住所不定であった人間がやがて定着して定職を持ち、社会的にも一目置かれる存在になっていく構造は、フェルディナント・ライムント（一七九〇―一八三六）およびヨーハン・ネポームク・ネストロイ（一八〇一―六二）の初期から晩年にいたる劇作の主人公の変遷にもかすかにではあるが現われてくる。ライムントの第一作『晴雨計職人 魔法の島に行く』（一八二三）のクヴェックズィルバーは、諸国を渡り歩く晴雨計作りの職人だが、最後には本人自身の結婚が待っている。第二作の『精霊王のダイヤモンド』（一八二四）のフローリアンも、召使として仕えているがやはり劇の最後で結婚が暗示される。第三作の『百万長者になった百姓』（一八二六）のヴルツェルは、悪意ある魔法によって百姓から百万長者になるが、のちに灰かき人にまで零落する。第四作の『モイザズァの魔法の呪い』（一八二七）ではライムントは出演していないが、劇場支配人のカール・カールが演じたグルートハーンは裕福な農民である。第五作『縛られたファンタジー』（一八二八）のナハティガルは流しの竪琴弾き、第六作『アルプス王と人間嫌い』（一八二八）のラッペルコップフは裕福な農場主、第七作『災いをもたらす魔法の冠』（一八二九）のジンプリツィウスは村の貧しい仕立て屋、最後の『浪費家』（一八三四）のヴァレンティンは、右に述べた構造をまさに象徴するかのように、無一物の召使から指物師の親方となり、小さいながらも自分の工房を構えて、世の中に確実に地歩を築いていく。第一作から第八作に向けて、ライムント自身が演じた主人公の地位に起伏はあるものの、全体としてはゆるやかな右肩上がりのカーブを描いていると言える。

ネストロイを一躍、人気俳優に押し上げた第一九作の『悪霊ルンパーチ・ヴァガブンドゥス』（一八三三）では、三人の主人公はいずれも、町から町への放浪を続ける渡り職人である。しかし、この三人の二〇年後を描く第二六作の『ツヴィルン家、クニーリーム家、ライム家』（一八三四）の冒頭では、クニーリームは靴職人として妻とひとりの息子を持って一家を構え、ライムは裕福な私人となって妻およびふたりの子とともに暮らしている。ツヴィルンだけは相変わらず放浪を続けているが、彼もまた劇の最後ではライム家の小間使と結婚することになる。こうした渡り職人は、第四四作『厄除け』（一八四〇）の理髪職人ティトゥス・フォイヤーフクスが、彼の赤毛への差別ゆえにやむなく渡り歩くのを最後に、以後は登場しなくなる。ほかにネストロイの作品において住所不定またはそれに近い登場人物としては、第四〇作『運命の謝肉祭の夜』（一八三九）で家々のまきを割って歩くことをなりわいとしているローレンツと、第四九作『恋物語と結婚騒動』（一八四三）において、もとは召使だが今は貴族を詐称して無銭飲食を続けているネーベルくらいである。それ以外のネストロイの役は、へぼ探偵（第四五作『下町娘』一八四一年）とにせ医者（第七五作『カンプル』一八五二年）を除けば、大部分は召使や、親方、地主など、その土地に住んで「正業」を営んでいるものになる。

渡り職人などが定着し、定職を持つようになったのち、その職人に対して、グロテスクで非社会的な、「制外者《にんがいもの》」(62)としての道化ではなく、市井に生きる人間として最終的な予定調和のゴールへ向かうべきだという原理が働くならば、定着の次には結婚と子供の誕生が続くことになるだろう。道化みずからが「ノモス」の中へ収まっていくという、再び道化の原理を損ねるこうしたなりゆきは、やはり、『浪費家』のヴァレンティンにおいて特に顕著である。一七二四年作とされるシュトラニツキーの『ゴルディアーヌス大王』では、王族であるほかの三組の男女がさまざまの行き違いの末にめでたく結ばれるのに対して、シュトラニツキー演ずる召使のハンスヴルストだけは、醜女のブレーザの片思いから逃げ回ったあげく、最後にこれに取りつかれて泣きべそをかく。このように、恋人やそれに準ずる存在がいても、少なくとも劇中では結婚にいたらず、逆に、他の人々の結婚幸福の幻想に結婚の不幸の現実を対置する、すなわち、喜劇の幕切れにあたって「主人公たちの幸福にちょっぴり苦い薬味を投じる」[63]のが道化の通常のありようである。このあたりのシュトラニツキーならば、これを道化論的な道化と見ることは不可能ではない。しかし、『ゴルディアーヌス』から一一〇年後の一八三四年に初演された『浪費家』では、召使のヴァレンティンは、第一幕では、通常の道化と同様に、同じ召使のローザとまだ恋人関係にあるだけだが、第三幕ではこのローザと結婚し、子供もすでに五人できている。彼がここで示すのは、むしろん結婚の不幸ではなく、貧しいながらも幸福なわが家という、「満足」を基軸としたビーダーマイヤー的な理想の家庭像である。この場合の「満足」には、多くを望まない、限定ゆえの幸福、ある体制の内部に安住しているがゆえの幸福という意味が当然含まれており、そこには、道化的な外部への広がり、内部の秩序の攪乱という要素はいささかも見られない。ヴァレンティンの上昇と幸福は、かつての主人フロットヴェルが浪費と駆け落ちの末に乞食にまで身を落とし、この主人に面従腹背で仕えた侍従頭ヴォルフが、主人失踪ののちその屋敷を手に入れるも今は病魔に苦しんでいることと比べたとき、最高のものとして強調される。このような内向きのささやかな幸せの追求が、世界の外部のより大いなる「闇の力の体現者」[64]としての道化と相容れないものであることは論を待たない。

定着以降に結婚、子供、家庭という流れができれば、あとは、その流れに乗ったまま劇の最後までいくことになるだろう。すなわち、ウィーン民衆劇の主人公は、道化と違って、追放もされないし、消されもしない。シェイクスピアの『ヘンリー四世』においては、王子ハルと愉快に遊びほうけて彼に世態人情を教えたフォールスタッフは、ハルがヘンリー五世となるやいなや、王から一顧だにされなくなる。王子にフィジスの世界を知らしめ、彼に王として、人間としての完成を与える役目を終えた道化は、もはや用なしとなって棄てられるだけである。(65)『リア王』の道化も、王の「愚」を悟らせる役目が王の狂気によって果たせなくなると、劇の途中の第三幕第六場で、「おれは昼になったら床に入るとしよう」(66)という言葉を最後に忽然と消えてしまう。(67)劇の最後まで舞台上に居続けるウィーン民衆劇の主人公は、こうした点においても道化的な特徴からは縁遠いと言えよう。

二―二　道化師クルツ

以上のように見てきたとき、プレハウザーの少しあとに登場するヨーハン・ヨーゼフ・フェリックス・フォン・クルツ（通称クルツ・ベルナルドン、一七一七―八四）だけは、ウィーン民衆劇の中で例外的に道化的な存在であることがわかる。クルツは、プレハウザーがハンスヴルストを「襲名」してから一二年後の一七三七年、二〇歳のときに、プレハウザー＝ハンスヴルストの相手役としてドイツ俳優座のメンバーに加わった。彼は、数多くのすぐれた役者を輩出したウィーン民衆劇の中でも最も傑出した、最もウィーン的な役者と思われがちであるが、一七三七年から一七四〇年の第一回ウィーン滞在、一七四四年から一七五三年の第二回、一七五四年から一七六〇年の第三回、一七七〇年から一七七一年の第四回、そして一七八四年二月三日にウィーンで死亡するまでの第五回以外は、ウィーンにいたことがない。それ以外の期間は、ドイツ、チェコ、イタリア、ポーランドの主だった都市に一年から数年ずつ滞在し、不定期とは言えあたかも彗星のように、ウィーンに戻って数年滞在してはまたウィーンの外へ出ていくという生活を一生のあいだ繰り返した。クルツにとってウィーンが彼の「中心」であったとするならば、そこへのこの出入りの多さは、彼がまさに、「秩序の内側、『文化』の中心に棲息すべき人種でなく、周辺部、あるいは境界の外に住むか、絶えず、この世界の周辺を放浪しなければならない種族」(68)の一員であったことを示している。ウィーンに土地と屋敷を構えたシュトラニツキーや、ケルンテン門劇場に四四年間も居座り続けたプレハウザーとの違いは歴然としているであろう。

シュトラニツキーは、ザルツブルクの農民にヒントを得て考案したかの有名な服装[69]で、生涯、愚鈍で武骨な「農民」の役回りをウィーンの都会人に提供し続け、その役柄と服装の保存にもこだわった。プレハウザーはその役回りを受け継ぎつつも、シュトラニツキーとは反対に、都会人になじむ都会的なセンスを売物にした。彼のハンスヴルストは「実際にあり得る現実の都市世界」に生きて、「ウィーン社会のあらゆる種類の悪徳」を笑い者にする[70]。この点に道徳的価値を見出した初期の演劇改良派は、まだハンスヴルストを敵視してはいない。ふたりがこのような役柄を生涯不変の自分の持ち役としていたのに比べ、クルツはあらゆる役柄を演じ、早変わりによって舞台上で次々にそれらに変身していくのを特徴としていた。彼は、長身でしなやか、しかも敏捷な肉体と特徴ある顔つき、さらに「豊かな声量」、「幅広い声域のよく訓練された声」を用いて、「道化の代表役下男を中心に、そそっかしい若者役から、さまざまな職人、恋の騎士ほら吹きカピターノ、悲壮なパロディーの英雄、ドサ廻りの座元、欺かれた老人パンタローネ、果ては魔法使いや亡霊、そして『美しい』王女まで」[71]を演じ、変身する。舞台もまた、彼の変身に合わせて次々に変容していく。ルネサンス演劇が発明し、宮廷バロック劇が大成させた書割《クリッセ》と背景幕《プロスペクト》を用いての舞台転換法が、十数度にわたる素早い舞台の変容を可能にする。さらにクルツは、迫りや、宙乗り、飛行装置など、当時の技術で可能な限りの「機械」も駆使して、のちのウィーン民衆劇の特徴を成す「機械劇《マシーネン・コメーディエ》」の基礎も作る。このように、「一つの主義思想に命を賭けてコミット」などせず、「臨機応変、はっきり言えば無責任に、ここと思えばまたあちらと」[72]次々に役どころを換え、みずからの身体だけでなく、その身体の機能を拡張させる空中飛行のような機械類をも駆使して、あり得るものとあり得ないものの間を、現実と演劇世界の間をつなぎ、これらの間を自由に往還する。クルツのこうした演技のありようは、まさに、道化論的な道化そのものである。

ウィーン民衆劇の歴史を語る上で欠かせない重要な出来事が、クルツのウィーン滞在の間に起きていることも、彼の道化性の証しとなるだろう。クルツの得意技は右のような多彩な役柄と変身ばかりではなかった。彼は即興で言葉を巧みに操り、しかも当意即妙、大胆でいささかも遠慮がない。その批評の矛先は、上流階級ばかりでなく、時には皇帝の桟敷席にも向けられた。女帝マリア・テレジア（在位一七四〇—八〇）の夫のフランツ・シュテファン・フォン・ロートリンゲンはクルツを愛し、あたかもリア王のように道化の批評を受け流すことができた。(73) しかしマリア・テレジアにはその度量はなかったようである。彼女は一七五二年二月一七日に即興劇禁止令を発する。その中でベルナルドンだけは名指しで禁止を言い渡された。パンタローネにあたる老人オドアルドの役を演じてプレハウザーと並ぶドイツ俳優座の看板役者であったフリードリヒ・ヴィルヘルム・ヴァイスケルン（一七一〇—六八）は、この禁止例の中で特赦の扱いを受ける。マリア・テレジアはクルツにだけいら立ってしまった。ベルナルドンは秩序のゆさぶりに成功したのである。

事実、即興劇禁止令の前後から、ウィーンのゴットシェート派による演劇改良の動きはにわかに活発になった。ウィーンの民衆が規則劇に初めて接したのは一七四七年だが、一七四九年にはゴットシェート本人がウィーンを訪れてて入れをはかる。受け入れの窓口となったのは、オドアルドを演ずるだけでなくドイツ俳優座の座付作者であり学者でもあったヴァイスケルンである。ゴットシェートはそれ以前にドイツから、改革派やヴァイスケルンに直接、助言を与えてきたが、今回みずからウィーンに乗り込むことにしたのは、アカデミーの設立や自身の教育関係への就任、宮廷での演技指導などを求めることで、むしろ、より広範な間接的影響を与えようと考えたためらしい。(74) 一七五一年には規則劇は、ケルンテン門劇場のドイツ俳優座の内部に、火曜は喜劇、木曜は悲劇の上演という、改革のための足場も確保した。一七五三年には、ゴットシェートのパートナー、ノイベリンの一座がドイツから招かれて、やはりケルンテン門劇場で規則劇の模範公演を行なう。クルツのめくるめく変身と肉体性、飛翔、機械仕掛け、猥雑で時に下品な冗談に対して、規則劇の重厚と静謐、人文主義的な重いテーマと、三一致の規則に則った筋の展開が奨励された。一七六〇年代にヨーゼフ・フォン・ゾンネンフェルス（一七三三―一八一七）が登場してくるまでは、演劇改良派の攻撃目標は、プレハウザーのハンスヴルストやヴァイスケルンのオドアルドではなく、あくまでもクルツ・ベルナルドンである。啓蒙主義者である彼らには、クルツの不敵な道化ぶりだけでなく、彼が精霊や悪魔、幽霊、魔女などのいわゆるdas Wunderbareを次々に繰り出してくることも到底、容認できない。同じ即興劇仲間のヴァイスケルンでさえクルツを敵視していたのであれば、クルツのウィーンでの立場はまさに四面楚歌である。[75]

しかし、演劇改良派が着々と進めたこのような施策の数々こそ、道化師クルツが待っていた敵失というものであったろう。名指しの即興劇禁止令によっていったんは死んだふりをしたクルツは一七五三年にウィーンを出ると、翌一七五四年にすぐに舞い戻り、『新たに生気を吹き込まれ、よみがえったベルナルドン』を上演してみずから復活をアピールする。劇の冒頭でベルナルドンは、ヴァイスケルンの持ち役であるオドアルドに射殺される。魔法使いによって大乳鉢の中に放り込まれた死せるベルナルドンは、さまざまな劇の人物たちの手足とともに搗き砕かれたのち、釜に入れられ、釜がはじけると五歳の小ベルナルドンが現われる。やがてこの子供もまた釜へ放り込まれて煮られると、さまざまな種類の馬鹿が次々に飛び出し、それらがさまざまな役を演ずる。しかしまた、それらの子供も再び煮られると、最後に、大きな卵を抱いた雌鳥が現われる。その卵が割れると、鶏にまたがる先ほどの子供たちとともに、復活した正真正銘のベルナルドンが大きな雄鶏にまたがって登場する。ビアバウマーおよびピルカーによれば、こうした復活のモチーフは、遠くギリシアの「切り刻まれたディオニューソス」の再生に由来し、クルツの死後にもウィーン民衆劇はこのモチーフを好んで取り上げた。[76] また、卵は、若返りと再生を象徴する錬金術の「宇宙卵」（Weltei）のモチーフに由来し、クルツはすでに一七四一年、彼が加わ

ったフランクフルトのヴァレロッティ一座の演し物でこのモチーフに接していたであろうという。(77)

一七五六年には『王女プンフィア』、一七五六年から一七五八年にかけては恋人ロザルバとの結婚騒動を描く「ロザルバもの」五部作、さらに一七五八年には『新・びっこの悪魔』を上演して、クルツの人気は前にも増して高まっていった。この演劇改良の時代と重なる一七五四年から一七六〇年までのクルツの第三回ウィーン滞在の時期、この時期こそ、彼のウィーンでの活動の絶頂期にあたる。このパラドックスが成立したのは、とりもなおさず、道化論的な道化師クルツの次のような本性のゆえである。「生活世界の秩序と道化は、或る意味では持ちつ持たれつの関係にある。道化がその本来の力を十分に発揮するためには、確固たる生活世界の論理が確立していることが望まれる」。(78)道化は、常に相手あっての道化である。相手の「こわばり」が強固になればなるほど、道化はますます生き生きとしてくる。即興劇禁止令や数々の演劇改良運動によって秩序の側が態勢を固めれば固めるほど、道化師クルツの方もますますそれを糧として力を増していった。この弁証法が実際に出現したのが一七五〇年代のウィーンである。

一七六〇年代に入って起きたハンスヴルスト論争も、実際の標的はクルツ・ベルナルドンであった。しかしここでもまた事情は同じである。「改良演劇の陣営は己の理念の具体を持たず、一七五〇年代、一七六〇年代、クルツ＝ベルナルドンという標的を定めることによってのみ自分の存在を認識しえた」。(79)この場合には、持ちつ持たれつの関係の中で、改良演劇の側が逆にクルツから栄養をもらってようやく存在意義を確保できたのである。

二―三　「演劇」と「文学」

クルツの身体的演劇に対してゴットシェート派がウィーンに持ち込もうとしたのは、フランス古典文学を範とする「文学」のイデオロギーであった。一七四八年にはノイベリン一座のメンバー四人がウィーンでゴットシェート作『瀕死のカトー』を上演する。彼らはこの「文学」に「道徳」と「教養」、「礼儀作法」を結びつけ、「下品」を排斥して、演劇を国民の「夜学」(Abendschule)に仕立てようとした。[80] 一七六〇年代以降この作業に従事したのは、官僚の側ではゾンネンフェルス、演劇の側では劇作家フィリップ・ハーフナー(一七三五―六四)である。

初期の演劇改良派と違って、ゾンネンフェルスにはハンスヴルストとベルナルドンの区別はない。ヒルデ・ハイダー=プレークラーによれば、[81] 国家官僚である彼にとって劇場とそこで供せられる演劇は国家財産のひとつであり、税収を上げるための一手段である。彼が手がける演劇の浄化とは、疲弊した経済を立て直すための重商主義政策の一環であった。ゾンネンフェルスもまた、即興劇から規則劇への転換を改革の基点とする。しかしその場合の規則劇とは、規則に則っている芝居の方が検閲しやすく、したがって国家政策に合わせてコントロールしやすい、ということを意味する。そのコントロールの目的は、「市民に理性的な娯楽を提供し、市民を道徳的ならびに美的に教育し、啓蒙絶対主義の国家体制の中で家臣としての意識を維持させる」[82] ことである。こうした考え方の中で、演劇は国家に収益をもたらすための商品であり、収益アップのためにはその商品価値の向上と品質管理が絶対に必要であった。演劇関係者は市民社会の尊敬される一員でなければならないし、国民の教師として、演劇の中で模範的な人物を提供していかなければならない……。道化に市民化を促す圧力は、今や国家の政策である。

ゾンネンフェルスには、「国民演劇」(Nationalschaubühne)の理念もあった。ハイダー=プレークラーによれば、[83] この考えがはっきり出てくるのは彼の主著『統治と商業および財政政策』の第二版(一七六八)、および同年の『ウィーン演劇に関する書簡』以降である。ゾンネンフェルスにとって「国民的」とは、「(民族的・言語的共同体としての)それぞれの国民の習慣と趣味に応じつつ、独自の芸術創造と独自のテーマを取り上げて、他の諸国民の文化の所産と学びあいながら対決していく」[84]ということである。すなわち、国際的競争力をつけるためには国民演劇は、独自性を保ちつつも、方言を避け、演劇スタイルを洗練させ、かつ、それらが自国民にも規範的影響を与える、というものでなければならなかった。

国民の知的・道徳的レヴェルの底上げとオーストリア演劇の国際的地位向上という内外両面の要請によって、ゾンネンフェルスの演劇浄化策はいやが上にも過激なものになる。彼にとってはもはや、クルツの茶番も、ハンスヴルストの愚鈍な農民も同じように存在価値はない。しかし、ハイダー＝プレークラーによれば、この時期、穏健な改革派は、道徳的である限りはなおも滑稽な主人公の存在意義を認めようとしていた。したがって、ハンスヴルスト論争における実際の葛藤は、むしろ、こうした穏健改革派とゾンネンフェルスのような急進改革派との間で起きたという。[85]

ゾンネンフェルスによるこのような国家イデオロギーが強く働く中に、クルツのような道化が「制外者《にんがいもの》」[86]として批判機能を放ち続けたのであれば、それはその社会の健全性の証しとなったろう。しかしクルツは一七六〇年にウィーンを離れ、次に戻ってくるのは一七七〇年である。失われたクルツの機械劇を申し訳程度に補ったのが、『旅役者』を序幕とし、『プラハの滑稽な姉たち』を本芝居（Hauptaktion）とするハーフナー作の喜劇（一七六二）であった。この作品以降ハーフナーは、あたかも、堕落したコンメディア・デッラルテを立て直そうとしたカルロ・ゴルドーニのように、即興を排した台本劇の執筆によって、「演劇」の「文学」化を促していく。

ウィーン民衆劇は、「理想的要求を持たない見世物芝居」[87]とも言われる。ハーフナーは、ただ瞬間芸の羅列だけを生命線とするような即興劇に反対する一方、規則に拘泥するあまり観客を置き去りにして意に介さない規則劇にも反対して、独自の文学的境地を切り開いた。[88]即興劇はハーフナーののちも命脈を保ち、規則劇は、レッシングがゴットシェートを攻撃するまでもなく、[89]自滅して表舞台を去っていく。とはいえ、規則劇の思想的中核であった演劇浄化と「文学」のイデオロギーは、現代にいたるまでも執拗に生き続けるであろう。

これらに対し、たとえば次のようなシーンを、「単に愉快なドタバタと見るのはカーニヴァル感覚を持たないか失ってしまった我々近代人の、象徴に対する感受性の微弱化の故らしい」[90]、というのが道化論の立場である。現代におけるコンメディア・デッラルテの上演（ジョルジョ・ストレーレルが率いるミラノ・ピッコロ座の公演）において、コックのブリゲッラが「コ」で始まる言葉を言おうとしてあとが出ず、「コ・コ・コ……」とどもってしまう。これをアルレッキーノが介抱すると、ブリゲッラの口から鶏の卵が飛び出してきて、ブリゲッラの持つフライパンの上に産み落とされる。バフチーンによれば、「この場面の喜劇性は発音し難い単語の発生が、出産として演じられている点にある」という[91]。卵は下半身を想起させ、その「下落」が死と再生の循環の入り口となる。下落とは、「肉体の下層の部分の生活、腹の生活、生殖器官の生活に関与することであって、それ故に交接、受胎、妊娠、出産というような行為に関与することである」[92]。下落は、「新たな誕生のために肉の墓を掘る」[93]ことを意味する。それゆえ、卵を産み落とすのは、「単に下方の無・絶対的な破壊に向かって落とすのではない、生殖力ある下層へと、受胎し、新たに誕生し、豊かに生育する下層へと、投げおろすこと」[94]へつながっていく。この卵はやがて「宇宙卵」へも通じていく。性的な意味をも必然的に含むこのような「下落」を「下品」と混同するのがすなわち、「我々近代人の、象徴に対する感受性の微弱化」の現われである。こうして、先の『新たに生気を吹き込まれ、よみがえったベルナルドン』において、ベルナルドンが卵から生まれてくる場面は、中世の錬金術から一六世紀のラブレーの世界、および現代のコンメディア・デッラルテの上演とも密接につながって、生と死の循環のより大きな世界を開示する。一見無意味でささいな場面が外部の無限の可能性へ通じていくのが、道化論の特徴である。クルツ自身は、もちろん、こうした道化論的広がりを意識してはいないであろう。しかし、クルツが代表した民衆劇は、身体性と演劇性を媒介としてそこから大きな宇宙論的広がりを垣間見せた点に最大の特色がある。少なくとも、そうした身体性と「文学」性が綱引きをすれば、その緊張とダイナミズムからより豊かな演劇が生まれたであろう。しかし、こうした中世の残存物は、「近代」と出会って消えゆく運命にある。ウィーン民衆劇はこののち、紆余曲折を経ながらも、道化論的立場からしだいに離れて、「文学」へ接近していく。その嚆矢となったのがハーフナーである。ハーフナーは、パンタローネのようなコンメディア・デッラルテの類型的人物に対して、「ウィーン子」という新たな類型を創造して、以後のウィーン民衆劇の流れを決定付けた[95]。彼はのちに「ウィーン民衆劇の父」と呼ばれることになる。

二―四　秩　序

山口によれば、中世西欧世界は、カーニヴァルのような一時的な「秩序の覆滅」に対して現代よりも大きな許容度を有していた。それは、「秩序が自らの存続の根拠を確かならしめようとするならば、秩序の範疇に許容し得ない行為及び意識に対して、期間を限って表現の機会を与える必要」があり、そのようにして、「秩序にとって異質な要素に排け口を与えることによって秩序そのものを浄化することができる」ことを中世西欧社会は知っていたからである[96]。これを言い換えれば、道化の役割は、ノモスだけの支配となって硬直化した秩序の中にフィジスの領域をもたらして、世界に全体性を回復させ、これをしなやかで健康な世界へと生まれ返らせることにある。この場合、秩序とは、人間がこの世の混沌を整理し、把握しやすくするために世界からある断面だけを切り取ってきた「固定した定式」[97]のことである。我々が世界を、そうした「固定した定式に還元して理解している間は、世界は少しも驚くべきものでも新鮮な輝きを帯びるものでもない」[98]。その中で、この「秩序の相対性の証しとしての道化」は、「絶えず、秩序の内側で眠りこける常人を挑発し」、その常人の住む「秩序が相対的なものにすぎないことを思い知らせることによって、秩序に対する醒めた信頼を取り戻させるよう期待される」[99]。

このような「祝祭と秩序の弁証法的関係」[100]は、しかし、中世から遠く隔たる一八世紀から一九世紀のウィーンでは、大きく様相を異にする。ウィーンにおける「秩序」とは、とりもなおさず、ハプスブルク家であり、カトリック教会であり、それらが政治、社会、生活、感情等全般の隅々にまで統治を行き渡らせていることである。この「固定した定式」[101]は、「秩序の内側に安住する人間」に「限りない安定感を与え」ており、そこでは、「支配・被支配のヒエラルキーによって、順応的な人間が、己れの場を簡単に見つけることを可能にする」[102]という、道化論から見た場合にはネガティヴな秩序の側面こそがむしろ優先される。しかもウィーンでは、この秩序自体が「神話」と化す。クラウディオ・マグリスが述べた「ハプスブルク神話」[103]は、すでにマリア・テレジアの時代から人々の心の中で始まっているであろう。ここでは秩序と神話は一体化し、その秩序の実態は、それが神話であるがゆえに問われることはない。実態よりも神話の方に力があり、たとえ秩序にほころびが生じても、すべては神話が覆い隠してしまう。人々は、ハプスブルク家にせよ、カトリック教会にせよ、自分たちを超越した神話的な上なる存在に身を預けてしまえば、もはやなにものにも煩わされることはない。こうしたウィーンの秩序は強固なものとして信奉されており、そもそも、一介の道化ごときにゆさぶられたり、「健康」にされたりすることのない存在である。その上にウィーンでは、道化の役割であるはずの「祝祭」までも、ほかならぬハプスブルクの宮廷とイエズス会が催す。一六五九年の『ピエタス・ヴィクトリクス』や一六六八年の『黄金のりんご』の上演に代表される宮廷バロック劇は、書割《クリッセ》と背景幕《プロスペクト》を用いての素早い舞台転換、早変わり、宙乗り、飛行装置、花火、水上舞台、馬のバレエと、眼を楽しませるあらゆる可能な技術を駆使して、奢侈と豪華絢爛の限りをきわめた。この恩恵に預かることができたのは一握りの貴族にすぎないとはいえ、この愉悦は途方もないフィジスの解放を伴ったであろう。秩序に対して、神話と祝祭は道化の領分であったはずだが、ウィーンでは秩序がひとりでこの三役を演じてしまう。マリア・テレジアは、即位時の継承戦争以来、戦費の調達に苦しんで、一七四四年の『イメルメストラ』の上演を最後に、宮廷の大祝祭劇を打切る。これとほぼ軌を一にする民衆劇の興隆は、祝祭の一部の奪還を意味したろう。とはいえ、それまでウィーンでは、道化論的な道化の出番ははじめからないも同然だったのである。

秩序に関しては、さらに、山口の道化論自体の問題もある。道化は秩序を攪乱はするが、革命のようにこれを転覆させるわけではない。道化は、秩序を活性化させ、新たによみがえらせる。その限りでは、道化はどこまでいっても秩序への奉仕者であり、非社会的ではあっても、反体制的ではない。道化は、秩序や体制そのものを嘲笑い、否定する存在ではないのである。このように道化は、秩序の攪乱者であり、秩序への奉仕者でもあるという「両義性」をもともと持っており、ウィーンでは、攪乱者よりも奉仕者の面の方が強く出た。道化は結局は秩序の内側の存在であり、ここに、ウィーンの道化が秩序に取り込まれるゆえんがある。道化は「主」に対して常に「従」としての立場を取ることも、ウィーンではハプスブルクの臣下としての立場に読み換えられるだろう。

一七六八年のヴァイスケルン、一七六九年のプレハウザーの死とともにハンスヴルスト論争は立ち消えとなる。ゾンネンフェルスもまた、一七七〇年に演劇検閲官となるも数カ月後には失脚して演劇関係の表舞台を去った。クルツは一七七〇年に呼び戻されてケルンテン門劇場の監督となったが、ゾンネンフェルスという好敵手を失ったためか、興行は失敗してわずか一年の滞在でウィーンを離れる。即興劇をめぐる戦いの双方の主役が退場してそのあとを受けた宮廷のコハリイ伯爵は、ケルンテン門劇場を規則劇専用の劇場とし、一切の即興劇団をしめ出した。このときに、またも道化は外からやって来る。規則劇によって負債を増やしただけのコハリイ伯爵は一七七六年に解任され、ケルンテン門劇場が再び巡業劇団に開放されると、多くの旅一座がウィーンに集まって来た。この中に、ヨーハン・ラ・ロッシュ（一七四五—一八〇六）のカスペァルを擁したメニンガーとマリネッリの一座がいたのである。

ハンスヴルスト役者ヨーハン・マティアス・メニンガー（一七三三―九三）は、ウィーン南西の温泉保養地バーデンで興行していたヨーハン・シュルツが一七六四年に死亡したのち、その一座を譲られたシュルツの妻を助け、改めて「バーデン一座」を名乗った。このメニンガーが一七六八年にグラーツで、破産した座長によって置き去りにされていたラ・ロッシュを手に入れ、一七六九年と一七七〇年の一時的興行ののち、一七七七年に本格的にウィーンに乗り込んで来る。そののちは、一七七六年に共同経営者となっていたカール・マリネッリ（一七四四―一八〇三）が一座の運営を担った。

他の多くのカスペァル役者と区別してはじめは「バーデンのカスペァル」、のちに「ウィーンのカスペァル」と呼ばれたラ・ロッシュは、「ずんぐりとした体軀、よく動く目玉、しかめっつら、手足を滑稽にねじ曲げて、舞台を走り廻っては、自然児そのものの粗野な振舞いに及び、酒に酔払ったような声で洒落をとばす」[104]という身体演技で、先のハーフナーの『プラハの姉たち』ではまだたんに間の抜けた道化にすぎなかったカスペァルを、ハンスヴルストをしのぐ主役に成長させた。彼はベルナルドンの後継者と目される。シュルツより以前、一七五〇年から一七六〇年までの夏のバーデンで、木造ながらも常設劇場を持って本来の「バーデン一座」を名乗っていたフランツ・ヨーゼフ・モーザー（一七一七―九二）の一座は、道化役リッペァルで人気を博していた。リッペァルは、モーザー一座とケルンテン門劇場およびクルツとの密接な関係によって、絶頂期にあった一七五〇年代のクルツとのちのカスペァルとをつなぐ役割を果たす。モーザーとシュルツのあとに改めて「バーデン一座」を名乗ったメニンガーは、一七六四年に巡業地のプレスブルク（ブラチスラヴァ）でクルツの一座に加わる。一七六〇年にウィーンを出たクルツも、このとき巡業の途上にあった。この出会いののちベルナルドンもののレパートリーを増やすメニンガーの一座は、クルツから獲得した財産をラ・ロッシュに伝えることになる。

しかし、ウィーンへの出入りを繰り返して周縁と中心の緊張関係を終始保ち続けたクルツと違って、マリネッリとバーデン一座は一七八一年に、市壁の外とはいえ、現在の第二区にあたるレーオポルトシュタットに劇場をオープンさせて、みずからウィーンへの定着をはかる。こののちラ・ロッシュは、一度もウィーンの外へ客演に出たことはない。ラインハルト・ウアバッハによれば、リッペァルやカスペァルをはじめ、ヤッケァル（「カスペァルの父」とされるフィリップ・ブルクフーバーが他のカスペァルとの区別のために名乗った）、クラッツェァル、クランペァル、ツヴェッカァルなど、ライムントに至るまでの多くの道化師が「カスパーちゃん」のようなニュアンスを持つ縮小名詞となっている。このため彼らは、その演技の特徴である幼児性ともあいまって、いわば手なづけられて「ちぢこまったまま」となり、「誰にとっても危険な存在とはなりえな」くなっているという。[105]むろん、危険ではない道化は、もはや道化論的な道化ではない。彼らは「ひたすら自分を『ウィーン子』に合わせて」いき、「ウィーン人にとって不愉快を覚えることなき鏡の役目」[106]を果たすだけの存在になる。ラ・ロッシュの人気によって「カスペァル劇場」とも呼ばれるようになるレーオポルトシュタット劇場においては、重要なのは、利益の確保のために倹約に努めるという企業の論理であり、クルツのように、破産の危険をも顧みずに、宮廷バロック劇さながらの大規模な転換舞台を構築するような冒険はもはやしなくなるのである。[107]

一七六五年にマリア・テレジアの息子のヨーゼフ二世（在位一七六五―九〇）が即位してからは、彼のいわゆるヨゼフィニスムスの政策によって社会全般に幾分かの自由化が訪れ、民衆劇にも新たな活気がもたらされた。宮廷劇場であったブルク劇場が一七七六年に「国民劇場」へとともかくも改組され、一七八一年のレーオポルトシュタット劇場に続いて、一七八七年のアウフ・デア・ヴィーデン劇場、一七八八年のヨーゼフシュタット劇場と、郊外の民衆劇場のオープンも相次いだ。こうしてウィーン民衆劇は、さらに、ウィーンの制度としての態勢を固めていく。そうした中で、一八世紀の末から大都市化し始めていたウィーンは、ウィーン会議前年の一八一三年に、ライムント以前の最後の道化師を送り出した。この時代の三大劇作家[108]のひとりアードルフ・ボイエルレ

(一七八六—一八五九)作の『ウィーンの市民』に登場するシュターベァルは、「従」としての彼を通して他の登場人物の性格を善悪ともにくっきりと浮き彫りにし、そうして描き出された「ウィーンの市民」に、観客たるウィーンの市民が自分自身の姿を見るという鏡の構造を生み出した。何よりも、この役を演じたイグナーツ・シュースター(一七七九—一八三五)の異常なまでの小男ぶりが、いかなる言葉をも無力にする彼一流の身体言語として、ひときわすぐれた道化性を発揮する。しかしシュターベァルはこの劇の中で、独立した傘職人として彼みずからがウィーン市民としての誇りを強調する。それだけでなく、小男という道化的「欠陥」に加えて、金もないし言動もまともではないという欠陥のゆえに、「市民階級の一種のアウトサイダー」[109]と化していながら、文字通りの背伸びをして、彼を疎んじた市民社会に復帰したいという願望がこの劇の強いモチーフとなる。シュターベァルの言動は時にウィーン社会への鋭い諷刺の矢を放つ。しかしこの矢は、ほかならぬ彼が諷刺したこの社会へこそ戻りたいという虫のいい願望のゆえに、放たれたそばから空中分解し、塚部啓道に従うならば、シュターベァルが引き起こす笑いは結局は、「社会的欠陥の摘発になる寸前に、たえず道化自身の欠陥から生じる笑いへと投げ返されて深化されない」[110]ことになる。ウィーンの観客は、「自己の欠陥を、自分より欠陥度の多い道化の中に投影する」[111]ことによって、この道化を見くだした分だけ自分の位置が上がったと錯覚することができる。それが、「世界の大都市ウィーンで絶えず自己の経済力以上に背のびした生活をしていたウィーン会議時代の(小)市民達」が、ウィーンを「想像上の楽園」と思うための方法のひとつであった。[112]現状に沈潜し、現体制の讃美へと通ずるこうした「ウィーンの讃歌」[113]が、道化的な秩序の攪乱とそれによる新たな輝きの獲得とはきわめて異質なものであることは言うまでもない。

三　結　び

クルツにおいては、以上に述べたほかにもなお、次のような諸点に道化的な特徴を指摘できるだろう。山口の『道化の民俗学』によれば、アルレッキーノのもとをたどれば、ギリシア神話のヘルメス神を通じて、神話的次元へまでさかのぼることができるという。[114] クルツの『よみがえったベルナルドン』は、たんに即興劇禁止令を嘲笑っただけではない。この劇の冒頭が「切り刻まれたディオニューソス」の神話をモチーフとしているのと同様に、その結構全体は古代アテネの祭り「アンテステーリア」をなぞっていると言える。豊饒神としてのヘルメスに捧げられるこの祭りは、「人間と自然の偉大な再生の循環の祝祭」であり、その「関心の焦点は、死そのもののうちにあるのではなくて、死を通じての生、再生」のうちにあった。[115] 一回の劇の上演は、実際には、生きていたベルナルドンが死にそれがまた生き返る永遠の循環のひとこまを表わしているにすぎない。その悠久の神話性にこそ、マリア・テレジアの短慮にも似た禁止令への嘲笑の真の意味がある。また、クルツ・ベルナルドンがその循環のうちに生と死という相反するふたつの世界を自由に往還することも、霊魂を冥界に導く役のヘルメス神の模倣であるだろう。のちにウィーン民衆劇は、三大劇作家およびライムントを中心として改悛劇というジャンルを成長させていく。『人間嫌い』のラッペルコップフや、『浪費家』のフロットヴェルのように、誤てる古い自分の死とその後の生まれ変わりをテーマとするこれら一連の劇は、「死を通じての生、再生」という、クルツが古代ギリシアから受け継いだモチーフを継承発展させたものと言ってよい。それはまた、「文学」の立場からなされる「理想的要求を持たない見世物芝居」という批判に対して、民衆劇の側が、より根源的な神話的次元とのつながりを示した反論でもある。『よみがえったベルナルドン』においてたくさんの小ベルナルドンが飛び出してくるように、クルツが大きくも小さくもなるのもヘルメス神の特徴であるし[116]、コンメディア・デッラルテにおいてアルレッキーノの女装がしばしば行なわれたのと同様に、クルツが女役を演ずるのもまたヘルメス神の両性具有へ通じていく[117]。クルツが常に黒い服をまとって演技をしたことも、アルレッキーノが不吉な黒い半仮面をつけるのとまったく同様に、中世においては悪霊であったアルレッキーノの本来の出自[118]を示唆するものである。さらに、ベルナルドンを生み出す卵は「宇宙卵」に通じていくし、彼がまたがる「狂燥の象徴[119]」としての雄鶏は、おそらくはイタリア語のpulcino（「ひよこ」）に由来するプルチネッラから[120]、馬鹿や精力絶倫を意味する「鳥」のイメージ、そのイメージゆえにジャック・カロの版画にも見られるように多くの道化が付けていた鳥の羽根飾り、さらには、のちの『魔笛』の鳥人パパゲーノへも通じていく[121]。

このようにクルツにおいてはまだ保たれていた神話的次元および中世とのつながりは、しかし、ウィーンとオーストリアの近代化の過程の中で失われ、体制に準じたものに変化していく。すでに述べたように、道化は市内への定着ののちに定住へ移り、まっとうな定職を持って結婚し、子供を設けて、追放ではなく、市民としてウィーン社会にとけ込むことをめざすようになる。生活の安定とともに、アルレッキーノの、常に空腹で食物への飽くなき執念に燃えるぎらぎらした性格は消え、「ソーセージ」（ハンスヴルスト）や「ニシン」（ピッケルヘリング）、「チーズ」（クナップケーゼ）などの食品名も道化の名前から消えていく。その代わりにウィーンで増えるのが、「～ちゃん」の意を表わす縮小名詞の道化名であり、『恋物語と結婚騒動』のネーベルのように、享楽のウィーンを象徴する「酔っ払い」という名前である。シュトラニツキーはまだ付けていた道化風の衣裳も、ごく普通の平服に変わり、古来、道化の象徴として長く命脈を保ってきた打ちべらも放棄される。

バロックの遺産としての「垂直」の構造はまだライムントには残っていると言えるだろう。しかしネストロイでは、『ツヴィルン家、クニーリーム家、ライム家』（一八三四）を最後に垂直の構造も魔法劇も影をひそめて、初期資本主義時代における人間同士の入り組んだ関係と葛藤を描く「水平」の構造に移ってくる。[122] ライムントはまだ、妖精たちのような上なる存在との関係の中で、愚かなる人間の改善の余地を信じようとしたのに対して、もはやその改善の余地を信じないネストロイの喜劇は、近代的な「諷刺」を本流とするようになる。しかし、道化論は諷刺に対してきわめて冷淡である。山口は言う。「笑いを伴うために、道化の行為が諷刺と混同されることが多いが、道化の笑いには本質的に諷刺の笑いの卑しさはない。諷刺の笑いはあくまでも『閉ざされた、単層の宇宙』において(その)中心に回帰する志を持つ者の武器にすぎない。道化は『開かれた、多層の宇宙』に同時に生きることを信条とするから、風刺的な笑いにとどまっていることは決して出来ないのだ[123]」と。社会を諷刺しておきながらその諷刺した社会へこそ復帰したいシュターベァルの諷刺は、まさに、「『閉ざされた、単層の宇宙』において(その)中心に回帰する志を持つ者の武器」であるにすぎない。しかし、はじめからウィーンに生まれたネストロイは、道化論的な道化がふらりと外からやってきて秩序をかき乱し、あとは「旅の恥は掻き捨て」とばかりにいつでも無責任に外へ出ることができるのとは違って、まさにひとりのウィーン市民として、このウィーンの「閉ざされた、単層の宇宙」の内にとどまり、これを内側から諷刺することでこの社会への責任を果たそうとした。内側の人間であるネストロイがその内側へ向けて使う武器としての諷刺には、たんに「中心」へ回帰しようとする単純な意思などではなく、この社会への複雑で微妙な、屈折した思考と感情があると見られる。そうした点では、妖精たちとの関係において「多層の宇宙」へ向って開かれているライムントの喜劇の方が、人間のドラマとしてはかえって単純に見えるだろう。

ウィーンの道化は、道化論から見た場合、クルツ・ベルナルドンを例外として、「秩序の内側」にとどまり、『文化』の中心に棲息[124]した道化である。しかし、ライムントはブルク劇場の悲劇俳優になれずに喜劇俳優となり、ネストロイも同様に、正統派のオペラ歌手になりそこねて郊外劇場に出演するようになった俳優兼作家だった。彼らはメジャーに対してその周縁で生きることを余儀なくされる。そのあたりにまだ、彼らの道化性の名残りを見ることができるだろうか。

（1）高橋康成『道化の文学――ルネサンスの栄光』（中公新書四五八）中央公論社、一九七七年。以下、丸数字による分類は引用者による便宜的なものである。また、引用文中のかぎかっこやルビ、丸かっこ内の解説はすべて原著者による。
（2）前掲書、五頁。
（3）前掲書、七頁。
（4）前掲書、一四―一五頁。
（5）前掲書、五三頁。
（6）前掲書、一三二―一三三頁。
（7）前掲書、一二七頁。
（8）前掲書、一〇―一一頁。
（9）前掲書、一四―一五頁。
（10）前掲書、四六―四七頁。
（11）山口昌男『道化の民俗学』（筑摩叢書二九五）筑摩書房、一九八五年。
（12）山口昌男『道化的世界』筑摩書房、一九七五年。
（13）山口昌男『文化と両義性』（岩波現代文庫G一六）岩波書店、二〇〇〇年、一頁。
（14）山口『道化的世界』、八九頁。
（15）前掲書、二〇〇頁。

(16) 前掲書、一九頁。
(17) 前掲書、二〇頁。
(18) 前掲書、二四頁。
(19) 前掲書、二四頁。
(20) 前掲書、七二頁。
(21) 前掲書、八二頁。
(22) 前掲書、二〇一頁。
(23) 前掲書、二一六頁。
(24) 前掲書、二一六頁。
(25) 前掲書、三九頁。
(26) 前掲書、二三頁。
(27) 前掲書、八二頁。
(28) 前掲書、二七五頁。
(29) 前掲書、二七五頁。
(30) 前掲書、二一二頁。
(31) 前掲書、一九七頁。
(32) 前掲書、九二頁。
(33) 前掲書、九二頁。
(34) 前掲書、九二頁。
(35) 前掲書、一九八頁。
(36) 前掲書、一九八頁。

(37) 前掲書、一九八頁。
(38) 前掲書、一九九頁。
(39) 前掲書、二三頁。
(40) 前掲書、二三頁。
(41) 前掲書、七九頁。
(42) 前掲書、二一頁。
(43) 前掲書、三一頁。
(44) 前掲書、三八頁。
(45) 前掲書、一六頁。
(46) 前掲書、二一八頁。
(47) 前掲書、一二頁。
(48) 前掲書、二〇二頁。
(49) 原研二『一八世紀ウィーンの民衆劇――放浪のプルチネッラたち』法政大学出版局、一九八八年、四四頁。
(50) 前掲書、四五頁。
(51) ウィリアム・シェイクスピア『お気に召すまま』(小田島雄志訳)、白水社、一九七六年、第四巻、三二〇頁。
(52) 原 前掲書、四四―四五頁。
(53) Verena Keil-Budischowsky: Die Theater Wiens, Paul Zsolnay Verlag (Wien / Hamburg), 1983, S. 88.
(54) 原 前掲書、四五頁。
(55) 前掲書、三四―三六頁参照。
(56) 同劇場は、Komödiengasse (現在のMaysedergasse) と、市壁に直接、接しているSattlergasse(現在のPhilharmonikerstraße) にはさまれた場所にあった。ほぼ、現在のホテル・ザッハーの位置にあたる。一七六一年焼失、一七六三年に再建されたが、一八七〇年に取り壊された。Vgl. Keil-Budischowsky: a.a.O., S. 81-101.

(57) ミハイル・バフチーン『フランソワ・ラブレーの作品と中世・ルネッサンスの民衆文化』（川端香男里訳）、せりか書房、一九七三年。

(58) Vgl. Keil-Budischowsky: a.a.O., S. 81.

(59) 原　前掲書、六頁。

(60) 前掲書、一八―二二頁参照。

(61) Vgl. Rudolf Payer von Thurn (Hrsg.): Wiener Haupt- und Staatsaktionen, Verlag des Literarischen Vereins (Wien), 1908, S. XXXIIf.

(62) 山口『道化的世界』、九一頁。

(63) 高橋　前掲書、一三二頁。

(64) 前掲書、一二七頁。

(65) 前掲書、一二二―一二五頁参照。

(66) ウィリアム・シェイクスピア『リア王』（小田島雄志訳）、白水社、一九七六年、第二巻、二九七頁。

(67) 高橋　前掲書、一六七―一七一頁参照。

(68) 山口『道化的世界』、二三頁。

(69) 「だぶだぶの袖がついた赤い上着の前をあけ、胸の青い継ぎ布には緑色のハート、そのハートにはHWのイニシャルがしてある。緑の縁取りをした赤いズボン吊りに、くるぶしまで達するぶかぶかの黄色いズボン、そのズボンを幅広の皮のバンドで締め、粗末な靴をはく。バンドには〈ピストレーゼ〉と呼ばれる木の打ちべらをはさみ、垂れさがった幅の広い道化のひだ襟(Narrenkröse)が首を飾って、頭には有名な背の高い緑のとんがり帽をかぶる。髪の毛を頭の上でまとめてまっすぐ立つようにし、短くそろえたひげは真っ黒だった」。Vgl. Keil-Budischowsky: a.a.O., S. 87.

（70） Hilde Haider-Pregler: Der wienerische Weg zur K.K. Hof- und Nationalschaubühne, in : Das Ende des Stegreifspiels—Die Geburt des Nationaltheaters. Hrsg. v. Roger Bauer / Jürgen Wertheimer, Wilhelm Fink (München), 1983, S. 24-37. Hierzu S. 29. 「実際にあり得る、現実の」（möglich, real）とは、幽霊などの「あり得ないもの」（das Wunderbare）に対して言っている。

（71） 浜田義孝『クルツ＝ベルナルドンについて』（『言語文化論集』名古屋大学、第II巻第一号、一九八〇年）、一三七—一五四、一四〇頁。

（72） 高橋　前掲書、八一九頁。

（73） Vgl. Hilde Haider-Pregler: Des sittlichen Bürgers Abendschule, Jugend und Volk（Wien / München）, 1980, S. 272 u. Keil-Budischowsky: a.a.O., S. 92.

（74） Vgl. Haider-Pregler: Der wienerische Weg: a.a.O., S. 28.

（75） 原　前掲書、二九六頁参照。Vgl. auch Haider-Pregler: Des sittlichen Bürgers Abendschule: a.a.O., S. 299.

（76） Ulf Birbaumer: Das Werk des Joseph Felix von Kurz-Bernardon und seine szenische Realisierung, Verlag Notring（Wien）, 1971, Bd. 1, S. 96f.

（77） Ebd., S. 98.

（78） 山口『道化的世界』、二一頁。

（79） 原　前掲書、一八〇頁。

（80） Vgl. Haider-Pregler: Des sittlichen Bürgers Abendschule: a.a.O.

（81） Haider-Pregler: Der wienerische Weg: a.a.O., S. 30-34.

（82） Ebd., S. 30f.

（83） Ebd., S. 32.

（84） Ebd.

(85) Ebd., S. 32f.

(86) 山口『道化的世界』、九一頁。

(87) カール・ゲーデケによる。Vgl. Otto Rommel (Hrsg.): Barocktradition im österreichisch-bayrischen Volkstheater, Reclam (Leipzig), 1938, Bd. 4: Besserungsstücke. 1. Teil, S. 9.

(88) 水谷泰弘『フィリップ・ハーフナーと郷土・風俗劇』(『言語文化論集』名古屋大学、第II巻第一号、一九八〇年)、一五五—一六七頁参照。

(89) Vgl. den 17. Brief, in: Gotthold Ephraim Lessing: Werke hrsg. v. Herbert G. Göpfert, Wissenschaftliche Gesellschaft (Darmstadt), 1973, Bd. 5, S. 70ff.

(90) 山口『道化の民俗学』、一一九頁。

(91) 前掲書、一一九頁。

(92) バフチーン　前掲書、二六頁。

(93) 前掲書、二六頁。

(94) 前掲書、二六頁。

(95) 原　前掲書、二九九頁参照。

(96) 山口『道化的世界』、一九頁。

(97) 前掲書、一八頁。

(98) 前掲書、一八頁。

(99) 前掲書、一九—二〇頁。

(100) 前掲書、二〇頁。

(101) 前掲書、一八頁。

(102) 前掲書、二七六頁。

(103) クラウディオ・マグリス『オーストリア文学とハプスブルク神話』(鈴木隆雄・藤井忠・村山雅人訳)、風の薔薇、一九九〇年参照。

(104) 塚部啓道『カスペルル像の成立過程について——ウィーン民衆劇における道化像の変遷史のためのノート——』(『言語文化論集』名古屋大学、第II巻第一号、一九八〇年)、一六九—一八五、一七九頁。

(105) 原　前掲書、三九五頁参照。

(106) 前掲書、三九八頁。

(107) 前掲書、四〇〇—四〇二頁参照。ビアバウマー(前掲書、第二巻、四〇〇—四〇一頁)および原(前掲書、二一〇—二一一頁)によれば、クルツは一七六七年、巡業途中のフランクフルトに自分専用の劇場を建てた。その舞台の奥行きは、一七四八年に新装なったケルンテン門劇場の八、四九メートル、のちのシカネーダーのアン・デア・ヴィーン劇場の一二メートルに対して、一五メートルもあったという。この深い舞台の両袖に、ケルンテン門劇場の六組の書割《クリッセ》(通常は二枚で一組)に対して、七組の書割のパネルを立てて場面の転換を行なった。これは「まったくバロック的な奥行きの深い舞台」であり、「大部分のクルツの劇と同様に、ウィーンのバロック舞台とバロック演劇の偉大な伝統がそこには感じられる」(ビアバウマー)。

(108) ヨーゼフ・アロイス・グライヒ(一七七二—一八四一)、カール・マイスル(一七七五—一八五三)、それにボイエルレの三人を指して言う。

(109) 塚部啓道『A・ボイエルレのローカル茶番劇〈ウィーンの市民〉のシュターベルル像——ウィーン民衆劇における道化の系譜のためのノート——』(『ドイツ文学研究』東海ドイツ文学会、第九号、一九七七年)、二九—三八、三三頁。

(110) 前掲論文、三五頁。

(111) 前掲論文、三五頁。

(112) 前掲論文、三五頁。

(113) 前掲論文、三五頁。

(114) 山口『道化の民俗学』、七一頁以降参照。

(115) ジェーン・ハリソンによる。山口『道化の民俗学』、八二頁から引用。

(116) 前掲書、一一〇頁参照。

(117) 前掲書、九三頁参照。

(118) 前掲書、四五頁以降参照。

(119) 山口『道化的世界』、二二六頁。

(120) イーニッド・ウェルズフォード『道化』（内藤健二訳）、晶文社、一九七九年、二八七頁参照。

(121) 道化と雄鶏の結びつきについては、ウィリアム・ウィルフォード『道化と笏杖』（高山宏訳）、晶文社、一九八三年、二八頁以下を参照。

(122) レーオポルトシュタット劇場は、奥行き一〇メートルに五組の書割《クリッセ》だが、舞台の横幅はケルンテン門劇場の七、五六メートル、クルツの舞台の七、八メートルに対して、一六メートルあった。Vgl. Keil-Budischowsky: a.a.O., S. 136.

(123) 山口『道化的世界』、二七三頁。文中、かっこ内の一語（その）を補った。

(124) 前掲書、二三頁。

ビーダーマイヤー期の子供バレエ

新井　裕

はじめに

ゲーテやシラーの演劇においては大人役を演じる子供俳優が珍重され、観客の目を欺く常套手段として投入されたことは、良く知られている。彼らは『ファウスト』や『ウイルヘルム・テル』などの重要なシーンで大人と同様の衣装を身につけて舞台に登場し、舞台の遙か彼方で大人たちが場面を演じている、という印象を見るものに与えていた。

ウィーン民衆劇の代表的な作家フェルディナント・ライムントも早くから同じような手法を採用している。彼は歌舞伎の遠見にあたる技術を使い、大人の妖精たちの姿を幼い子供たちに演じさせているのである。それだけにとどまらない。ライムントの作品では、ほとんどと言って良いくらい子供役だけを専門に演じる子供俳優(1)が登場する。

ゲーテやシラーの作品を舞台で上演する場合は、殆どの部分を大人たちが演じ、一部分だけに子供たちを登場させ、大人の場面を演じさせることで演劇的な効果を導きだしていた。ところがライムントやネストロイの作品になると、子供たちが堂々と舞台に登場し、自分たちの台詞を持ち、子供自身を演じていくことになる。

ウィーン民衆劇には、もともとこうした本物の子供たちを登場させ、彼らに「見せ場」を作るシーンが伝統的に多い。

以下で問題となるウィーン河畔劇場の子供たちの芝居はしかし、そのどちらにも属さない。

彼らは大人たちの演じる演劇の延長線上にあってイリュージョンを作り出す訳でもなければ、子供独自の台詞を振り回して、大人顔負けの演技を見せるわけでもない。

登場するのは、最初から最後まで子供たちだけである。そして彼らは、一言の台詞も喋らない。それは後に述べる理由から、通常は黙劇（パントマイム）と呼ばれ、一般のバレエからも区別されていた。しかしその実体がバレエ以外のなにものでもないことは、周知の事実であった。

一八世紀後半から、一九世紀前半のウィーンでは、この様な形での子供による劇が異常に流行していた。

一　一八世紀後半のバレエ

すでに述べたように、大人たちの間に交じって幼い子供たちがつたない演技を演じるという舞台は珍しくなかった。とくに常設劇場を持たないような家族経営の旅一座の場合は、少ない労働資源を最大限に有効活用するため、あらゆる手段を使って子供たちに演技を覚えさせ、舞台の上に登場させていた。この場合、幼子たちが片言の台詞を操って観客の人気を博したことは、容易に想像できる。

こうした混成舞台にたいして、純粋に子供たちだけを舞台にあげた最初の人物の一人としてオランダ人のニコリーニが上げられる。

彼はオランダ、ベルギー、フランスなどの各国で成功を収めた後、一七四五年にドイツに入る。

場所は当時から商業都市としてにぎわっていたフランクフルトである。ちょうどこの年は神聖ローマ帝国皇帝カールが突然の形で死亡したため、新たに皇帝の選定とその戴冠式を行わなければならなかった時期である。この一大イベントの年に平行して小屋を張ることで、ニコリーニ一座の名前はたちまちフランクフルトだけでなく、帝国中に知れ渡ることになる。同じ年に同じようにこのイベントの利に預かろうとしてノイバー一座などの有名なドイツの劇団がこの都市に集結していた。演劇改革派の筆頭で、かつ大御所であったゴットシェート自身もこの町に足を運び、ニコリーニ一座の子供たちの芝居を見学して、いたく感動している。[2]

この皇帝選挙でにぎわうフランクフルトでの公演の成功がスプリング・ボードになり、いよいよ翌年一七四六年から、ニコリーニ一座のドイツ巡業が始まる。

まずシュトゥットガルトで早春に興業をうち、大成功を収める。彼はやがて夏に選帝侯ヨーゼフ・マクシミリアンの推薦状をもらってミュンヘンに移る。そしていよいよこの年の冬からウィーン巡業が始まる。前年度神聖ローマ皇帝の帝位についたばかりのフランツ・シュテファンとマリア・テレージアの統治するウィーンである。彼らは一二月二七日にウィーンで初舞台を踏み、翌年の七月二九日までの長い間ウィーン市内で興業を行っている。場所はノイア・マルクトであった。

この上演が民衆の耳目を集め、話題となり、人気の的になったことはいうまでもない。

くわえて皇帝フランツ、后妃マリア・テレージア、二人の間に生まれた多くの王子と皇女たち、皇族、貴族もこの上演に列席し、子供劇を楽しんでいる。マリア・テレージアは小さな俳優たちに多くのプレゼントを用意し、フランツ皇帝は座長に沢山の金品をプレゼントしたことが、ケーフェンフュラー＝メッチュの日記[3]に記されている。

このオランダ人ニコリーニの主催した幼児バレエが市内の路上で大人気を博していた頃、ウィーンの宮廷はそうそうたるメンバーを宮廷劇場付属バレエ学校の指導者として迎えている。

後にエカテリーナ二世の宮廷に招かれるフランツ・ヒルファーディング（在職期間一七四二―五八年）、同様にロシア・バレエの振興に力を尽くしたガスペロ・アンジョリーニ（一七五八―七二）、「バレエ・ダクション」（舞踏劇）(4)を提唱したジャン＝ジョルジョ・ノベール（一七七一―七六）などの面々がそれである。

最後のノベールは、マリア・テレージアの招聘にしたがって、わざわざパリからウィーンに移り、この地の宮廷劇場におけるバレエ教育に多大な影響を与えた。当時ウィーン・バレエの水準が、ヨーロッパの最高水準を維持し得たのは、こうした人材をおしみなく登用したことによるのである。

宮廷劇場でデビューするための正式なバレエ教育と、路上で行われる流れ者たちのパフォーマンスを直接に結びつけることはできないだろう。しかしそのどちらにもバレエ、とくに子供バレエに対する熱い視線と興味を感じざるをえない。

さらにこのようなバレエ熱を支えた強力なファクターとして王家のバック・アップがあげられる。例えば一七六五年のヨーゼフ二世とマリア・ヨゼッファとの婚礼の折りに、マリア・テレージアの子供たちがさまざまなパフォーマンスを披露して、この華やかな祝祭に花を添えたことが報告されている(5)。これは歴代王家のバレエに対する理解や好意なしには考えられないことである。

宮廷劇場での後継者教育が体系的な形を取り、バレエ上演の水準がますます高度になっていく間に、また幼児たちを舞台に上げる劇団がウィーンの下町に現れる。

それがフェーリクス・ベルナーの率いる、ベルナー一座である。

彼は一七三八年オーストリアに生まれ、一七五八年、二〇歳の時に劇団を結成している。一七六一年からは、子供芝居に特化して公演を行うようになる。ドナウ川沿い、ライン川沿いのさまざまな都市で成功を収めたベルナーは、一七七五年ウィーン市の郊外にあるペンツィングで上演を行う。この舞台がウィーン市民の話題にのぼり、さまざまな貴顕人がわざわざ馬車を並べてこの公演の行われている村を訪問するようになる。そしていよいよ翌年の一七七六年から皇帝の都での上演許可がおりる。

彼が常設舞台として選んだ場所は、ノイシュティフトにある「白雉亭」のダンスホールであった。

通常は舞踏会の行われる冬の時期や結婚式の機会でもなければ利用することのないダンスホールを常設会場に選んだことが、おおきなヒットとなった。ここなら冬の寒さや雨、風、雪などに煩わされることなく落ち着いて演技をすることが出来た。それは観客にとっても同様の快適さを保証した。

こうしたベルナーなどの例は、ほんの一部にすぎないだろう。彼のように子供バレエ、子供芝居のみに特化した劇団は少なかったかも知れないが、このような上演形態に人気が集まるとわかれば、多くの座長たちが同様の試みを行った筈である。

市井での子供芝居の上演が人気を博していた頃、マリア・テレージアの力強い支援のお陰で多くのプリマを生み出していた宮廷劇場付属バレエ学校は、その後どのようになったのであろうか。

このようなバレエ重視の宮廷劇場の路線は、ノベールの去る一七七六年になって急激に方向転換をする。当時テレージアの共同統治者、ローマ・ドイツ皇帝として実権を握り始めていたヨーゼフ二世は、ノベールの後任を取らずに、バレエ養成学校そのものを閉鎖してしまうのである。ドイツ語による歌劇の振興やドイツ語で演じられる民衆劇場の創設のために多くの力を注いだ皇帝であるが、ことバレエに関しては、母親である女帝とまったく逆な方向に舵取りをし、財布の紐をきつく締めてしまう。

それだけではない。

一七七六年に出された布告によれば、ヨーゼフ二世はそれまで手厚く保護されてきた「バレエ団員の解雇」(6)にさえ言及している。この布告の影響をうけたためかどうかは分からないが、最終的にこの公的なバレエ学校がウィーンにおいて再開されたのは、おおよそ百年後の一八七〇年四月一日である。

この長い空白期に宮廷劇場付属のバレエ学校に代わってウィーンのバレエ養成の課題を引き受けたのが、民衆劇場であるヨーゼフシュタット劇場とウィーン河畔劇場に設置されることになった付属のバレエ学校である。

ヨーゼフ二世の劇場改革以来、バレエ上演は一定の劇場においてのみ許されることになった。とくに興味深いのは、以下で問題になるウィーン河畔劇場やレーオポルトシュタット劇場では、バレエ上演がおしなべて禁止されていたということである。

その背景には皇帝ヨーゼフ二世の、宮廷による劇場の独占化、寡占化を防ぎ、この芸術をひろく民衆のために供するとした意図とは裏腹に、外国語によるオリジナル・オペラ上演や舞踏会開催の禁止、そしてバレエ上演の禁止令を次々にうち出すことで、自分たちの所有する宮廷劇場の経済的な打撃を最小限に押さえようとする啓蒙専制君主の計算しつくされた意図が見える。何故ならば彼が最後まで宮廷の特例として保持し続けた権利こそ、当時のウィーンではもっとも多くの収入確保を保証してくれるパフォーマンスであったのだ。

二　一九世紀前半のバレエ

宮廷劇場付属のバレエ養成学校が緊縮財政、経営の健全化のもとに廃止されたことによってウィーン人のバレエ熱が沈静化したかといえば、そんなことはない。

とくに列国の要人の集まったウィーン会議の際には、多くのバレリーナが次々にウィーンに招待され、これまで以上に華々しい活躍をしていた。つまりウィーン会議前後の時代は、自前の、自国のバレリーナに頼る必要もなかった、というところが実体なのである。

代表的な名前をあげておくとカウニッツ侯爵の愛人であるエメ・ペヒト、トラウトマンスドルフ侯爵の愛人であるオメール、パルフィ伯爵の愛人エミーリア・ビゴッティーニなどである。

ところでこの国際会議と平行して新たな「子供バレエ」のブームが、ウィーンにまき起こる。

その火付け役は、自分の愛した踊り子ビゴッティーニのためにウィーンのホテルに特別室を設け、真新しい家具調度品を搬入させ、隅から隅まで思いどおりの部屋を作り上げさせ、膨大な資金を惜しみなく投入したパルフィ伯爵（一七七四―一八四〇）である。

彼は河畔劇場の支配人になる以前からバレエに対するなみなみならぬ愛情を持っていたようだが、全権を掌握して以来さらにこの趣味を発展させ、もっぱらバレエやパントマイムの入った芝居を演目の中心にすえていくようになる。

河畔劇場といえばパルフィが支配人に就任するまでは、モーツァルトの『魔笛』やベートーヴェンの『フィデーリオ』で知られている様に、主としてドイツ語のオペラやジングシュピール上演の常設劇場であった。しかし彼の登場以来、こうした歌劇の上演はしだいに押さえられ、影をひそめていくことになる。

その代わりに頻繁に上演されるようになったのが、バレエ場面の挿入された芝居やパントマイムである。

パルフィは、この計画を実現するために二人の重要なバレエ・マイスターを登用する。

一人はフランスやドイツで活躍していたジャン・ピエール・オメール（一七七六―一八三三）である。オメールはすでにシェーンブルン宮殿の劇場などでもバレエを踊っていたのでウィーンでも名前が知られていたが、ウィーン会議を契機に河畔劇場の振り付け師として活躍するようになる。それだけではない。オメールは多才な人物で、たんに自ら踊りを披露したり、踊り子の指導だけで満足することなく、幾つものバレエを自ら創作し、更に自作に曲までつけて演奏させている。彼はやがてエルスラー姉妹と出会い、彼女たちのバレエ教師としても知られるようになる。

もう一人の人物は、フリードリヒ・ホルシェルト（一七九三年ケルンに生まれ、一八八七年ミュンヘンで没）[7]である。パルフィはすでに宮廷劇場で踊っていた人気ダンサー、そして副バレエ・マイスターのホルシェルトを一八一四年に自分の運営する河畔劇場に招き、ここのバレエの運営を任せる。

彼の振り付けの才能、バレエに対する情熱もさることながら、もっとも彼の能力が発揮されたのは「子供バレエ」の分野であろう。後にウィーンの舞台やパリ、ベルリンの舞台を席巻していく多くのバレリーナを育てたのは、バレエ教師としてのホルシェルトであった。

この間に上演された人気作品の例を見ると、まだパルフィ体制が正式に始まっていない一八一三年七月二七日初演されたパントマイムの入ったバレエ『シンデレラ』（二一回上演、振り付けはルイ・デュポール、音楽はキンスキ）がまずあげられる。

この作品は一八一六年一一月一六日に、当時の皇帝フランツの結婚式を祝して御前上演され、二〇〇名近い子供たちが参加したと報告されている。[8]ただしこのデュポールはケルントナー劇場の専属ダンサー兼振り付け師であるので、この『シンデレラ』は河畔劇場のオリジナル作品とは言いがたい。

パルフィ自身が正式に支配人になる一八一三年の秋以降のシーズンでは、一八一六年五月二一日初演のパントマイムの入った国民バレエ『森の娘』（五四回上演、振り付けはホルシェルト、音楽はヴラニッツキ）が上演される。しかし、これもまた宮廷劇場ですでに大ヒットした作品の焼き直しである。この旧作を、ホルシェルトが新しく振り付けしなおしているだけである。

一八一七年四月一五日初演のパントマイム『シンデレラ』(四一回上演)や一八一八年五月七日初演の魔法パントマイム『山の精』(七六回上演、振り付けはホルシェルト、音楽はリオッテ)の完成によって、ようやくこの河畔劇場独自の作品が上演されたことになる。

パルフィ時代にもっとも人気のあったドイツ語オペラ『セヴィリアの理髪師』が六八回上演、『赤い小屋』が四一回上演であったことと比較してみても、このパントマイムの入ったバレエやパントマイムというジャンルの人気の高さがよくわかる。

つまりパルフィ伯爵が支配人になって以来、河畔劇場の演目の中心は、それまでの台詞劇や歌劇中心の演目から、大きく踊りや舞い、パントマイム中心の舞台に転換した。そしてまたこの演目こそが、パルフィ時代のドル箱路線を作り上げ、彼の体制を強力に支えてくれたのであった。(9)

ところでこの舞踏ダンスとは、現在のわれわれが考えているような大人の踊り手を中心とした演劇の一形式ではない。

というのは「フランツ皇帝の結婚式を祝して御前上演され、二百名近い子供たちが参加した」と述べたように、これらの劇の主人公は、あくまで子供たちだったのである。さらにこの作品はバージョン・アップされ、子供たちだけによる『シンデレラ』として発表され、これまで以上の人気を博することになる。

また通常パントマイムという名称のもとに紹介されている作品も現在のわれわれが考えるような黙劇ではない。それは踊りだけを披露する台詞の入らない劇、すなわち別な言葉で表現するならば「バレエ」のことであった。

支配人パルフィは、後代の人々によってやがてウィーンの「子供バレエの創始者」(10)とまで呼ばれることになる。

ところで何故この時代の河畔劇場の関係者たちは、素直に自分たちの演目を「バレエ」と銘打って公演をしなかったのであろうか。

この「バレエ」ではなく「パントマイム」出現の原因も、すでに触れてきた当時の政府と政府要人による演劇政策にあった。

「子供パントマイム」が出現する以前のウィーン河畔劇場では、すでにその前身であるヴィーデンのフライハウス劇場以来、バレエ関連の作品上演が全面的に禁止されていた。(11)そしてこの禁止は主催者側、興行主の再三の嘆願にもかかわらず、撤回されることはなかったのである。この禁止の理由はすでに述べた通り、このジャンルが多額の利益を興行主にもたらしてくれるからであった。

これに対してパルフィの前任者たちである河畔劇場の支配人たちは、演目のサブタイトルに「バレエ」という名称を一切用いないことによって、幾度となくこの法の網の目をくぐって、成功を収めてきた。帝国の息のかかった劇場で仕事を積んできた経験から、こうした複雑な機構に熟知していたホルシェルトは、彼の振り付けで上演されるバレエに対しても同じ様な方便を用いる。

曰く「子供たちだけのパントマイム」「子供たちだけによる魔法のパントマイム」「子供たちによって踊られる嬉遊曲」等々と。当時の河畔劇場の演目の中に「バレエ」という演目を単独で見つけることが困難なのは、このことによるのである。

バレエというジャンルにパントマイムという革袋をかぶせ、これをうまく利用したのが、ホルシェルトと彼の下で共同作業していた河畔劇場のスタッフである。

ホルシェルトは宮廷劇場で上演されている大人のバレエの人気をおおいに利用しつつ、この技術や手法を子供のバレエに応用し、観客の耳目を驚かせたと言ってもよいであろう。

つまりは大人によるバレエの単独上演が禁止されていた河畔劇場で、苦肉の策として考え出されたのが「子供パントマイム」という形式だったのだ。

同時期のほかの四つのウィーンの劇場の演目と比較してみても、河畔劇場ほどにパントマイムに関して力を注ぎ、充実したスタッフと演目を揃えられる舞台はなかった。「子供パントマイム」（子供バレエ）という新しいジャンルにおいて先頭を切って走っていたのが、パルフィ伯爵の指導下にあったこのウィーン河畔劇場であったのだ。

もっとも当時から劇場運営の実力者として知られていたパルフィ自身が、子供バレエの陣頭指揮を直接したわけではないことはすでに述べた。彼はただこのジャンルがウィーンでヒットする可能性のあることをいち早く見抜き、専門家を抜擢し、その分野の開発を任せただけである。

この「子供パントマイム」（子供バレエ）創出の第一の功労者は、なんと言ってもホルシェルトである。彼の作り上げたパントマイムの特徴の一つは、それまでは歌劇や台詞劇、バレエの一部で「端役」としてしか登場することの許されていなかった子供バレエの一団を、アンサンブルから分離、独立させ、河畔劇場の中に独自の「子供バレエ団」を組織したことである。このバレエ団は一八一五年に独自の活動を開始し、やがてその人気がウィーンだけに留まらず、ひろく諸外国でも知られるようになっていく。

これらの「子供バレエ」がそれまでの「子供芝居」（すでにふれたニコリーニ、ベルナー、セバスティアーニなどによって率いられた一座の芝居）と比較して異なるのは、偏にその組織的に管理され、運営された教育システムであろう。

さらにこれと並んで大きな相違は、この半世紀の間にウィーンの演劇事情が大きく変わり、劇場が制度化され、演劇というものが社会の中で非常に重要な地位を占めることになったことである。それはニコリーニ、ベルナーたちが上演を許された場所とホルシェルトの舞台を比較しただけでも分かる。

前者の人々が路上に建てられた小屋や居酒屋のダンスホールで芝居を上演していたのに対して、ホルシェルトは立派な常設劇場で自分の演目を演じさせている。しかも居酒屋や食堂に付属しているような多目的な会場ではなく、演劇上演のためにだけ設けられた専門的な建物である。

運営し、指導する人々の社会的な身分にも相違がある。前者が旅回りの一座を率いる親方であるとすると、後者は宮廷劇場にかっこたる地位を築いた人気ダンサーである。

そしてバレエ・マイスターとして活躍してきた彼は、演目を巧みに時代の好みに合わせて調節することを知っていた。ウィーン会議前後にロマンチックな魔法劇が流行しているのを見ると、これをさっそく舞台に取り入れてロマンチックな踊り、ロマンチックなパントマイムを作り上げていくのである。

このホルシェルトは、やがてミュンヘンの宮廷バレエ監督に任命され、オーストリアを去ることになるが、ウィーン時代の彼のアンサンブルには、のちに触れることになる世界的なダンサーのエルスラー姉妹やベートーヴェンやワーグナーのオペラの名歌手として知られるヴィルヘルミーネ・シュレーダー（一八〇四—六〇）がいた。さらにテレーゼ・マイヤー、アンジョレッタ・マイヤー、カタリーネ・ヴィルディッシュ[12]、ルイ・アーベック、ヨハンナ・ラープ、アントン・シュトルミュラー、アンドレアス・ヴィルフルト、テレーゼ・ヘーベレ[13]などの顔ぶれがいる。これらの踊り子たちの中にはその後おおいに出世し、宮廷劇場のトップスターの地位、プリマバレリーナを獲得していく者もあらわれてくる。

三 「子供バレエ」の流行と終焉

一七七六年のヨーゼフ二世のバレエ学校閉鎖命令によって行き場を失ったのは、未来のバレリーナたちであった。彼女らはやがて新設されるバレエ学校を探すことになるので問題はないが、当時宮廷に雇われていたダンサーたちは、結局ヨーゼフ二世の存命中は二度と宮廷劇場に雇われることはなかった。このことは、演劇がその劇場の所有者の個人的な好みによっていかに左右されてしまうかということを如実に物語っている。フランスではパリの宮廷がバレエ教育、バレリーナの育成に力を入れた結果、おおくの名作や名人が生まれたのである。ところでこのダンサーの卵たちであるが、彼らの入学の対象となったのが、同じくヨーゼフ二世の肝いりで創設することのできたウィーン河畔劇場とヨーゼフシュタット劇場に併設されていたバレエ養成学校である。

こうして二つのバレエ学校は、これまで以上に盛況を極める状態となる。その中でも宮廷劇場と深い関係にあるウィーン河畔劇場の場合、将来性も買われ多くの子弟が集まってくることとなった。一八一三年の夏以降この劇場の単独支配人についたパルフィは、二つの宮廷劇場と河畔劇場の合計三つを同時に運営する権利を与えられていた。それゆえ河畔劇場で頭角をあらわしてきたバレリーナが、宮廷劇場へ招聘されることは、きわめて当たり前の道筋、できごとであった。

しっかりした基礎教育を河畔劇場の付属学校で積み、何度かこの劇場の舞台にたち、後に宮廷歌劇場に正式にデビューする。これが幼い踊り子たちの描いたバラ色の将来像であったはずだ。後にベルリンやパリでバレエ界の頂点に立ち、世界のトップバレリーナとして一時代を築くことになるエルスラーも、まずは河畔劇場でちいさな第一歩を踏み出し、やがて頂を極めることになる。

『ナデシコとハンカチ』

ところでこの大人によるバレエ、あるいは子供だけのバレエは、当時の社会の中で何故これほどまでに人気のある出し物だったのであろうか。

何故パルフィ体制は、「バレエ」というジャンルに固執したのであろうか。

ビーダーマイヤー期の演劇界の大御所ボイエルレには『アリーネ』（一八二二年初演）というインドを舞台にした作品があるが、ここでは本場インドのダンサーたちが登場し、異国情緒たっぷりの踊りを長時間にわたって披露してくれる。

当時最大の人気劇作家ライムントの作品には、必ずと言っても良いくらい妖精や精霊たちのバレエのシーンが挿入されている。とくに『百万長者になった百姓』（一八二六年初演）第二幕の冒頭では、天上界の住人である「青春」が「ズボン役」で登場し、みごとな踊りを披露して観客を魅了する。また彼の同時代の女流劇作家の中で比較的よく上演されたアウグステ・シュライバーは、ロッシーニのオペラ《シンデレラ》をウィーンに移植して一八三〇年に初演する際に、たくさんの踊りを挿入している。

そしてこのシュライバーの作品の成功に目をつけて、バレエの場面を極端に拡大し、グロテスクなまでに発展させたのがヨーハン・ネストロイの初期ヒット作品『ナデシコとハンカチ』（一八三二年初演）である。

ここではすね毛の生えたバレリーナたち（ネストロイ、ショルツ、ホップなど）が、狭い舞台全体を占領して、激しく、息苦しいほどの踊りを披露し、いならぶ観客を歓喜の渦に巻き込んでいる。最終的にネストロイのこのバレエ劇は七〇回以上も上演が繰り返され、ウィーン河畔劇場のヒット作としてライバルのレーオポルトシュタット劇場のシュライバーやオペラ座のロッシーニの作品をしのぐ人気を勝ち取った。

つまりビーダーマイヤー期における劇場のバレエ場面とは、当時の民衆舞台には不可欠な演劇的要素、パフォーマンスのひとつだったのである。

これにくわえてバレエというジャンルの持つ上品さ、洗練された雰囲気も観客を魅了する要因であったことだろう。なにしろ本物のバレエの単独公演は、ウィーンの宮廷劇場の専売特許であり、例外的に下町のヨーゼフシュタット劇場でときたま見ることのできた時代である。そのバレエの一部を料金の安い民衆劇場で容易に提供して見せること、その片鱗を覗かせてもらうことで、ウィーン河畔劇場の観客はおおいに満足したはずである。イタリア語で歌われるオペラ上演やバレエの単独公演が高嶺の花であるような人々が、好んで民衆劇場の子供バレエ、バレエの挿入された歌芝居に足を運んだことは容易に想像できるであろう。

歌や芝居の流れの中に、踊りが挿入されたとき、観客の求めている完璧な三位一体が完成する。と同時にこの時代の「ちいさなもの」「ミニチュア化嗜好」に向かおうとする傾向も一役買っていたことも否定はできない。

例えばこの時代は石版画や銅版画の発達によって多くの肖像画や風景画が描かれることになるが、それは異常なほど小さく、コンパクトである。宮殿や宮廷の大広間におさまる巨大な額縁の代わりに、キッチンや居間などにかけられる小さな、可愛らしい姿が求められる。

購買者たちはこれらのミニチュアを居間や机の上に飾り、家の装飾品の代わりとするのである。危険な自然を切り取り、縮小化し、不安を除去した上で家庭の中に移植したように、荒々しい大人ではなく、可愛らしい子供

カウニッツ侯爵

を舞台のうえに見ようとしたのである。牧歌的で汚れを知らない自然、無垢な自然。「エミール」や「ウエルテル」によって形象化された自然。それは形を変えた子供の理想化であり、ビーダーマイヤー期の市民たちが求めた理想的な姿であったようだ。

未だ個性化しない、未発達の存在。社会的な区別も、性的な区分けも存在しないような群れとしての踊り子たち。彼らの未熟さや無邪気さの中に、当時の市民たちは、肉体的には成熟しながらも、社会の構成員としての地位を獲得できなかった自分たちの写し絵を見たのかも知れない。

こうした理想的な世界、無垢の自然を無批判に受け入れ、熱狂し、拍手する観客がいたから「子供バレエ」は大いに繁盛し、ロングランを続けることができたのである。

しかしながらこの河畔劇場や他の劇場にバレエを目的に足を運んだ観客の総てが、この遊戯を「無垢な自然」、「無垢な魂」として黙って鑑賞していたわけではない。

その一例を示してくれるのがアロイス・カウニッツ＝リートベルク侯爵をめぐる裁判記録である。

カウニッツは一七七四年ウィーン名門貴族の家に生まれ、一八一七年から一八一九年までローマの大使を務め、同年に四五歳でウィーンに戻ってくる。彼は革命の起きた一八四八年、パリで没している。七五歳であった。女帝テレージア時代の名宰相カウニッツは、彼の祖父である。

このカウニッツをめぐる刑事訴訟は、一八二二年六月八日に始まっている。彼の裁判は同年九月一〇日まで三カ月以上続き、二〇〇名を超える少女たちが証人として出廷している。そしてここで証言したかなりの人数が、かつての河畔劇場子供バレエ団の団員だったのである。かつてと書いたのは、この裁判の始まる前年一八二一年の一〇月三一日に、ウィーン河畔劇場の子供バレエ団が上演禁止の命令を受けたからである。皇帝フランツの妻カロリーネの強い要望によって禁止されたこのバレエ団は、単に河畔劇場だけでなく、ウィーンにある総ての劇場にあてはまり、以後この種の子供バレエ団の上演は、完全にウィーンの劇場の演目から姿を消したのであった。

このバレエ団の中に、後に世界的に有名になる踊り子エルスラー姉妹も所属していた。以下ではこのエルスラー姉妹とカウニッツの関係を一例として追うことで、子供バレエが興隆したもう一つの理由を探る。

エルスラー家の父親ヨーハンは、以前かの作曲家ハイドンの執事兼楽譜の浄書係りをやった人物である。彼の娘であるテレージア、通称テレーゼ（一八〇八―七八）とフランツィスカ、通称ファニー（一八一〇―八四）たちはもともと河畔劇場の子供バレエ団に所属していたが、やがてまずテレーゼがその才能を発掘され、宮廷ケルントナートーア劇場に抜擢され、ときどきはこの上品な宮廷舞台で踊ることを許されていた。

一八二〇、一八二一年の冬のシーズンにケルントナートーア劇場で踊っていた姉のテレーゼを自分のボックス席で見初めたカウニッツは、一八二一年の五月にわざわざ下町にある姉妹の家を訪れている。そこで彼はテレーゼのバレリーナとしての才能を誉め上げ、大いに将来性のあることを述べ、その才能をこれから伸ばすべきであると忠告した。

そしてこの助言の後で、おもむろに彼女の教育のために月々一〇〇〇グルデンの資金援助をしたいと申し出る。

踊り子のパトロンになり、その踊り子がデビューして、大成するまで面倒を見るというのが、当時の金満家たちのやり方であったようだ。

そうでなくても育ち盛りの子供をたくさん抱え出費の多い母親は、ただちにこのカウニッツの提案を受け入れ、承諾を与えている。カウニッツ本人の証言によれば、この資金援助の目的は「暑い日や、悪い天候の日に馬車に乗ってバレエ学校へ通う」(14)ための交通費用であったようだ。

それだけではない。彼はわざわざテレーゼのためにケルントナートーア劇場のプリマバレリーナであるミラー女史をバレエの個人教師として雇いいれている。本格的な教育を施し、さらに次の段階にまで飛躍させようと言う意図であろうか。続けて彼はこの年の一〇月に、エルスラー家の為に、わざわざ新しい地区に快適な住居を探しだし、契約を結び、家賃を支払っている。

それは三つの大部屋と三つの小部屋からなっているかなり大きなアパートである。そのうち二つの大部屋には、ビーダーマイヤー調の家具を揃えさせてもいる。

このテレーゼに対してカウニッツは、ほかにもさまざまなプレゼントを生活費とは別に贈っている。金貨、指輪、イヤリング、珊瑚の飾り、青いネックレス、ドレス五着、ショール二枚、四つの婦人帽子、一枚の敷布、一台のフォルテピアノ。一台の立面鏡、テーブル一台、椅子一二個、ソファ、ナイトテーブル、ベット、鏡台、トランプ用のテーブル。などなどが裁判所の記録書にはびっしりと記載されている。

しかしこのプレゼント攻勢も、そして彼の度重なる訪問も、やがてテレーゼが一四歳の誕生日を迎える頃になると変化が起こる。

一八二二年の四月五日に彼女が誕生日を迎えると、カウニッツははじめてテレーゼをベットに誘い、当初の目的を達成する。通常は男と女の関係になった後もせっせと小銭を貢ぎ、衣装を整え、頻繁に様子をうかがい、踊り子として一人前になるまできちんと面倒を見るのがパトロンとしての任務であるようだが、カウニッツはそのような行動に一切興味をしめさない。彼はその後数回顔を見せたきりで、以後はぷっつりとこの新しい住居に現れなくなる。

初期の目的を達した彼は、また別なバレリーナを求めて自分の桟敷席につくのである。

良く知られているように、以後テレーゼは妹ファニーやマリー・タリオーニとともにウィーンの宮廷劇場の人気スターになり、やがてベルリンやパリの舞台に立ち、一八五〇年にプロイセンの大公アーダルベルトと結婚している。ウィーンの下町で生まれた一介の踊り子は、こうして有名な侯爵に見いだされ、やがて「男爵夫人」と呼ばれるまでに出世し、七〇歳まで生き延び、北イタリアのメラーノで長い生涯を閉じる。

ここで紹介したテレーゼ・エルスラーとの短い関係が、カウニッツと多くの踊り子たちとの関係の基本的なパターンとなっている。まず劇場で踊る子供たちを観劇する。そして気に入った踊り子が見つかると、彼女たちの家を訪問し、保護者である両親に財政的な援助を申し込み、娘たちが一四歳になるまでその住居に通い続ける。やがて受洗証明書を見て、本人が一四歳の誕生日を迎えたことが確認できると、カウニッツは彼女たちの最初の男になるのである。

鹿島茂は一九世紀パリで女優や踊り子になるのは(1)「門番小屋で生まれた娘」(2)「流行品店の店員や縫製アトリエのお針子」に大別されると指摘する。つまり「下層階級」や「労働者階級」の娘たちがこの職業を目指して日夜努力していると書いている。[15]

しかしながらこのカウニッツの裁判記録や当時のバレエ学校の卒業生たちのリストを見ていると、ウィーンで踊り子を目指す娘たちの場合は、かならずしも「下層階級」や「労働者階級」には属していない。

むしろ一九世紀前半のウィーンの踊り子に限った場合、事態はまったく逆である。「下層階級」や「労働者階級」の両親は、自分たちの子供たちを「バレエ学校」などに送り込むような余裕など無く、幼いうちからただちに労働者として働きに出している。

エルスラー家がそうであったように、彼らは市民階級の子弟たちである。

バレエ学校の入学者は、職人親方の娘や公務員の娘、さらに芸術家たちの娘が多かった。かりに幸運なことに金持ちのパトロンや貴族の恋人などの「特定の保護者」[16]が見つかったとしても、そこに至るまではかなりの教育上の、そしてそれにまつわるさまざまな投資を覚悟せねばならないのである。

マリア・テレージアの時代にいわゆる「純潔委員会」[17]が設けられ、不純異性交遊が罰せられたにもかかわらず、若いバレリーナの間では、そのような概念や規定などは重要ではなかったようだ。

彼女たちは、さっさと「特定の保護者」と仲良くなり、たくさんの金を受け取り、それを踏み台にしてさらに次の段階へと登っていった。

同時代のヒロイン役として知られているライムントの妻ルイーゼ・グライヒは、ヨーゼフシュタット劇場時代に、やはりこのカウニッツに目をつけられている。直接の交渉人となった彼女の父親ヨーゼフ・グライヒは、月々の諸手当、生涯の年金、冬の暖房費に至るまで詳しい契約書を作成し、カウニッツ本人と交わしている。またライムントの恋人として知られているレーオポルトシュタット劇場の女優グリューンタールも、少女時代にカウニッツと関係をもっている。もちろん彼女の場合の交渉人は、未成年者である本人ではなく、彼女の母親であった。[18]

この二人の美人女優の経緯からも分かるように、それがバレリーナであれ、簡単な台詞を持つ端役であれ、当時の舞台に登場した子役たちは、すぐに桟敷席の所有者たちに目を付けられて、舞台がはねた後親密な関係を求められる。その際の代金は、ほとんどが歌手や踊り子になるための教育費の援助であった。当時カウニッツの裁判に出頭を求められた二〇〇名前後の少女たちも、おしなべて同じ様な体験をしていることになる。

貴族や金満家たちは、自分の桟敷席に陣取ってこの子供バレエを鑑賞する。そしてその後で目星をつけた子供たちとコンタクトを取っていたのである。こういう形での「援助交際」は公然の秘密であった。誰もがその事実を知りながら触れようとはしなかったのである。それ故このような行為を良からずと思っていた人々は、二一年に皇帝の名前で「児童バレエ禁止令」が出されたことに安堵の気持ちを抱いたはずだ。

もっとも法律上の締め付けには、必ずその網の目をぬける人々がいたわけで、こうした禁止令が出されようが出されまいが、実際に第二、第三のカウニッツは次々に現れたことであろう。ただひとつ確実なことは、この「子供バレエ禁止令」によって出し物としての「子供バレエ」が完全にウィーンの舞台から消えてしまったことである。

おわりに

一九世紀後半にウィーンに生まれ、二〇世紀前半に活躍したシュテファン・ツヴァイクやフーゴー・フォン・ホフマンスタール、さらにアルトゥール・シュニッツラーと言った作家などは、彼らの有名な作品（『昨日のウィーン』『融通のきかない男』『輪舞』など）の中で一八世紀、一九世紀のウィーンの二重モラル、二重道徳の制度の実態をそれぞれ綿密に報告している。

また文学作品ではないけれどもドイツ語圏ではもっとも人気のあるオペレッタ《こうもり》は、すでに一八七〇年代前半にこのような踊り子をめぐる「二重モラル」の問題を正確に描いている。

掃除と給仕に明け暮れる小間使いのアデーレが、自分を上流階級の社交界で紹介する肩書きは、「芸術家」である。舞台俳優を目指すこの「新進芸術家」は、まず刑務所署長に苦境を救われ、将来の手厚い保護を約束される。それだけではない。最後にはロシアの金満家オルロフスキー公子が彼女のパトロンとなることで、より確実な出世を手中に収めることができる。この小間使いの将来は、おそらくは彼女の姉妹イーダがそうであったようにこの「特定の保護者」の気分によって大きく左右されるはずである。

宮廷劇場バレエ団の一人として踊っているイーダも、決して彼女の才能だけで今日の地位を築いたわけではない。自ら語っているように彼女を支え、保護し、強力に援助してくれるパトロンがいたのである。

〈こうもり〉は十九世紀の市民道徳を映し出す風俗画になっている。[19]

とは、ハンス・ワイゲルの言葉である。

しかしこのような習慣や風習を、当時のビーダーマイヤー時代を実際に生きたウィーン民衆劇の代表的な作家であるネストロイやライムント、あるいはまた実際に自分の娘の売春の仲介の労まで厭わずにやってのけたグライヒなどの作品に求めてもむだであろう。

「教育機関」として認知され、なおかつ「国民劇場」に比肩するといわれたウィーンの民衆劇場には、つねに公の顔が伴う。そしてこの「公の劇場」にはかならず警察権力の手が入っているため、舞台の上でこうした「二重モラル」をそのまま表現するような可能性はほとんどなかったのである。

フランツ・エンドラーによって「人目をはばかる岡場所」[20]と呼ばれるあやしい旅館の存在も、皇帝ヨーゼフ二世の通ったと言われるシュッピッテルベルクの女衒宿も、あるいは淫売娼婦のたまり場として知られているレーオポルトシュタット劇場も、さらにアイペルダウアー村の出身者によって一躍有名になったグラーベンの妖精たちと呼ばれる高級娼婦の存在も公的なリストや公的機関である劇場で演じられる演劇作品の中にはいっさい存在してはならなかったのである。

したがって現在残っているような台本から、こうしたダブルスタンダードのもう一つの側面を探し出そうとしても困難が伴う。かりに表現しようとするならば、検閲官の目を逃れるような即興的、一時的なスタイルを取らざるをえないだろう。そしてそのような表現は一時の歓声を受けた後、素速く消えていく運命だったのである。

しかしそれはあくまで舞台の照明にさらされた部分、表の明るい部分である。

その裏側ではパルフィやカウニッツの例に見たように、貴族や裕福な男たちが愛人を見つけだし、囲い、付け届けをしていた。このパトロンたちは、踊り子たちと自由な関係を結んでいたのである。

そして彼らに対して公開の席上において、そのような選択、選別のチャンスを与え続けたのが劇場という機関であったのだ。

中でもバレエというジャンルは、この種の目的のために集合する男たちにとって、もっとも有り難い選別場であった。それは一定の条件さえ満たせば誰でもが参加できるオープンな市場であったことだろう。

ここでは唯一、女の子達が短いスカートや透き通るようなタイツをはいて、その脚線美をおおっぴらに開放してくれた。日頃は厚いドレスと固いコルセットによって幾重にも隠された娘たちの肉体美が、劇場の内部でいとも簡単に鑑賞することができたのである。

すでに述べたように、この舞台に立つ女性たちは決して下層階級ではなかった。それゆえ彼女たちと関係を持つ人々が、後で怪しげな世界に引きずり込まれると言う危険性も少なかったのである。

オペラ座は「援助交際」つまり「売春」の機会を提供する場所だったのである。(21)

という鈴木晶の指摘は、パリのオペラ座に限らず、ウィーンの宮廷劇場、ひいてはこの宮廷劇場の人気にあやかりつつ、さらにこれを圧倒しようと目論んでいた当時のすべての民衆劇場にも、そのままあてはまるものだったのである。

冒頭において

ライムントの作品では、ほとんどと言って良いくらい子供役だけを専門に演じる子供俳優が登場する。

と、述べた。ライムントの作品における子供俳優の大活躍には、もちろん劇作家自身や当時の観客の「小さき物」への偏愛、プチ化現象への傾倒という時代の好みもあるだろうが、同時に行き場を失った子供バレエ団の幼子たちを吸収し、彼らに仕事を与え、将来的にこの子供たちをレーオポルトシュタット劇場のスターに育て上げていこうとした劇団側の計算しつくされた意図もあったと言えよう。

そしてこのもくろみが見事に成功したことは、一八二〇年代後半から一八三〇年代前半におけるバレエの挿入されたライムント劇やネストロイ劇の大流行が証明している。

(1)『晴雨計職人』(一八二三年初演)には沢山の子供兵士が登場し、大人を相手に激戦を勝ち抜く。『精霊王のダイヤモンド』(一八二四年初演)では幼い御者が主人公たちのチェチェローネとなる。『百万長者の百姓』(一八二六年初演)では子供楽士が下手な演奏を披露する、等々。

(2) Siehe dazu: Danzel, Th.: Gottsched und seine Zeit. Leipzig 1848, S. 169.
(3) R. Graf Khevenhüller-Metsch und H. Schlitter(Hrsg.): Aus der Zeit Maria Theresia, Tagebuch des Fürsten J. J. Khevenhüller-Metsch, kaiserlichen Oberhofmeister 1742-76. Wien 1908, S. 169.
(4) 鈴木晶『バレエの誕生』(新書館、二〇〇二年)二一三頁。
(5) Hadamowsky, Franz: Wien Theater Geschichte. Wien 1988, S. 252.
(6) 新井裕「ヨーゼフ二世の劇場改革」『近代ヨーロッパ芸術思潮』(中央大学出版部、一九九九年)一二頁。
(7) Hadamowsky, F.: a. a. O., S. 368.
(8) Bauer, Anton: 150 Jahre Theater an der Wien. Wien 1952. S. 94.
(9) Glossy,Karl: Zur Geschichte der Theater Wiens. Bd. I (1801-1820). In: Jahrbuch der Grillparzer Gesellschaft. 25. Wien 1915. S. 219. auch Bauer, A.: a. a. O., S. 94.
(10) Feigl, Susanne:Das Mädchenbalett des Fürsten Kaunitz. Wien 1988. S. 195.
(11) Siehe dazu: Bauer, A.: a. a. O., S. 57.
(12) Bauer, A.: a. a. O., S. 95.
(13) Hadamowsky, F: a. a. O., S. 369.
(14) Feigl, S.: a. a. O., S. 233.
(15) 鹿島茂『パリ風俗』(白水社、一九九九年)四二―四三頁。
(16) ベネデット・マルチェロ『当世流行劇場』(小田切慎平・小野里香織訳、未来社、二〇〇二年)九〇頁。
(17) Kiesler, Karl Michael: Alt-Wiener Bilderbogen. Wien 1986. S. 23.
(18) Wagner, Renate: Ferdinand Raimund. Wien. 1985. S. 55.
(19) Weigel, Hans: Kleiner Versuch über die „Fledermaus“. In; Programmheft der Wiener Staatsoper, 31. Dezember 1997.

（20） Endler, Franz: Johann Strauss. Wien 1998. S. 29.

（21） 鈴木晶　前掲書　一八八頁。

友情のユートピア
――モーリッツ・フォン・シュヴィントのスケッチ画「シューベルティアーデの会合」のイコノロジー

喜多尾　道　冬

一　シューベルト

オットー・エーリヒ・ドイチュは、シューベルトの『作品総目録』や『生涯の記録』、『友人たちの回想』、『生涯の図録』など、シューベルトの研究になくてはならない基礎資料を、いかにもドイツ人らしい忍耐強さと徹底性で調査し、蒐集した研究者として知られている。モーツァルトの作品番号は、総目録を作ったケッヒェルにちなみ、その頭文字をとってK番号で呼ばれる。それにならってシューベルトの作品番号も、ドイチュの頭文字をとってD番号で記される。

そんなわけで、ドイチュは根っからのシューベルトの心酔者だったと思われがちだ。ところが彼ははじめ画家モーリッツ・フォン・シュヴィントの研究者だった。彼はこの画家の生涯を研究してゆくうちに、シュヴィントの加わっていた「シューベルティアーデ」と呼ばれる、シューベルトを囲む友人たちの会合に出会う。それがきっかけで、例のドイツ人らしい徹底性で、「シューベルティアーデ」がどんなものだったかを調べはじめるようになった。

シューベルトがなぜこんなに大勢の人々を引きつける魅力があるのか、ドイチュはミイラとりがミイラになるように、シューベルトの人柄に引かれて、いつのまにかシュヴィントをほっぽり出して、シューベルトにのめり込むようになってしまったらしい。

皮肉なことに、今日のわたしたちは、シューベルトの音楽に引かれて、彼の生涯を調べてゆくうちにシュヴィントに出会い、これはなにものかと、この画家の絵画を探しまわったり、生涯に目を通したりしはじめる。

シューベルトは一八二八年一一月、三一歳の若さで他界した。シュヴィントはちょうどその一カ月まえに、ウィーンを去ってミュンヘンに移住していた。友人からの手紙で彼の死を知らされ、こう返事をしたためた。


　ぼくが彼をどんなに好きだったか、きみは知っている。彼を失ってどんなに耐えられない思いをしているか、わかってもらえるだろう。たしかにいまでも親しい友はいる。でもあの美しい、忘れることのできない時をともに過ごした友人はもういない……　シューベルトは死んだ、そして彼とともにこの上なくたのしかった、美しいものも……


シュヴィントだけではない。「シューベルティアーデ」の他の仲間にとっても、彼の死は衝撃だった。友人のひとりバウエルンフェルトは日記に、シューベルトの身代わりになって死ねたら、と記した。ケンナーもおなじ思いを手紙で吐露している。

かくも多くの友人に慕われていたシューベルトはというと、背が一五〇センチほどしかなく、ずんぐりしていたので、「マッシュルーム」とあだなされていた。「ちび」という呼び名もあった。だから女性からはまったく相手にされなかったようだ。彼自身よくわきまえていて、ダンスをたのしむときなど、かならずピアノの弾き役に徹した。彼の踊る姿を見たものはいない。

シューベルトがリートを六〇〇曲あまり作曲しているのは、よく知られている。しかし彼はまたそれとおなじくらいの数の舞曲も生み出している。しかしこちらの方はまるで知られていない。彼の舞曲の大部分はワルツで、しかも八小節ぐらいしかない短いピアノ独奏曲ばかりである。ワルツというと、シュトラウス父子の管弦楽作品を思い浮かべがちだ。しかしもとは素朴なドイツ舞曲からはじまった。

シューベルトのころ、それはときにはドイツ舞曲と呼ばれたり、レントラーとなったり、ワルツと名づけられたりして、しばらくのあいだ名称の混在する時代がつづく。ドイツ舞曲が地方の素朴な味わいを含んでいたとすれば、ワルツは都市向きに洗練された趣きを示すようになって、しだいにワルツが時代の嗜好に合うようになってゆく。そしてシューベルトより少し遅れて登場したランナーのときには、それはもうドイツ舞曲と呼ばれず、ワルツとなって、シュトラウス父子で完成の域に達する。

シューベルトのワルツはピアノ独奏曲だったけれども、ランナーの登場で四、五人の小規模な編成の室内楽になり、シュトラウスにいたって大規模な管弦楽曲に成長する。シューベルトのワルツは、家庭の小さなサロンで踊るのにちょうどよい規模だった。ランナーのワルツはレストランなどで食事に舌鼓を打ちながら、そのあいまに踊りをたのしむのにふさわしい規模になっている。それに対してシュトラウスのワルツは、何千人も収容できるワルツ専用の大ホールで演奏されるようになった。

シューベルトのワルツがピアノ独奏だったのは、理由がないわけではない。リートとセットになっていたからである。リートは今日大ホールで演奏されるけれども、当時は家庭の小さなサロンで歌われた。ほんらいリートとはそんな場での演奏にふさわしい規模の音楽なのである。

シューベルトの友人たちは、たいていは懐のさびしい独身男たちだった。青春を謳歌しようにもままならない。

喫茶店やビアホールでとぐろをまいて、おだを上げるのがせいいっぱい。できるだけ金をかけないで、羽をのばせるチャンスはないかと、鵜の目鷹の目でたのしみごとを探しまわっていた。

そんなとき目をつけられたのがシューベルト。彼には作曲の才能が生れつきそなわっていて、泉のようにこんこんと音楽を流露させることができた。だれがそれに口をつけて喉を潤そうと、出し惜しみしない。シューベルトにしても、自分の生みだす音楽をみんなにたのしんでもらえるというよろこびに代えがたいものがある。

「シューベルティアーデ」は、そんな持ちつ持たれつから自然発生的に生まれた若者同士の社交のサークルだった。「シューベルティアーデ」の会合は、たいてい友人たちの家で行なわれる。そこでは四手のピアノ曲、リート、ワルツの演奏があり、そのあいまに飲み食いするのがつねだった。四手のピアノ曲は、シューベルトとピアノの達人の友人の二人で演奏され、リートは作曲家自身ピアノを弾きながら歌う。そしてワルツではシューベルトがいつも弾き役にまわってくれるから、友人たちは心おきなくダンスをたのしむことができた。

さて、シュヴィントがシューベルトと知り合ったのは、一八一九年、一五歳のときのこと。彼は宮廷秘書官の息子で、ギムナジウム時代に後に詩人になるレーナウや、劇作家になるバウエルンフェルトと同級生だった。一八一八年にウィーン大学に入学したものの、その直後に父が他界したので、経費節約のため、一家はウィーン郊外の祖母の家に移った。やがて大学をやめ、ウィーン美術院に入学して、雑誌や本などの挿し絵を描き、生活の足しにしはじめていた。

シュヴィントは大学時代にバウエルンフェルトといっしょに、芸術・文学のサークルに入っていた。シューベルトはというと、全寮制王立神学校（コンヴィクト）に在学していたときの先輩シュパウンの手引きで、似たような芸術サークルに出入りしていた。シュパウンは裕福な家庭の出で、コンヴィクト時代に早くもシューベルトの音楽の才能を見抜いた最初の友人のひとりで、以来経済的にも精神的にもよく彼の面倒を見た。そんなサークル同士の出入りのなかで、シューベルトとシュヴィントが出会ったわけだ。

コンヴィクト在学中のシューベルトは音楽にうつつを抜かしすぎて、学校から成績不良の警告を受ける。それで嫌気がさして、自主退学したのが一六歳のとき。行き場を失った彼は、学校を経営していた父の命で、教員養成学校で学び、一年後に父の学校で助教員として働きはじめた。彼は意に染まぬ仕事に従事しながら、作曲に没頭する。二つの仕事のバランスをとろうとするものの、ついに行き詰まって、貧しくとも、自由に音楽の創造に励むことのできる道を選ぶ。

その動機となったのが、友人や知人たちの励ましや期待だった。当時シューベルトの生き方に、決定的に大きな影響をおよぼしたのが、彼の才能を高く評価してくれたシュパウンやショーバーなど、コンヴィクト時代の友人、それにケルナーやマイアーホーファーだった。音楽家として立つという自覚は、彼らから与えられたと言ってよい。

彼はコンヴィクトをやめるかやめないというときに、ケルナーと出会う。テーオドーア・ケルナーはドレスデン生まれの劇作家で、まだ二二歳という若さながら、当時ウィーン宮廷劇場の座つき作者の地位につくところだった。ケルナーは音楽好きで、シュパウンらと合唱をたのしんでいた。そこでシュパウンは期待の星シューベルトを彼に引き合わせたというわけだ。

二人は意気投合し、ケルナーはシューベルトに音楽の道を諦めないようにと激励したという。といってもそんな通り一遍の肩叩きならだれからでも得られる。場合によってはケルナーの励ましもその程度だったかもしれない。

しかし二人が出会ってまもなく、ナポレオン支配に対する祖国解放戦争がはじまる。するとケルナーはウィーン宮廷劇場の座つき作者という地位をなげうち、またちょうど劇場の花形女優と婚約したばかりだったけれども、すぐさま義勇軍に志願した。彼は戦いのあいまに軍歌や愛国歌を作り、それが友軍のあいだで口ずさまれるようになる。だが二二歳の若さで戦死してしまう。名声と幸福の絶頂にありながら、祖国に身を捧げて戦場に散ったケルナーの生き方は、多くの人々の胸を打った。

シューベルトにとって、ケルナーのそのような死に方は、格別胸にこたえるものがあったのだろう。彼の軍歌に夢中で歌をつけたり、戦争をモティーフとしたジングシュピールを作曲したりした。自分の進む道に迷っていたシューベルトは、ケルナーの自己犠牲の決断力に強い影響を受けたにちがいない。

マイアーホーファーに関しては、シューベルトが彼を知ったのも、シュパウンを通してだった。マイアーホーファーはウィーンの検閲局の役人だったが、アマチュア詩人で、熱血漢のケルナーと違って、古代ギリシアの理想に憧れる夢想家だった。自由を抑圧してくる体制にはげしい怒りを抱きながら、そのはけ口を古代の世界に見いだしていた。シューベルトは彼に出会う以前に、すでに彼の詩に作曲していた。

そんなこともあり、マイアーホーファーもシューベルトに好意を抱いて、親密な交際がはじまる。シューベルトはゲーテの詩についで、マイアーホーファーの詩にたくさん作曲して、彼の好意に応えた。さらに二人の仲はそれだけにとどまらず、かつてケルナーが住んでいた下宿で、共同生活をはじめることにさえ発展する。

シューベルトが父の学校をやめ、音楽家として独立してやってゆこうと思い定めたのは、ケルナーの励まし、シュパウンやショーバーの友情、それにマイアーホーファーとの出会いなどがからんでいた。多くの若者が、自分の才能を信じて目指す道を進むべきか、それとも安全策をとって地道な仕事につくか、悩むのはつねのことである。シューベルトも音楽関係の職につきたいと思いながら、思うようにことが運ばず、父の学校で苦役に従事していた。

そんなとき救いの手を差し伸べたのがショーバーだった。ショーバーもシュパウンを通してシューベルトと知り合い、たちまち彼の音楽の魅力のとりこになったひとり。シューベルトが父の学校での仕事のために、充分な作曲の時間がとれないことを残念がって、自宅の一室を提供して、存分に作曲に専念できる環境を整えてくれた。シューベルトはその後も、生活が行き詰まるたびに、ショーバーの家に居候することになる。

実家に帰り辛かったり、宿のないときなど、友人のねぐらに泊まったり、また逆に彼のアパートに友人が転がり込んでくることもまれではなかった。そんなとき、友人同士はたがいの帽子やブーツ、ネクタイ、さらにジャケットなど、どんな衣類をまちがえて着ても、身体に合いさえすれば、頓着なく借用し合った。そのうち当人にいちばん着心地よく感じられる衣類が、当人のものになってゆく。

ねぐらや衣類だけでなく、さまざまな支払いも、あるもの払いというのが仲間うちでの暗黙の了解となっていた。シューベルトには個人所有という観念があまりなかった。身なりはかまわず、衣類なども手入れしたことはなく、歯もたばこのやにでまっ茶色というありさま。彼らの交遊の仕方はまさに原始共同体的というか、ボヘミアン的というか、ユートピア的な生活に近いと言えた。

ショーバーはまた、当時宮廷歌劇場のバリトンで、宮廷歌手のフォーグルを、シューベルトに紹介してもくれた。フォーグルもシューベルトのリートの価値を認め、それらを世に広めるのに一役買ってくれる。こうして彼のリートは少しずつファンを増やしてゆく。といって、それがなかなか収入の増加につながらず、生活は相変わらず苦しいまま。定期的な収入もなく、ときたま手にする作曲料だけでやりくりしなければならなかった。

しかしそれに甘んじていたわけではない。何本ものオペラやジングシュピールを作曲して、名声と収入を得ようと努力し、成功を夢見た。だがどれひとつとして当たりをとらなかった。彼の音楽は友人たちとの交遊の親密な輪のなかで演奏される「シューベルティアーデ」にふさわしい。それとおなじように彼の舞台音楽も、開かれた広い、さまざまな人間関係の追求よりは、内輪のあたたかみある友情の輪のなかにとどまりがちだ。彼の音楽はどんなに規模が大きくても、たとえばのちに「グレート」と呼ばれるようになる、当時としてはかなり巨大な交響曲でも、親しい友人との対話ないしモノローグに近い内容を示している。

彼の音楽がもともとそんな素質をもっていたのか、それとも友情に応える音楽を作っているうちに、そうなっていったのか、判定のむずかしいところだ。しかし彼の音楽は、いわゆる「ビーダーマイヤー」と呼ばれる芸術上の運動と時期をおなじくしていて、知らぬまに時代の刻印をおびることになる。

ビーダーマイヤーの時代は、狭義では、祖国解放戦争から三月革命までの時期にあたるとされる。祖国解放戦争のとき、ドイツでは鉄十字章が制定され、戦功のあったものは、生まれや地位にかかわりなく授けられた。また戦後は、将軍の記念碑だけでなく、戦死した無名の兵士のための記念碑が建てられるようになった。こうしてごくありふれた市民にも、市民としての自覚が生まれてきた。ケルナーの自己犠牲の精神がそれに大きな影響を与えたのは言うまでもない。

それにともなって自由の気風が世にみなぎり、一時的ながら出版や服装の束縛がゆるみ、読書や芸術のサークルが増えはじめる。自由思想や王政の打倒を旗印とする秘密結社が、雨後のたけのこのように芽を出してくる。するとたちまちその反動も強まり、検閲が強化されたり、集会に対する警察の目がきびしくなってくる。市民たちのあいだに出かかった自由の芽は、押しつぶされそうになる。

まったく趣味的な秘密結社すら、監視の網の目から逃れられなかった。「シューベルティアーデ」の一員で、オーストリア最大の劇作家と目されていたグリルパルツァーは、「ルートラムの洞窟」という秘密結社に加わっていた。ウィーンのもっともすぐれた芸術家、演奏家、実業家などが集う結社で、彼らは行きつけのレストランで定期的に飲食し、詩を朗読したり、冗談を言い合ったり、歌をうたったりしてたのしんだ。政治的な目的をもった会合ではなかった。

にもかかわらず、グリルパルツァーらは、ある朝、突然寝込みを襲われて、留置所に入れられる。結局罪のない趣味的な結社とわかって、全員釈放されるものの、会員たちがショックを受けたのは当然のことだ。当時オーストリアからの独立をもくろむイタリアのカルボナリ党のシンボル・カラーは、赤と黒で、合い言葉は「赤は黒、黒は赤」だった。「ルートラムの洞窟」の面々はそれを自分たちの結社に冗談半分に流用していた。それが目をつけられ、咎められる原因になったらしい。それほど政府当局は、わずかな自由の芽を見逃すまいと、鵜の目鷹の目で国民を見張っていたわけだ。

シューベルト自身も実際そんな目に遭わされる。彼はある朝、突然寝込みを襲われて警察に逮捕された。数日間警察に留置されて、結局は釈放されたものの、そのとき彼の友人たちもいっしょに逮捕された。そのうちゼンという名のコンヴィクト以来の友人が、首謀格と目され、自由主義の嫌疑で、一年以上拘束されたあげく、ウィーンを永久追放されて、故郷のチロルに蟄居させられる事件があった。他にもおなじ憂き目にあった仲間がいて、そのうちのひとりはプラハに追放され、そこで結局自殺した。

大っぴらに反政府運動を繰り広げたわけでも、また徒党を組んで政治に反抗しようとしたわけでもなく、友人たちのあいだで自由主義めいた言辞をちょっと漏らしただけなのに、それが密告かなにかで咎められたわけだ。ほんのわずかな自由の空気も吸わせないというのが政府の方針だった。

シュヴィントとバウエルンフェルトが大学で学んでいたときに教わった神学の教授ヴァイントリットも、自由思想の持ち主というだけで、一八二〇年に職を解かれた。二人はヴァイントリットを慕っていたので、その後も彼の家に出入りしていた。シューベルトはシュヴィントに連れられてここに姿をあらわし、自作のリートを歌ったりした。シューベルトがバウエンルフェルトにはじめて出会ったのは、ヴァイントリットの家だった。

おそらく彼らの友情は、一瞬ほのめき出た自由な思想を弾圧するメッテルニヒ体制のもとで、いわば身を寄せ合ってはげしい嵐をやりすごそうとする知恵から生まれたものではなかったか。ほんらいなら百家争鳴、喧々諤々の議論になるべき集まりは、身を守るための内輪の結束の確認に近づいてゆく。自分たちは孤立しているのではなく、友情に支えられいるという思いで、辛うじてきびしい現状に耐えることができる。

シューベルトの音楽は、孤立の不安と友愛の希求をともにひびかせている。孤独に耐えぬくことのできる忍耐心の追求と、友愛によって人を孤立から救おうという目的とが、彼の音楽から聴きとれる。自分はひとりで耐えてゆく覚悟を決めているけれども、もし孤独で窒息しそうになり、苦しんでいるものがいれば、寄り添って励まそうとする気持ちを失わない。そんな姿勢がシューベルトの音楽の核心をなしている。

そうしてみると、マイアーホーファーの生き方は、かなり孤立し、孤高のように見える。彼は古代ギリシアの称揚を現世批判のカモフラージュにして、自分ひとりの心のなかで、いわばナルシスティックに理想の生き方を反芻していた。だから彼はシューベルトを自分の下宿に引きとって同居し、仲間に引き入れることで、自由の小さな王国を築こうとしたのかもしれない。その点からすると二人は友情の強い絆で結ばれ、たがいに支え合うことで、自由弾圧の苦難の時期を耐え忍んで行こうとしたかのように見える。

しかしマイアーホーファーには、確証はないにせよ、同性愛の傾向のあった疑いがもたれている。そのためだろう、二年数カ月におよんだ同居のあと、シューベルトは彼と訣別し、以後彼との接触を徹底的に断ってしまう。今でこそ同性愛は認知されているけれども、当時は自由思想とおなじように、醇風美俗を破壊するおそるべき背徳的な行為と見なされていた。だからそんな性癖が露見するのを極度に警戒しなければならなかった。彼は検閲局の役人だったから、よけいこの種の対応に敏感で、用心深かったはずだ。

自分の反社会的な性癖を隠蔽しなければならないとなると、いっそう内向きになる。マイアーホーファーの孤独感と孤立感は、並たいていのものではなかったろう。おそらく用心に用心を重ね、もう大丈夫と思ったところで、シューベルトに心の秘密を打ち明けたのかもしれない。シューベルトは女性にまったくもてないずんぐりした小男だった。だから男同士の友情を「愛」にすり替えても、乗ってくるのではないかと、マイアーホーファーが期待したとしても無理からぬ。

いくら女にもてないからといって、では男で代用しようと簡単に発想を転換できるものでもなかろう。シューベルトがマイアーホーファーとその後きっぱり交際を断ったところを見ると、彼には付加価値の色のついた友情に応える気持ちはないどころか、それに嫌悪をおぼえたように見える。シューベルトに逃げられた彼の孤立感はいっそう深いものになっていったにちがいない。

マイアーホーファーはシューベルトの死後六年たって、「憂鬱症」が昂じたあげく、自殺する。この「憂鬱症」は、フィジカルな、またメンタルな自由を塞がれて、結局にっちもさっちも行かなくなったはての自滅を意味しただろう。彼の人生はすでに生きながらの死だった。そんな生き方を強いられたのは彼ひとりではない。

グリルパルツァーは、マイアーホーファーの勤務していた役所の検閲に苦しめぬかれたひとりである。彼の作品は検閲局に何カ月も、何年もたなざらしの憂き目に会う。彼は尊敬していたベートーヴェンに、「わたしの人生は検閲のおかげでめちゃめちゃにされてしまった」、とこぼしたことがある。

彼はウィーン音楽界の中心的な存在として活躍していたフレーリヒ四人姉妹のひとりと婚約していた。しかし彼は結婚する自信がもてず、婚約を解消するでもなく、といって結婚に踏み切るでもなく、死ぬまで中途半端な態度をとりつづけた。そのため相手の女性は「永遠の婚約者」と揶揄されたほどだ。

グリルパルツァーは検閲で苦しめられただけではない、例の「ルートラムの洞窟」事件で警察に引っぱられたこともあり、官憲の目に極度に敏感になっていたのだろう。文筆家らしい繊細な感覚が弱気に通じ、もしなにかがあったらとの思いが、うかつに結婚できないという慎重さにつながったと思われる。気の弱い人間は、そのために結婚すら躊躇する。それほど自由思想への弾圧は人の心をずたずたにしてはばからなかった。

シューベルトは自分が逮捕され、友人のゼンが追放されたとき、はげしい屈辱の念にとらわれた。彼はマイアーホーファーの影響を受けて、自由思想にいくぶん染まったかもしれない。しかし関心は思想のプロパガンダよりは、自分の音楽の表現にあった。それでもこんな目に遭えば、ゼンの詩に曲をつけて、反抗してやろうという気になる。といってそうするとまた官憲に目をつけられかねない。だから逮捕されるに到らない、ぎりぎりの限度での反抗に留めざるを得ない。ゼンの詩への付曲もまた内輪の友情の確認、小さな内面の王国、友愛のひそかなユートピアに還元される。

シューベルトの音楽は、はじめのころは、友人たちとのサークルの余興として、友情の絆を強めるのに役立った。だれもが彼の音楽をたのしみ、それを通して友好の輪がさらに広がっていった。その先に友情のユートピアが望見されたほどである。だから政治的な弾圧は、ゼンやグリルパルツァー、マイアーホーファーのような悲劇をともないながらも、彼らの友情の絆を強くこそすれ、挫くことはできなかった。

しかし時間はそこで停止しない。友人たちのなかに結婚して所帯をもったり、就職して地方に去ったりするものが出てくる。シュパウンも後にウィーンの国営富籤局の局長になるものの、若いころはリンツに赴任して、「シューベルティアーデ」を去らねばならなかった。シューベルトが他界する直前には、シュヴィントもミュンヘンに移住した。ショーバーも俳優を志して、一時ウィーンを去ったことがある。またゼンは国家の手によって無理やりウィーンから追放された。

かつて親しかった友人たちが、ちりじりばらばらになってゆく。もちろんそれに代わって新しいメンバーが「シューベルティアーデ」に加わって、さらにサークルの輪は大きくなるものの、若き日の友情はそれにつれて淡くなって行かざるを得ない。

シューベルトが病を得たのはそんな離合集散のさなかだった。かつての盟友たちが去ってゆく一方、サークルの輪が広まってゆく期待のなかで、淋しさと希望が交錯していたときのことだった。

シューベルトにホモの気はなかった。といって女性から愛される縁もない。そこで面倒見のよいショーバーがおそらく気をきかせて、彼を連れて夜の姫君のところへ繰り出したらしい。ところが彼はそこで梅毒に感染してしまう。梅毒は当時治療の方法はなく、最後に脳を冒されて死にいたるおそろしい病気だった。シューベルトははげしく絶望し、自分を呪う。

ショーバーが彼をそんな怪しげなところへ連れていったらしいということで、友人たちのなかにショーバーを非難するものもあらわれ、友人同士のあいだに溝ができたりした。シューベルトがマイアーホーファーと訣別したときでもあり、友情のユートピアに影が射しはじめる。

梅毒は人に言うをはばかる病だ。梅毒への効果的な対策はなかったものの、さまざまな新しい治療が試みられ、彼はスチームを使って毒素を抜く療法を受けた。それには頭髪が抜ける副作用がともない、彼は鬘をかぶらねばならなくなる。梅毒にかかった上に、さらにこんな目に遭うとは、彼にとって屈辱この上なかったろう。

それで治るならまだしも、治療の効果ははかばかしくなく、彼は死さえ考える。友人たちは彼の病と絶望を心配し、腫物にさわるような思いで、できるかぎり慰めたり、彼の役に立つことをしようと奔走した。しかしそれで気の紛れる程度の苦しみではない。

この事件をきっかけに、シューベルトの創作姿勢は大きく変わってゆく。友情の絆を大切にすることに変わりないものの、いずれ訪れるにちがいない自分の孤独な死を見つめ、そこに創造の焦点を合わせるようになる。

その行き着いた境地を端的にあらわす作品のひとつが《冬の旅》だろう。シューベルトは《冬の旅》の第一部を完成したとき、自ら友人たちに全曲を歌って聴かせた。そのときのことをシュパウンはこう回想している。

ある日彼はこう言った、「今日ショーバーのところへ来てほしい。きみたちに一連のぞっとする歌を聴かせたいんだ。きみたちがそれをどう思うかとても知りたい。これまでのどんなリートよりも作曲に苦労したんだ」。彼は深い思いをこめて《冬の旅》の全曲を歌った。わたしたちはこれらのリートの陰鬱な雰囲気にまったく呆然自失となった。そしてショーバーは〈ぼだい樹〉だけが気に入ったと言った。するとシューベルトはそれに対し、「ぼくはこれまでのどんなリートよりもこれらの曲が気に入っている。きみたちもいずれ好きになるよ」と言ったのみだった。そしてその言葉は正しかった。まもなくわたしたちは、フォーグルのみごとな演奏で、この陰鬱なリート集に魅せられるようになったからである。

《冬の旅》は孤独と死を直視する音楽だ。どれほど友情に恵まれていても、それだけでは救うことのできない心の悩みもある。それはひとりで解決して行かねばならない。シューベルトはこの問題と真正面から向き合い、だれにも頼ることなく、ひとり孤独の意味を追究していった。《冬の旅》だけでなく、晩年の弦楽五重奏曲や、弦楽四重奏曲、ピアノ三重奏曲、ピアノ・ソナタ、即興曲などはその探求の記録だ。

彼は気がついてみると、友人たちから離れ、いつのまにかだれもまだ達したことのない世界に入り込んでいた。表向きはいつもと変わらぬ友情で付き合いながら、心はひとりで孤独の深淵をさまよっていたわけだ。《冬の旅》を聴いた友人たちの困惑は、あまりにも先に進みすぎたシューベルトと、彼から置いてきぼりにされた自分たちとの乖離から生まれている。

友人たちは困惑が強すぎて、彼の孤独の深さにまで思い到らなかったのが実情だろう。シューベルト自身は自分が理解されないのを予感していた。「きみたちもいずれ好きになるよ」と言ったとき、彼は孤独は自分ひとりのものではなく、いずれ友人たちにも訪れ、真剣にそれと向き合わねばならぬときがくることを知っていた。

シューベルトは友人たちが結婚したり、ウィーンから去ったりして、別れねばならぬだけでなく、自分が病のために死を迎えて、友人たちから、この世から去って行かねばならぬことを強く意識したにちがいない。彼の晩年の音楽にはそのいたたまれぬ思いと、それに耐え、今度は孤独を友としてゆこうとする新しい模索が聴きとれる。

彼の音楽は友人たちのあたたかい友情を超え、巷のなかでひとり孤独に苦しむ人々の心情に寄りそうものになってゆく。つまり「シューベルティアーデ」のサークルを超え、人目にふれず孤独に苦しんでいる人々との連携を目指すメッセージとなってゆく。《冬の旅》を聴いた彼の友人たちは、自分たちのサークルから遠く去ってゆく彼の姿をそこに認めて、困惑したとも言えるだろう。

しかし彼らが後に、《冬の旅》が好きになっていったと証言しているのは、シューベルトが見つめた孤独な人々の姿を、後追いの形で自分たち自身に認めることができたからだろう。彼は友情の輪から飛び出しながら、ひとまわり大きい包容力を身につけ、ブーメランのようにまた彼らのもとに戻ってくる。それが真の友情と言えるかもしれない。

グリルパルツァーやマイアーホーファーは、自分たちの個人的な悩みや不満とかかずり合うのにせいいっぱいで、それから抜け出せず、それを普遍的なメッセージに高めることができなかった。仮定は禁物だが、もしシューベルトが梅毒に罹病していなければ、「シューベルティアーデ」の友情の輪のなかで自己満足していたかもしれない。それほどこの病は彼にとって自分を見直す転機になったと思われてならない。

シューベルトが他界したとき、彼の音楽は友情の範囲を大きく超えた世界に入っていた。友人たちは《冬の旅》に困惑したけれども、それによって友情に影の射すことはなかった。この文の冒頭で記したように、彼の代わりに死ねたらという友人たちの心の思いは、本心から出たものだったろう。

二　シュヴィント

さてシュヴィントはというと、シューベルトから弟のように可愛がられていた。シュヴィントは女っぽいところがあったので、シューベルトは彼のことをたわむれに、自分の「恋人」とさえ言っていたほどだ。

シュヴィントが祖母の家で暮らしているとき、シューベルトは隣りの下宿屋に引っ越してきて、二人は毎日のように会っていたことがある。しかしシュヴィントは画家として立ってゆくには、ウィーンはあまりにも狭すぎた。いくら友情の絆が強いといっても、生きてゆくには職を得なければならない。シューベルトのように同居したり、居候したりする手はあったかもしれないが、それができるできないは性格にもよる。

シュヴィントは貴族の出だった。宮廷秘書官だった父が死んで、落ちぶれたとはいえ、独立不羈の気概を失わなかったのだろう。当時彼はある女性を愛していて、相手からちゃんとした職業につくことを結婚の条件にされていた。そんなこともあって彼は運試しをすべく、グリルパルツァーから推薦状をもらって、ミュンヘンの画家コルネーリウスを訪ねる。それに先立って前年に、彼は様子見がてらミュンヘンに出掛け、三週間ほどコルネーリウスのもとで勉強したことがあった。おそらく手応えを感じたのだろう、今度は腰を据え、本格的に修業しようと決心して、ミュンヘンに移住する。

彼は「シューベルティアーデ」の面々と別れを告げ、ウィーンを去らねばならない悲しみをスケッチ（図版1参照）に残している。画面中央にウィーン市門が見える。画面右端の壁の前に座って地図を広げているのがシュヴィント自身。ミュンヘンへの道程を調べているのだろう。腰の脇に旅行用の背のうと帽子が置かれている。壁の上から彼を見下ろしているのが、婚約者のネッティ。彼との別れを悲しんでいる様子がうかがえる。

図版 1

画面右寄りの奥に、三人の男がシルクハットをかぶって歩いている。こちらを向いている手前の小男はシューベルト、中央の背の高い男はフォーグル、その奥はラハナー。三人の後で、手にシルクハットをもって挨拶しているのがショーバーらしい。彼らはこれから旅立つシュヴィントを見送りに、市門までやってきたのだろう。

このスケッチ画は、当時のウィーン郊外のたたずまいを活写していて、大勢の人々が散歩をのどかにたのしんでいる様子がよくわかる。「シューベルティアーデ」の面々も、ときどきこうして一般の市民とおなじように、郊外の散歩をたのしんでいたにちがいない。彼らはまったく自然に風景のなかに融け込んでいる。またシュヴィントがそのような牧歌的なのどかさを理想として描いている心情もよく伝わってくる。

シュヴィントがミュンヘンに移ってからすぐ、シューベルトの訃報がとどいた。それから一年もたつかたたないうちに、婚約者から婚約破棄を通知された。理由は彼女がカトリックの熱心な信者であるのに、彼の信仰心は疑わしいというものだった。彼はあわててウィーンに一時帰省するものの、らちが明かず、結局すごすごとミュンヘンに戻るしかなかった。これではいったいなんのために修業の旅に出たのか、二階に上がって梯子をはずされた心境だったにちがいない。

シュヴィントの描いた「ウィーン市門」の情景は、彼の恋人ネッティを含め、シューベルトやフォーグル、ショーバーらを描き込んでいる。彼らはみなシュヴィントとの別れを惜しんでいる。とはいうものの一同が打ち揃ったこのようなシーンは、実際にはなかったかもしれない。しかしシュヴィントは親しい友人同士が、たがいに離別を惜しむこのような情景を、「シューベルティアーデ」の会合のひとつと見ていたかもしれない。

別れは辛い。けれども別離は毎日の生活のなかで慣れてしまっていて気づかれない友情の絆を再確認させる。失うことではじめてその貴重さに思い当る。シュヴィントは友情の貴重さをこのような「別離の理想図」で提出しようとした。もっともそんな想いもつかのま、シューベルトはその直後に他界し、シュヴィントは婚約者を失ってしまう。シュヴィントの思い描いた友情のユートピアは、現実にはあっというまに瓦解してしまう。

「シューベルティアーデ」を描いたのは、シュヴィントばかりではない。彼とおなじように「シューベルティアーデ」の一員で、画家を志し、のちに造形芸術大学の教授になったクーペルヴィーザーも、いくつかのスケッチ（水彩画）を残している。

「シューベルティアーデ」の面々は、昼は喫茶店やビア・ホールでくだをまき、夜はシューベルトの舞曲でダンスをたのしんだり、彼のリートを聴いたりしたが、ときには田園へハイキングに繰り出すこともあった。ショーバーの伯父がウィーン郊外の修道院の管理人をしていたことから、「シューベルティアーデ」の面々は夏になると、ここへ招待され、数週間のヴァカンスをたのしんだ。

クーペルヴィーザーはそのときの様子をスケッチに残している。修道院に付属しているアッツェンブルク城から近くの村へ、二頭立ての馬車でハイキングに出掛けて行く水彩画（図版2参照）はユーモラス。だれかは特定できないが、馬車の手前脇に乗っている仲間が帽子を落して、それが車輪に踏みしだかれているのを、しまったという風に眺めている。馬車の後に立って、シルクハットをかぶっているのがシューベルトとクーペルヴィーザー。ほんらい馬車は女性専用で、男たちは徒歩で行くことになっていたが、ふざけて馬車の脇に乗っかっている。一同の浮き浮きした様子が伝わってくる。

図版 2

図版 3

図版4

もう一枚はアッツェンブルク城のなかで、仲間たちがジェスチャー・ゲームをたのしんでいるシーンを写したもの（図版3参照）。演じられているジェスチャーは、イヴが蛇にそそのかされて、アダムと一緒に知恵の木のりんごを食べる堕罪のシーン。ショーバーが蛇、クーペルヴィーザーが知恵の木、イェンガーがアダムの役で、蛇かららりんごを受けとっているところ。暖炉の上に立っているのが、宮廷書記官でピアノの名手ガーヒー。彼は神の役を演じている。後のドアから炎の剣をふりかざした天使（女性）があらわれて、堕罪を犯したアダムとイヴを、楽園から追放しようとしている。

画面右側に腰掛けている一団は、なんのジェスチャーか当てようと、相談し合っている。シューベルトはいつでもピアノの伴奏ができるように脇に控えている。鍵盤に手を置いているところを見ると、ゲームを盛り上げるために、即興的にアルペッジョなどを奏でているのかもしれない。ピアノの下におとなしく控えているのは、ドラーゴという名のシュパウンの飼い犬。

アッツェンブルク城で過ごしたヴァカンスの歓楽は、クーペルヴィーザーの水彩画だけでなく、他の仲間たちも描いている。ショーバーもそのひとり。彼は俳優になるのがいちばんの夢だったが、絵心があったり、音楽を奏でたり、作詩したりするなど、多才なアマチュア芸術家だった。ここに掲げたアッツェンブルクでの「ボール遊び」（図版4参照）は、ショーバーが風景を描き、シュヴィントが人物を担当した合作で、それをモーンが多色刷り銅版画に仕上げたもの。背景に見えるのがアッツェンブルク城で、前景中央でヴァイオリンを熱っぽく弾いているのがシュヴィント、その脇に座っているのがショーバー、ギターを奏でているのがフォーグル、その右に座っているのがシューベルト。

シュヴィントの「市門での別れ」は、実際の情景を写したものかどうかは疑わしい。しかしこれらアッツェンブルク城での、クーペルヴィーザーの絵や、ショーバー＆シュヴィントの合作は、「シューベルティアーデ」の会合を彷彿とさせる情景で、細部のつめはともかく、ほぼ事実に即して描かれているようだ。ショーバーの証言があるからである。

一方、夜の「シューベルティアーデ」の会合は、事実に即して描いた絵画はない。シュヴィントの有名なスケッチ「シューベルティアーデの会合」（図版５・６参照）は、リアル・タイムに描かれたのではなく、ずっとあとの一八六八年ごろ、シュヴィントが六四歳になってからのもので、例によって想像をまじえた「理想図」になっている。

このスケッチには四二人のメンバーが登場していて、(21)を除き全員の名前が特定できる。ピアノを弾いているのはもちろんシューベルト(17)。そのすぐ左隣りで椅子に座り、鼻眼鏡を手にしているのがフォーグル(14)。シューベルトのリートを歌っているところだ。シューベルトのすぐ右隣りで譜めくりの役をやっているように見えるのがシュパウン(18)。マイアーホーファー(41)やショーバー(33)、グリルパルツァー(36)、ラハナー(3)、バウエルンフェルト(38)、ゼン(40)、クーペルヴィーザー(30)、なども描き込まれているのは言うまでもない。

シュヴィントの婚約者だったアンナ・ヘーニヒ(28)も姿を見せているのは当然としても、どういうわけかシュヴィント自身(27)は、このスケッチを描いた六四歳にふさわしい年齢で登場している。白い口髭がそれを雄弁に物語っている。メンバーではないが、シューベルトが一時期音楽の家庭教師をしていた、カロリーネ・エスターハー

図版5 ◀

図版6 ▼

1.
2.
3.
4.
5.
6.
7.
8.
9.
10.
11.
12.
13.
14.
15.
16.
17.
18.

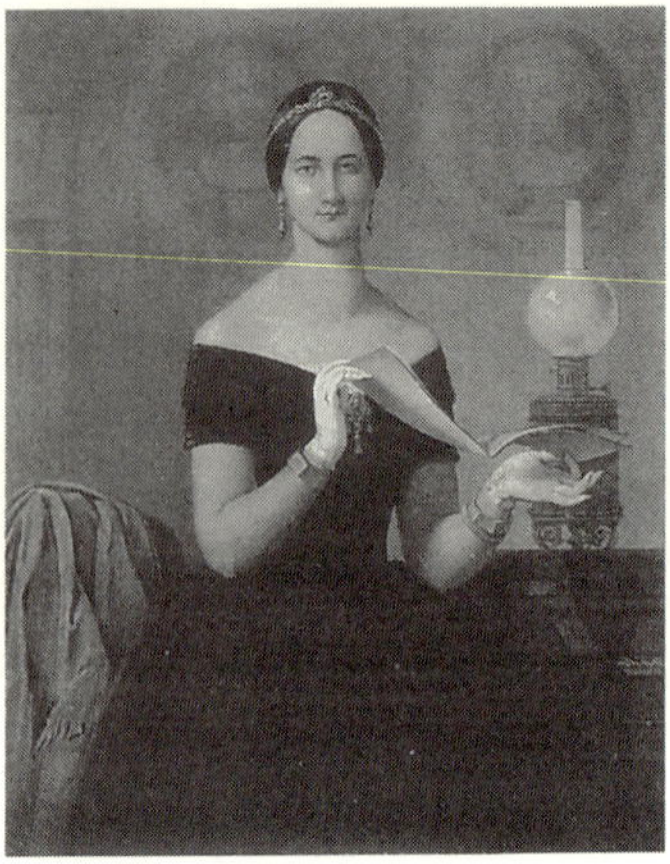

図版 7

ジ、つまりハイドンが仕えていたあの侯爵家の令嬢も、名誉会員として、背景の額絵のなかに収まっている。それはともかく、不思議なのはカロリーネ・ヘッツェンエッカー(8)の姿がここに見えることだ。

シュヴィントはコルネーリウスを頼ってミュンヘンに移住して、しばらく修業したあと、王宮の壁画をコルネーリウスと手がけるなどして、しだいに画家として成功してゆく。宮廷との関係も深くなり、また音楽好きだったこともあって、宮廷歌劇場に出入りしているうちに、当時の花形ソプラノ歌手カロリーネ・ヘッツェンエッカーを知った。彼女は神秘性とドラマティックなものとがひとつに融け合った理想的な歌手として人気を博しており、彼はたちまち彼女のファンになった。

彼女は声と美貌と気品に恵まれ、とくにベッリーニの《ノルマ》と、ウェーバーの《オリュアンテ》を当たり役とした。シュヴィントは彼女の肖像画（図版7参照）や、舞台姿をいくつも残している。しかし彼女は脂の乗りはじめた二九歳の若さで、貴族で宮廷参事官のマングストルと結婚して早々と引退してしまう。その結果シュヴィントは二人の出会いを物語風につづり、それを一種の祭壇画に仕上げた。彼は彼女にぞっこんだった節がないでもない。

しかしシュヴィントが彼女と出会ったのは、一八四八年。彼はそれよりも七年まえにハンス・ザックスの子孫にあたるルイーゼ・ザックスと結婚し、子供も三人いた。これではどうしようもない。そこで彼はカロリーネへの思いをこのような「崇拝」する宗教的な形で表現しようとしたのだろう。

さてつぎにラハナーに話を移そう。彼はシューベルトの他界前後に、ウィーンのケルンテン門劇場の副楽長を務めていたが、一八三〇年から指揮者としてマンハイムに移った。さらにベルリンを経て、一八三六年にミュンヘンで、宮廷歌劇場の指揮者になり、一八五二年には歌劇場総監督に地位に登りつめた。シュヴィントとラハナーは、生まれ故郷を去り、新天地ミュンヘンで、運試しに成功した芸術家だった。

ミュンヘンで再会した二人は、ここでも「シューベルティアーデ」を再現するかのように、自分たちの家庭をサークルの場として、男声四重唱をたのしんだ。ラハナーは指揮者としてだけでなく、作曲家としても活躍していたから、彼の作曲した室内楽曲なども、公開の演奏会場だけでなく、彼らのサロンでも演奏されたにちがいない。

画家としてのシュヴィントは、ラハナーとともにムジツィーレンするよろこびだけでなく、カロリーネ・ヘッツェンエッカーの「オーラ」に刺激され、彼女自身と彼女の演ずるオペラで指揮するラハナーと組み合わせ、ミュンヘンの「シューベルティアーデ」を描こうと思い立つ。

それがあの彼女とマングストルの出会いを物語風に展開した祭壇画である。シュヴィントははじめ、ベートーヴェンの《合唱幻想曲》を聴いて受けた印象をもとに絵画を描こうと考えていた。しかしヘッツェンエッカーの引退を知って、いわば彼女の引退記念にしようと、予定を変更する。

こうして一八四九年にでき上がった祭壇画は、「交響曲」（図版8参照）と名づけられ、四つのシーンからなる。各シーンは交響曲の四つの楽章に相当し、それぞれ標題をもっている。画面下から上に向かって順に、「序奏」（愛するもの同士のはじめての出会い）、「アンダンテ」（森のなかでの再会）、「アダージョ」（仮装舞踏会での愛の告白）、「アレグロ」（新婚旅行）と展開する。

いちばん下の「序奏」は、《合唱幻想曲》を演奏しているシーン（拡大図参照）。シュヴィントはここにかつての「シューベルティアーデ」の仲間をさりげなく描き込んだ。画面左端で歌っているのがシューベルト、フォー

図版 8

グル、ショーバー。画面中央の奥に立って指揮しているのがラハナー。その下でピアノを弾く女性の脇に座って譜めくりをしているのがシュヴィント自身。そして画面手前の中央からやや左寄りに立っている青い衣装の女性がヘッツェンエッカーである。

演奏している場所はミュンヘンの宮廷劇場だろう。にもかかわらずシュヴィントは、世を去ったシューベルトを登場させている。もちろんフォーグルも他界していた。ショーバーは当時ザクセン・ヴァイマル・アイゼナハの宮中顧問官をしていた。シュヴィントが彼と再会するのは、「交響曲」を仕上げた年のこと。彼と再会する以前にすでに彼をここに描き込んでいたかもしれない。もしそうでなければ再会を祝して出来上がりかかっているところへ、ないしは完成したあとに彼を付け加えたとも考えられる。

彼がミュンヘンへきて新たに知り合いになった人々も、このなかに描き込まれているはずだが、同定はむずかしい。シュヴィントは地元生まれの画家シュピッツヴェークと親しくしていて、その画風の影響を受けていた。それだけでなく二人は合唱団「ミュンヘン・リーダーターフェル」に所属していて、ともに合唱をたのしむ間柄でもあった。だからシュピッツヴェークの顔が認められてもおかしくない。どこにいるのだろうか。

シュヴィントはヘッツェンエッカーの結婚を祝福する「交響曲」に、今はなきシューベルトやフォーグルなどを登場させた。一方で、あの「シューベルティアーデの会合」のスケッチにヘッツェンエッカーをさりげなく描き込んだ。こうしてシュヴィントをめぐる友情のサークルは、ウィーンとミュンヘンのあいだで、ユートピア的な相互乗り入れをはたす。

彼はウィーンを去って以来、画家として立ってゆくために、無我夢中で勉強し、働きつづけてきた。そしてやっと生活にゆとりが生まれ、妻を迎える気になったとき、三八歳になっていた。四十路にさしかかったところで、今度は子供がつぎつぎに生まれ、「交響曲」が完成したときには、第四子が誕生したところだった。

「交響曲」にとりかかりはじめた一八四八年は、三月革命の勃発した年でもある。彼は革命さわぎを嫌い、これに距離をおく姿勢を示した。「古きよき時代」を懐古する気持ちはそんなところから生まれてきたのかもしれない。

図版 9

シュヴィントの画風は、ウィーン時代の青年期から、ドイツが統一された一八七一年に、彼が他界するまで、大きな変化は見られない。テクニックは多少向上しているものの、人物の描き方の類型性はまったく変わっていない。画面構成や色彩にもそれほどの発展は見られない。題材も一般民衆が長いあいだ親しんできた童話や民間伝説（そのなかに歴史、宗教、神話などにまつわる伝説が含まれる）が中心で、それに「友情」の主題が加わる。まさにビーダーマイヤーの枠のなかで、居心地のよいぬくもりを大切にした画家だった。

彼が政治的な革命やイノヴェーションに背を向けるのも当然というほかはない。そして「古きよき時代」に心の拠りどころを求めてゆくうちに、かつての「シューベルティアーデ」の会合に逢着する。

彼が「交響曲」を描き上げたころ、ウィーンのある出版社が、シューベルト・サロンを開き、開所式でバウエルンフェルトが祝辞を述べた。シュヴィントはサロンの設計の依頼が当然自分のところにくると思っていたが、なんの音沙汰もなかった。それが不満で、自分なりにシューベルトを記念する記念館とか記念碑とかの構想（図版9参照）をはじめた。完成に到らなかったものの、それらはいくつかのスケッチとして残されることになった。そのひとつが「シューベルティアーデの会合」のスケッチ画である。

シュヴィントは「交響曲」や「シューベルティアーデの会合」で、友情のユートピアを構築しようとした。気のおけないすべての友人が一堂に会し、音楽をともにたのしむことで、友愛と親密感を深めるよろこび。これらの絵画から、切ないほどの身内意識が伝わってくる。

しかしそれは気心の知れた仲間内だけの親密感であって、サークルの外にいる人々には入りにくい閉鎖的なクラブという観がなくもない。友情はここでは個人的なレベルにとどまり、だれでも入って行ける普遍性に達していない。《美しい水車屋の娘》を作曲するまでのシューベルトにも、この傾向は見られた。しかし彼は病を得ることで、内輪の友情からぬけ出て、万人の心に友愛のユートピアをひびかせる音楽を生むようになってゆく。

三　シューマン

このような友愛で結ばれたサークルは、シューベルトやシュヴィントらの「シューベルティアーデ」にとどまらない。シューマンもライプツィヒで、「ダヴィッド同盟」というサークルを作っていた。これはシューマンが発行していた「音楽新報」で、フローレスターン、オイゼービウス、ラロという三人の架空の人物が、音楽批評を行なうことからはじまった。

この三人はシューマンがジャン・パウルの小説の登場人物からヒントを得て創造した人物で、フローレスターンは意気軒高とした、外向的な性格。オイゼービウスは反対に夢想的な、内向的性格。ラロは両者の対立を中和する立場を代表している。これはシューマン自身の分裂的な性格そのものの使い分けで、音楽批評を一人三役でこなすアイデアから生まれた。

しかしそれにまもなくヴァルト（これもジャン・パウルの小説に登場する人物の名で、実際はシューマンの友人でピアニストのラーケマン）、ユーリウス（やはりピアニストのクノル）、キアーラ（クラーラ・シューマン）、エレオノーラ（女流ピアニストのヘンリエッテ・フォークト）、メリティス（メンデルスゾーン）などが加わるようになる。

といっても「ダヴィッド同盟」はシューマンが、自分で勝手に加えた仲間で、当人たちが直接かかわっているわけではない。一種の賛助会員のようなもの。さらにシューマンが発見し、世に紹介したショパンや、ゲーテの孫のヴァルター、ピアニストのモシェレス、バラード作曲家のレーヴェ、メンデルスゾーンの姉ファニーと結婚する画家のヘンゼル、イギリスの指揮者で作曲家のベネットなども加えられるようになる。

「ダヴィッド同盟」のモデルは、モーツァルトが会員だった秘密結社フリーメイソンに遡るだろう。それはまたウィーンのグリルパルツァーらが加入していたあの「ルートラムの洞窟」の系列にもつながる。シューマンの愛読していたE・T・A・ホフマンの小説『ゼラーピオン兄弟会』とも無縁ではない。しかし直接のモデルは、ウェーバーやマイアベーアらが結成していた「調和協会」らしい。

この協会は会員の義務として、「会員全体の親睦と利益をはかるよう努力し、とくに新進の才能ある若者を援助すること」、と定めていた。シューマンの「ダヴィッド同盟」も、「ドイツの深遠な芸術を世に知らしめることを同盟員の理想とし、それが各人の努力をもっともはっきりと照らしだすべきもの」と謳い、俗物に対して戦うことを高らかに宣言していた。その音楽上の証しとなるのが、同盟員の登場するピアノ独奏曲《謝肉祭》や《ダヴィッド同盟舞曲集》である。

「ダヴィッド同盟」の名称は、旧約聖書で巨人のゴリアテを討ちとったのあのダビデに由来する。ダビデは主の命令でペリシテ人を打ち破る。ペリシテ人は長年イスラエル人の不倶戴天の敵だった。今日ではペリシテ人(フィリスタイン)と言えば、小市民的な俗物の代名詞になっている。だから「ダヴィッド同盟」は、高邁な理想に燃え、古い伝統にしがみつく頑迷固陋な俗物と戦う芸術集団を意味する。

シューマンはライプツィヒの喫茶店「カフェーバウム」を同盟の根拠地にして、ここで毎日のように過ごし、メンデルスゾーンや他の仲間と会っていた。その意味からすると、シューベルトやシュヴィントが、いつも「アンガー」や「ボーグナー」といった喫茶店でたむろしていたのと似ている。しかし「調和協会」にしても、「ダヴィッド同盟」にしても、ただ会員や同盟員の親睦をはかることだけが目的ではなかった。新進の若い芸術家を援助するとか、新しい芸術を理解しようとしない俗物と戦うという高邁な目的を掲げていた。それにくらべれば、シューベルティアーデのそれは、仲間内のたのしみの枠から出なかった。

といって「ダヴィッド同盟」が高い理想を掲げているから、「シューベルティアーデ」よりも、芸術的にすぐれていると速断することはできない。しかも「ダヴィッド同盟」は、シューマンのほとんどひとりよがりの産物で、同盟員にされていた面々は、積極的に同盟の理念を実現すべく努力していたわけではない。一種の遊戯にとどまり、《謝肉祭》や《ダヴィッド同盟舞曲集》のなかに同盟員たちが登場しても、その彼らはシューマンに協力して、同盟の理念を推進する音楽や絵画、文学を創造するに到らなかった。彼らは「シューベルティアーデ」の面々にくらべ、もっと個人主義的で、ドライだったと言える。

シューマンはクラーラ・ヴィークと結婚しようとしたとき、彼女の父の猛反対に出遭った。そこで父との衝突を避けるためにライプツィヒを去って、ウィーンを二人の活動の根拠地にしようと考えたことがある。そしてウィーンの様子を見にやってきたついでに、シューベルトの兄フェルディナントを訪ねた。彼は愛してやまぬシューベルトの未発表の遺稿のなかに、「天国のように長い」交響曲を発見して、これを世に紹介することになる。また彼はフェルディナントからシューベルトの散文「わたしの夢」の自筆稿を贈られもした。

シューマンはフェルディナントからあたたかく迎えられたものの、ウィーンを活動の拠点にする可能性は薄いと見て、結局ライプツィヒに戻ってゆく。フェルディナントと会ったとき、「シューベルディアーデ」や「ルートラムの洞窟」のことを聞いたかもしれない。彼の「ダヴィッド同盟」の構想は、ちょうどそのころと重なる。前述したようにシューマンの「ダヴィッド同盟」は、ウェーバーの「調和協会」の影響を強く受けているけれども、ウェーバーはウィーンにいたとき、あの「ルートラムの洞窟」の常連だった。だからライプツィヒに戻った

図版10

図版11

とき、似たような結社を作ろうとしたと言えなくもない。またウェーバーは「シューベルティアーデ」のメンバーではなかったが、シューベルトが彼の《魔弾の射手》を激賞したこともあって、親しい関係にあった。そしてシューベルトのオペラ上演のために骨を折ったこともある。

シューマンはシューベルトから深い影響を受けただけでなく、生きた時代や場所がちがっていても、さまざまなルートを通して仲間意識で結ばれていた。それだけでなく、シューマンとシュヴィントを結ぶ線もある。彼はシュヴィントの切り絵（図版10参照）を所有していた。さらにシューマンはライプツィヒで「黒猫団」を結成していて、この団体にシュヴィントも属していた。

「黒猫団」は「黒猫」レーベルのワインを飲む会で、シュヴィントがこの団体に加わった時期ははっきりしないが、一八六〇年代後半、シューマンが他界してからすでに一〇年近くたったころだったと思われる。しかしシューマンの親友だった大ヴァイオリニスト、ヨーゼフ・ヨーアヒムが仲間として残っていた。そこで彼は「黒猫団」のために、「猫の交響曲―黒猫」（図版11参照）を描くことになる。

四　メーリケ

シュヴィントはちょうどそのころ詩人のメーリケと知り合う。詩人はミュンヘンのバエイルン王からマクシミリアーン文化勲章を授与され、それが機縁でシュヴィントやラハナーと深い友情を結ぶようになる。メーリケはシュヴィントに「サッフォーに寄すエリナの歌」の挿絵を依頼した。

友情が深まってゆくなかで、彼はメーリケに「猫の交響曲」のコピーを送り、つぎのようなコメントをつけた。「古くさくて、無味乾燥な記譜法とはおさらばということです。このソナタは、ヴァイオリンの魔術師ヨーゼフ・ヨーアヒムに献呈したのですが、弾くことのできないしろものといったところです！」。メーリケはユーモアを解する詩人だったから、シュヴィントは彼に「猫の交響曲」を贈ったのだろう。

また彼はシュヴィントとおなじように音楽好きだった。メーリケはモーツァルトを愛するあまり、モーツァルトがオペラ《ドン・ジョヴァンニ》を上演するために、プラハへ赴くときの様子を小説にした『プラハへの旅の途上のモーツァルト』を書いている。もしシュヴィントが「交響曲」を描くまえにメーリケと出会っていたら、きっと彼をこの祭壇画のなかで、シューベルトの横に並ばせたことだろう。

シュヴィントはメーリケの「ああ、この一時だけでも」、「実直な男のお伽話」、「大天使ミカエルの羽根」の三つの詩のイメージを、セピア色のスケッチにして、彼に贈ったことがある。メーリケは世を忍ぶ仮の姿として、シュヴァーベンのクレーファーズルツバッハで、牧師をなりわいとしていた。彼はシュヴィントの贈り物にたいそうよろこんで、一八六八年、返礼として「モーリッツ・フォン・シュヴィントに」という詩を書いて彼に贈った。それをここに掲げてみよう。

モーリッツ・フォン・シュヴィントに

わたしはきみの絵をまたもう一度見た、
美しい裸身を金髪で包みながら、
木の洞のなかで七年も黙々と糸を
紡いでいた誠実な妹を描いた絵を。
彼女は鳥にされた兄たちを救おうとしたのだ、
母に魔法をかけられ、空腹のまま家を追い出された兄たちを。
きみは童話のなかにこの世のすべての
人間らしい美しさが花と咲いているのを知っていた。

酒豪が陶然として杯をつぎからつぎへと、
飲み干すよりもゆっくりと、一枚一枚
わたしはきみの充実した精神を飲み干していった。
そして明るくたのしげにかがやく昼間から
牢獄のように暗い夜に入り、薪の山に突き当たった。
そこには屈辱のあまり黙した王妃が、
ああ、火刑台に縛りつけられていた。
するとオークの森から荒れ狂ったように、

長い首を懸命に伸ばして白馬が躍り込んできた、
馬の背にまたがる乗り手たちも息せきながら――
彼らはみな美しい若者たちだった！
ああ、なんという眺め！　だがきみになにを言おうとしたのか。
「さて」とほほ笑みながら、うっとりとして音楽家の友は言った、
「巨匠シュヴィントは最後に突如全力をつくしたので、
みごとさのあまり心臓がはげしく不安になるほど動悸を打った！」
――希望に満ちた双子が救われた女性を
膝に乗せてあらわれ、虐げられた女性の
苦しみの表情が明るく晴れ、国王は火刑台に跪きながら、
頭を深くたれて、妻の素足をやさしく抱いている。
この光景によろこびと苦しみのふるえを
胸のうちに感じないものがいようか。
だがまたほほ笑まずにはいられない。
背景から民衆の歓呼する声が高らかにこだまするなか、
七人の兄弟のなかでいちばん下の弟が、
明るい声で最後に馬にまたがって、妹めがけてやってきた。
まだ鳥の翼を片腕に残しながら！
――感無量でもう言葉が出てこないほど。

わたしはため息をつきながらやっと画帳を閉じ、
頭をたれて座っていた。ぼくはきみに
自分の愚かさを白状せざるを得ない、
それは昔からの心の疼きのせいなのだ。
生涯にわたって心のわだかまりとなっていた、
画家になりたかった夢。そう画家に！
きみのことを思うと、きみが笑って当然。
こんなばかげた夢などありはしない。
こんな妄想からぼくをやさしく覚ましてくれたのは、
奇蹟のように、きみの二度目の贈り物が、
はからずも今朝とどいたからだった！
ああ、友よ、きみはきみの澄んだ鏡にぼくを映してくれて、
なんという眼福にあずからせてくれたことだろう。
今日のところはそれにはふれまい。しかしひとつだけ言っておきたい。
もうこんりんざいあんな妄想とはお別れだということを。
悪霊がぼくに素早く唆したことは、きみの贈り物は、
実はぼく自身の仕事だったということ。
ばらのつぼみがいっぺんに開いて、満開となった。
一夜ですぐれた絵描きがひとり誕生したというわけ。

シュヴィントはグリム童話の「七羽の烏と忠実な妹」を、一八五七年に、アイゼナハの宮廷を飾る一連の壁画にした（図版12参照）。彼はまたそれを下書き用の水彩画にも残している。メーリケはその一連の水彩画を一枚一枚めくりながら、眼福の感動を味わう。彼もかつては画家を志したことがあった。そして一連の絵画にふれて、自分の画才のなさに思いあたる。

そんなところへ、さらに「ああ、この一時だけでも」など、彼の三つの詩をスケッチしたシュヴィントの絵がとどく。自分の頭のなかでイメージしながら、絵画にできなくて詩にした情景が、シュヴィントによって絵画化されている！　まるで彼がメーリケの頭のなかのイメージを読みとって、その通りに再現したかのように見える。だから彼はそれを自分で描いた絵のように感じずにはいられない。それが最後の「一夜ですぐれた絵描きがひとり誕生した」という詩句の意味だ。ここに友情の不思議な倒錯がある。

シュヴィントがメーリケに贈った三枚のうち「ああ、この一時だけでも」（図版13参照）は、旅装束の美女を描

図版 12

図版 13

いたもの。彼女はメーリケの牧師館に異国から訪ねてきたものらしい。右手は牧師の娘の頭上に置かれている。娘は彼女に清涼飲料水の入ったポットを勧めようとしている。もうひとりの娘は彼女に花束を手渡している。美女の後にはキューピッドが控えていて、インクの入った樽をもっている。詩人への贈り物らしい。格子戸にはさまれている楽譜は、モーツァルトのオペラ《皇帝ティートゥスの慈悲》のセストのアリア「ああ、この一時だけでも!」である。

画面左端の脚立の上におかれているのはメーリケの詩集で、そのなかに「シラーの母の墓に寄す。五月のクレーファーズルツバッハ」が含まれていると思われる。メーリケの母が死んだとき、彼はシラーの母の墓の横に、自

図版 14

分の母の墓を立てた。教会の尖塔の上に風見鶏が見える。これも詩人の有名な詩「古い風見鶏。牧歌」を暗示している。

旅装束の美女はもしかしたら『画家ノルテン』に登場するジプシー女性のエリーザベト、あるいは「ペレグリーナ」詩群にあらわれる女性を暗示しているかもしれない。エリーザベトもペレグリーナも、若かりしころの詩人をふりまわし、悩ませながら、詩の霊感の源泉ともなった放浪の女性マリーア・マイアーがモデルとなっている。

シュヴィントのこのスケッチには、実にこまやかな思い入れがこもっている。まるで宗教画のイコノグラフィーに代わる、新しい友情の図像学と言えるほど、二人の個人的な思い入れが張りめぐらされている。あまりにも複雑で細密な友情の迷路に入り込んで、画家と詩人の親密な交友は、他人の介入をはばむほどの惑溺を示し、一

種の謎解き、ないし密儀に近づいている。

かつて画家を志したことのあるメーリケの家にシュヴィントが訪れたおり、メーリケはソファでうたた寝をしている画家の姿をスケッチしたことがある（図版14参照）。おそらく眠っている画家を前にして、昔とった杵柄をこっそりためしてみたくなったのかもしれない。眠っている画家となら張り合えるという妙な深層心理が働いて、このスケッチが出来上がったと考えられる。あるいはシュヴィントが描いた「七羽の鳥と忠実な妹」の一連の絵画を見て、自分が描いたような錯覚に陥ったように、ここでも自分がシュヴィントになった気分でメーリケを描いているような倒錯感を味わおうとしたのではないだろうか。そのような深層心理的倒錯は彼の文学の核心をなしてもいる。

五　ケルスティング

シュヴィントの気質に近いと思わせるもうひとりの画家はケルスティングだ。彼はシュヴィントと交遊はなかった。しかし二人を結ぶ細い糸はある。シューベルトはまだ若いころ、ウィーン宮廷劇場の座つき作者ケルナーに励まされ、音楽の道に進む決心をしたことがあった。ケルナーがその直後ナポレオン解放戦争で戦死したとき、シューベルトは彼の軍歌に作曲したことは前述した。

ウェーバーも彼の壮烈な死に感動して、ケルナーの詩集『琴と剣』に付曲した。劇作家としての華々しい成功をなげうって、戦場に散ったケルナーの英雄的な死に、当時感動しなかったものはない。ケルナーはそれだけでなく、「これは王侯同士の戦ではない」と詩のなかで謳い、市民の自由解放のための戦争であると正しく認識していた。彼の愛国的な参戦や彼の作った軍歌には、自由への期待がこもっていた。そして当時の市民はだれもがおなじ思いを抱いていた。

ドイツでは愛国的な意図から、芸術家たちのあいだで自由解放の戦いを支持する運動が、自発的に盛り上がってきた。この運動はまとまった目的に発展することはなかったが、各人それぞれ自分の芸術にその思いを染め込んでいったのである。

文人ではケルナーはもとより、ウーラント、シェンケンドルフ、クライスト、リュッケルト、アイヒェンドルフなど。学者ではフィヒテ、シュライアーマッハー、シュタインなど。画家では、フリードリヒ、ルンゲ、シャドウ、ファイト、ハルトマン、コルネーリウス、オリヴィエ、それにケルスティングら、多彩な顔ぶれからなる。

解放戦争の義勇軍に志願した芸術家は、ケルナーだけではない。ケルスティングやアイヒェンドルフ、オリヴィエ、ファイトなども勇躍参戦した。ケルスティングは友人の画家フリードリヒやキューゲルゲンから餞別や武器をもらい、ちょうどドレスデンに滞在していたゲーテから武運長久の祈願を受けて出征した。彼は戦火をくぐりぬけ、武勲をあげて無事生還した。しかし尊敬していたケルナー、それに友人のフリーゼン、ハルトマンは帰らぬ人となる。

ケルスティングは彼らの死を悼んで、対幅画を描いた。ひとつは戦場で哨兵勤務に立っている三人の姿を描いた「前哨」(図版15参照)。オークの森のなかで任務についているところで、右端で銃を下に向けて立っているのがフリーゼン。オークの樹にもたれるように座っているのがケルナー。その手前でパイプをくわえ、横になって肘をついているのがハルトマンである。

彼らは夜を徹して前哨の任務についていたのだろう。夜明けの冷たい空気のなかにやっと朝日が射し込んできているのがわかる。なにごともない平和で静謐なたたずまいを示しているが、彼らの顔から緊張した表情は解けていない。昨夜から今朝にかけて生き延びることはできたが、今日一日はどうなるだろう。彼らの眼差しは死の運命がいつ訪れるやもしれぬ、そのことを思いつめているように見える。そしてそれは現実のものとなる。

対幅画のもう一方は、「冠を編む女」（図版16参照）と題されている。舞台はおなじオークの森。これら二枚の絵の背景がオークの森なのは偶然ではない。オークの森は、ゲルマン時代以来のドイツ人の故郷で、当時は解放戦争によって高まった「ドイツ」民族意識の象徴となっていた。またあの鉄十字章の裏にはオークの葉があしらわれていた。「前哨」の三人はこの勲章を胸につけている。それはかれらの愛国と英雄的な行為の象徴なのは言うまでもない。

「冠を編む女」の画面中央に白無垢の花嫁衣装の若い女性が、小川のほとりに腰をかけて、オークの葉を冠に編んでいる。ひとつは編み上がってかたわらのバスケットのなかに入っている。二つ目もでき上がって腕に通されている。そして三つ目を編んでいるところだ。

これらの冠はケルナー、フリーゼン、ハルトマンのためのものにちがいない。というのも背景のオークの樹に

図版 15

図版 16

図版17

は、まるで墓碑のように、三人の名が刻み込まれているからである。手前右の太いオークの樹から順に、フリーゼン、ケルナー、ハルトマンと読める。悲しげに追憶に耽りながら冠を編んでいる女性は、だれかは特定できない。

しかし男をいつも戦争で失い、悲しみのなかに置き去りにされるのは女である。ケルスティングの「刺繡する女」(図版17参照)は、「冠を編む女」とおなじようにこの主題を扱っている。窓辺で刺繡する女は、おだやかな日常のたたずまいのなかで、幸せに暮らしているように見える。彼女は「冠を編む女」とちがって、だれか特定できる。彼女はルイーゼ・ザイドラーという名の女流画家。ヴァイマルのゲーテのもとで画業の研鑽を積み、ドレスデンの画家たちと親しく交際していた。彼女は当時イェーナに駐留していたフランス軍の医師と婚約していた。つまり相手は敵の軍属だったわけだ。しかし長引く戦乱のなかで、二人は別れ別れになり、彼はスペインで戦死してしまう。

「刺繡する女」はちょうどその悲しみのさなかのルイーゼを描いたものらしい。画面奥の壁に掛けられ、花で飾られている肖像画は、おそらく戦死した婚約者なのだろう。二人はよくチェロとピアノの合奏をたのしんだという。ソファにおかれたギターと楽譜は、その暗喩であり、思い出なのかもしれない。ここにさりげなく戦争の悲劇があらわされているが、事情を知らないものにとって、部屋のたたずまいは静謐で、平穏な秩序を乱してはいない。それだけルイーゼの悲しみは深く心の底に凝縮され、沈殿している。その悲しみは窓脇の鏡に映った彼女の顔の表情からも窺いにくい。

似たような落ち着きはらった表情は、「読書する人」（図版18参照）にも見てとれる。男はランプの灯のもとで読書に耽っている。一見したところなに気ない日常のたたずまいだ。しかしスイスの文芸学者シュタイガーは、この絵画に鋭い光を当てる。彼によると、壁に映るランプシェードの奇怪な影は、一見安定した中産階級の家庭のなかにひそむ、不安定な土台を映し出しているという。

シュタイガーはさらに読書する男の長ズボンに目をとめる。彼のはいているのは、貴族のはいていた半ズボン（キュロット）に対し、サンキュロット（急進革命派）である。つまりあの解放戦争の記憶がここにひそかににじみ出ている。この戦争でだれもが自由になれると希望を抱いたにもかかわらず、反動が訪れた。彼は密室にこもるようにして読書に没頭し、自分の自由思想を隠そうとしているかのようだ。彼と外界とをつなぐものは、壁から垂れている呼び鈴の紐だけ。外部とはこのか細い一本の紐でしかつながっていない。いかにも隠蔽を強調しているように見える。そしてサンキュロットを暗い机の下に隠している。

図版18

彼の表情は一見おだやかで、読書が趣味のように見える。しかし心のなかは不安でいっぱいなのかもしれない。それを読書という行為に集中することで懸命に耐えている。ルイーゼ・ザイドラーも、刺繍に集中することで、やっと悲しみに耐えることができているのだろう。中産階級の彼らは、貴族階級のようなノブレ

図版19

図版20

ス・オブリージュの強い矜持の念はない。といって庶民階級の失うもののない図太さもない。懸命に自分に耐えること以外に身を処する方法はない。

　読書や刺繍という、いかにも中産階級の教養にふさわしいたしなみは、無難な趣味に見えても、いざというときにはそのなかに身を隠す自己規律的な手段に転化しやすい。この「縮こもり」は中産階級特有の身の処し方であり、ビーダーマイヤー的な生き方につながってゆく。ケルスティングのこれらの絵画は、中産階級のいじましくも痛ましい生活習慣を活写している。

　おなじ「縮こもり」は、時代は少し下るけれども、メンツェルの絵画にも見てとれる。彼は「三月革命犠牲者の葬儀」（図版19参照）という題の絵画を描いている。一八一三年の解放戦争のときとおなじように、一八四八年の革命は、市民のあいだに自由への希望を抱かせた。しかし革命はまたたくまに鎮圧されてしまう。メンツェルの絵画からは、待ち望んだ自由が抑圧され、挫折させられた重苦しさが、まぎれもなく伝わってくる。彼が自由主義者として革命に共感を抱いていたのは明らかだ。

しかし彼はその後すぐ、「サンスーシ宮のフルート演奏会」（図版20参照）を描く。これはフリードリヒ大王がフルートを演奏している情景を主題としたもの。フリードリヒ大王は大の音楽好きで、自らフルートを演奏し、作曲もした。大王は芸術を愛し、音楽なしではいられなかったが、一方で始終戦争に明け暮れた富国強兵の軍国主義者でもあった。だからメンツェルは大王のやさしい一面だけをことさら強調したように見えた。そのため自由主義者が一転してプロイセン体制を賛美するような挙に出たということで、彼を変節者呼ばわりするものもあらわれた。

そう思わせる証拠がないでもない。「三月革命犠牲者の葬儀」は一部塗り残しがあり、未完に終わっている。メンツェルは自由の抑圧に怒りを抱いてこの絵画の制作をはじめたものの、描きつづけてゆくうちに、完成したら官憲から睨まれるのではないかと恐れるようになって行ったのだろう、結局未完のまま中断した。そして自由主義者でないことのアリバイとして「サンスーシ」を差し出す。

フリードリヒ大王は軍国主義者だったけれども、啓蒙君主として自由な気風と磊落な性格でも知られていた。またその一面が強調されてもいた。サンスーシ宮を造営するときの風車小屋の故事が、なによりもその強力な証拠となっている。国民に愛される大王のイメージは、フルートをたのしむ姿がいちばんふさわしいだろう。

当時中産階級のあいだで音楽をたのしむ風潮が高まってきていた。メンツェル自身音楽を愛し、クララ・シューマンやヨーアヒムとも知己の仲で、二人が合奏している彩色スケッチのほか、さまざまな音楽演奏の絵画を描いている。おそらく彼は音楽を愛好する大王を描くことで、自身音楽に没入しているように見せかけ、政治的な反抗心のないこと、国家に対して忠誠であることを示そうとしたのかもしれない。

「三月革命」から「サンスーシ」への切り替えのなかに、中産階級が縮み込んでゆかざるを得ない、不安定な

図 版 21

図 版 22

基盤が見てとれる。「サンスーシ」は、政治的な連帯に代わって、音楽を通しての仲間意識の醸成に寄与する。この絵画に登場するのはホーエンツォレルン家の面々だが、当時の中産階級の人々はそのなかに趣味をおなじくするという意味で、自分の分身を見て、高揚感を味わっていたかもしれない。

こうして外的な危機は回避される。不安が薄らいで緊張がゆるむとき、ほっとしたような、のびやかなたたずまいが生まれる。ここで話をケルスティングに戻そう。そうした安堵感は彼の「窓辺のこどもたち」や「鏡のまえで」（図版21参照）に見られる。「鏡のまえで」は、女が髪をくしけずっている情景で、この絵はシュヴィントの「朝のひととき」（図版22参照）と通じ合う。「朝のひととき」は、ベッドから起き出し、窓を開け、外のすがすがしい空気を室内に取り入れるよろこびをあらわしている。

ケルスティングの「鏡のまえで」は、それにつづく情景だ。女は身仕度を整え、髪をくしけずっている。テーブルの上に帽子とドレスが置かれているところから、外出の支度をしていることがわかる。ともに屈託のない日常生活の一齣を切りとったシーンだ。そして毎日がこのようにつつがなく過ぎてゆくことへの願望が読みとれる。

ケルスティングは日々の安寧を願いながら、つねに不安を意識させられる中産階級の生き方をカンヴァスの上にあらわした。それに対してシュヴィントは友情やお伽話のなかに埋没することで、その不安を掻き消そうとした。シューマンは高い志をもったもの同士の同盟によって、俗物たちと戦うことで、自分たちの生きる基盤を強化しようとした。シューベルトは友情の絆を保ちながら、中産階級の孤独の不安を直視しようとした。

とはいえケルスティングは不安を抱きながらも、友情のなかに生きる支えを見いだそうとした。彼は友人の画家キューゲルゲンやマッテイなどが、アトリエで絵を描いている姿（図版23参照）をカンヴァスにとどめている。とくにフリードリヒに関しては、しつこいくらい何度もアトリエに登場させている（図版24参照）。それだけでなく二人で徒歩旅行をしたときのスケッチも残している（図版25参照）。真剣に画業に打ち込む友人の姿を描くことで、それを自分の励みにしようとした気配が伝わってくる。

それは「黒猫団」の仲間についても言える。シューマンはヨーアヒムを讃えるために、ブラームスや、おなじ作曲家仲間のディートリヒとともに、共同で彼にヴァイオリン・ソナタを献じたことがある。このソナタは一般

図版 23

図版 24

図版25

に「FAEソナタ」と呼ばれている。FAEはドイツ語のFrei aber einsamの頭文字をとったもの。「自由に、しかし孤独に」を意味する。これはヨーアヒムの座右銘だった。彼らは仲間意識で結ばれていても、たがいに内面の孤独の自由を尊重し合い、その点で干渉しなかった。

おそらくそのような生真面目さという点で、ウィーン生まれのシュヴィントと、北ドイツ生まれのケルスティングやシューマンとに、友情のありようにちがいが生じたのかもしれない。前者は友情のあたたかいベッドのなかで、たがいに心地よく眠ろうとするのに対し、ケルスティングやシューマンは、仕事で切磋琢磨し合い、たがいに向上してゆこうとする傾向が見える。

六　ドラクロア

おなじドイツ人でも北と南ではちがいがあるように、これがフランスとなれば、さらにちがいが出てくる。たとえばファンタン=ラトゥールは芸術家の群像画をよく描いた。シャブリエを中心とした「ピアノを囲んで」、マネを中心とした「バティニョールのアトリエで」、ボードレールやクールベの登場する「ドラクロアを讃えて」、それにランボーとヴェルレーヌの姿の見える「テーブルの片隅で」（図版26参照）などは、レンブラントやハルスのオランダ絵画によく見られる記念写真的な色合いが強い。これらの絵画にさまざまな芸術家が集まっているけれども、そこにはシュヴィントの友情への惑溺や、ケルスティングやシューマンの生真面目さはない。

これらの絵画ではだれもがよそよそしく立ったり座ったりしていて、たがいの視線を避け合っているようにすら見える。ひとりひとりが独立独歩の芸術家で、一堂に会したのは、友情の絆をたしかめたり、深めたりするよりは、自分の個性を引き立てるために、たがいに相手を必要としているといった風に見える。内心では自分がいちばんトップだという自負の念を抱いていて、その想いを口にしたくてうずうずしているほどだ。相手が下手なことを言えば、一発へこましてやろうという気配さえ伝わってくる。

図 版 26

彼らはドラクロアやマネを讃えるために集っているとはいえ、自分がいつかこれらの巨匠のように讃えられるための予備選に参加しているようなもので、競争意識が拭えない。ひとりひとりに覇気と自恃の念がみなぎっている。といってもちろんすぐれた才能に頭を下げるのはやぶさかでない。そのような和戦両様のかまえが見られ、ドイツ人の友情にくらべ、大人の意識が見てとれる。

「テーブルの片隅で」でも、中心にいる人物はおそらく詩人で、パイプをくわえながら自作の詩を朗読しているところだ。しかしまわりのだれもがそれに真剣に耳を傾けている様子は見られない。左端に座っているのがヴェルレーヌ。彼もその右隣のランボーも自分の想念にひたり、それを頭のなかで追いかけている表情を示している。後ろに立っている男たちもそうだ。だれもが孤立していて、たがいのあいだに隙間風がスースー通りぬけているような寒々とした光景を呈している。

ランボーとヴェルレーヌのあいだに、同性愛の関係が介在したことはよく知られている。たがいの複雑な愛憎がもつれ、別れ話を持ち出したランボーをヴェルレーヌがピストルで撃って、右手に負傷を負わせ、それがもとで彼は獄につながれた。二人の友情は一触即発の危険なホモ関係の上に成り立っていた。それはまさにランボーが自分の詩集に『地獄の一季節』と名づけたような、凄惨な付き合いだったにちがいない。芸術家同士は心にピストルやナイフを秘めて相手と対決し、芸術家の名声をかけて食うか食われるかの戦いをしている。たとえたがいにフィジカルに愛し合うホモ同士だとしてもである。

シューベルトとマイアーホーファーとのあいだにも、同性愛の関係が介在したかもしれないと推測されていること、そして二人の友情が決裂して、シューベルトはマイアーホーファーと二度と会おうとしなかったことは前述した。しかしそこにはランボーとヴェルレーヌのあいだに介在した、命を賭けての突き詰めた芸術家としての対決はなかった。もちろんシューベルトが作曲家で、マイアーホーファーが詩人だったというジャンルのちがいが対立を和らげていたかもしれない。

ジャンルのちがいの付き合いということなら、ドラクロアとショパン、ジョルジュ・サンドの三人の友情についても言える。ドラクロアは自らヴァイオリンを弾くほどの音楽好きで、ショパンを尊敬し愛していた。よく知られているように、ショパンは一時期サンドと恋愛関係にあった。彼らの友情が深まってゆくと、三人でフランス中部のノアンにあるサンドの領地で過ごすようになる。

サンドが小説を執筆し、ショパンが作曲に励み、ドラクロアは絵を描くという生活のなかで、当然彼らは自分たちの友情をそれぞれの芸術に託して表現したいという想いを抱くようになる。しかし彼らは自分の仕事にべたべたした友情を持ち込まなかった。たしかにドラクロアはショパンとサンドのダブル・ポートレートを描いたことはある。しかしそれは三人の友情がはじまるまえに、サンドの依頼で描いたもの。それがきっかけで三人の交遊がはじまったのだった。

サンドの別荘で過ごしていたとき、ドラクロアは農婦が幼い娘にやさしく本を読み聞かせている姿を見かけ、その素朴な善良さに感動し、親子の情景を「聖アンナによるマリアの教育」として切りとった。つまり農婦を聖アンナに、女の子を聖処女マリアに見立て、聖画にしたのである。

彼らは友情は友情、仕事は仕事とはっきり割り切って、芸術を内向きの友情の自己満足の確認にとどめず、自分の芸術理念にしたがって作品を構成した。サンドは『ドラクロアとの半日』と題する回想を残している。しかしそのなかで彼女はこう記している、「ドラクロアはショパンを理解し、愛している。それに対しショパンはドラクロアを理解していない。その人となりを重んじ、愛し、尊敬してはいるが、その絵は好まない」。友情に溺れることなく、たがいの人間関係を冷静に見つめる眼を失っていない。

のちにショパンとサンドの恋愛関係は破綻する。そして一八四九年に、ショパンが他界したとき、パリのマドレーヌ教会で彼の葬儀がとり行なわれた。ドラクロアはもちろん出席したが、サンドは顔を見せなかった。ドラクロアは葬儀から戻ると、ダンテに扮したショパンのスケッチを描いた。そしてその下に、「親愛なショパン……」と書きはじめたが、両眼は涙であふれ、それ以上書きつづけられなくなった。彼はそのスケッチを死ぬまで自分の部屋に掲げていたという。

ドラクロアはそれ以前に、リュクサンブール宮殿図書室の天井画の制作を依頼され、「楽園、またはダンテと偉人たち」を描いたことがある。そのとき彼はすでにショパンを尊敬するダンテに擬していた。それほど彼はショパンを高く買っていたのである。そしてショパンの死に接したとき、リュクサンブールの天井画に描いたダンテ＝ショパンを、身近におきたいと思って、スケッチし直したのだろう。しかし彼はかつての三人の友情をひとつの情景のなかに再現しようとはしなかった。そこがシュヴィントとちがうところだ。

七　ラハナー

「シューベルティアーデ」や「ダヴィッド同盟」にも、似たような片想いや反目がなかったわけではない。ショーバーなどはシューベルトを独り占めにしすぎると言われ、仲間の反感を買ったほどで、そのため一時仲間同士が険悪な状態になったことすらあった。

シューベルトの他界後二〇年ほどたってから、シュヴィントは一八四九年に、ザクセン・ヴァイマル・アイゼナハの宮廷侍従兼顧問官となっていたショーバーと再会する。ウィーン時代に二人の仲は悪かったわけではないが、シュヴィントが一八五三年に、同宮廷のホールの壁画（「聖エリザベトの生涯」）を請け負って仕事をはじめたとき、意見が合わなくなり、それが原因で決定的に袂を分かつことになる。

またシューマンと親しかった音楽家のバンクは、後に敵対者となって、同盟のなかで「セルペンティウム」という名をつけられて登場するようになる。シューマンの呼び名が「フローレスターン」や「オイゼービウス」、「ラロ」で、クララが「キアーラ」と呼ばれていたのとおなじだが、「セルペンティウム」は「蛇」を意味し、バンクは悪役を担うようになる。

完全無欠な友情はありえない。同盟や結社に離合集散はつきものだ。それでもシューベルトの音楽は、彼が死んだ後もなお仲間を結びつける力を保ちつづけた。シュヴィントはショーバーと訣別したからといって、「シューベルティアーデの会合」のスケッチ画から、彼を省こうなどとは考えなかった。

そこが「ダヴィッド同盟」や、ケルスティングらの仲間意識とちがっている。ドラクロアはショパンへの親愛感を生涯失わなかったとしても、サンドらと結んでいた三人の友情の絆は霧散してしまい、友情の再現を自分の画業のなかに求めなかった。

北ドイツやフランスでは、ヨーアヒムのあの「自由に、しかし孤独に」という意識が、つねに失われない。それに対してウィーンや南ドイツでは、友情の絆が優先される。しかしシューベルトは晩年に、ヨーアヒムの座右銘とおなじ心境に達した。彼は友人たちとの友情の絆を失わなかったけれども、心のなかでは新しい、孤独だが自由な道を歩みはじめていた。

彼は友人たちの慰めや励ましのまったく効かない死の病にとり憑かれ、孤独のどん底に突き落とされたとき、ひとりで解決の道を探らねばならなくなった。病が彼に新しい生き方を教えるきっかけになったと言える。彼とおなじ病に苦しみ、死に直面して生きる意味を問い直した芸術家は少なくない。シューマンもそのひとり。ニーチェもボードレールも梅毒に冒されて、思想や詩想が深化していった。

梅毒ではないが、当時ほかにも人々を恐れさせていた病は少なくない。中世ヨーロッパで猖獗をきわめたペストは下火にはなっていたものの、一九世紀にはコレラがヨーロッパの各地で野火のように燃えひろがったり、消えたりして人々を苦しめていた。それに極度の恐れを抱いたのがシュピッツヴェークだった。彼は風刺とユーモアを得意とし、庶民の生活を哀歓をこめて描いた。彼の絵画に接するかぎり、そんな恐れはみじんも感じられない。またそんなシーンを描いてもいない。

しかし彼はコレラが流行するたびに、感染を避けようとあちこち転々と逃げまわった。シュヴィントもできるだけコレラ禍を避ける算段を怠らなかった。ともかく彼らは逃げようと思えば、この病を避けることができた。そう配慮するのが自分にとっても、また家族のためにも当然のことだ。また梅毒に罹りたくないと思えば、いかがわしい場所に出入りするのを我慢しさえすればよい。こうしてシュヴィントもシュピッツヴェークも、長寿を全うすることができた。

しかし長生きしすぎると、いやな目に遭わねばならぬことも生ずる。戦争も病とおなじように人々を災厄にまき込む。シュヴィントは解放戦争のときはまだ九歳で、ギムナジウムに入ったばかり。ケルナーやシューベルトのように、自由や解放の意味をまだ知らなかったろう。しかし三月革命のときは四〇歳を超えていて、その政治的、社会的な意味ははっきりわかっていた。それでも彼は革命に嫌悪を抱き、これに対して距離をとった。

メンツェルははじめは革命に共感しながら、後に微妙に姿勢を変えたことは前述した。ワーグナーは無政府主義者のバクーニンらとともに、ザクセンで革命の蜂起に加わり、失敗して政治犯として指名手配され、国外に逃亡しなければならなかった。

シュヴィントにとって革命は他人ごとにすぎなかったと思われる。しかし一八六六年の普墺戦争のとき、彼の甥たちが大勢戦死したり負傷したりした。彼の妻と娘は病院で傷病兵たちの看護と世話にあたった。さらに一八七一年の普仏戦争では、彼の親族の一七人の男性が召集された。さすがに彼も音を上げる。それでも彼は未来に想いを託してこう言った、「血がたっぷり流れ、すべてが吸いつくされ、滅ぼされてしまった。だからまたともに輪になって和解し、握手して、一からやり直そう」。

シュヴィントの心のなかには、どんな艱難にも負けない友情への強い想いが深く根を張っていた。病の猖獗や戦争の災禍も彼をひるませなかった。むしろ友情の輪のなかに入り込み、それに必死にすがることで、外の嵐を忘れようとしたと言えるかもしれない。彼がメーリケと友誼を結んだのもこの時期のことだった。

ところで、ウィーン時代からの友人ラハナーは、シュヴィントの「シューベルティアーデの会合」の描かれた年に、ミュンヘン宮廷歌劇場監督の地位を降ろされ、引退に追い込まれる。彼が宮廷歌劇場指揮者として、ミュンヘンに在任したのは、三二年の長きにわたった。

ラハナーはワーグナーの音楽を紹介するのに功績のあった指揮者である。彼は一八五二年に、ミュンヘンではじめてワーグナーの《タンホイザー》序曲を鳴りひびかせ、二年後に全曲を上演した。またシューベルトへのオマージュとして、彼のオペラ《陰謀者たち（家庭の戦争）》を上演したこともある。ラハナー自身のオペラ《カテリーナ・コルナーロ》や、《ローレライ》も舞台にかけている。

彼は鋭い耳をもち、譜読みが素早かった。明晰な棒をふり、大げさなジェスチャーを避け、柔軟性と忍耐力にすぐれ、強烈な意志力で全体をまとめる能力に恵まれていたという。《タンホイザー》上演の余勢を駆って、つぎに《ローエングリン》を舞台にかけることで、彼はワーグナー指揮者としての名声を確立してゆく。つぎなる目標は《トリスタンとイゾルテ》の初演で、彼はその準備を着々と進めていた。

余談ではあるが、この初演でタイトルロールを演じたのは、ルートヴィヒ&マルヴィーナ・シュノル・フォン・カーロルスフェルト夫妻。とくにルートヴィヒのトリスタンは、事情通によれば、その後凌駕するもののないすぐれた歌いぶりを示したという。しかし彼は初演の五週間後に心臓発作で世を去った。トリスタン役は命とりになるという伝説はこのときからすでに生まれた。

ところでそのルートヴィヒの父は、ウィーンのヴェルヴェデーレ離宮の歴史画を描いた画家で、シューベルトのリート〈恋の立ち聞き〉の情景を絵画化したこともある。一時「シューベルティアーデ」の一員だったことがあり、シュヴィントの「シューベルティアーデの会合」の絵にもちゃんと顔を見せている。彼とミュンヘンで一緒だったシュヴィントやラハナーは、彼の息子を仲間のように遇していたかもしれない。

しかしその間ルートヴィヒ二世が、バイエルン国王の地位につく。王はかねてからワーグナーを崇拝していて、一八六四年にミュンヘンに招聘した。ラハナーは上機嫌だった。もちろん《トリスタン》の指揮は彼に委ねられる予定だった。ところがワーグナーは、ハンス・フォン・ビューローという助手をつれてきていた。プローベはしだいにビューローがとり仕切るようになり、ラハナーは邪魔者扱いされ、無視されはじめる。不本意な思いのまま彼は降板せざるを得なくなり、引退に追い込まれる。もちろん《トリスタン》の初演はビューローの指揮で行なわれた。

ビューローはラハナーの指揮を、「ポエジーはないが、きちんとやるべきことはやる」と評し、ワーグナーも、「正確だが冷たく、ポエジーがない。しかしミュンヘンの音楽界の水準を高める先駆者として功績があった」と、一応は指揮者としての腕を買っている。きっと職人肌の指揮者だったのだろう。しかしポエジーというか想像力に欠けるということで、結局切られてしまう。

ビューローはワーグナーを神のように崇拝し、巨匠の信頼をかち得ていた。しかしワーグナーという作曲家は、その信頼を裏切るようなことを平気でやらかす人物だった。彼はビューローの妻コージマとひそかに懇ろな仲になっていた。夫はそれに気づいていたが、見て見ぬふりをしなければならなかった。

だが一八六八年に、《ニュルンベルクのマイスタージンガー》の初演のプローベをはじめたころ、妻のお腹が大きくなってきた。これでは見て見ぬふりもできない。ビューローの同意を得て、ワーグナーとコージマは秘密裏に結婚する。それを嗅ぎつけたジャーナリズムは、生まれてくるのはワーグナーの子供だと書き立てた。ビューローは怒って、生まれてくるのは自分の子供だと言い張り、記事を書いた新聞記者に決闘を申し込んだほどだった。

それほどまでにして忠誠をつくしながら、スキャンダルが知れ渡った以上、ビューローはミュンヘンにとどまりづらくなった。ワーグナーもほんらいなら自分のオペラを指揮してくれる卓越した部下を失って困るところだが、運よくハンス・リヒターなる新しい有能な助手を見つけたところだった。するとこれ幸いとばかり、ビューローを疎んじはじめ、結局はお払い箱にしてしまう。

目的のために手段を選ばぬワーグナーのドライなやり方は、冷酷無情に見える。私利私欲がからんでいるのはたしかだが、すぐれた成果を上げるためには、友情とか忠誠を超えた有能さが第一の尺度になる。ワーグナーは自分のオペラを世に紹介する労をとったラハナーを切って、ビューローに代えた。そして彼よりもさらに有能なリヒターを見つけると、前者を容赦なく捨てる。

それはなにもワーグナーの個人的な性格のせいばかりではない。社会は技術革新のスピードを増し、さまざまな分野で熾烈な競争がはじまっていた。それは芸術の分野にもおよび、ワーグナーの「楽劇」は、音楽と文学と美術を総合する新しい理念で構築され、これまでの旧態依然としたオペラのありように変革を迫っていた。

また彼が《トリスタンとイゾルテ》でひびかせたいわゆる「トリスタン和音」や、半音階的進行、無調の傾向は、古典主義やロマン派の音楽に慣れた聴き手にショックや不快感を与えた。絵画で言えば、マネの「草上の昼食」や「オランピア」が引き起こしたスキャンダルに匹敵するものだった。マネの革新は印象主義の走りとなる。

ワーグナーは政治での革命に失敗したかもしれないが、音楽の大胆な改革を敢行して成功した。世の価値観を大きく転換させようとすれば、友情や忠誠を引きずっていると足枷になりかねない。イノヴェーションの轍はそれらを踏み潰しながら進んでゆく。

改革は指揮という狭い世界のなかでも生じていた。ラハナーがビューローにとって代わられ、そのビューローもまたリヒターために身を引かざるを得なくなるという連鎖的な交替は、のちにリヒターにもおよぶ。彼はマーラーとのはげしい競争にまき込まれるからである。

マーラーはユダヤ人の子として生まれ、人種的な偏見の強い環境のなかで伸し上がってゆくためには、人一倍の努力と忍耐を強いられた。田舎の小さな劇場をふり出しに、新しい指揮技術と演奏理念を磨きながら、少しずつステップを上がり、最後に指揮者垂涎の的であるウィーン宮廷歌劇場監督の地位に登りつめることができた。彼はまさに指揮のイノヴェーションによって、トップの座につくことができた音楽家だった。

マーラーは世の中が競争原理で動きはじめていることを鋭く洞察し、それにはどうしたら勝てるか、徹底的に考え抜き、私情を捨て、あらゆる障害を不撓不屈の精神力で打ち破って、最高の音楽を実現しようとした。

しかしこれまでぬるま湯に浸かっていた挑戦される側からすれば、いきなり冷水を浴びせられる思いがするだろう。彼らはなれ親しんだ親密な世界を護ろうと、マーラーを潰しにかかろうとする。彼は孤軍奮闘するものの、ついに刀つき矢折れて、一九一一年に、ウィーン宮廷歌劇場監督の地位から降りざるを得なくなる。

たとえばマーラーは、演奏がはじまってから観客が場内に入ることや、アリアが終わると拍手するのを禁じたり、サクラを追放するなど、劇場の悪習を止めさせ、音楽そのものに観客を集中させようとした。また彼の目から見て水準に達しないオーケストラ楽員や歌手を追放した。しかし音楽よりも社交をたのしむために劇場にやってくる観客も少なくない。するとこれまでのたのしみを奪われるように感じて、マーラーの措置に不満や反感を抱くものも出てくる。

今日でもアリアの終わったときに拍手する習慣はなくなっていない。だから当時のマーラーの改革はいかに急進的だったかわかる。最高のものを実現しようとすれば、周囲との軋轢を生み、さまざまな反発を招く。仲間意識を優先させれば、和気靄々とした友情を享受できるが、進歩はない。一九世紀のイノヴェーションには、つねに進歩による変化への期待と、安定した秩序への執着との軋轢がともなった。

ラハナーはすぐれたオーケストラ・トレーナーとして知られていた。しかしビューローは比類のない演奏を実現するために、さらにきびしく楽員を訓練し、高度な音楽を生むむずかしさとよろこびを体験させた。リヒターはきびしいだけでなく、自らオーケストラのほとんどの楽器の演奏を習得し、楽員たちに模範を示すことで、自分のやり方に有無を言わせなかった。

たとえば、ミュンヘン宮廷歌劇場では、後に作曲家として頭角をあらわしてくるリヒャルト・シュトラウスの父が、反ワーグナー派の急先鋒として頑張っていた。彼はドイツ最高のホルン奏者として知られていた。彼はワーグナーへの反感のあまり、《マイスタージンガー》のプローベのとき、ある箇所を演奏不可能だと言って、ホルンを吹くのを拒否した。するとリヒターは代わりにらくらくと吹いて見せたので、シュトラウスの父はグーの音も出なくなって、それ以来彼に反抗するのをやめたという。

ともあれマーラーに到ると、指揮者の任務はオーケストラの訓練だけでなく、劇場や観客の改革にも拡大されてゆく。オーケストラの楽員をしめつけたり、観客の社交のたのしみを制限したり、そんな犠牲まで払って音楽を優先しなければならないものだろうか。ラハナーの活躍した時代は、音楽のたのしみと社交とは、融通無碍の趣きを示していたのだろう。「シューベルティアーデ」の会合はまさにそのモデルだった。

ラハナーの作曲する音楽は、ベートーヴェンとシューベルトを模範として、古典主義の理念や技法から脱していなかった。それでも彼はワーグナーを世に紹介する労を惜しまなかった。しかし当のワーグナーからはあっさり捨てられてしまう。実に複雑な心境だったろう。シュヴィントは大のワーグナー嫌いだった。メーリケもモーツァルトに心酔していて、心情はシュヴィントに近かった。

ラハナー、シュヴィント、メーリケは、芸術的な気質をおなじくし、それだからこそ友人同士となり、親しく交際していた。彼らの気質は「ビーダーマイヤー」の音楽、美術、文学を代表していたと言えるだろう。仲間のために詩を書いたり、肖像画を描いたり、音楽を奏でたりしてたのしみ合った。メーリケはおなじバイエルンでも、シュヴァーベン地方のクレーフファーズルツバッハに住んでいたため、ミュンヘンにいたシュヴィントやラハナーとは手紙のやりとりが多く、ときどき訪問し合って友誼をあたためる仲だった。

シュヴィントの「シューベルティアーデの会合」のスケッチが描かれたのは、一八六八年だと前述した。この年はまたラハナーが引退に追い込まれた年でもある。シュトラウスの父がリヒターに恥をかかされて、ワーグナーに屈伏した年でもあった。

シュヴィントとメーリケは、ワーグナーの冷酷無情な仕打ちに憤慨し、ラハナーを懸命にいたわったのではないか。そしてシュヴィントは「シューベルティアーデの会合」を描くことで、友情に生きる大切さを再確認し、仲間の大同団結をそのなかで実現しようとした。メーリケがシュヴィントを讃える詩を贈ったのもこの年だった。革命や戦争、政治的な弾圧や病などで、彼らの友情が壊されることはなかった。むしろそれらの外圧によっていっそう結びつきを強める結果にさえなった。しかし時代の意識を知らぬまに変えてゆくイノヴェーションの力に、友情のユートピアは内部崩壊の危機にさらされはじめる。

ビーダーマイヤーの時代は、一般に祖国解放戦争から三月革命までの時期にあたるとされている。しかし私見では、それは一九世紀初頭の解放戦争のころ、自然発生的に芽生えた「シューベルティアーデ」の会合にはじまり、シュヴィントが「シューベルティアーデの会合」のスケッチを描いたときに終わる。

仲間や弟子、恩師や親子の情を裏切ったり、超えたりすることを厭わぬ時代がはじまりつつあった。マーラーとシュトラスは新しい音楽の創造を目指して戦う同志だったが、また強力なライヴァル同士でもあった。シュトラウスははじめは父の影響で、モーツァルトを模範としていたにせよ、止みがたい引力をワーグナーに感ずるようになって、結局大のワーグナー嫌いの父を裏切らねばならなくなる。

彼らにとって「ビーダーマイヤー」的な友情は、無縁のものだった。マーラーが生まれたのは一八六〇年。シュトラウスが生まれたのは一八六四年。ラハナーが引退したのは一八六八年。おそらくマーラーやシュトラウスの誕生と、ラハナーの引退のあいだに、つまり一八六四年と一八六八年の四年間のあいだに、「ビーダーマイヤー」終焉のブランキストン線が、引かれていると思われてならない。

参考文献

Eduard Mörike : Sämtliche Werke, I, II, München 1976
Hannelore Gärtner : Georg Friedrich Kersting, Leipzig 1988
Staatliche Kunsthalle Karlsruhe (hrg) : Moritz von Schwind. Meister der Spätromantik, Karlsruhe 1996
Georg Himmelheber : Kunst des Biedermeier 1815–1835, München 1988
Robert Waissenberger (ed) : Vienna in the Biedermeier Era 1815–1848, London 1986
Otto Erich Deutsch : Franz Schubert. Sein Leben in Bildern, München 1913
Otto Erich Deutsch : Schubert. Die Erinnerung seiner Freunde, gesammelt und herausgegeben von O. E. Deutsch, Leipzig 1957
Otto Erich Deutsch : Schubert. Die Dokumente seines Lebens, gesammelt und erläutert von O. E. Deutsch, Kassel 1964
Walter Dürr/Andreas Krause (hrg) : Schubert Handbuch, Kassel 1997
Alfred Einstein : Schubert. A Musical Portrait, London 1951
Cedric Dumont : Schubert, Braunschweig 1978
George Marek : Schubert, London 1985
Charles Osborne : Schubert and his Vienna, London 1985
Ernst Hilmar : Schubert, Graz 1989
John Reed : Schubert, Oxford 1997
Heinz-Klaus Metzger & Rainer Riehn (hrg) : Franz Schubert. Musik-Konzepte, Sonderband, München 1979
Otto Brusatti : Schubert in Wiener Vormärz. Dokumente 1829–1848, Graz 1978
Peter Gülke : Franz Schubert und seine Zeit, Regensburg 1991

Eduard Bauernfeld : Erinnerungen aus Alt-Wien, Bregenz.
Carl Dahlhaus : Die Musik des 19. Jahrhunderts, Laaber 1980
Egon Gartenberg : Johann Strauss. The End of an Era, Pennsylvania 1979
Alice Hanson : Musical Life in Biedermeier Vienna, London 1985
Anton Neumayer : Musik und Medizin. Am Beispiel der Wiener Klassik, Wien 1987
Alexander Ringer (ed) : The Romantic Era. Between Revolution 1789 und 1848, London 1990
Karl Wörner : Robert Schumann, Zürich 1949
Marcel Brion : Schumann et l'ame romantique, Paris 1954
Wolfgang Boetticher (hrg) : Briefe und Gedichte aus dem Album Robert und Clara Schumanns, Leipzig 1981
Otto Weigmann (hrg) : Klassiker der Kunst in Gesamtausgaben neunter Band, Moritz von Schwind, des Meisters
Werke in 1265 Abbildungen, Stuttgart 1906
Gerhard Pommeranz-Liedtke : Moritz von Schwind, Maler und Poet, Leipzig 1974
Edward Lucie-Smith : Fantin-Latour, Oxford 1977
Harold Szeemann (hrg) : Eugéne Delacroix (Ausstellungskatalog), Zürich 1987
Alain Daguerre de Hureaux : Delacroix. Das Gesamtwerk, Stuttgart 1993 (Deutsche Übersetzung)
Emil Staiger : Vor drei Bildern. G.F. Kersting, C.D. Friedrich, J.L. Agasse, Zürich 1983
Karl Kobald : Schubert und Schwind. Ein Wiener Biedermeierbuch, Wien 1921
Siegfried Wichmann : Carl Spitzweg. Kunst, Kosten und Konflikte, Frankfurt 1991
マルセル・ブリオン『ウィーン　はなやかな日々』、津守健二訳、音楽之友社、一九七二年
クロード・ケテル『梅毒の歴史』、寺田光徳訳、藤原書店、一九九六年
サンダー・ギルマン『病気と表象　病のイメージ』、本橋哲也訳、ありな書房、一九九六年
ペーター・ラーンシュタイン『ゲーテ時代の生活と日常』、上西川原章訳、法政大学出版局、一九九六年

高貴な世界に背を向けて
――ルードヴィッヒ・リヒターのビーダーマイヤーへの転換

ハンス・ヨアヒム・デトレフス

一　場面転換

場面転換　その一

フリードリヒ二世が非常に関心を持っていたワトーのほろ苦い絵画のなかで、もっとも有名な作品に属するのが「美術商ジャルサンの看板」（一七二〇―二一。ベルリン・シャルロッテンブルク所蔵）である。これは、彼の最晩年の作品に属し、あの緩やかで、エレガントな社会、自らと芸術作品とに興味を抱いていたロココ社会をもういちど描いている。ワトーはこの世界を、夕暮れ時の、別離の雰囲気のなかに描き出すことを好んでいた。

ワトーの「看板」は謎の多い絵画である。中央のギャラントな紳士が、左の軸線上のエレガントな淑女の手を引いている。彼はどこにこの女性を連れていこうというのであろうか。右側の集団の所のようにも見える。絵画の前方に立つ彼女を、とりわけ後方に誘い出そうとしているようだ。

前方の均質的で、きっちりとした水平の断面によって隔てられている空間は、パリの街路であり、日常生活である。ごつごつした敷石、一匹の野良犬、ぶちまけられた藁の山。これはこの絵の「現実空間」である。

これに対立するかのように、頑丈な柱の向こう側に展示と販売のための空間が奥まで広がっている。

背景の場面にいる軽率なロココ絵画の観察者や日本の漆細工の観察者は、ちょうど路上に運び出された舞台の書き割りのようにも見える。

ピンク色のドレスの淑女は、この「絵画空間」にちょうど足を踏み入れようとしている。しかし躊躇も見える。彼女の眼差しは、左の方角を向いている。そこでは店の下男二人が重い鏡を木箱に詰めている。太陽王の肖像画は、ちょうどその中に片づけられたばかりである。一つの時代が終った。アンシャン・レジームだろうか。

鏡をみてうぬぼれていた時代、芸術によって自己を高貴な存在に高められた時代。あるいはまた絵画においてしのびよる自己消滅と街頭の勝利がテーマなのであろうか。

絵画の左脇には、柱にもたれかかっている男性の姿がある。この人物はその態度、服装からして上流社会の一員にも、あるいはまた芸術に興味をもった商売人のようにも見えない。荷物の運搬人であろうか。そうも思えない。

この人物はルイ十四世の絵が梱包される様子を、興味なさそうに見ている。彼はワトーの描く「無関心な」人物の一人である。この形象が重要でないというのではない。それは、その性格が摑みにくい存在であり、記述することの難しい存在である（そしてこの形象こそが、ワトーの本質を描いているものであると主張されてきた）。

服装から見ると、彼は路上の人である。ワトーはこの男を柱の前に、外側に向けて「絵画空間」の中に描いて

「美術商ジャルサンの看板」（ワトー）

いる。つまり、まもなく世界史のスペクタクルが演じられる街頭にではない。

ワトーの遊戯的な気品、メランコリックな無関心が新人類を求める革命の要求を満たすことができないということは想像できる。しかしながらロココの「放縦さ」に対してさまざまな意見があるにも関わらず、新時代が始まった後のワトーの絵画は、その賞賛者をよりにもよってヴァッケンローダーの「芸術を愛する修道僧」たちの間に見いだす。ルードヴィッヒ・ティークは、一七九九年に「さまざまな関係が静かにもつれ合い、気がつかないうちに新たな展開をもたらすような」「われわれの日常生活から生まれた」(1)ワトーの絵画に対する彼の偏愛を告白している。

これはびっくりするほどに歴史を無視した解釈である。にもかかわらずそれは、ティークによって日常生活の芸術、気がつかないような事件を描き出す芸術のトポスとして指摘されている。このことについてわれわれは以下で考察していくことになる。

場面転換　その二

一八二四年の夏、シンケルはローマへ旅の途上でヨーゼフ・アントン・コッホ(2)のアトリエを訪問している。コッホはチロルの貧しい農家の息子でありながら、シュトゥットガルトのカール高等学院に入学を許可された人物である。ところが彼は一七九一年にフランスでの革命思想にとりつかれ、ちょうどその一〇年前のフリードリヒ・シラー同様、この学校から逃げ出していた。

一八二四年ちょうどコッホの勇ましい風景画「ライヒェンバハテルとヴェッターホルン」が、ローマで完成した。

コッホの芸術は、ドイツにおける擬古典主義風景画の最高峰として認知されていた。この絵画の手法は、アカデミーの世界での従来の方法と美しいイリュージョンを作り出そうという傾向に敵対するものであった。この芸術が目指したものは「本物の生活」、自然なもの、技巧的でないもの、単純なものを肯定することであった。とは言ってもそれらを通常の形でとらえるのではなく、雄々しい姿で描き出すことであった。そしてこの情景は風景のそれまでの歴史的な出来事に基づきながら新たな基準を与え、見る者に手本としての作用を与えるものである。コッホの「ヴェッターホルン」は、森の中の地形を表現している。この地形があるために、山の中の小川は身をくねらせて流れる。その上に白い山の頂が見える。水平線のくぼみ、二つの互いにせめぎあうゾーンは、岩の塊の持つ高貴さと近寄りがたさを強調するのに役立っている。

「ライヒェンバハテルとヴェッターホルン」（コッホ）

権力の奴隷たちよ。お前たちが、あの氷に閉ざされているアルプスの住人のことを羨ましく思うのは、理由のあることなのだ。

と、一七九一年学校のハイキングで出かけた際に書かれたコッホの紀行文は語っている。

ここは風通しのよい健康な場所だ。ここで人々はなんの心配もなく、専制君主の毒の入った鞭にうたれることもなく幸福な日々を堪能している。(3)

このコッホの雄々しい壮大なまでのアルプスの風景の中にも「絵の中に描かれた絵」がある。威嚇的な雲の群がりに伸び上がる高貴で人間を寄せ付けない自然の活劇、それが絵画の上の部分を占めているが、前方手前の部分は穏やかで、ほとんど抒情的にさえなっている。後期ロマン派の情趣がこの地形をアルカディアに変貌させたことは、リヒターの功績である。彼はコッホの要請に基づいて、細部にこだわった植物の図をつけたしている。リヒターはコッホの風景画の中で、情熱的な表現が線を重視する擬古典主義と一体となっているのを見ている。このことはしかし、リヒターにとっては気持ちの良いものではなかった。

コッホの風景は、その中にある様式の影響がもっと押さえられていれば、さらにわたしの興味をひいたであろう。これによってコッホは、自然が与えているものを表現することができないのである。芸術家は、この絵画を見て多くのことに感嘆することができる。しかしながら専門家でない人々、通常の人々には、興味を抱かせえない。コッホという人間はたしかに情熱、生命、精神と言ったものをあまねく備えている。しかし彼の中には愛情も感情も、そして純粋な自然さもない。これは彼の絵画でも同じである。それは確かに美しい、しかし心に訴えるものを持っていない。(4)

ナポレオンに対する勝利とウィーン会議から約一〇年の時が経っていた。あらたに書き割りの上に登場したのが慎重さ、謙虚さ、内省である。世界史的な大事件を描く歴史画や勇ましい古代をアレゴリーで描く歴史画の時代は去った。芸術における静物画的思考の時代が始まった。それはつまり人間を室内画、風俗画、風景画の中に置き換え、歴史性のない日常の静かな日々を描くことである。古代の模範をめざした勇ましい規格の後に、シュティフターの「柔らかな法則」(5)が告知される。この法則は近い過去に生じた恐怖に終止符をうち、通常のもの、取るに足らないものに場所を提供する。英雄たちの暴力をなだめ、不可視なもの、無意味なもの、控えめなもの、単純なものを新たに発見しなければならない。

人間とものとの細やかな関係が根拠づけされ、単純なもの、意味のないもの、移りゆくものの、情緒的でより豊かな表現が完成されねばならない。すぐ近くにあるもの、小さなことがらに対するより鋭意な洞察、感覚的な興味というものが訓練されねばならない。

安心感、安定感といったものを求める態度は、芸術にとって全体の絵画の枠の縮小化を意味している。この今日まで論争の続くエポックの名称がビーダーマイヤーである。

二　ビーダーマイヤーか三月前期か

一般的に一八一五年のウィーン会議から一八四八年の三月革命までの間の市民階級の保守的な潮流に限定されているビーダーマイヤーには、政治的に失望した市民階級の幅広い領域における諦念や非政治的な行動への退行の傾向が強いため、芸術におけるリアリズムは存在しないと言われている。

地域的なるもの、地方的なるもの、そして私的なるものへの退行によって、フォルスター、カント、ゲーテあるいはフンボルトなどによって示された世界市民的な興味は、薄れていくことになる。

そして公共生活への参入は拒否されたけれども、それを埋め合わせてくれるのが、新たな感情生活、伝統的な世界秩序への退行、細部や微細な事柄への愛情である。

ビーダーマイヤーにおける歴史認識の欠如や技術革新と大都市化への反発というものは、インマーマンが『エピゴーネン』（一八三六）で述べているように自己防衛の機能があった。近代化に逆らうことはできない。しかしだからと言って

われわれが自分や家族のために狭い草地に囲いをし、この孤島を激しく襲う工業化の波に逆らって守りを固めるからといって、その態度を非難すべきではない。

この自己防衛の本能ゆえに、ビーダーマイヤーはのちに小市民的な浪漫派によって支配され、保守反動によって独占されることになる「郷土芸術」がめざす理想像へと転換させられることになる。

くわえて今日まで諸外国の人々が、このビーダーマイヤーというドイツの芸術に、ほとんどあるいはまったくと言って良いくらい関心をそそがなかったことがあげられる。ヨーロッパ近代の立場に立つならば、この現象は、ドイツ的な特殊性の印象を与える。つまりこの現象を解明しようとする者は、容易に進退窮まる状況に陥ってしまうのである。

時代区分としてのビーダーマイヤーに無効を宣言し、芸術思潮としてのビーダーマイヤーに疑問を投げかけるのがビューヒナー、ベルネ、ハイネ、グラッベらによって表現されたリベラルで革命的な「三月前期」であるが、この対立こそが「詩的で」非政治的、復古的なこの時代の様式を際だたせる。

くわえてゲーテの後期作品、ヘーゲルの哲学、シューベルトの音楽、アレクサンダー・フォン・フンボルトの世界旅行を特徴とする時代を表す名称が、一八五五年ミュンヘンの『フリーゲンダー・ブレッター』誌においてアードルフ・クスマウルとルードヴィッヒ・アイヒロットによって創作されたゴットリープ・ビーダーマイヤー

という俗物的な市民に由来するという問題もある。また「三月前期」という概念もまだ十分に議論がつくされたとは言えない。

最新のブロックハウスとマイヤーの百科辞典は、一八一五年から一八四八年を「三月前期」と呼んでいるが、ニッペルデイ(6)はこの概念を一八四〇年から一八四八年だけに特定している。リュルプ(7)は一応この時代を一八三〇年から一八四〇年の間にあてはめてはいるが、基本的にはこの概念そのものを拒否している。というのはこの名称によって、それまでの歴史がすべて「前期」として片づけられてしまうからである。

ヴェーラーにとっては、それはこの時代の持つ矛盾である。「一つの名称で片づけることはできない傾向を抱えている。すなわち、埋もれていく過去と立ち上がっていく未来を指向している。(8)」

一八四八年以前の時代のコントラストが余りにも大きなものであると感じているルッツは、このビーダーマイヤーを「せいぜい巨大な一つのパノラマの名称として理解する。すなわちこの風景の中には、後期ゲーテの時代から革命までの、穏やかで、押さえられた、対立を嫌い、融和を求める社会のあり方が存在している。そしてこの社会は、激しい近代化の波と工業化の嵐を前にしていまだその行き先が良く分かっていない――あるいはいまだはっきりと自分の態度表明をしていない。(9)」

アレティンもまたこのエポックをビーダーマイヤーと名づけることに満足していない。一八一五年から一八四八年の間の歴史はもっと別な観点から考察することができると言うのである。彼は国家と社会とが別々な道を歩み始めたそのプロセスとして、この時代を表現しようとしている。

ナポレオン時代以降、ドイツの諸国家はまったく異なった歩みを開始した。神聖ローマ帝国の法律を、これまでのように復活させようとする試みはなくなった。これまで皇帝の権力が拠り所にしていた家父長的で帝国等族(諸侯、直属都市、高位聖職者)を中心とした制度に対して、連邦制度を支持する勢力が勝利したのである。カトリック教会の勢力下にあった帝国から、プロテスタントの力の強まった連邦が成立した。ナポレオンによって強制された改革は、早くから自主独立の方向を目指していた諸国家においてさまざまな形での痕跡を残した。

改革のプログラムは、南ドイツの憲法を除いては一八一五年以降ほとんど進展しなかった。

一八一五年において、それぞれの国の社会状態が改革プログラムのような状態であったなら、そのような形での急ブレーキは不可能であった筈だ……。

本物の啓蒙主義者として将来の発展に影響力を行使できると考えていたリベラル派は、今や少数派となってしまった。産業革命の難題を前にして、ナポレオン時代に源を持つ国家建設を諦めることが、新しい状況を生みだした。そこで市民たちは政治的責任と社会的責任の行使を要求したのである。この新たなリベラル派は、自らの要求を一八一五年のリベラル派と同じように主張したわけではない。彼らは政治的にものごとを考えていたので、その信念と政治的な利害関係に基づいてさまざまな要求を出すようになっていた。一八一五年のリベラル派ならば、上から与えられた改革プログラムを尊重した筈である。それが啓蒙主義を受け継ぐ者には相応しかった。一八四八年の革命家たちは、この改革プログラムをさらに拡大して要求したのである。社会の発展が、停滞していた国家を追い越していた。(10)

これがアレティンの考え方である。

一五〇〇年前のエポックを巡る名称が、今日においてもなお相変わらず激しく論争されているということは、尋常な事態ではない。この流動的な状態が念頭にあるので、ホフマンはその記述においてとりわけ一九世紀前半を「分裂した世紀」と名づけた。

以下ではホフマンの論を紹介するのでなく、当時の人々にとってはこの時代の分裂が、後の世代が想像しているよりもはるかに浅いものであり、修復する可能性もあったと思われていたということを紹介してみたい。具体的には、二人の対照的な画家の芸術的、芸術理論的な緊密な関係をてがかりにする。ヨーゼフ・アントン・コッホは、芸術における自由への情熱を「風濤期」において学び取っている。ルードヴィッヒ・リヒターの後期ロマン派風イタリア絵画は、あらかじめ彼のビーダーマイヤーから郷土芸術への転換を示している。この転換は、彼がイタリアから戻る一八二四年に実際に生じている。ビーダーマイヤーの芸術は、模倣する者たち、独創性の欠けた者たち、特徴の無い者たちの芸術的表現として考えられていた。

フリードリヒ・ゼングレはこのことを次のように説明している。「ビーダーマイヤーの芸術というものは、人間の自由、英雄性、天才性、浪漫派の主張する性格を備えたものと独自なるもの、放縦と無秩序を間近に経験してしまった。そして狂気と混沌の淵に到ったのである。その結果この芸術は、当然のことであるが、再び秩序と理性を評価することを学んだ。」(11)

ここで問題となっている二人の画家の芸術に対するコメントと内省を読む者は、この二人が「個別の性格を備えたもの」を様式上の命題としていることを発見して、驚嘆するに違いない。「個別の性格を備えたもの」とは、ゼングレがおそらく問題としているであろうシュレーゲルの、個性的なるもの、興味をひくもの、著しいものに対する概念上の同義語が表しているよりももっと深い概念史を抱えており、広範な意味の多義性を有している。

ここでまずあらかじめ指摘しておかなければならないのは、次の点である。風濤期から出発している擬古典主義者コッホにとって、「個別の性格を備えたもの」とは、政治上、芸術上の反対勢力を意味する概念なのである。

民族的な特徴を表現すること、それは必ずしもドイツ的である必要はないが、しかし北方的な芸術を表現することを、コッホやほかの同時代人たちは自らの課題としたのである。

彼らの手本はアルブレヒト・デュラーである。同じ様な現象を風濤期の若いゲーテ、あるいはメルクなどにおいて確認することが出来る。

「個別の性格を備えた」芸術や「独特なもの」をめぐるテーマは、一七世紀のフランスのモラリストたちの著作、一八世紀初頭のイギリスの芸術史にその始まりを発見することが出来る。以上がビーダーマイヤーの歴史的な位置づけである。

三　楽園からの別離

ルードヴィッヒ・リヒター[12]（一八〇三―一八四）はスピッツヴェーグとともに、今日のビーダーマイヤーのイメージの大部分を形作った画家である[13]。

まず彼は父親の所で修行をし、後にドレースデンのアカデミーの時代に、ロシア貴族の随行員としてフランス旅行（一八二〇―二一）に参加することが出来た。

若い頃のリヒターが興味を持ったのは、チョドヴィエキーの絵画とソロモン・ゲスナーの風景画であった。

ローマにおいてコッホの影響下で風景画家としての修行を積んだ時代は、一八二三年から一八二六年の間であるが、この時期が同時に、イタリア風景との邂逅の時代であった。

「イタリアの熱病」から精神的に回復した後で、彼はその後の人生を故郷を表現することと、その故郷の民衆的なテーマを描き出すことに費やしていく。ドイツに戻ってくる途中でシュトゥットガルトのボアセレ兄弟が集めていた古いドイツ絵画を見たが、このコレクションとの出会いが決定的なものとなる。この出会いが芸術上の転換をもたらした。それは対象に対する親密さを特徴とし、心情的な価値を重要視する表現であった。そしてその中心には、故郷の自然と家族がある。リヒターの社会体験というものは、農民層と小市民層に強く結びついていた。それゆえ彼はまもなく「社会的な現実を意識的に排除しながら童話的なもの、田舎的なもの、小市民的なものを緻密に描く専門家」にされてしまった。

どの時代もそうであったが、とりわけ二度の大戦後は、さまざまな組み合わせで、膨大な量の作品が売りさばかれた。そして彼の描く聖なる世界は、ドイツの家庭の家宝としてどうやら人々の心を慰める機能を果たしてきたようだ。(14)

と、ブッシュは述べている。リヒターを軽視する批評家の中では穏健派の彼であるが、作品として評価するのは、現代のほとんどの芸術史家同様イタリアの風景を描いた作品のみである。

ビーダーマイヤーの発明品として嘲笑の対象となっているのが絵巻物語、男声合唱団、同種療法（ザームエル・ハーネマン）などであるが、その中にはサンタクロースのやって来るクリスマスとその時に飾られるクリスマス・ツリーもある。

このクリスマスのイメージに決定的な影響力を与えたのがリヒターである。彼の「聖夜」（一八五五）、「クリスマスの夢」（一八六四）ほど多くの子供たちに愛されながら、同時に多くの芸術愛好家に疎まれている作品もない。

ベルシュ＝ズーパンがリヒターの慰めに満ちた世界に関して述べた言葉は辛辣である。彼によれば「リヒターが描いているような共同体のモデルとなるような忍耐力の要求、小市民的な抑制の美化、子供世界の崇高化が、ドイツ人の奴隷根性を強固にさせた。[15]」

一九三四年、ドレースデンで画家の没後五〇年祭が営まれ、リヒターは覚醒しつつあるドイツの告知者としてそして彼の作品は「永遠に不変のゲルマン民族の表現」(フェルキッシャー・ベオーバハター新聞)として宣言された。

一九八四年は画家の没後百年祭であった。この時は全く別な形であったが、やはり記念展覧会がドレースデンで開催された。これまでリヒターのイタリア以後の作品を評価してこなかった芸術史家たちが驚いたのは、ここに三一万人の観客が訪れて、この展覧会が大成功を収めたことである。

ローマにあるコッホのアトリエでリヒターは、風景画への手ほどきを受けた。風景画とは彼にとっては「まるで音楽のように、特に自己中心的な性格を持っている[16]」と思われた。というのは風景画では「いつも自分で経験したもの、自分で感じたもの[17]」が表現されなければならないからである。「老いた巨匠[18]」「風濤期に根を持つ[19]」コッホは、ラインハルト、カルステンス、トールヴァルセンの友人であり、ダンテ、シェイクスピア、ギリシャ神話とギリシャ文学の愛読者であったが、彼はローマ近郊のオレヴァーノで風景の「原型[20]」を見いだしたと思った。

「聖夜」(リヒター)

一九世紀において最初に芸術史と取り組んだルモールは、

コッホがこの一帯を浪漫派の巡礼地に祭り上げたと述べている。風景画においてコッホは「大地に明確さ、性格、肉付けを与えることを教えたその最初の人」[21]である。

リヒターは『回想』の中で次のようにコッホについて触れている。

　コッホの芸術は偉大なるもの、強大なるものを情熱的な形式で表現しようとしている。そのことは十分に理解できるし、驚嘆に値することでもある。しかしそのことは、私自身の根本から芽ばえてくるものではない。私の中では美しさ、優美さ、花開く幻想、当時シュノルの作品に作用していたロマン派の魔力が存在し、私の想像力が自由に、のびのびと動き回っていた。[22]

コッホとの友好的な議論の中で繰り返されるのは、コッホの全体性に関する芸術的な想像力であるが、そのことに関してリヒターはどれだけの言葉を費やしても満足することができない。

リヒターにとって困難なのは「個別の性格を備えた風景画」[23]を作り出すことであった。というのは彼によれば「重大なるものを受け止める能力、閉じられた全体を感じ取る能力」[24]が欠けているというのである。

コッホの教訓は「個別のものを見るのではなく、全体のバランス、美しい輪郭に着目すること。何故ならば部分ではなく全体がまず最初になければならないからである。そして個々のものは後に全体の枠の中から発展しなければならない。[25]」

リヒターは自分の芸術にとって「不変の基盤」[26]を与えてくれるような「強固なもの」[27]を求めていた。このような願望があったにもかかわらず、「最初のタッチの中に存在していた力強い描写が、やがて消えてしまい、彼の仕事は不安定なもの、微少なものへと変わってしまった……。[28]」というのが『回想』の中で述べられているコッホによるリヒター批判である。

リヒターが強調する情趣とは、一部の専門家を魅了する必要はなかったが、無邪気な心を持つ人々を感動させねばならなかった。そしてこれはコッホの言うエルスハイマー、プッサン、ロランを想起するようなイタリアの理想的な風景の中に例がある「偉大なるもの、強大なるもの、法外なるものの理解[29]」から生じる崇高な美学に背を向けることであった。

これらの画家においては絵画空間が果てしなく広がっている。

彼らの描く無限の領域、解き放たれた自然の抑制のきかない暴力は、人間にどんな安全な場所も提供することがない。

とくに解放戦争の時期、画家たちのたまり場となっていたカスパール・ダヴィッド・フリードリヒのドレースデンのアトリエに、リヒターが顔を出さなかったのは、ここに原因がある。

リヒターはフリードリヒに崇拝と拒絶の複雑な感情を持っていた。たぶんフリードリヒの、若いリヒターに対するさげすみの言動を耳にしたことも影響しているであろう[30]。

一八二四年に二人は同じモチーフを作品にしている。「ヴァッツマン」である。

リヒターの作品は、二〇歳の時に描いた処女作である。そこには、幾分かはそのタッチが認められるが、本来的にはコッホがアルプスを描いた時の強靭な情熱が欠けている。

ザルツブルク旅行に基づいて描かれたこの絵は、リヒターの言葉によると「ゴチック様式の聖堂に似た構造で作られている。花の咲いた草地が広がり、後方の崖からは泡だつ滝が落ちてくる。そしてそれは高いアルプスの麓に広がる緑の森に繋がっている……[31]」

この急峻な山地は人間に対して敵対心を持っていない。その逆である。この風景は左側の森の端にある礼拝堂、右手前の煙突から煙を吐く小屋をぐるっと取り囲んでいる。リヒターはその腕に抱かれている絵巻物語を個々のさまざまな細部にこだわりながら描き出すことが出来る。これとは全く異なった不快な世界がフリードリヒの作品では描かれる。

「ヴァッツマン」（リヒター）

彼の「ヴァッツマン」[32]は、一年前に出来上がった「氷の海」のヴァリエーションである。細かい部分はほとんど省略されている。この絵は、感覚を麻痺させられた様な空虚な印象を与える。

「ヴァッツマン」（フリードリヒ）

氷河の上の万年雪は前方のカルスト岩と同様に近寄り難い印象を与え、中心には人間の命を象徴する松と白樺があるのにもかかわらず、鑑賞者からあらゆる希望を奪ってしまう。

鑑賞者の目が非常に狭い尾根を上に向かって走って行くと、突然前方の二つの脇に深淵が口を開いていることでも、この作品の持つ近寄り難さの度合いは強められる。ここにおいてフリードリヒは、芸術のある技法を用いている。

緩やかに中央に伸びている尾根は急激な岸壁に盛り上がる。そしてそこから遠近法の直線を用いて頂上の幅の広い背景が、左右にちょうどパノラマのように伸びていく。地平線は左右の側に無限に広がっているような印象を与える。フリードリヒにおける視角の拡大とリヒターにおける制約は、真っ向から対立している。リヒターの世代は、フリードリヒの世代とはべつな形での自然観を抱いていた。

この世代は内面世界との合一を求めている。リヒターが確信していたのは、「芸術とは魂の湖面に映し出された自然世界の生き生きとした写し絵であり、それゆえ……内的な人間の形成は芸術にとって非常に意味のあることであった。」[33]

コッホは同時人たちの「繊細に描かれた世界」[34]、「その平凡な、習慣的で、個性のない美的性格」[35]を批判した。彼らは「自分たちの顔に刻まれた個別の性格に興味を抱こうとはしない」[36]のである。「何故ならば、それこそが自分たちの美的概念に真っ向から対立するものなので」[37]。同時代における芸術の敗北をコッホは、芸術が「その高貴な単純さ」[38]を、趣味の多様化の中で見失ってしまったことにあると見抜いた。

これは擬古典主義者に特徴的な言辞である。しかし彼の語り口には、さらに異なった由来が発見できる。

さまざまな時代に描かれた絵画を比較すると、たとえ強弱の差があるにせよ、そこには時代の特性やその時代に生きた人間の特徴を見いだすことが出来る。我々の時代にあるのはしかし、性格ではなく流行である。別な言葉で言う

ならば、現代の人間は特性のない人間であり、彼らを描いた絵画は必然的に流行の姿となる。(39)

これは風濤期における流行現象、厚化粧、間違った習慣に対して行われた批判と同じである。この抗議は、風濤期と同様に、とりわけ教育者たちに向けられたものである。コッホにとって芸術の特徴が失われた理由とは、アカデミーにおける「専制主義」(40)にあった。ここでのやり方が、創造的であり、生き生きとし、根元的であるものを、すべて学生の内部から奪ってしまう。

石膏やモデルを意味もなく模写することが何年間にもわたって続く。しかもそれは自然を忠実に描くのではない。そうではなくて抽象的で無味乾燥な流儀によってである。これがあらゆる個性を台無しにしてしまう……(41)

勇壮な風景というジャンルに属している絵画を描いていたために、コッホはつねに擬古典主義者の一人として理解されている。この分類はしかし彼が「高貴なる単純さ」という言葉を表明しているにもかかわらず問題がある。

「我々は融通の利かない、冷徹で、動きのとれないような芸術体系を求めてはいない。(42)」と彼は大理石のように冷たく血の通っていない芸術について述べている。そしてこの発言は、擬古典主義に対して何度も述べられている。造形芸術の模範に対して、コッホが念頭に置いているのは風景画である。その際に彼が先例にしているのは、イタリアではない。それは北方であり、とりわけオランダにおいて見いだすことが出来る。

クロード・ロラン、気ままなヤン・ステーン、テニールス、ライスダール、スネイデルス、パウルス・ポッターなどの描いた魅力的な風景画、郷土の姿こそ賞賛に値する。[43]

擬古典主義において彼が攻撃しているのは、寄せ集めでことを済ませるような教養「模倣的な完璧さを求める創造性を無視した法則[44]」である。

これはコッホにとって「メンクスの作品[45]」の中にはっきりと刻印されている。そこにあるのは退屈さだけであり、「個別の性格などみじんも見られない。[46]」

興味深いのはコッホにしろ折衷主義を批判する浪漫派にしろ、ヴィンケルマンの芸術観を例外として認めていることである。しかしドイツの擬古典主義者メンクスやフランスのダーヴィット[47]には芸術を刷新する能力を認めていない。

ダーヴィットもメンクスも先人たちよりははるかに見事に描いているが、彼らを生きた芸術の制作者とはとても呼べない。彼らは生き生きとした作品を理念に感動して創作する芸術家というよりも、物知りな学者であり、巧みな職人である。[48]

コッホによれば彼らには、シャフツベリー以来天才の印であり、人生を覚醒させるような創造力の印である熱狂が欠けているのである。論争好きなコッホは、当時の様々な芸術様式に対して戦いを挑んでいる。

古いロココ芸術は専制主義的な時代の産物であり、メンクスとダーヴィッドの方向は擬古典主義の大げさな荘重さであり、ナザレ派の芸術は過去を向いた敬虔さであり、後期ロマン派とビーダーマイヤーは、誤った牧歌性と甘い細部表現、という具合であった。

このさまざまな矛先を彼自身に向けてみると、この時代の芸術様式に対するコッホの孤立した立場というものが明確に浮かび上がってくるのも当然であろう。

そのような矛盾にもかかわらずコッホの弟子や継承者であるホルニー、フォール、リヒター、フリース、ロットマン、プレラーに対する影響は存在している。それまでの分類に対して異議を唱えるのは、おそらくはコッホの芸術観なのであろう。

一七世紀のオランダ絵画の風俗画家たち以外に、彼の先駆者として名前があげられるのは誰であろうか。その一人がマサッチォである。彼は「別な道を歩んだ。そして詩的に舞い上がろうとする想像力を真実、自然、日常的な世界という形で表現することで抑制した。(49)」

真実なるもの、自然なるものの表現を、コッホはここでは日常生活の影響下にある芸術の現実習得として理解している。日常世界が重要であるということ、それが風俗画家にとってのみ重要なのではないということ。さらに醜いものの描写も芸術にとっての自己主張であるということを、別な人物がコッホに証明してくれる。それは驚くべき事であるが、擬古典主義者によって風刺画（カリカチュア）との類似性故にひどく非難されてきたウイリアム・ホガースである。コッホは彼の作品を手放しで賞賛しているが、これは当時のドイツでは珍しいことである。その例外がリヒテンベルクであった。

ホガースはコッホにとって「日常的な環境を描いてはいるが、情熱と心の動きを描くピッタリの表現者であった。(50)」

ホガースは、地面をはいつくばり善悪の間を行ったり来たりしている娼婦を描く。この絵を風刺画（カリカチュア）と呼ぶことはできない。芸術や人生における多様な性格が、退屈さを吹き飛ばしてしまう。漠然とした抽象的な美や想像の産物には、そのような可能性はないのである……。(51)

コッホのこのホガース弁護は、部分的には、どちらかというと芸術におけるリアリズム宣言のように聞こえる。コッホ自身もなるほど情熱的な諷刺画家であるが、彼にとって重要なのは芸術の形式としての風刺画を認めてもらうことではない。そうではなく歴史画にとっての諷刺の性格描写の意味なのである。

退屈さを追い払うこと、躍動性、鑑賞者への直接的働きかけは、一世代前の芸術の特徴である。そしてこの芸術の前提が、コッホにとっては「芸術における多様な性格」を作り出したのである。

新しい市民階級の歴史画ブームにおけるホガースの「モダン・モラル・サブジェクト」論争だけでなく、彼の多様性という芸術方針、さらに彼が性格と諷刺の間においた関係性に関しても、コッホは習熟しているように見える。

表現という概念や性格という概念に強い関心が、コッホの風濤時代、すなわちラーバターやフュースリー、レンツ、若いゲーテの時代への親近性を直接に物語っている。

当時コッホの「芸術史」が公刊されて以来五〇年が経っていたが、表現と性格を巡る問題は、どうやら少しもアクチュアル性を失っていないようだ。

否、逆である。コッホは、社会的な条件が変化した後での歴史画の運命には、興味がなかった。むしろ性格という道徳的な概念のもとに彼が理解した、風景芸術の中の全体性のイメージが問題であった。

すでに古代において特殊なもの、特徴的なものに対する感情が存在していたというテーゼはアロイス・ヒルト（一七五九―一八三七）の一七九七年に公表された、このテーマを巡る三つの論文の中にある。

コッホが一八〇五年に知り合ったカール・フリードリヒ・フォン・ルモールによって特徴を備えた芸術という考え方にヒントを得たという説は、むしろ当たっていない[52]。もっと別なさまざまな交流の可能性が考えられる。コッホがローマに到着したのが一七九五年の春、そしてヒルトは一七九六年まで特徴を備えた芸術というものをイタリアを旅行する人々に紹介していたのであるから、この二人の個人的な交渉の可能性がなかったとは言えない。ヒルトの論文は、一七九七年にシラーの『ホーレン』に掲載された。これはラインハルトの仲介によって可能となったものである。

フェルノーは一八〇三年に書いた論文「風景画について」の中で、これはすでに彼が一七九五年から一七九六年の冬学期において「カント理論に基づく芸術論」という授業で講義したものであるが、風景と性格に関して極めて具体的に論じている。

「ローマにおけるドイツの芸術家及び芸術愛好家協会に対する美学に関する一連の講義入門」の中で彼は、自分の関心がどこにあるのかを表現している。それによると芸術家の最も高貴な使命は、自分の作品において「オリジナルの美学的な性格[53]」を表現することである。フェルノーに対してコッホは、余り良い関係を結んでいない[54]。

リヒターの芸術観にとっても「個別の性格を備えたもの」は、重要なキーワードとなっている。

誠実、厳格、協調、単純、愛嬌、敬虔などは、リヒターと彼の世代が偉大、高貴、荘厳といった表現の代わりに繰り返し用いた語彙である。リヒターによると芸術における「個別の性格を備えたもの」とは単に人間の個性のみ際だたせるものではない。全体としての民族、風景、その上建造物も「個別性」を有している。それゆえ「意味のある解釈や完成された全体[55]」といったものは重要ではない。リヒターが表現しようとしているのは自然の中の「特徴的な風景の姿[56]」であり、「細やかな特徴を持った個別[57]」に対する愛情である。

私の風景画もまた個別の性格を備えている。それはかつてローマでドイツの芸術家たちによって描かれたすべての絵画にも見られるものである。全体にはある種の厳かなぎこちなさがあり、その造形には淡白さが、配色には貧弱さが見られる。古いフィレンツェ派、さらにドイツとオランダの巨匠の作品に与えた人々の偏愛と尊敬の念は、このような特色を良く理解していただけではない。彼らはそれが自分たちが求めているもの、必要としている様式にとって不可欠であると考えたのである。[58]

この表明は、リヒターの様式が変化したことを指し示している。

運命的な感情の力であった情熱は「詩的な精神」によって交代させられた。この精神は情熱にタガをはめ、現実を変容し、「そしてありきたりの存在を形式と思考の世界においてかけがえのない存在へと高めた。[59]」学習の過程でリヒターは、「健やかに、間断無く[60]」養ってきた説得力のある真実の芸術を求める旅が失敗したその理由は、彼の芸術家としての不十分さにあるのではなく、彼自身の絵画を理解するその方法にあったという点に気がつく。

一八二四年に友人たちとローマで過ごした大晦日の夜が、彼の人生の内的な転換点になった。きっかけはアウトサイダーであるユング゠シュティリングの人生を描いた読み物であった。この人物の若い時期の物語（『ヘンリヒ・シュティリングの青春』一七七七年ベルリン）は、とりわけ風濤時代において、その本に見いだされる「自然性」「根本性」さらに「異質性」によって広範で肯定的な評判を勝ち取っていた。晩年の著作ではしかしそれは、保守的で政治的、宗教的な考え方が全面に出てくるようになり、この考え方もまたリヒターの思考のパターンを決定づけることになる。

「ちょうどローマにおいて」と、リヒターは後に語っている。「素朴で暖かく描かれたこの真のドイツの民衆生活が、驚くべき効果を発揮した。少なくともこの私にとってはそうであった。故郷の姿である人々、場所、状況がこの本では忠実にそして本当にくっきりと描かれていた。一人になった時にしばしば襲われたホームシックは、この本から新しい栄養分を吸収したのである。[61]」

それはリヒターの芸術創造に影響を与えた。

芸術では深みと単純さが私の目標である。……しかし深い感情で自然を表現するためには私の渇望や要求は、ドイツ的な風景、とりわけ故郷の懐かしい場所へと赴いていく……

現在の自然界や人間を暖かく観察すること、眼前の統率不能な現象の特性や事物に没入すること、そもそも「生活画[62]」と呼ばれるようなジャンルは、当時新しいものであった。

これに対して「ドイツ的なるもの」故郷の懐かしい世界を希求することは、前近代のドイツに係わることである。

私の脳裡にはこれらの人々や彼らの周囲の光景が、はっきりと残っている。というのはこれらは、特徴的な性格をそなえた小さな生活の典型であるのだから。それに対して両親の家の光景はほとんどが色あせてしまっている。何故ならそれは新しい時代の近代的で醒めた姿であり、詩的な興味というものをほとんど引き起こさせない[63]!

イタリア滞在中にリヒターは、自分の芸術上のモデルを理想主義とリアリズムの両方に、とりわけシュノル・フォン・カーロスフェルトの作品の中に見いだしている。

シュノルの風景描写は、私に多くのヒントを与えてくれ、ナビゲーターの役割を演じてくれた。たとえば、高貴な様式と特徴的な自然の真実をどのように結びつけるのかというように……[64]

理想主義とリアリズムの相違というものを、リヒターは南と北の国民性に求めている。イタリア人における芸術創造が完成を見るのは、「理想的な形式においてであるが、ドイツ人の場合には現実的な感覚においてである。そしてドイツ人の場合には自然の中の風景をたぐり寄せること、特に変容や色彩を使った奇跡などが重要である」[65]

この「個別の性格を備えた自然の真実」を描く芸術のリアリズムとは何か。そしてこれの先駆者は誰なのか。リヒターは「個性を把握することに際限なく努力し、厳格であろうとすること」[66]に触れている。そして「日常生活の中の風景」[67]に言及する。そしてその際とりわけ強調するのが、アルブレヒト・デューラーである。リヒターはシュレーゲルの「キリスト教の芸術」をきっかけに、この画家デューラーと邂逅した。[68]リヒターはシュレーゲルの連れ合いの息子であるファイトを通して、デューラーの木版画や銅版画を知ることになる。

真剣さと陽気さという対局を備えた一つの完全な世界が広がっている。何千もの形姿があり、些細なもの、つまらないものまでもが、完全な姿で表現されている。それはちょうど、人生そのものであるかのように我々の前に生き生きと姿を現している。[69]

「民衆生活に見いだされるドイツ人の人生や本質」[70]を再現している自然と人間の強力な把握の方法やファンタ

ジーの豊かさと並んで、デューラーの「生真面目で男性的な様式[71]」も賞賛されている。それは「ちょうどルターがしっかりとしたドイツ語で聖書を翻訳したのと同様に、すっかりドイツのものとなっている様式である。[72]」しかしこのことはもちろん、イタリア人にとって生まれつき備わっている美や優美さというものを犠牲にしてなされたのではあるが。

見たところはとるに足らないように見える物、「小さくて見逃してしまうような」対象に比べて、はるかにリヒターに強く感銘を与えたのは、デューラーの「英雄的な」忍耐である。

そのような生き生きとした想像力を持つ芸術家アルブレヒトが同時に英雄のような持続性を備えていて、小規模な作品においてさえ気力のみなぎった技術で完成させているということは、ほとんど理解の範囲を超えている。[73]

リヒターが新しい性格を有した芸術を「純粋」「真実」「頑丈」「率直」という言葉で表現する時、そこにはデューラーの再評価の時代の響きが聞こえてくる。その時代とは、風濤時代の事である。素朴な意味での、そしてとりわけ小さなもの無用なものへの敬虔な眼差しという観点からの魂の充溢、忠誠、民衆性、簡明さの強調はしかし、ビーダーマイヤー的なデューラーであって、風濤期のデューラーではない。

リヒターにとってデューラーの意味は余りにも大きく、後にドイツの民衆生活を描くイラストレーターとしてのデューラーは、イタリアの理想的な風景の画家リヒターに路線転換を迫っているほどである。[74]

小さなもの見えないものに迫り、これを身近に受け止めようとする姿勢は、リヒターの場合細部を寛大に扱おうとするその愛情に見られる。

鉛筆はどんなに硬くても、どんなに鋭くても全体の輪郭を細部に到るまでくっきりと浮かび上がらせることはできない。私たちは草の茎の一本一本、細い枝の一つ一つを愛した。そしてどんな心に響く特徴もおろそかにしたくなかった。風や光の効果は求められるのではなく、遠ざけられた。つまり、誰もが対象を可能な限り客観的に、ちょうど鏡の中のそれと同様に忠実に描くように努力した。(75)

「草原の野草」(リヒター) 1845年前後

人間の個性、風景の特性への肉薄は、現実への愛情のこもった取り組みという形でなされている。できるだけ自然に近づくことの努力を、リヒターは印象深く記述しているのである。その結果画家の描写方法は、背景に退いてしまう。何故ならば総ての目に見えるものに対して、できるだけ近づいて注意を注がなければならないからである。自然の一部を通常の光の下で再現すること、だいたいは低い場所に視点がすえられ、そこから空間の層が迫り上がっていくような形で描かれる綿密で明白な表面世界の描写が、ビーダーマイヤー芸術の特徴である。リヒターはこの風景の中にある多様な層を積み上げることを、首尾一貫した絵巻物語の構造に採用した。物語のさまざまな舞台を描くために、ほとんど気づかれないような遠近法の転換の中で風景は次々に積み上げられる。この方法により近場にある細部の意味が強調されるが、これによって遠くにあるものの効果が失われることも事実である。次々に積み上げられた空間は、まるで小さな聖なる空間を守っている門のようにすえられている。(76)

このような方法で、それまでは見向きもされなかった風景に風穴が開

「虹の下、収穫」（リヒター）1866年

けられる。「故郷、村落、都市近郊の庭園、小都市。束の間の一瞬に切り取られた断面、窓のある日常的な風景などの新たな絵画の形が、それまでの自然観に親密な解釈をもたらす。」(77)

窓のある日常的な風景、窓やアーチを通した風景が当時の人気のある題材となった。この風景が自然の断面図の偶然性を強調する。同時にそれは風景の空間に制約を与え、閉じられた空間の中に境界線を引くことになる。この空間とは室内空間であり、それは自然の受けとめ方に親密さを与えてくれる。そして同時に生活する上での保護の必要性をも示唆している。

自然との出会いは、厚い壁によって制限される。その結果自然のダイナミックで深い空間は、静止的な室内空間へと新たに解釈がなされる。たとえ外に暗雲が広がってきても、簡単にこの世界を閉め出すことが出来る、とこの開け放たれた窓を見ている鑑賞者には思えてくる。外からの危険はうち消され、内部世界の安全は保障される。

一体どんな危険なのか。政治的な変動か。産業社会の勃興か、それとも社会的な関係の営利化か。リヒターは、ほとんど認識できないような細部への愛情について語っている。それは芸術家の誠実さの問題でもある。この表現様式の問題は、この絵画空間のための個々の細部にわたる真に迫った表現においてもたらされるものであるが、目の前に広がる前面にある。

観察者は、この絵画の中の何処にもよりどころを発見できない。と言うのはこの前面が前の方に向かって視覚的に傾いているからである。これは描かれた対象との距離、それは過去における社会的な階級差、あるいは芸術の中の階層性の故に存在していたものであるが、この距離を乗り越えようとする試みが、革命以後の時代における画家達の信念でもあった。観察者の注意が注がれる前面は、しかし同時に不安定な状態を示し、視覚的には最も危険なものである。まさにこの目の前に描かれた前面こそ、これについて以下で詳細に述べることになるが、「個別の性格を備えた」細密画がもっとも批判をうける部分である。

この問題がはっきりと明示されることはない。ビーダーマイヤーは、巧みな方法でこの不安的な状態を排除し、そしてこの問題を描かれた壁の外側に隠してしまう。そんなわけで最初の瞬間には安定性があるように見える。しかしビーダーマイヤー絵画の窓の風景をさらに詳しく見ると、そこには心理的な不安が見える。境界づけられた空間は決断を逃れ、これを押さえようとしている。

この時代をデュラーを手本にしながら真性、力強さ、感情の強さなどの形で解釈しようとする性格の中に、まさに心理的な不安が見えるのである。つまりそれは認識されることのない問題であり、そして壁や戸口の外側に隠されている問題である。

一八四九年にリヒターはメムリングとファン・アイクの影響の下、ブリュッゲの旅に出ている。

この画家たちの精神を把握し同様の道をドイツの芸術のために歩み出すことは、現在でもまだ有効なことである……。民族の性格と存在、風景と建築物、これらはすべてこの画家たちがいかに完全に彼らの時代を理解していたのかを示している。そしてそれ故にこそ、誰にでも理解されるのである。われわれは、余りにも抽象的に仕事をしすぎている。(78)

近代はリヒターに従うならば観察者に対しての理解と直接的な効果を失ったように見える。

わたしはこれからはザクセンの風景、家並みだけを描きたい。そしてそこに今住んでいる人々を……。緑なす穀物畑や蕪畑の春の日、神の恵みを信じ額に汗を流す農民、父親に飲み物を運んだり楽しそうに遊んだり、花束を編んだりしている農家の子供たち。大人たちが働いている中で、彼らは子供時代の天国の中に暮らしている……。これらのすべてをかなり忠実にそして一つの状態で、しかも愛らしくまさにメームリングの言う意味での敬虔で単純で愛情に溢れた状態で見いだすことが出来たのである。(79)


もう一度リヒターは、単純素朴な日曜日の生活のモチーフを目の前に描き出す、これは彼のローマの「内的な転換」以降、生涯にわたって彼の芸術の方向を決定づけることになる。

故郷と民衆、春、単純な人生と満たされた仕事、敬虔さ、無垢な子供たちの眼差しに満ちた世界。これがある種のノスタルジーを含んで展開される。制限つきの幸福、家と竈への引きこもりは、一方では理想主義的な原則や定言に背を向けることであるが、他方では現実を解体してきた浪漫派のイロニーにも距離を置くことである。つまりそれは現実に近づこうとする態度、現実をありのままに理解しようとする欲求の表現なのである。

強い個性が生きた人生ではなく、通常の人々の生活に光が与えられねばならなかった。

この現実的な要求はしかし、美化して描こうとする詩的な願望によって覆い隠され、落ち着いた世界を描き出すことになった。

境界づけられた磁場（ロークス・アメーヌス）の中の不安はしかし、歴史や政治の舞台への隠蔽された暗示や願望を物語っている。まさにこの世界こそがビーダーマイヤーの世界では除外されていたのである。

ビーダーマイヤー世界の枠には限定が与えられた。全世界の尺度は縮小され、ギリシャ語の田園生活という語には、「小さな世界」（Idyll）(80)という単語が当てはめられた。

この田園生活に関しての新しい規定を考えることなしに、ビーダーマイヤー芸術をきちんと評価することは難しい、というのが筆者の立場である。われわれは「田園生活」を隠遁生活、至福のイメージ、願望の世界、自己陶酔、近代への反発としてこれまで記述してきた。ビーダーマイヤーは、このような意味において反動的である。ようやく最近になってわれわれは、近代化の弁証法とこの近代化の普遍的なシステムによって何が失われたのかということに考えを巡らすことができるようになった。大衆化、非個性化、つまり表現方式や知覚様式の単純化だけでなく生活環境や生産様式の単純化は、統合に対立するような分裂、細分化を導いてしまう可能性がある。

このことを反動として告発すれば、反論が生じるであろう。一方の側に限定されたもの、静的なものを置き、他方の側に動的で進歩的なものを対置して、その中間に線引きを行うことは間違っている。忘れてならないことは、リヒターの主張するこの「個別の性格を備えた」芸術が、風濤期に展開された対抗勢力から生まれたということである。近代のダイナミックな流れに強く逆らうような態度をゲーテとシラー周辺に集まったワイマール・グループの面々が別な形へと修正したにもかかわらず、この「個別の性格を備えた」芸術という考え方は、あいかわらず対抗勢力の概念の枠内に留まっていた。

リヒターの「個別の性格を備えた」芸術というものは、後ろ向きである。サルスティウス、キケロ、リウィウス、プルータルコスなどの作家は彼ら自身後ろ向きであり、かつてのローマ帝国の簡素な生活、中庸、満足、労働の徳を賞賛していたが、この作家たちを引き合いに出した革命的な擬古典主義者たちもまた後ろ向きであった。リヒターにとって有効な徳というものも、まさにこれであった。

神様は世界をありうべき形で創造された。
われわれはそれ以上にこの世界を描くことはできない。

われわれの唯一の努力は、この世界を模倣するだけ。
総ての生命に存在の可能性を求める、それで良いのだ。
それが美しいか美しくないかは、問うべきではない。[81]

この言葉はリヒターの言葉ではない。表現主義を先取りした近代的な表現としてその作家活動が評価されている、あのビューヒナーからの引用である。ビューヒナーはこの芸術論を登場人物のレンツに語らせている。それは確かに完全に一致するものではないが、しかし風濤期の詩人との共通性を表現しているのである。

この二つの傾向、すなわちジャコバン主義の世界的な友愛と地域性に対する牧歌的な感覚、「善良で健康な日常生活」だけに「感情を制限」[82]することに成功しているのは、風濤期の世代としては、ただ一人ヨーハン・ハインリヒ・メルクがいるだけである。

ビーダーマイヤーにとって重要な作家であるジャン・パウル[83]は一八〇四年の田園文学に関しての理論書の中で初めて、そして一八一三年出版された『美学入門』の新しい版の中で改めて「制限の下での完全なる幸福」[84]のイメージとして、故郷や子供時代の制限された「ありのままの」世界について「一つの音色に調節された弦」[85]を使って述べている。ジャン・パウルはこの田園が、現実という条件下においてのみ、一定の生命を保てるということを忘れてはいない。つまり今日の田園生活にとって重要なことは、この田園での生活が「最初からすでに限界づけられている」[86]ということである。

田園文学というジャンルの中でこの「田園という概念」が変わったのは、詩人、画家そして一七七二年に書かれた重要な「風景画に関する書簡」の作家であるサロモン・ゲスナーによってである。この書簡もまた「個別の性格を備えた」芸術が成立した時期に書かれている。ゲスナーは、アルカディアを別な状況を聖書の中に置き換えることで、「田園」の変換を行っている。

彼の田園生活は、素朴な人物が馴染みのある仲間と優しい自然に囲まれて満たされた毎日を送っている姿を描く。それは「あるゆる複雑な社会的なつながりから解放されているが、それでも純朴な人間や繊細な自然観察、さらに感情をゆっくりと上昇させるようなリズムをもった詩的な散文などによって文明批評とも解釈可能な理想化」(87)がなされている。

シュナイダー(88)によると「田園」とは「その中で人間存在の基本的な形式が実現されている一定の空間」を描いている。この空間は「歴史の動き」からはずれ、「静的な世界観」によって特徴づけられている。田園はつまり「外部からも内部からも、形式的にも内容的にも制約」によって特徴づけられる。そこではすべての「痛み、死、情熱、暴力、悲劇、商売、政治などの破壊的で危険な因子」と動的な傾向は除外される。

リヒターによってイラストの描かれたゲーテの田園小説『ヘルマンとドロテア』が、ビーダーマイヤー期の愛読書になるのに時間はかからなかった。この小説がねらったのは、社会的な意味で田園生活を保持しようとしたのではない。その眼目は、牧歌的な生活を嫌う歴史的な転換においてこの牧歌性を芸術の力で再生しようとしたことである。苦しみ、病気、死、戦争と破壊を牧歌的な眼差しが見ようとしなくても、これらの要因はしかしゲーテの作品では田園生活の伏流水として存在している。田園生活は境界によって隔ててきた、そのものによって条件付けられ、侵されようとしている。

古いオランダ絵画の中にどうしてもドイツ芸術のための正しい道を見つけようとするリヒターは、一八四九年夏に、彼の旅行記の中でこの芸術を「幼年時代の楽園生活」と呼んでいる。それはドレースデン五月蜂起の数カ月後のことである。一八四九年五月四日に騒動が始まり、ワーグナーもゼンパーもこれに参加していた。

この間リヒターは室内着を着て仕事机に座り、彼の「田園生活」と格闘していた。そして自らこの蜂起に加わり、逮捕されることになる息子のハインリヒの報告によれば、「このデリケートな仕事を、外の騒動によって邪魔されたくない」[89]と語ったそうである。

そこには、父親の無関心な態度に敵対する息子の咎め立てが読みとれる。

われわれはここにおいて再び冒頭に戻ることになる。最初に指摘したワトーの絵画に見られた無関心な人物の姿である。ワトーの無関心な男と同様に、リヒターは彼が生きていると信じている時代、彼が正しいと考えている未来への道程が、箱詰めされ美術館の倉庫に保管させられるのに気がつかないでいる。

しかしワトーとリヒターの無関心さは、おそらく別な意味を獲得したのに違いない。内輪な芸術、地味な芸術、意図的に制限された芸術が、偉大なものや全体を問題にするような芸術と並んで自己を主張することも可能である、というその妥当性である。

この翻訳は、Hans Joachim Dethlefs: Abkehr vom Erhabenen. Ludwig Richters Wende zum Biedermeier. 本文の全訳である。新井裕

（1） Tieck, Ludwig: Watteaus Gemälde. aus: W. H. Wackenroder-Ludwig Tieck. Phantasien über die Kunst. Stuttgart 1994. 41f.

（2） Vgl. Jaffé, E. Joseph Anton Koch: Sein Leben und sein Schaffen, Insbruck 1905; Lutterotti, O.R.v., Joseph Anton Koch 1768–1839: Leben und Werk, Wien/München 1985; Holst, Chr. v. (Hg.), Joseph Anton Koch 1768–1839: Ansichten der Natur, Kat. Stuttgart 1989; Keisch, C. (Hg.), Asmus Jakob Carstens und Joseph Anton Koch. Zwei Zeitgenossen der Französischen Revolution. Zeichnungen, Berlin 1989/90; Frank, H., J.A.

Koch-Der Schmadribachfall-Natur und Freiheit, Frankfurt/M. 1995.
Vgl. auch Kochs kunsttheoretisches Traktat „Moderne Kunstchronik oder die Rumfordische Suppe (1834)“, wo ebenfalls auf das Charakteristische als entscheidendes Kriterium zur Modifikation des idealistischen Kunstkonzepts eingegangen wird.

(3) Koch, in: Kat. Stuttgart 1989, 32.

(4) Ludwig Richter, Lebenserinnerungen, 1980, 226f., im Kap. „Oktober bis September 1824.

(5) Adalbert Stifter, Bunte Steine, Vorrede (1851): „Das Wehen der Luft, das Rieseln des Wassers, das Wachsen der Getreide, das Wogen des Meeres, das Grünen der Erde, das Glänzen des Himmels, das Schimmern der Gestirne halte ich für groß: das prächtig einherziehende Gewitter, den Blitz, welcher Häuser spaltet, den Sturm, der die Brandung treibt, den feuerspeienden Berg, das Erdbeben, welches Länder verschüttet, halte ich nicht für größer als obige Erscheinungen, ja ich halte sie für kleiner, weil sie nur Wirkung viel höherer Gesetze sind..... Wir wollen das sanfte Gesetz zu erblicken suchen, wodurch das menschliche Geschlecht geleitet wird.“

(6) Nipperdey, Th., Deutsche Geschichte 1800-1866, Bürgerwelt und starker Staat, München 1983, 396.

(7) Rürup, R., Deutschland im 19. Jahrhundert 1815-1871, in: Leuschner, J. (Hg.), Deutsche Geschichte, Hamburg 1884, VIII, 170.

(8) Wehler, H.U., Deutsche Gesellschaftsgeschichte, Bd. 2, München 1987, 174.

(9) Lutz, H., Zwischen Habsburg und Preußen. Deutschland 1815-1866, Berlin 1994, 131.

(10) Aretin, K.O.v., Biedermeier/Vormärz. Die Geschichte einer unpolitischen Epochen, in: Himmelheber, G., Kunst des Biedermeier 1815-1835, München 1988, 11-19.

(11) Sengle, F., Biedermeierzeit. Deutsche Literatur im Spannungsfeld zwischen Restauration und Revolution 1815-1848, Bd. I, Stuttgart 1971, 31.

(12) Vgl. Kalkschmidt, E., Ludwig Richter. Sein Leben und Schaffen, Berlin 1940; Köster, P., Wächters *Lebensschiff und Richters Überfahrt am Schreckenstein*, in: Zeitschrift für Kunstgeschichte 29 (1966), 241–249; Neidhardt, H.J., Ludwig Richter, Leipzig 1969; Busch, W., Zwei Studien von Moritz von Schwind zum *Zug der heiligen Elisabeth zur Wartburg*, in: Niederdeutsche Beiträge zur Kunstgeschichte 16 (1977), 149f.; Neidhardt, H.J. (Hg.), Ludwig Richter und sein Kreis, Kat. Dresden/Leipzig 1984; Adrian Ludwig Richter-Deutsche Spätromantik. 4. Greifswalder Romantikkonferenz 1984, Wiss. Zeitschr. der Ernst-Moritz-Arndt-Universität Greifswald, Ges. -Wiss. Reihe 34 (1985); Simson, O.v., Ludwig Richter, in: ders., Der Blick nach Innen. Vier Beiträge zur deutschen Malerei des 19. Jh. s, Berlin 1986, 59–88; Börsch-Supan, H., Die Deutsche Malerei von A. Graff bis H.v. Marëes 1760–1870, München 1988, 367–370.

(13) Zu unrecht, wie G. Himmelheber (in: Kunst des Biedermeier 1815–1835, München 1988, 20–52, hier 21) findet. Spitzweg und Richter seien gerade *keine* Vertreter des Biedermeier:

„Der eine ist der Kritiker, der billigen Spott über die gerade vergangene Epoche ausschüttet, der andere sieht sie in der Verklärung. Beide Künstler haben mit ihrer Kunst ganz wesentlich zu dem falschen Biedermeierbild beigetragen, das bis heute noch besteht.“

Himmelheber sieht in den umstürzenden Veränderungen des aufkommenden Industriezeitalters den entscheidenden Grund dafür, dass die jüngst vergangene Epoche des Biedermeier so rasch ein hoffnungslos altmodisches Aussehen angenommen hat, dass den Nachgeborenen nur noch zum Gespött dienen kann. Die Unzulänglichkeit des heutigen Biedermeierbildes liege in der Verkennung der „Biedermeier-Sachlichkeit“, -ein Begriff, den Himmelheber im Sinn eines biedermeierlichen Frührealismus interpretiert. Übernommen ist er aus J. A. Schmoll gen. Eisenwerths Aufsatz „Naturalismus und Realismus. Versuch zur Formulierung verbindlicher Begriffe“, in: Städel Jahrbuch NF 5 (1975), 256.

Ohne frührealistische Tendenzen im Biedermeier verkennen zu wollen, stellt sich die Frage, ob die Deutung des biedermeierlichen Kunststrebens nach „wahrhaftiger Wiedergabe“ angemessen als „Sachlichkeit“ beschrieben werden kann. So ist etwa das Streben nach *Poesie* als Ausdruck der Wärme jenem *kalten Blick* entgegengesetzt, der das Biedermeier vom Klassizismus und Empire der jüngsten Vergangenheit einerseits und vom Nützlichkeitsdenken am Beginn einer industriellen Welt andererseits absetzen soll.
Zur Differenzierung des Spitzweg-Bildes vgl. Simon, O.v., Carl Spitzweg, in: ders., Der Blick nach Innen. Vier Beiträge zur deutschen Malerei des 19. Jh.s, Berlin 1986, 37-58.

(14) Busch, W. (Hg.), Landschaftsmalerei. Geschichte der klassischen Bildgattungen in Quellentexten und Kommentaren, Berlin 1997, 274.

(15) Börsch-Supan, 370.

(16) Richter (Lehrs), 171.

(17) Richter (Lehrs), 103.

(18) Richter (Lehrs), 146.

(19) Ebd.

(20) Zit. nach Jaffé, E., Joseph Anton Koch: Sein Leben und sein Schaffen, Innsbruck 1905, 97.

(21) Zit. nach Noack, F., Art. Koch, in: Thieme/Becker 1928/29 Bd. 21/22, 84.

(22) Ludwig Richter, Lebenserinnerungen eines deutschen Malers (Hg. M. Lehrs), Berlin [1923], 153.

(23) Richter (Lehrs), 157.

(24) Ebd.

(25) Richter (Lehrs), 148.

(26) Richter (Lehrs), 64.

(27) Ebd.

(28) Richter (Lehrs), 228.

(29) Richter (Lehrs), 179.

(30) Friedrichs Äußerung über einen Maler der....immer noch Koch treu (bleibe), (der) trotz des Erlebnisses der schönen italienischen Natur trocken die Vorbilder (Kochs) nachahme“ meint nach Ohara, M., Demut, Individualität, Gefühl. Betrachtungen über C.D. Friedrichs kunsttheoretische Schriften und ihre Entstehungsgeschichte, Diss. Berlin 1983, 118f.

(31) Richter, Lebenserinnerung Lpz. 1909, 576 („Verzeichnis meiner bis jetzt ausgeführten Ölgemälde“ Nr. 1).

(32) Vgl. Mitchell, T., Caspar David Friedrich’s Watzmann. German romantic landscape painting and historical geology, in: Art Bulletin 66 (1984), 452-464.

(33) Richter (Lehrs), 163.

(34) Koch, 87.

(35) Koch, 109.

(36) Ebd., 87

(37) Ebd.

(38) Ebd. 109.

(39) Koch, 86.

(40) Koch 45.

(41) Ebd.

(42) Koch, 95.

(43) Koch, 95.

(44) Koch 125.

(45) Ebd.

(46) Ebd.

(47) Auf den jungen Richter dagegen machen die Bilder Davids durchaus Eindruck. Während seiner Frankreich-Reise (1820) notiert er nach Besichtigung der Kunstsammlungen im Louvre und Luxembourg (vgl. Lehrs, 95): „Am meisten imponieren mir die Bilder der neueren französischen Schule: „Die Horatier“, „Raub der Sabinerinnen“ und andere Darstellungen Davids aus der römischen Geschichte durch ihre lebendige Auffassung und theatralisches Pathos.“

(48) Koch 125.

(49) Koch, 113.

(50) Koch, 93.

(51) Koch, 93f.

(52) Vgl. Frank in seinen Anmerkungen zur „Kunstchronik“, in: Koch 203.

(53) Carl Ludwig Fernow, Einleitung in eine Reihe von Vorlesungen über Aesthetik, vor einer Gesellschaft teutscher Künstler und Kunstfreude in Rom, in: Der Neue Teutsche Merkur, März 1796, 255.

(54) Als „moderner, republikanischer Pedant“ beschreibt ihn Koch (Vgl. Moderne Kunstchronik, 14), der „in seinen Vorlesungen im Palast Altemps die revolutionären Ideen dem Publikum nach kantischer Art zu philosophieren vor [getragen hat].“

In seinem „Gemälde aus Rom (1803)“ charakterisiert Fernow den jungen Koch als Künstler, dessen „wilde Phantasie durch kein planmäßiges Studium gezügelt [ist], und sein Geschmack hängt, wie dies bei Köpfen seiner Art gewöhnlich ist, mehr an wilder, bizarrer Größe, an dem Abenteuerlichen und Ausschweifenden, als an reiner Größe und Schönheit.“

(55) Richter (Lehrs), 157.

(56) Ebd.

(57) Ebd., 197.

(58) Ebd., 228.

Ähnlich auch die Malerin Louise Seidlers über ihren Kollegen Georg Friedrich Kersting, den neben Johan Christian Dahl und Carl Gustav Carus wichtigsten Schüler Caspar David Friedrichs in: Erinnerungen der Malerin Louise Seidler (Hg. H. Uhde), Berlin 1922, 43.

Allgemein gefiel die von ihm oft wiederholte Ausführung des glücklichen Gedankens, die Personen, welche er zu porträtieren hatte, in ganzer Figur...zugleich mit dem Innern ihrer Behausung abzubilden. In der Tat ist es interessant, geliebte oder hervorragende Menschen in der ihrem Berufe angemessenen, folglich auch für ihre Wesen charakteristischen Umgebung zu sehen.“

(59) Ebd. 125.

(60) Richter (Lehrs), 169.

(61) Richter (Lehrs), 179f.

(62) Richter (Lehrs), 232.

(63) Ludwig Richter, Lebenserinnerungen eines deutschen Malers (Hg. M. Lehrs), Berlin [1923], 17.

(64) Richter (Lehrs), 238.

(65) Richter (Lehrs), 256.

(66) Richter (Lehrs), 143.

(67) Richter (Lehrs), 287.

(68) Richter (Lehrs), 145.

(69) Richter (Lehrs), 171.

(70) Ebd., 172.

(71) Ebd., 171.

(72) Ebd., 172.

(73) Ebd., 172.

(74) „Vor allen anderen Werken Dürers hat gerade dieses zu aller Zeit eine produktiv anregende Wirkung auf mich gehabt“ (Lehrs, 294), schreibt Richter nach Erwerb des Blatts „Leben der Maria“ 1828.

(75) Richter, Lebenserinnerungen 1824...

Der Kontext dieser Stelle ist aufschlussreich. Beschrieben werden die Beziehungen mit den französischen und englischen Künstlern in Rom und deren freiere „malerische“ Umsetzung des direkt Wahrnehmbaren in der Natur, wie sie so kein deutscher Künstler wagen durfte.

(76) Hierzu vgl. Busch, W., Die notwendige Arabeske. Wirklichkeitsaneignung und Stilisierung in der Kunst des 19. Jahrhunderts, Berlin 1985, 92f.

(77) Hofmann, W., Das Irdische Paradies. Motive und Ideen des 19. Jahrhunderts (1960), München 1991, 180. Vgl. auch Eitner, L., The open window and the stormtossed boat, in: Art Bulletin 37 (1955); Schmoll, J.A., gen. Eisenwerth, Fensterbilder, Motivketten in der europäischen Malerei, in: Beiträge zur Motivkunst des 19. Jh., Ansbach 1970;

(78) Richter, 588.

(79) Richter, 588f.

(80) Vgl. hierzu Böschenstein-Schäfer, R., Idylle. Stuttgart 1967, 4f.

(81) Georg Büchner, Lenz, in: Sämtliche Werke (H. Poschmann, Hg.), Frankfurt/M. 1992, 234.

(82) Mercks Plädoyer fürs *Lokale* und die *Beschränktheit des Sinnes* als *Kennzeichen des geraden Menschenverstandes* vgl. ders, Welches sind die Kennzeichen des geraden Menschenverstandes?, in: Ästhetische Schriften, (A. Stahr, Hg.), Nachdr. Göttingen 1965, 228 (340).

(83) Noch als Greis war Richter vom Vergleich mit dem anderen Richter, nämlich Jean Paul, erfreut. Für ihn ist er der Dichter des „deutschen Gemütslebens“, während er selbst dessen Maler ist Vgl. Lebenserinnerungen, 695.

(84) Jean Paul, Vorschule der Ästhetik, § 73, Die Idylle, (Hg. N. Miller), München 1980, 258.

(85) Ebd., 259.

(86) Ebd.

(87) Schneider, H.J., Art. „Idylle“, in W. Killy (Hg.), Literatur Lexikon Bd. 13, 435.

(88) Vgl. die Einleitung von Schneider, H.J.(Hg.), Deutsche Idyllentheorie im 18. Jahrhundert, Tübingen 1988, 12f.

(89) Schmidt, W., Ludwig Richter und das politische Geschehen um 1848/49, in: Wiss. Zs. D. E.-M. Arndt-Universität Greifswald 1985, 17-21, hier 18.

ビーダーマイヤー期の敬虔主義におけるべーメ受容
——信仰覚醒運動の変遷をたどりながら

富田　裕

序　終末的緊迫の中のビーダーマイヤー期

敬虔主義の父祖とも言うべきJ・A・ベンゲル（一六八七—一七五二）が世界の終末、つまりキリストの再臨を一八三六年に据えてから、[1] このビーダーマイヤー期は極めて宗教的な色彩を帯びるようになった。それはナポレオンの敗退による人々の歴史的衝撃が、この時期の信仰生活に緊張感を与えて、神秘的な側面を付与したことからも否めないだろう。ナポレオン支配からの解放戦争を経て、さらにその結果フランスの権力が崩壊したことを身をもって体験したドイツ国民は超越的な存在のもつ摂理に注目し、敬虔主義の土壌のある地域では信仰覚醒運動が起こる契機を促したのである。[2] 敬虔主義が台頭したもう一つの要因としてはそれまでの啓蒙主義がなおも残るとはいえ、合理的な思考方法が蔓延するにつれて、かえって神秘的なものに対する人々の関心が深まったということも言えよう。そのことを最も象徴的に示すのはフリードリヒ・ヴィルヘルム三世（在位一七九七—一八四〇）の、当時ベルリン宮廷を中心に流行していた宗教的合理主義への嫌悪感である。[3] さらにこの時代は文学芸術においてだけではなく日常生活においても感傷的な、或いは心情的な精神風景が認められ、それが個人的な信仰生活における体験を重視する敬虔主義の風潮に適応したということも考えられる。それは外的な不便さという困窮のなかでも、内面性には一層の関心を払うというこの時代の社会生活からも窺うことができる。(4)

人間の心と神とを直線で結ぼうとする敬虔主義のもつ避けがたい内面性への傾倒は、おのずとビーダーマイヤー期の文学的傾向と相まって推進されたであろうことも考えられるのである。それは例えば「書くこと」に対する異常なまでの情熱である。第三者に自らの心のうちを打ち明けるために用いた時間と労力はこの時期にはその頂点を迎えていたのであろうと想像される。感傷主義の時代においては日記をつけることにしても、(5)書簡の交換にしても決して利便性を考えて書かれたのではなく、あくまでも自分の生命そのものを突き動かす発露としての行為であり、そうして書かれたものは隠し扉がある机のなかに大切に保存されて、秘密めいた雰囲気を醸し出していたのである。(6)そこでは心の中にしまわれたものこそが神聖不可侵であるという前提が感じられた。こうした現象はもちろん現代ほどの新聞をはじめとするジャーナリズムが発展していなかったことから由来するにしても、自分が手に触れたり、目にしたりするあらゆるものに何かしらの個人的な親密さを認識しようとする姿勢は事物に対する魂を見いだそうとする独特な感覚を代弁しているのである。(7)

それゆえに敬虔主義には多くの断面があるとはいえ、その内向性という主要な側面からみれば、あらゆる存在するものにはすべて主体と客体との関わりを物語るべき歴史がある、という考え方には、その根底をなす人間の心の奥底に焦点をあてた信仰の形態がビーダーマイヤー期の時代的風潮とうまく重なり合った可能性も推測でき、当時の政治的状況がもたらしたその終末的緊張感に震える人間の閉塞感の突破口としても敬虔主義が果たした役割は過小評価されてはならないだろう。本論では敬虔主義における信仰覚醒運動が著しい発展を見せたこの時代に、心の内面を見据える宗教的姿勢がドイツ独特のものである理由が、果たしてどこにその出発点を見いだせるのかという点を、ドイツ神秘思想のなかでも特に敬虔主義で無視することのできない存在であるヤーコプ・ベーメ（一五七五―一六二四）に照準を充てて、そのビーダーマイヤー期における間接的な受容を見ていきたい。

一　敬虔主義における遺産としてのベーメ

ウィーン会議以降のドイツ（プロイセン及びドイツ連邦）における敬虔主義の大きな現象として信仰覚醒運動が挙げられる。それは先程も述べたように解放戦争による刺激を受けて新たな時代の幕開けを意識した人間の宗教的真理への目覚めであった。ドイツにおける信仰覚醒運動は、信仰に目覚めた者の個人的・主観的な回心に特徴がある。(8) 一八一二年にナポレオンがモスクワで敗退をしてから、ナポレオンというドイツを支配してきた英雄の影が薄れ、人々はひとつの神話の崩壊を見たのである。それによってドイツは抑圧されてきた時代の終わりを認め、ベンゲルの預言を待つまでもなく、そこに世界終末の近いことを見ようとする高揚した宗教的感情にとらわれたのである。(9) またそこで忘れてはならないことは敬虔主義の存在意義が決してこの時代の政治とは切り離しては考えられないということである。つまり啓蒙主義と激しい変貌を余儀なくされる社会意識に対抗して、初期のころは啓蒙主義と手を結ぶようなことがあったとはいえ、宗教的真理の堅持を義務とする敬虔主義と、王権神授説を維持しようとする王家そして保守反動の政治家は期せずして同じ方向性を持つことになったわけである。(10) 本論では敬虔主義と政治的動向との密接な関わりに詳しく言及する余裕はないが、後段で触れることになる神聖同盟（一八一五）と合同教会の導入（一八一七）の箇所で出来るだけ「祭壇と王座」というテーマを考察してみたいと思う。

敬虔主義は次の四つの時期に整理される。第一期は初期敬虔主義を形成したPh・J・シュペーナーとその後継者たち、第二期はその厳格な倫理感覚でプロイセン王家の精神的規範ともなる基礎を作ったハレ敬虔主義の始祖A・H・フランケ、そしてG・アルノルト、第三期はヘルンフート兄弟団のN・L・v・ツィンツェンドルフ伯爵と、シュヴァーベン敬虔主義の二大巨人J・A・ベンゲル、F・Chr・エーティンガー、そしてハレ敬虔主義の後継者G・A・フランケ、第四期は一八二〇年頃を開始点とする信仰覚醒運動であり、そこにはシュヴァーベン敬虔主義の父祖の一人でもあるPh・M・ハーン、さらに農民出身の伝道者であったG・ラップとJ・M・ハーンなどがおり、海外宣教への活発な動きの見られる時代である。(11) そしてこの第四期こそが本論で扱おうとしている王政復古期に重なるわけである。この四期の潮流のなかで共通していることは、ヘルンフートやハレの社会事業、例えば孤児院や学校経営などに見られる実際的な社会改良のための貢献だけではなく、罪やゆるし、恩寵といった概念が神学的な次元にとどまることなく、常に個人としての人間が神の前に立って自ら決断しなければならない実存の問題とむしろ結びついていたことが挙げられる。(12) 前段でも挙げたような歴史的事実としてのフランス革命を経てナポレオンの失脚を目にしたことによる衝撃の強さ、そしてベンゲルをはじめとする一部の過激な敬虔主義者による終末預言はもちろんのこと、そうした緊迫した時代背景のなかで信仰者個人の現実に対する感覚の鋭さが増したであろうことは明らかであるが、さらにここで敬虔主義の時代を第一期から辿ってみると、個人と神とのあいだに起こる罪やゆるし、恩寵という人間存在の根幹に迫る概念が第一期のシュペーナーの頃からすでにヨーハン・アールントと並んで混沌とした終末的様相を呈する時代の送り出した神秘思想家であるヤーコプ・ベーメによって最も強く印象づけられたということが判明するのである。(13) 第一期の敬虔主義者の系譜から見れば第四期には多少の受容の密度の差はあるものの、ベーメの存在が決して忘れ去られたわけではない。ではなぜベーメでなければならないのであろうか。まずその理由の第一に、ベーメは敬虔主義の父祖の列に加えられることは、後段で述べるその独特な思想からして困難ではあるが、正統派から見れば異端であり分離派的な彼の姿勢はそれでも敬虔主義に吸収される要素を多く含んでいたし、またその垣根をも越えたものであるということが言える。[14] 第二には、極めて感情的であり、また同時に感傷的でもあるこの王政復古期の非物質主義的時代的風潮[15]はベーメのような人間の内面から神と世界とを観察しようとする神秘家を受容するためには何の支障もなかったはずである。第三の理由としては、ベーメ自身もその処女作『黎明』（一六一二）を当初は発表する意図がなかったとはいえ、のちに彼を信奉する貴族の一人によってその著作の写しが人々に読まれることになったのも、なかば書かれたものが公開をされることを見通していたということも考えられるのである。ベーメの著作の白眉の一つである『神智学的書簡』（一六一八―一二四）のように人から人へと書き写されて読まれる書簡の形での対話によって彼の作品が主に吸収されていった事実を見ればそれは明らかである。[16] 個人的な心情の発露としての覚書として書かれたものが、写されて人々の目に触れるという経過も、この書かれたものに対する激しい情熱を抱いた特異な時代であるビーダーマイヤー期の敬虔主義者の嗜好に適応したものであっただけでなく、自らの信じるところを書物ないしは冊子にして出版することに努めた一七世紀以降の敬虔主義の運動にも合致する神秘思想家の姿であった。[17] 第四としては、例えばF・A・メスマーの動物磁気に認められるような超越的存在を知るために自然科学を取り込もうとするように、例外的ではあるが敬虔主義の流れの一つである傾向が、神と世界と人間とを包括した普遍的なベーメ的宇宙観に調和したことも覚えなければならない。[18] それでいながらベーメが自然科学に絶対的信頼を置くのではなく、霊的な次元に対する関心をより深めていったことも、また敬虔主義者たちにも共通する側面であり、一九世紀の教養市民層の科学信仰と一線を画して、「神の国」を地上に建設するという姿勢が、[19]「高貴な百合の枝」の到来をキリストにおける「新生」として期待したベーメと似通ったものがある。[20] 彼が神の存在と人間の生命の躍動を別次元のものとして見るのではなく、むしろ同じ地平で理解しようとしたことは画期的なことであった。それは何よりも「新生」を神学的にも実践的にも中心に据えた信仰覚醒運動において歓迎されるべき核心であったことは疑いがないのである。信仰による義認ではなく、「新生」のプロセスに重点を置く敬虔主義は、常に人間の身体に啓示される神を見るベーメの伝統に否応なく繋がっているからである。[21]最後に第五の理由としては、敬虔主義がその本質においてそうであったように、ベーメもルター正統派から分離するような思想を発展させることで、迫害を受けたということである。すでに存在する制度としての教会をバベルとして断罪する彼の姿勢は敬虔主義者のよしとするところだったのである。[22]

こうした理由からもビーダーマイヤー期における敬虔主義が、ベーメの思想を拒否するどころか、むしろ敬虔主義の長い歴史のなかでさらに深化していこうとした前提条件を読み取ることができる。それではここでベーメの思想を直接または間接的に敷衍していると思われる王政復古期の敬虔主義の変遷にベーメの思想的核心に触れながら焦点を当ててみたい。

二　回心――個としての転換

宗教的な動機から本来は企てられたロシア、オーストリア、プロイセンによる一八一五年九月二六日締結の神聖同盟は一種の政治的次元における信仰覚醒運動であったと考えられる。もちろん後にメッテルニヒによって絶対主義的な条項に変貌した経緯はあるものの、ベーメの精神に深い影響を受けたF・v・バーダーによって構想がもたらされたこの同盟の背景には、一つのキリスト教的西欧世界を正義、愛、平和という兄弟的繋がりで復興しようとした信仰覚醒運動にも等しいものだったからである。[23]バーダーはベーメの受容史のなかでも大きな位置を占める存在であることが研究者のあいだでも周知されているが、[24]しかしそこにはベーメを評価したことでも知られるロシア皇帝に、改悛を呼びかけるユリアーネ・フォン・クリューデナー（一七六四―一八二四）の姿が背景にあった。このロシア皇帝アレクサンドル一世の預言者と呼ばれた女性は、ヘルンフートの集いのなかで一八〇四年に回心を経験し、一八〇七年には敬虔主義の詩人ユング・シュティリングとの交友も知られている。[25] 神聖同盟が結局は保守反動の政治的陰謀の闇のなかに葬り去られてしまったことと、クリューデナーが一八一七年にドイツを失意のうちに離れなければならなかったこと以上に本論で重要なのは、「回心」という概念であり、その「回心」がヘルンフートの文脈のなかで語られていることに注目したいのである。[26] このシュレージエンの地方に本拠を持つ兄弟団の存在は前段でも挙げたツィンツェンドルフ伯爵の創設した敬虔主義の揺籃である。伯爵がベーメの存在を無視できなかったということはよく言われることだが、それはまぎれもなくベーメが「回心への勧め」「新生の実現への執着」そしてキリストとの婚礼を示唆する「叡知（ソフィア）との一致」によって当時の深まりゆく信仰覚醒運動に決定的な土台を形成したからである。[27] まずツィンツェンドルフの生涯を見てみると、すでに彼の生まれる前からベーメとの関わりは用意されていた。彼の祖母であり、ツィッタウのグロースヘンナースドルフ城に住むヘンリエッテ・カタリーナ・フォン・ゲルスドルフ（一六四八―一七二六）のもとで養育をうけた伯爵は、この祖母がベーメを読み、A・H・フランケとも交流のあったことを幼年期から知っていた。[28] さらに結婚前に訪れた妻の故郷テューリンゲンの領地エーバースドルフがハレの律法的厳格さにくらべて神秘主義的な幅を感じさせる開放的風景を形成し、ベーメの影響を受けた土地であることがわかるのである。[29] また先程も挙げたユング・シュティリングも兄弟団の活動を高く評価し、人間が救済されるべき存在であることをあかしする場所としての「神の国の養成所」として兄弟団を理解していた。[30] 十字架の神学、聖化、ディアスポラ活動と宣教における神の言葉の伝道、信仰における忠実さといったことを堅持する姿勢は初期敬虔主義の覚醒運動を不動のものにしようという兄弟団の意志を伝えている。[31] 十字架の神学と聖化との関わりからは、これから述べる「回心」へのベーメ的な方向性が垣間見える。では「回心」を導く贖罪についてのベーメの考え方を見てみたい。

「罪のゆるしは契約でも告解によっても起こらない。人間はそこでは罪から立ち返り、心からの悔い改めと、聖霊におけるキリストへの信仰にある神の恩寵への方向転換をすることで新たにされるのである。」（『キリストの契約について』第四章十三節）[32]。「契約そして告解」というのはここではまず、キリストの十字架によって人間の罪は贖われたので人間の側でなすべきことはない、というルター正統派のメランヒトン主義的救済論である。ルターによれば生きて働く神の言葉を人間が自らのうちに体現することで、その事実によって神と人とのあいだに立てられた義はその関わりにおいてのみ罪人を義と認めるが、メランヒトン的なルター派が根を下ろしていた初期敬虔主義の時代には、その神と人との関わりという枠から出てしまえば人間の側には何ら義認される内面的根拠がないことになり、信仰を持たない人間の罪をあまりに強調した結果、人間には善をなす力はないので、信仰の確信さえあれば人間はそれで救済されている、とする神学があった。ルターの本来の考えとは異なり、ここでは贖罪と「新生」とは別のものになってしまい、贖いが起こってから、初めて「新生」が続くという経過になってしまったのである[33]。敬虔主義においては常にそうであるように「罪から立ち返り」、「心からの悔い改め」によって初めて恩寵のなかへ招き入れられる、つまり「新たにされる」体験が得られるという前提に立っているのである。そこには人間の側に救済の意志の有無を決断させるという現実がある。ベーメが考えていた「悔い改め」つまり「回心」とは、「砕かれ、壊された霊のなかに住もうとされる。その霊こそが暗闇の扉を打ち壊す。そこから神は霊のなかに入ろうとされる。」（『神の本質についての三つの原理』十七章八十節）[34]とあるように、「霊」或いは他の言葉で言い換えれば「回心」してへりくだった心の主体的な動きにすべてが掛かっているのである。なぜならばベーメが続けて言うには、「神はあなたの心情のただなかに立っておられ、そこでは魂が打ち壊された扉のなかで神の明るい御顔の前に立っている。」（同上八十一節）からである。この「心情のただなかに」という表現は、「心からの悔い改め」を暗示しており、さらに神の言葉を何度耳にしても、心の中において信仰していなければ神によって義と認められることはないだろうということである。神の眼の中に人間の存在の本質を認め、また人間の魂の奥底に神の愛と怒りとの接点を見ようとするベーメの、この視点こそゲルリッツの靴匠をして異端の烙印を押させた最大のものだが、これは彼が「教会に行き一時間ばかり説教を聞き、そのあとで以前と同じ生活を続けるならば、それで十分と考えてはいけない。いや、ただ教会に行き、説教を聞くだけならば神への礼拝とは言えない。彼らが説教のなかでキリストを心の中に聞き取るのでなければ何の役にも立たない。」(『キリストの契約について』序文十六節)[35]として、当時の正統派の教会生活にくさびを打ち込んだからであった。この正統派という言葉は、歴史的背景によって様々な異同があるにせよ、神の啓示を個人でなく教会という制度のなかで教えられた通りに聖書を解釈することで接することができるとする姿勢であり、聖書を個人として読むことの排除が始まったのもこの延長線上にある。[36]ベーメが言う「キリストを心の中に聞き取る」ということは、個人としても聖書を読み、そしてその神の言葉との直接的な出会いによって啓示を受けようという行為である。「回心」の体験はそうした聖書的真理への極めて親密な心の振動であるとすれば、「聖霊におけるキリストへの信仰」(『キリストの契約について』前掲箇所)は、「私の父が私の名前によって送られる助け主、聖霊があなたがたにすべてを教え、私があなたがたに語ったことを思い出させる」(ヨハネ十四章二十六節)を引用するまでもなく、教会という制度にとらわれない聖霊に繋がるべき信仰覚醒運動そのものが「回心」の道程であったと言えよう。

クリューデナーの「回心」はそうした正統派と敬虔主義の覚醒運動との確執という経緯のなかでもたらされたものであるが、そこにはまず一八一五年以降の、おそらくクリューデナー自身も関わっていたであろう特に貴族たちによる家庭礼拝を含めた敬虔主義的な個人的集会に目を当てる必要があるだろう。ウィーン会議の後から貴族たちは教会に熱心に通うようになり、[37]例えば解放戦争の後に自分の領地に帰った地主貴族がベルリンでの信仰覚醒運動の余波を持ちかえることが多かったポンメルンでは典型的な現象だったということだが、例えばハンス＝フーゴ・フォン・クライスト＝レッツォ(一八一四—九二)は朝夕に家庭礼拝を欠かすことがなく、同年齢の親族オットー・フォン・ビスマルク首相にヘルンフート兄弟団の聖書日課表（ローズンゲン）を与え、それがビスマルクを「回心」に導き、また聖書に親しむ性格として生涯支えたという記録がある。[38] また一八〇六年からベルリンの信仰覚醒運動の指導的役割を担っていたハンス・エルンスト・フォン・コットヴィッツ[39]を囲む集会に出ていたポーゼンの地主カール・フォン・ラッパルト（一七九四―一八五二）は、聖職者自体がかなり合理主義的精神をもった時代のなかで、どのような集まりであろうと必ず祈りを以て始めるのが習わしであった。一八二二年には家族と自分の領地の人々のために家庭礼拝を導入している。[40] 一八一五年から一八八八年にかけての信仰覚醒運動のなかで個人的な集会を持ち、そこで「回心」を体験した貴族そして領民は数えきれないが、そのなかでも過激な行動をとる者もいた。例えばラインラントのアーダルベルト・フォン・デア・レッケ＝フォルマーシュタイン伯爵（一七九一―一八七八）は孤児のための救護施設を作るために居城を捨てて、移住先のデュッセルタールにかつての修道院をそのための場所に充て、その施設で働く職員がすべて「回心」を体験していなくてはならないという規則を作ったのである。この再臨主義者の伯爵は、「回心していない人間が青少年をどうして教え導くことができるか」という確信から出発していたわけである。[41] こうした私的な動機に基づく信仰覚醒運動の働き手たちはここまで見てきたように必ずしも神学的訓練を経た聖職者または大学教授というわけではなく、敬虔主義の核心である「回心」というまことに主観的な心理的立場から行動を起こしていたわけである。言うまでもなく合理主義に不快感を抱くプロイセンのフリードリヒ・ヴィルヘルム三世から四世に至るなかで、取り巻きの貴族たちが保守反動政策の貫徹のためという政治的意図から敢えて敬虔主義的な振りをしたこともあったことが記録されているが、[42] それでも貴族たちのなかには、すでに挙げたように社会福祉活動、海外宣教に貢献した「回心者」も存在したことは認めるべきである。なかでもこの時期、海外宣教については宣教師が自らの任地での体験を「神の国」建設の一環として鮮烈に語る時間が集会では個人の信仰を高めるものとして歓迎されたのである。[43]ここにもベーメが「回心」する人間の心理的プロセスとして考えた「神の欲動のなかへの参入」(『ミステリウム・マグヌム』二十七章三十五節)[44]でもあるように、捉えどころのない「無」としての「父なる神」の「欲動」は闇ではなく光への動きを方向づけることで「子なる神」が現れる、という神と人間との双方の意志の交流に焦点が充てられている。それは罪から逃れようとする人間の意志の逆らいようのない流れであり、[45]ちょうどこのビーダーマイヤー時代に自己表現の手段として最も不可欠と認められていた日記が、敬虔主義的な体験に基づく強い内省的傾向を見せたのと同じく、[46]強固な意志をもって働こうとする極めて宗教的な人間像が現れるのである。

一八一七年の宗教改革三〇〇年記念祭の折りにシュレスヴィヒ・ホルシュタインの牧師クラウス・ハルムス(一七七八—一八五五)はまさに無意識のうちにもベーメ的な精神をもって時代の合理主義的な風潮に染まった教会を非難した。そこで彼はこう言っている。「キリスト者は説教者を盲信するのではなく、自ら聖書を開いて真理を探らなければならないと、知るべきである」。[47]この年はまさにプロイセン王国が合同教会を施行した時期であり、そして一八二一年の典礼儀式書の制定へと繋がるような、個人的信仰の体験(回心)を重視する敬虔主義にとっての「祭壇への国家の介入」という大事件であり、その危機感はそれまでの領邦教会制度以上に強いものとなった。[48]ここに小さなサークルに分かれて信仰を守ろうとする新たな動きが、分離主義の傾向としてあらわれだしたのである。[49]そしてこの分離主義という信仰姿勢はベーメがかつて置かれていた状況そのものであった。ではここでその分離的な信仰覚醒運動の動向を見てゆこう。

三　分離主義──身体性に基づいた個の回心から新生へ

フリードリヒ・ヴィルヘルム三世はハイネによって呵責ない非難を浴びながらも[50]、一八世紀のどのような君主よりも敬虔であった。それは神への畏敬と信頼において国民の模範であり、実際にその存在は信仰覚醒運動の拡大にとっても頼もしい後ろ楯だったのである[51]。しかしながら彼の弱点は次の二点にあった。つまり第一には、あらゆる教派が制度としても一体となってキリスト教的国家の秩序を作るべきだというあたかも大祭司のような自意識過剰に囚われていたこと、第二にはメッテルニヒに対しては何ら自分の意見を述べることができないような優柔不断な性格である[52]。軍隊が礼拝であるとすればパレードが典礼であると考えていたこの王はこの第一の弱点からルター派と改革派とを合同させ、さらにそのための共通の典礼儀式書を作成させるという愚挙に出た。合同教会が制定された年はすでに前段で述べたように宗教改革記念祭だったが、これは皮肉にも教派の教義的な相違点を浮き彫りにし、さらにルターの元来の信仰へと遡ろうとする絶好の機会となった[53]。この国家教会の大祭司を任じる国王には似つかわしくないことだが、おそらくは聖書解釈の歴史が教義の相違を生み出し、その結果数えきれないほどの宗教戦争をひきおこしてきたことが彼の視野になかったのである。敬虔主義者のなかでもこの結果、二つの流れができることになった。つまりそれでも神によって立てられた王室への忠誠を誓う廷臣としての信仰者と、いっぽうでは「国家と祭壇」との強制的な一致に苦しみ、或いはそのために迫害されて、例えば新大陸へと亡命するという信仰者とに分かれたのである[54]。この後者の敬虔主義者たちは国家によって特権化された教会をもはや信仰の拠点とは見なさず、自ら危険を冒して制度としての教会から離れ、一七世紀の過激な敬虔主義者たちのように心の中に打ち立てられるべき「神の国」建設のために働くという決意をするに至った。ここに王政復古期における分離主義者の像が認められる。[55] たとえそのための労苦が国家の教会に対する介入という先天的な障害に阻まれても、[56] 意志を貫徹する姿勢が認められた。その代表的な事件が、シュレージエン地方のJ・G・シャイベル（一七八三—一八四三）を中心とする古ルター主義者による一八三〇年の合同教会からの脱退であった。[57] この年がまたアウグスブルク信仰告白記念祭であることも手伝って、敬虔主義者ではなく本来は正統的信仰を持つこの古ルター主義者たちが、信仰覚醒運動の波のなかで、あたかもかつてのベーメがそうであったように、迫害される身になったのである。次の王フリードリヒ・ヴィルヘルム四世が即位するまでシュレージエンの古ルター主義者たちには厳しい試練が続いたが、そうした信仰の困難を克服させるようなものが、シュレージエンの歴史的な精神風土に秘められていたということもできるだろう。この地方は宗教改革期には統一国家ではなかったためもあり、福音に対する理解の仕方が様々な方向性へと広がってゆく可能性に恵まれていた。一五二四年のグロトカウでの君主会議では「聖なる福音がそれぞれの立場で自由に解釈されて説かれるべき」ことがおおやけに声明されていたほどである。またカトリック改革（反宗教改革）の時代であるバロック期には幾多の宗教詩人、神秘家が輩出したのもこの風土である。[58] そして何よりも聖書の言葉を教会という媒介を経ずに直接そこから神の眼を読み取ろうとするこうした豊穣な秘教的培養のなかで育てられたゲルリッツのベーメがシュレージエンをはるかに超えて後世にまでその思想を伝えたことはいまさら言及するまでもない。ベーメの預言者的な風貌を伝えるために書かれたと思われるランデスクローネという山での金貨の詰まった洞窟のエピソードも、[59] その信憑性は別にしてもシュレージエンの人々が抱くベーメのような人間に象徴される懺悔の説教者または預言者、或いは終末待望論者に対する独特な主観主義的印象を物語っている。シュヴェンクフェルトやパラツェルズスの信奉者が貴族や知識階級のなかに見いだされたこの地方では、神と人間とをひとつの宇宙として捉え、人間がもしこの宇宙を知りたいと考えるならば、自分の心を探り、古いアダムの殻を脱ぎ捨てて、神の像、或いは神の身体性を得て「新生」しなければならない、という態度がベーメによって要求されてもそれほど驚くべきことではなかったはずである。[60]「魂はキリストの霊と肉体とを身につけるべきである」（『キリストへの道——真の放下について』二章三十五節）[61]とベーメが語るとき、そこには人間の存在を根源まで突き詰めていった場合に、身体性を抜きにしては「新生」を考えることが不可能であることを彼が見抜いていたからである。なぜならば人間が身体を生命の場として認めるかぎり、キリストにおける「新生」がその場を超越して普遍的な意味で完成することはないはずである。そのあかしとして特に敬虔主義の潮流ではキリストの「血の神秘」という側面を極度に重視する場合があった。十字架にかけられた神の子の流した血が贖いのしるしとして理解されていることは正統派においてもそうであるが、敬虔主義のなかでは前段でも述べたように、十字架の血は信仰する者が「回心」を通して絶え間なく受け取ることによって「新生」へと近づける秘儀参入のあかしであって、もちろんゴルゴダの丘における十字架の現実はそれ自体完全な一回限りの救済の事件であるが、決してメランヒトン主義的な正統派が強調したようにその事件を認識するだけで個々の人間にとっての贖罪が完成したのではないと考える。その神学的理解はベンゲル、ツィンツェンドルフの残した賛美歌にも、一部の理性的なキリスト者に嘲笑されたほどの、十字架の血に対する直接的なな信仰が認められる。[62]ベーメはその著作のなかで頻繁にキリストの血が神の「怒り」を消して「愛」へと変容させることを書いているが、彼によれば人間の死の縄目のなかにある血が、神の永遠性の本質を明確に表すものとして、人間でありまた神であるキリストによって流されることで救済の業が開放された。[63]これは十字架の血によって死による滅びという神の怒りの壁は打ち砕かれたが、それでも人間は信じるだけではなく、さらにキリストの死に絶え間なく思いをめぐらせることで、彼と共に死に至り、十字架の事実を自らの内面に築き上げるべきだ、ということである。[64]古ルター主義が迫害されたシュレージエンにはかつて賛美歌作者にG・F・フィッケルト（一七五八—一八一五）という牧師がいたが、彼の「回心」の契機も「キリストの血の罪を打ち砕く贖罪のちからへの生ける信仰に導かれた」ためであるという記録が残されている。[65] 信仰を個人的な心の中の変革として捉えながら、同時にその変革が身体性を伴った霊的な変化の経過を前提とした「体験」の事柄であると確信するシュレージエンのような敬虔主義的風土のなかにプロイセンによる全体主義的な国家教会が根を下ろす可能性は極めて小さいことがわかる。先程も挙げたシャイベルに目を向けてみると、彼が神学生としてもハレで合理主義に汚染されることなく、ブレスラウ大学で信仰覚醒運動の先達となって働いたことからも、彼自身が敬虔主義の特定のサークルに属してはいなかったとしても、聖書の真理へと立ち返ろうとする姿勢は、何ら敬虔主義者の信仰とは変わらないと考えられる。それは個としての人間が謙虚に聖書の言葉に聞き入り、「創世記から黙示録まですべてをそのまま無条件で受け取る信仰の中にこそ福音主義教会のすべてがかかっている」[66] とする彼の譲歩のない神学からも考察することができる。この聖書主義的姿勢は信仰覚醒運動のなかでも特徴的な現象であるが、それはこの時代にラインラント地方の牧師Ｔｈ・フリードナー（一八〇〇－六四）がドイツ神秘主義の影響を受けて「キリスト中心主義」「聖書主義」を旗印にして、自らの信仰を「血の神学」として名づけているのをみると、[67] 前段で扱った神聖同盟前後は「正義・愛・平和」というような倫理的な次元で見られるような教義には拘泥しない超教派的な傾向を見せていたのに対して、合同教会導入が起きた頃からは、自らの属する教派の独自性、つまり倫理的次元ではもはや相殺できない様々なテーマに信仰者が意識をするようになり、次第に教派のあいだにおける教義的違いが目立つようになってきたことは明らかである。[68] ちょうど一七世紀のヴュルテンベルクにおけるようなアンドレーエによる「クリスティアノポリス」の構想がそうであったように、[69] キリスト教的理想国家の建設をプロイセンも願ったわけであるが、それでも一七世紀からの敬虔主義の豊かな伝統を引き継いでいたヴュルテンベルクにおけるキリスト教的国家の本質はあくまでも人間の内面における実現が外面に結晶するという事柄に限定されていたのに対して、プロイセンにおいては王室と官僚によって上から下へともたらされ強制されたものであったということが明瞭である。[70]「回心」の問題はあくまでも個人主義的なものであったはずであるが、それがひとたびおおやけの制度としてのかたちを取ることになると、信仰覚醒運動の本来の目的である「個としての人間を回心させること」は副次的なものになってしまうからである。それはシュペーナー、A・H・フランケ、ツィンツェンドルフら敬虔主義の賢明な父祖たちが国家と適度な距離を保持してきたことの延長線上にある。[71]心の中に「神の王国」を建設しようとするシュヴァーベン敬虔主義とまで言われる特異な伝統は、ベーメの世界観を導入したエーティンガーから出発して、J・F・v・マイアー（一七七一―一八四九）がさらに自然のなかに神の言葉をエンブレムとして読もうとするベーメ的なキリスト叡知主義（クリストゾフィア）に沈潜して、「神秘主義以外に救いはない」とまで言い切る福音主義的態度を経て、一八三八年にはJ・Chr・ブルームハルト（一八〇五―八〇）の「イエスは勝利者」という言葉で知られる「血の神秘主義」がメットリンゲンで打ち立てられたことでその頂点を示した。[72]こうしたベーメ的な思想の遺産がプロテスタント教会のなかに永続的な位置を占めたのは、おそらくは敬虔主義の初期の先達者たちがベーメの過激なキリスト論に対して常に寛容な姿勢をとってきたことにも関係があるだろう。[73]

王政復古期のキリスト者にとって「キリスト教的である」ということは先ず第一に「体験」であっただけでなく、さらに「プロテスタントである」ということも敬虔主義者であるということと同義であった。[74]これはすなわちキリスト教会そのものが合理的精神という啓蒙主義の申し子によって弱体化され、それを快く思わない「敬虔主義者」という概念のなかに正統派に属する者や元来分離派であるものが混在し、さらにそのなかでも王政復古に心底従順であるものと、敢えて国家とは袂を分かつ者とが存在していたことも含まれている。プロイセンによる合同教会導入が引き起こしたものは、教会に行き礼拝に参加するという外面的なことではなく、個人が「体験」として得た「回心」を自らの身体性において発展させていくことが教義の違い以上に彼ら敬虔主義者たちの第一義的な関心事だったということである。だからビーダーマイヤー期の文学において体験詩と宗教詩とが密接に関わり合ったのも、体制としての教会に背を向けた敬虔主義的な時代には特徴的なことだったのである。[75] それは心情的な面さえ欠けていなければどの教派に属していようともキリスト教的な詩を書くことができた時代の現象であったことも当然のことと思われるゆえんである。[76]

クリューデナーの「回心」から、プロイセンの合同教会導入を契機とした国家による個人的な「回心」体験の軽視にいたる信仰覚醒運動の流れは、それでも次第にフリードリヒ・ヴィルヘルム四世の即位のあとから一八四八年の革命前夜にいたるまで、否定しがたく「個」から「全体」へと動いていくようになるのである。

結語――個から全体の回心へ

内面性から外面性への過渡期としての時代が新王によってもたらされた。まず前王の時代に迫害されたシュレージエンの古ルター派は一八五二年に受け入れられ、宗教改革以来の信仰告白を守る者にはどのような教派であれ寛容な対応がとられた。[77] しかしそれはすぐに信仰覚醒運動の順調な再出発を意味するわけではなかった。信仰覚醒運動によって影響を受けながらもこの敬虔な「王座のロマン主義者」の助言者として活躍したL・v・ゲルラッハ（一七九〇―一八六一）、E・L・v・ゲルラッハ（一七九五―一八七七）、O・v・ゲルラッハ（一八〇一―一八四九）の兄弟によって王の回りには、次第に敬虔主義的ではありながらも保守的なロマン主義的思想が強くなり、その根底には厳格なルター主義と結びついたエリートの管理するキリスト教的国家体制が敷かれるようになり、信仰覚醒運動の本来持っていた神秘主義的な振幅性のある自由な雰囲気は失われるに至った。[78] 一九世紀の後半にはJ・H・ヴィーヒェルン（一八〇八―一八八一）が一八四九年のヴィッテンベルクにおけるドイツ福音主義教会大会において内地伝道を提唱し、[79] その後W・レーエ（一八〇八―七二）がノイエンデッテルスアウに一八四九年に内地伝道協会を創設、[80] さらにF・v・ボーデルシュヴィンク（一八三一―一九一〇）がベテルに一八六九年から一八七七年にかけて社会事業を広める施設を作った。[81] こうした現象は前段で述べたような海外宣教報告が集会で個人の信仰を助けるために重視されていた一八二〇年から一八三〇年にかけての時期とは異なり、[82] 今や内地伝道、つまり主に社会事業が中心となってきた信仰覚醒運動の変貌を認めざるをえないのである。これはひとつの統一に向かうことが出来ないために、常に敬虔主義の特徴であるだけでなく、さらにまたビーダーマイヤー期、つまり王政復古期の現象でもあったようなそれまでの「内面」へと向かわざるをえなかったドイツ精神史の変遷でもある。[83] またこれはなかでも先程挙げたヴィーヒェルンが「救出し助ける愛」（rettende und helfende Liebe）という実践的なモットーのもとに信仰覚醒運動を拡張してゆくことを、領邦教会の責任者たちに納得させることに成功したためでもある。彼の共産主義に対する断固とした姿勢は自ずと「キリスト教的国家」を形成しようとする王政復古期のプロイセンの国家体制に適応したものとなり、一八四八年の三月革命以降は次第に教会という制度の側からのこの運動への参画が望まれるようになった。内地伝道がここで社会事業として確立し、革命に対する社会的な課題の義務を信仰覚醒運動は背負うことになったわけである。[84]「神の国」建設はここで初めて内面性から解放されて、外的な事柄によっても認識されうるものとして現れたのである。

信仰覚醒運動のなかに地下水のように流れていたベーメ的な精神遺産はここで、その敬虔主義の連続性という観点から見ると、個から全体へと受容されることになった。「神の国において成長し実を結ぼうとする人間は、実を得るために必要な彼のすべてのちからをキリストの血と死とによって吸い上げ、絶えず神の真理と明るさの前に自らの傲慢を捨て去ることが最も大切である（…）」（『イザイア・シュティーフェルスに対する反論』五三九節）[85] と書いたベーメのキリストの血による死の秘儀の招く「神の国」建設はあくまでも人間の心の中に芽生えるものであったが、ヴィーヒェルンやボーデルシュヴィンクが一八四八年以降、プロイセンの支配によるドイツ統一を望むようになって、[86]もはやキリストの「血の神秘主義」はそれほどの牽引力を敬虔主義における信仰覚醒運動には持たなくなり、そこで先程も述べたブルームハルトのメットリンゲンでの体験がかえって光彩を帯びることになるのである。ヴュルテンベルクの霊性を十八世紀以降から根底において支えていたと考えられるエーティンガーが「肉体こそは神のわざの完成である」と語ったことを思い出すときに、[87]「回心」によって贖罪を受けて「新生」へと向かう人間が十字架というかたちでの「血」の秘儀を通過しなければならないというのは、まさしく信仰者をその身体性において完成させる、という理解が敬虔主義には初期のころから特に強く認められることからも明らかである。ベーメによれば、神が啓示に際して闇から光に向かうとき、そこに愛（光）と怒り（闇）との衝撃が生み出されて、それが「痛み」として捉えられる。「神が霊である」（ヨハネ四章二十四節）というのは、その霊を啓示する神の身体が霊のあらゆる性質を体現しているからであり、それは人間も同じである、というのである。なぜならば「どのような霊も肉体がなければその完全さを全うすることはできない」（『黎明』二十六章五十節）からである。[88]もし身体性を無視するならば、「回心」すること自体が、肉体にとどまる人間には不可能なことになり、「血」の贖罪を受ける必要も希望もないわけである。そうしたベーメの語る身体性そのものに間接的に注目したとも言えるブルームハルトがその精神的そして肉体的な苦闘の末に叫んだ「イエスは勝利者である」という獅子吠えは一八五二年に教会当局だけでなく、敬虔主義者たちの非難と懐疑の声によって掻き消され、やがてバートボルにおける独自の活動に入ることとなったのは敬虔主義における信仰覚醒運動の転換期としては象徴的なことであったと思われる。[89]このシュヴァーベン敬虔主義の終焉はまさに合同教会導入のあとから濁流のように押し寄せてきたドイツの後期敬虔主義の脱ベーメ化であると考えられる。

（1） Hartmut Lehmann: Die neue Lage. ［= Lehmann］ In: Ulrich Gäbler (hrsg.), Der Pietismus im neunzehnten und zwanzigsten Jahrhundert. Geschichte des Pietismus. Im Auftrag der Historischen Kommission zur Erforschung des Pietismus. Hrsg. v. Martin Brecht u. a. ［= Brecht］, Bd. 3, 2000 Göttingen, S. 11. マックス・フォン・ベーン『ビーダーマイヤー時代―ドイツ十九世紀前半の文化と社会』〔第二版〕飯塚信雄・永井義哉・村山雅人・高橋義文・富田裕・共訳（三修社　二〇〇〇年）［＝ベーン］二六七頁。原書は Max von Boehn: Biedermeier. Deutschland von 1815-1847. 1911 Berlin.

（2） Gustav Adolf Benrath: Die Erweckung innerhalb der deutschen Landeskirchen 1815-1888. Ein Überblick. ［= Benrath］ In: Brecht, Bd. 3, S. 150.

（3） Georg Hermann (hrsg.): Das Biedermeier im Spiegel seiner Zeit. Briefe, Tagebücher, Memoiren, Volksszenen und ähnliche Dokumente. 1913 Berlin ［= Hermann］, S. 301.

（4） a. a. O., S. 9. ベーン、五六四―五六六頁。

（5） ベーン、五五三―五五四頁。

（6） Hermann, S. 10 u. 21.

（7） a. a. O., S. 11.

（8） Benrath, In: Brecht, Bd. 3, S. 155.

（9） a. a. O., S. 157.

（10） Erich Beyreuther: Geschichte des Pietismus. 1978 Stuttgart ［= Beyreuther］, S. 331; Gerhard Müller (hrsg.), Theologische Realenzyklopädie ［= TRE］. Bd. 26. 1996 Walter de Gruyter, S. 621. unter „Pietismus“.

（11） Beyreuther, S. 331-335.

（12） a. a. O., S. 343.

（13） Martin Brecht: Die deutschen Spiritualisten des 17. Jahrhunderts. ［= Brecht］ In: Martin Brecht (hrsg.),

Der Pietismus vom siebzehnten bis zum frühen achtzehnten Jahrhundert. Geschichte des Pietismus [= Brecht], Bd. 1, 1993 Göttingen, S. 205.

(14) a. a. O., S. 207.

(15) Hermann, S. 25 u. 31.

(16) Gerhard Wehr: Jakob Böhme. 1971 Reinbek bei Hamburg [= Wehr], S. 63-64.

Jacob Böhme: Sämtliche Schriften. Faksimile-Neudruck der Ausgabe von 1730 in 11 Bänden, hrsg. v. W. -E. Peuckert, 1942-61 Stuttgart [= Böhme], Bd. 9: Epistolae theosophicae, oder Theosophische Send-Briefe (1618 bis 1624).

Benrath, In: Brecht, Bd. 3, S. 213.

(17) Lehmann, In: Brecht, Bd. 3, S. 18.

(18) a. a. O., S. 20; Brecht, In: Brecht, Bd. 1, S. 210. ベーン、五二三―五二四頁。ベーンにおいてはメスマーは迷信のひとつとして片づけられており、ベーンの神秘主義に対する理解の欠如が示されている。

(19) Lehmann, In: Brecht, Bd. 3, S. 20.

(20) Werner Elert: Die voluntaristische Mystik Jacob Böhmes. Eine psychologische Studie. Neudruck der Ausgabe Berlin 1913. 1973 Aalen, S. 85ff.; Böhme, Bd. 4: De incarnatione verbi, oder Von der Menschwerdung Jesu Christi (1620) [= Menschw.], II, 10, 3.

(21) Brecht, In: Brecht, Bd. 1, S. 212.

(22) a. a. O., S. 213.

(23) Benrath, In: Brecht, Bd. 3, S. 150 u. 158.; バーダーとそのベーメの影響についてはWehr, S. 100.; Philadelphiaという言葉自体、敬虔主義の語彙である。Beyreuther, S. 28ff.; Religion in Geschichte und Gegenwart. 3. Aufl.,

1957 Tübingen ［= RGG］, Bd. 1, S. 242-243 unter „Heilige Allianz“.

（24） Christian Bendrath: Leibhaftigkeit. Jakob Böhmes Inkarnationsmorphologie. Diss., 1999 Walter de Gruyter, In: Theologische Bibliothek Töpelmann. Bd. 97 ［= Bendrath］, S. 2.; Günther Bonheim: Zeichendeutung und Natursprache. Ein Versuch über Jacob Böhme. Diss., 1992 Würzburg ［= Bonheim］, S. 51-52.; Wehr, S. 129-130.

（25） Benrath, In: Brecht, Bd. 3, S. 158; RGG, Bd. 4, S. 82 unter „Krüdener“; Wehr, S. 134; Bendrath, S. 2; ベーン、五一八頁。ベーンは敬虔主義一般についてそうであるが、クリューデナーについても極めて否定的な姿勢を取っている。

（26） Benrath, In: Brecht, Bd. 3, S. 158.

（27） Wehr, S. 119; Brecht, In: Brecht, Bd. 1, S. 213.

（28） Dietrich Meyer: Zinzendorf und Herrnhut ［= Meyer］. In: Martin Brecht u. a. (hrsg.), Der Pietismus im achtzehnten Jahrhundert. Geschichte des Pietismus ［= Brecht］. Bd. 2, 1995 Göttingen, S. 5-7.

（29） a. a. O., S. 18.

（30） a. a. O., S. 85. 後年のツィンツェンドルフが神秘主義的傾向を次第に抜け出していこうとしたことは、ベーメが彼に与えた間接的影響とは別の次元で考えるべきである。Carl Andresen (hrsg.): Handbuch der Dogmen- und Theologiegeschichte. 1984 Göttingen, Bd. 3, S. 112.

（31） Meyer, In: Brecht, Bd. 2, S. 85.

（32） Böhme, Bd. 6: De testamentis Christi, oder Von Christi Testamenten (1623), S. 103.

（33） RGG, Bd. 5, S. 834-836 unter „Rechtfertigung“; RGG, Bd. 4, S. 1725 unter „Orthodoxie“; RGG, Bd. 4, S. 839 unter „Melanchton“; Brecht, In: Brecht, Bd. 1, S. 207-208.

（34） Böhme, Bd. 2: De tribus principiis, oder Beschreibung der Drey Principien Göttliches Wesens (1619), S. 256.
（35） Böhme, Bd. 6: a. a. O., S. 5.
（36） RGG, Bd. 4, S. 1723-1724 unter „Orthodoxie“.
（37） Benrath, In: Brecht, Bd. 3, S. 161.
（38） a. a. O., S. 169 u. 171-172.
（39） a. a. O., S. 161.
（40） a. a. O., S. 175.
（41） a. a. O., S. 190-191.
（42） a. a. O., S. 163-164.；ベーン、二四三－二四五頁。
（43） Lehmann, In: Brecht, Bd. 3, S. 9.
（44） Böhme, Bd. 7: Mysterium Magnum, oder Erklärung über das Erste Buch Mosis (1623) S. 221.
（45） Böhme, Bd. 7: a. a. O., 3, 7.; Bonheim, S. 73.
（46） Friedrich Sengle: Biedermeierzeit. Deutsche Literatur im Spannungsfeld zwischen Restauration und Revolution 1815-1848. ［= Sengle］, Bd. II: Die Formenwelt, 1972 Stuttgart, S. 215.
（47） Benrath, In: Brecht, Bd. 3, S. 210-211.; Lehmann, In: Brecht, Bd. 3, S. 22. 正統派教会と敬虔主義との距離は一八二五年以降狭まりつつあり、それは合理主義への反感という点で一致していたためであった。
（48） RGG, Bd. 4, S. 222-223 unter „Landeskirche“.
（49） Benrath, In: Brecht, Bd. 3, S. 159.
（50） Sengle, Bd. III: Die Dichter, 1980 Stuttgart, S. 587.
（51） Sengle, Bd. Ⅰ: Allgemeine Voraussetzungen, Richtungen, Darstellungsmittel, 1971 Stuttgart, S. 112.
（52） Benrath, In: Brecht, Bd. 3, S. 160.; Sengle, Bd. Ⅰ, S. 112.

(53) TRE, Bd. 29, 1998 Walter de Gruyter, S. 90 unter „Restauration“; RGG, Bd. 6, S. 1138-1140 unter „Evangelische Kirche der Union“.; RGG, Bd. 1, S. 173-174 unter „Agendenstreit“.；ページ二三六—二四一頁。

(54) Lehmann, In: Brecht, Bd. 3, S. 11 u. 24.

(55) Beyreuther, S. 343.

(56) Lehmann, In: Brecht, Bd. 3, S. 23.

(57) Benrath, In: Brecht, Bd. 3, S. 151 u. 161.; RGG, Bd. 4, S. 544-546 unter „Altlutheraner“.；ページ二四一—二四三頁。

(58) RGG, Bd. 5, S. 1436-1441 unter „Schlesien“.

(59) Böhme, Bd. 10: De vita et Scriptis Jacobi Böhmii, oder Historischer Bericht von dem Leben und Schriften Jacob Böhmens, S. 4.

(60) Brecht, In: Brecht, Bd. 1, S. 208 u. 211-212.

(61) Böhme, Bd. 4: Christosophia, oder Der Weg zu Christo, Von wahrer Gelassenheit, S. 104.

(62) RGG, Bd. 1, S. 1331 unter „Blut Christi, II Dogmatisch“.

(63) Böhme, Bd. 4: Menschw. Ⅰ, 10, 8-12.

(64) a. a. O., Ⅰ, 13, 23.

(65) Benrath, In: Brecht, Bd. 3, S. 178.

(66) a. a. O., S. 179-180.; RGG, Bd. 5, S. 1393 unter „Scheibel“；ページ二四二—二四三頁。

(67) Benrath, In: Brecht, Bd. 3, S. 192-193.

(68) a. a. O., S. 151.

(69) Martin Brecht: Das Aufkommen der neuen Frömmigkeitsbewegung in Deutschland, In: Brecht, Bd. 1, S.

156-160.
(70) Benrath, In: Brecht, Bd. 3, S. 164.
(71) Lehmann, In: Brecht, Bd. 3, S. 25.
(72) Beyreuther, S. 33; Benrath, In: Brecht, Bd. 3, S. 245-247 u. 235.
(73) Martin Brecht: Philipp Jakob Spener, sein Programm und dessen Auswirkungen, In: Brecht, Bd. 1, S. 320.; Martin Brecht: August Hermann Francke und der Hallische Pietismus, In: Brecht, Bd. 1, S. 459.; Martin Brecht: Der württembergische Pietismus, In: Brecht, Bd. 2, S. 232-233.; Beyreuther, S. 28.
(74) Sengle, Bd. I, 52.
(75) Sengle, Bd. II, 85.
(76) a. a. O., S. 550.
(77) Benrath, In: Brecht, Bd. 3, S. 163.
(78) a. a. O., S. 164.；ベーン、八六、三五、一三一、二四四、五一〇頁。
(79) Lehmann, In: Brecht, Bd. 3, S. 9; Benrath, In: Brecht, Bd. 3, S. 165.
(80) Benrath, In: Brecht, Bd. 3, S. 241.
(81) a. a. O., S. 198.
(82) Lehmann, In: Brecht, Bd. 3, S. 9.
(83) Hermann, S. 18.
(84) Lehmann, In: Brecht, Bd. 3, S. 22; Benrath, In: Brecht, Bd. 3, S. 156 u. 165-166.; TRE, Bd. 26, S. 623 unter „Pietismus".
(85) Böhme, Bd. 5: Antistiefelius, oder Bedencken über Esaiä Stiefels Büchlein (1621 / 22) S. 343.
(86) Lehmann, In: Brecht, Bd. 3, S. 12.

(87) Brecht, In: Brecht, Bd. 2, S. 277.; Friedrich Christoph Oetinger: Biblisches und Emblematisches Wörterbuch. 2. Nachdruckauflage der Ausgabe [Stuttgart] 1776, Georg Olms, 1987, In: Emblematisches Cabinett IX., S. 407.

(88) Böhme, Bd. 1: Aurora, oder Morgenröthe im Aufgang. S. 392; a. a. O., Bd. 6: De signatura rerum, oder Von der Geburt der Bezeichnung aller Wesen, 4, 15.; a. a. O. Bd. 3: De triplici vita hominis, oder vom Dreyfachen Leben des Menschen, 5, 19.

(89) Benrath, In: Brecht, Bd. 3, S. 235.

オーストリアの検閲制度について（一八一五―四八年）

松岡　晋

課題設定

F・ヴァルターは、ヨーゼフ二世時代の啓蒙絶対主義的国家思想のなかで「国内行政」、「福祉」一般という旧来のポリツァイ概念が「国内の平穏・秩序の維持と国家の安全に役立つ抑制措置」を内容とするそれに限定される過程を述べ、そこにオーストリアにおける近代的国家警察の出発点をみる。と同時に彼は、皇帝自身の猜疑心に満ちた性格が、フランス革命によって引き起こされた不安などと相俟って、この時期のオーストリアで秘密警察制度（＝秘密情報機関）の確立を促進したことも指摘する。だがそれにしても、秘密警察などは「当時すべての国家が用いていた武器」であり、「個人などあまり問題でなく、国家がすべてであった、かの時代においては、秘密情報活動はまったく許された、道徳的断罪を受けることのない、全体の安全のための手段であるとみなされていた」のに、なぜヨーゼフ時代およびその後のフランツ一世（二世）時代の警察が同時代と後世においてかくも厳しい非難を浴びるのか。その答えをヴァルターは、とりわけ「一八〇〇年に始まる警察と検閲の結びつき」にみてとり、フランツ時代はメッテルニヒ＝セドルニツキィ時代でもあることに注意を向ける。(1)

事実、オーストリアにおいては一八四八年三月に至るまで、プロイセンを含むドイツ連邦諸国家のいずれにおいてよりも厳しい検閲制度が維持された、というのが一般的見解である。新聞、雑誌、小冊子、通常の書物(二〇ボーゲン＝三二〇ページ以上のものも含む)はもとより、地図、楽譜、墓碑銘、画像、さらには看板、飾り模様までもが厳しい検閲の対象とされ、オーストリアの検閲を無条件で通過したものは半ば政府の公式見解を代弁するもの offiziös とみなされたという(J・マルクス)。加えてそのやり方が不透明で、煩雑で、時間がかかることもよく指摘される。[2] 本章での私の課題は、研究史上でも定説化しているこのような一九世紀前半のオーストリアの検閲制度をいま一度具体相に則して考察することにある。[3] それを通じて、いわば「検閲制度に潜むオーストリア的なもの」の一端を垣間見ることが出来れば、と願う次第である。叙述はまず同時代の行政機構の輪郭の理解から始まり、近代的省庁制 Ministerialsystem 成立以前の官房制 Kammersystem のもとでのオーストリア帝国の各中央官庁の名称と機能が説明される(一節)。次いで、同時期のオーストリアが内外に張り巡らした政治警察・監視機構の概略が示され、その枠内での検閲機関の位置が測定される(二節)。そしてそれらの知見を前提にして、三節で検閲制度そのものを法的根拠、機構、実際の運用の三つの側面から眺め、その歴史的個性を提示することを試みる。

一　オーストリア帝国行政機構の多層性——二重性と官房制——

二重性

一八一五年の時点では二〇の王国、邦国からなっていたオーストリア帝国(一八〇四—六七)の行政単位はその後簡素化され、一八三〇年頃には一二の州 Provinz にまとめられる。[4] 各州にはこれまで独立していた幾つかのより小さな邦国が、自らの歴史伝承を大幅に保持しつつ組み込まれ、州長官 Gouverneur を中心とする州政府

（Regierung あるいは Gouvernement）から最末端の管区官 Kreisamt に至るまで国家官吏が配置され、かつてと同様に帝国行政機構の均質化が目指された。だがそれがある程度実現したのは、ヨーゼフ改革がその骨格において生き続け、編纂された民法典と刑法典も存在した帝国西部に位置するハプスブルク家の世襲領 Erbländer（＝旧神聖ローマ帝国および一八一五年からはドイツ連邦に属する部分、ボヘミアと狭義のオーストリア部分が中心なので、通称「ドイツ＝スラヴ系世襲領 deutsch-slavische Erbländrer」とも言われる）においてのみであり、クロアティアを含むハンガリー王国内の諸部分、ジーベンビュルゲンの内部行政は依然として貴族（マグナート、ジェントリー、貴族農民）を担い手とする「コミタートと王国の自由都市の自治」に委ねられていたのである。「一八六七年のアウスグライヒにまで至るこの二重性」は帝国中央官庁のあり方にも反映する。(5)

すなわち、帝国全体に関わる中央官庁は外交（「国務政庁 Staatskanzlei」）、軍事（「宮内軍事会議 Hofkriegsrat」）、財政（「財務本庁 Hofkammer」）についてのみ存在し、(6)内政に関しては西方の諸州向けには「ボヘミア・オーストリア統合政庁 Vereinigte bömisch-österreichische Hofkanzlei」が、ハンガリーとジーベンビュルゲンについてはそれぞれ独自の政庁（「ハンガリー政庁」と「ジーベンビュルゲン政庁」、所在地はいずれもウィーン）が存在した。要するに後の内務省に相当する中央官庁が三分割されて併存したのである。また通常オーストリアの中央官庁と称される次の宮内諸政庁 Hofstelle（＝現在の省庁 Ministerium に相当する）も、西方の諸州のみを管轄するものたらざるをえなかった。「最高法務庁 Oberste Justizhofstelle」（＝法務省＋最高裁判所）、「宮内学術委員会 Studienhofkommission」（＝文部省に相当、一八四八年までは統合政庁内の独立した一部局）。なお警察行政、検閲の総元締めである「ウィーン最高検閲・警察庁 Oberste Censur- und Polizeihofstelle Wien」は当初は統合政庁に下属したが、後に分離・独立した。(7)検閲・警察庁は、その性格上、帝国全土に活動範囲を広げようとしたが、その地方機関として各大都市に存在すべき「警察本部 Polizeidirektion」がハンガリーではすでに解体していたために、その地での活動は非常に難しい状態にあった。[8]

これまでオーストリアの中央官庁が所管事項の明確に定められた、全帝国を網羅する近代的省庁になること阻害した一つの要因として、帝国の二重性を指摘した。だが、阻害要因はもう一つあったのである。

官　房　制

ウィーンの王宮 Hofburg のなかで最も古い館、シュヴァイツァー・ホーフ Schweizer Hof 三階の執務室に鎮座する皇帝フランツ一世（Franz Ⅰ、一七六八―一八三五年、在位一八〇四―三五年、一七九二―一八〇六年間はフランツ二世 Franz Ⅱ として神聖ローマ帝国皇帝を兼ねる）。偏狭で視野が狭く、思考が硬直的だと同時代人の間での評判は散々であったが、「自らの義務を果たすという点では、並外れて勤勉であった」彼のもとには次々と書類が届く。「どの書類も彼に提出して、裁可を受けなければならなかったのである。」[9] L・A・フランクルの『回想録』が伝えるこの場面は、以下に述べる官房制を象徴的に示すものである。

既に述べたとおり、オーストリアでは、多少いびつな形ではあったが、一八一五―一八四八年間に外交、財政、軍事、内務、教育行政に関して現代の省庁に対応する五つの宮内諸政庁が成立した。だがその一方で一八四八年までのオーストリアには「我々が一八世紀のプロイセンにおいて知っているような、そして［オーストリアでは――引用者］とりわけヨーゼフ二世によって完成された」（オットー・ブルンナー）官房制 Kabinettssystem が統治原理として存続していたのである。管轄事項、権限が必ずしも明確でない「宮内諸政庁 Hofstelle」およびそれらの内部にその都度特定の目的で創られる多数の「宮内委員会 Hofkommission」がそれぞれまったく独立のものとして併存し、これらの官庁の決定・提案は国務参議会 Staatsrat の意見を付されて、すべて文書形式で皇帝の官房事務室 kaiserliche Kabinettskanzlei に送付される。各中央官庁に自ら臨席することなく執務室

（Kabinett＝官房）にとどまる皇帝は、それらの書類に目を通し、書面で決済を与える。「それも官房政令 Kabinettsorder という融通無碍な形式においてであり、この政令は君主の口頭による指示もしくは欄外に書き込んだ意見に基いて、特別の秘書官が文書に仕上げるのである。」[10]「このような統治方式が行われていた限り、国家全体の運命が君主の人格に左右された」のは当然であり[11]、すべては皇帝の名において決定されたのである。逆にいうと、各官庁の提議は国務参議会、そしてなによりも「官房」を通過しなければならなかったので、フランツ一世治下のオーストリアではあらゆる革新を皇帝が阻止することも可能であった。それも、「明確な拒否というよりも、書類を処理しないことで行政を停滞、遅延させる」というかたちで[12]。

フランツが警察や検閲の実務に具体的にどのように関わったのかを明瞭に示す資料は伝えられていない。だが彼がそれらの案件に並々ならぬ関心を示したことは、幾人かの同時代人たちが証言している[13]。

二　政治警察的監視機構

官房制が存在する限り、皇帝フランツ一世の「人格」はオーストリア帝国の政治と社会に大きな影を落とし続ける。だが政策立案の実際上の責任者は、とくにフランツ一世の没した一八三五年以降は、国務政庁の長にして宰相のメッテルニヒ（Klemens Wezel Nepomuk Lothar Fürst von Metternich、一七七三―一八五九）であり、彼を支えたのは一八一六―一八四八年にウィーン最高検閲・警察庁長官を勤めたセドルニツキィ伯（Joseph Graf von Sedlnitzky、一七七八―一八五二）であった。社会保守主義的原理の信奉者メッテルニヒは、国内外の「平穏と秩序」の確保（＝現状維持）のために一種の「警察国家」を構想する。それは、一八三〇年代までのオーストリアは、他のヨーロッパ諸国と較べると比較的平穏であったので、民族国家、立憲制を求める運動の外国からの侵入の阻止に力点を置き、「監視を国外で開始し、国境で厳しく検査するとともに、国内での取り締まり体制を完璧なものにする」という考えに基いており、それに則して、警察の機能も予防的取り締まり措置を実行する「執行警察 Vollzugspolizei」とそのための監視・情報調達を行う「政治警察 politische Polizei」(秘密情報機関)とに原理的に区別されたのである。[14] メッテルニヒの力点は後者、つまり広範囲に渡る政治警察的監視網の構築に置かれ、その目標は社会的、政治的世論形成と意見表明のあらゆる形態(=出版、書籍販売、結社、集会等々)を徹底的に監視し、必要な場合には前者によって具体的措置をとることに設定された。そのさい彼は、既存のさまざまな機関を活用すると同時に、目的にかなう新組織を次々に創り出すことになる。

「中央情報委員会」("Zentralinformationskomitee")

まずなによりも重要なのは、一八三四年五月一日にその活動を開始した「中央情報委員会」の新設による情報の集中管理である。その直接のきっかけとなったのは、同年四月一五日のG・マッツィーニによる国際的革命運動組織「青年ヨーロッパ」("Junges Europa")の設立であったと言われる。同委員会は「国務政庁」(ドゥポン男爵)、「検閲・警察庁」および「国務参議会法務部」(一八三八年まで)の各代表者からなり、委員長はドゥポン男爵が務め、国務政庁長官としてのメッテルニヒの監督下に置かれた。その目的は、オーストリアのすべての政治警察的情報機関(後出の「マインツ情報局」、「ガリツィア情報委員会」、「ハンガリー=ジーベンビュルゲン中央情報委員会」など)からの報告、各官庁に届いた情報(外交通信文、帝国内各州の警察本部、国外での任務に従事する警察官たち、フランクフルトのドイツ連邦オーストリア代表部などからの報告)、その他あらゆる種類のウィーンに届く報告を選別、評価することにあった。会議は当初は一週間に数回とされたが、一八四二年一一月からは定期的に水・土曜日に国務政庁の建物内で行われた。その場で各代表委員は、主として自分の所属官庁との関連で目についた報告や書類について発言し、それらについてこれまでどんな措置がとられたか、または検討されているのかを他の委員たちに知らしめたという。そして多くの場合、各委員はある案件の今後の処理の仕方について共同提案を行った。それらの会議で扱われた内容（主としてドイツおよびイタリアの案件）、委員会での報告および提案は「中央情報議事録 Central-Informations-Protokoll」にまとめられ、石版刷りで皇帝、メッテルニヒ、セドルニツキィ、ロンバルデイアの副王ライナー大公、国務参議会法務部、国務会議 Staatskonferenz にそれぞれ一部ずつ届けられ、各部署での意志決定に資するものとされた。「中央情報委員会」の設立によって、メッテルニヒはオーストリアのすべての政治警察的情報機関をその掌中に収めたことになる。(15)

個々の情報機関について

次に見るのは、ウィーンに情報を送る国内外のいくつかの情報機関についてである。メッテルニヒは当初、ドイツ連邦を基盤にして複数国からなる政治警察を構築しようとする。だがそのような組織は、各国の利害が一致しないために創りえないか、あるいは出来上がったとしても、例えば一八一九年の「マインツ中央審問委員会」（"Central-Untersuchungskommission in Mainz"）のように九年間存在したものの、悪評でしかもうまく機能しなかった。(16) 一八三三年にも彼は、オーストリア、プロイセン、バイエルン、ヴュルテンベルクの代表各一名からなる情報機関の設置を試みるが実現せず、オーストリア単独で創設された（同年四月）のが「マインツ情報局」（"Mainzer Informationsbüro"＝MIB）であった。(17) しかしこの組織は、メッテルニヒ体制下での政治警察的機関としては、最も成果を挙げることになる。主に元ジャーナリスト、文筆家たちが密偵 Konfident としてかなりの高額の報酬で雇われ、彼らは各々が各国を分担して、ドイツ諸国家のみならず、「全ヨーロッパのすべての反対派運動を探り、監視すること」を要求される。彼らがマインツへ送る報告書は書き写され、フランクフルトのオーストリア代表部を経由してウィーンの「中央情報委員会」に送られた。「マインツ情報局」は一八四八年三月に解体するまでに一、二五五通を、従って平均して一週間に一、二通の割合で報告や議事録をウィーンに送ったという。それらの報告の多くは、ドイツの政治的ジャーナリズムの監視記録であった。なお、国外に存在し、活動する「マインツ情報局」は外交政策の一部分を構成するものとして、国務政庁のメッテルニヒの監督下に置かれた。

他方、オーストリア帝国内でもロンバルディア・ヴェネツィア、ハンガリー・ジーベンビュルゲン、ガリツィアのように行政組織が確立しておらず、危険に晒されているとみなされた諸部分（＝ある意味での帝国内の「外国」）には、一八三〇年代の半ばから後半にかけて同様な政治警察的情報機関（例えばレンベルクの「ガリツィア情報委員会 Galizisches Informationskomitee」や「中央情報委員会」の一部門としての「ハンガリー＝ジーベンビュルゲン・セクション Ungarisch-Siebenbürgische Sektion」およびその後継機関「ハンガリー＝ジーベンビュルゲン中央情報委員会 Zentralinformationskomitee für Ungarn und Siebenbürgen」、ミラノのロンバルディア・グーベルニウム府のスパイ網など）が創られた。しかしながら、ガリツィアのそれはあまりうまく機能しなかったし、ハンガリー＝ジーベンビュルゲンに関するものは現地ではなく、ウィーンで情報を収集する機関にすぎなかった。(18)

国境、国内にて

メッテルニヒ流の警察国家の領域的構築は、まず第一に、外国から押し寄せて来るとされる「反体制的理念とその担い手としての革命家たち」に対してドナウ帝国を閉鎖することから始まる。従って上述のようなドイツ連邦諸国および他のヨーロッパ諸国での政治警察による情報収集活動が組織され、必要な場合にはそれに基いて直接に現地で取り締まり措置が模索された。にもかかわらず帝国の国境まで進んでくるものに対しては、税関当局による厳しい検査、きちんと組織された国境警備警察による出入国管理と旅券審査で対処することになる。書物の持ち込み検査に関しては三節で述べるが、税関当局と地方検閲局の協力で行われる。税関、検閲機関および後出の郵便当局なども、「半ば公然と、だがたいていは密かに行動する警察の執行機関だったのである。」[19]

次は国内、それも主に西部の世襲領部分についてである。ここでこそ取り締まり体制は完璧なものでなければならなかった。政治警察的情報収集および取り締まり措置は、ここでは主にヨーゼフ時代以来の既存の諸機関に依拠する。ウィーン最高検閲・警察庁長官セドルニツキィの名前と緊密に結びついたスパイ、密告者の群れ（ウィーン方言で言うところの“Naderer”）も同時代の雰囲気を良く伝えるものだが、ここではメッテルニヒ＝セドルニツキィ体制を象徴するある情報収集の仕方についてのみ一瞥する。それは、「ポスト・ロージェ」“Postloge”（通称「ブラック・キャビネット」“Schwarze Kabinett”）[20]と称される郵便物監視機関である。それらのうち幾つかのものは検閲・警察庁に下属して「ポリツァイ・ロージェ」（“Polizeiloge”）と呼ばれたが、「ポスト・ロージェ」と呼ばれる他のすべてのものは皇帝の官房事務室 kaiserliche Kabinettskanzlei の一部を成す「暗号解読所」（“Geheime Ziffernkanzlei”）に所属する。書簡開封の手順はおおよそ次のとおりである。皇帝、メッテルニヒ、セドルニツキィ、州政府、地方警察本部などの指示で作成されたリストに従って、郵便当局は当該人物の書簡を抜き取ってしかるべき場所（＝ポスト・ロージェ）に短時間保管する。その場所で、専門訓練を受けた手先の器用な役人たちが、特別な器具を用いてそれらの手紙を開封し、内容の重要度に応じて一部または全部を書き写す。その後、受取人が気づかぬように再び完璧に密封されて、配送されるというのである。メッテルニヒはこのようなやり方で外交書簡や私的性質の重要な通信文の内容を知り、それによって政治的決定や行動を修正できたと言われる。やがてポスト・ロージェの存在が知られ、多くの重要な書簡が暗号化されたときには、さまざまな外国語に堪能で有能な暗号解読所員によって、困難な解読作業が行われたことも分かっている。このような情報入手方式ははるか昔から存在する「古典的方法」だと言われるが、この点に関してもメッテルニヒは一工夫凝らした。つまり彼は、相手方の外交書簡などはより多く捕捉でき、自国のそれはあまり捉えられないようにするために、郵便馬車の路線 Postkurs の設定をめぐっても他国と争って、自国に有利な路線設定を貫徹したのである。(21)

なお三節で扱う検閲制度について一言前置きしておくと、これまで述べてきたことから、それが「ウィーン最高検閲・警察庁」という警察機構に組み込まれ、しかるべき手続きに基いて「検閲判定」という決定(=措置)を受ける限りにおいて、「執行警察による予防措置」の領域に属するものとみなされるであろう。決定に際してしばしば求められる各官庁の「所見 Gutachten」は、言ってみれば判定に資する「政治警察的情報提供」に相当するのではないだろうか。

三　検閲制度——法的根拠、機構、実務——

この時代のオーストリアの検閲制度を考える場合の指標になるであろう、と思われる文書が一つ存在する。A・シュティフター、F・グリルパルツァー、E・v・バウエルンフェルトら著名な九七名のウィーンの文士たちが提出した、一八四五年三月一一日付の『オーストリアにおける検閲の現状についての請願』(22)がそれである。署名者たちは次の各点を訴える。

(一)　オーストリアには公表された検閲法が存在しない。

(二)　従って検閲官の判定は慣習としきたりに基いて、恣意的に行われていると見做される。

(三)　他方、検閲官は批評家 Kritiker 的立場で検閲を行ったり、自らを国家権力の一部とみなして過剰に削除するなど主観的に振舞っている。

（四）　法律に基く検閲判定根拠が示されないので、異議申立ての権利は意味をなさず、また申し立てたところで、機構上、同じことの繰り返しを免れえない。

（五）　一八一〇年九月一〇日付けの「規定」第八項（後出）が容認するようなまっとうな国家行政批判は、現状では許されていない。

指摘されるこれらの点は、当時の検閲制度の現実とどう重なり合うのだろうか。まずは検閲の法的根拠を問うことから始める。

1　検閲制度の法的根拠

確かに、当時のオーストリアには一般に公表された形での検閲法は存在しなかった。現在にまで伝わる数少ない検閲諸規則は、「法律 Gesetz」、「命令 Verordnung」、「勅令 Hofdkret」、「陛下の御決議 allerhöchste Entschließung」、「規定 Vorschrift」などとさまざまな名称をもつが、実体はその都度の皇帝の名前で限られた範囲の人々に知らされた勅令であったように思われる。それらは筆者が参照しえた限りでは七つあり、そのなかで重要と思われるものを部分的に紹介してみる。

皇帝ヨーゼフ二世の名前で出されたもので一番重要なのは、事前検閲を廃止し、事後検閲に移行する旨表明した「一七八七年四月一四日の命令」(23)である。

皇帝陛下は二月二四日および二六日の勅令によって、当地の印刷業者たちにたいして、許可 admittitur を得る前に原稿を印刷することを許され、従って既に印刷された著作を検閲当局に提出して出版許可を求めることも許される旨お決めなされた。

これは一八四八年三月以前で最も自由主義的な検閲規則なのだが、三年も経たぬ一七九〇年一月二〇日、死の直前のヨーゼフによって撤回される。

皇帝陛下は一七八七年二月二四日付で、ウィーンの書籍販売の促進のために、検閲を受ける前に原稿を印刷し、それからはじめて検閲に提出することを書籍商にお許しなさった。しかしこの許可があまりにも濫用されたために、陛下は、今後はかつて規定にあったとおりに、再び原稿を検閲機関に提出すること、出版許可がなされる前にそれを印刷することは完全に禁じられる旨命令なされた。(24)

以降、オーストリアでは事前検閲制が一貫して維持されるのであるが、ヨーゼフの後継者レーオポルト二世は、同年九月一日の勅令で、検閲によって排除されるものを事細かに列挙する。検閲の内容的強化である。

公安を乱すもの、誤謬、不和、分裂を生み出すかないしはその可能性のあるもの、国君に対する服従を弱め、市民的ないし宗教的義務の遵守を弛緩させるもの、そして最後に宗教的な事柄における懐疑癖を招きうるもの、これらすべては憂慮すべきものとみなさなければならず、従ってそのような内容の書物は賢明さの規則に基いて、不利益を回避するために、許可されるよりもむしろ禁止されるものとする。この原則に基いて、今後は国君の公にする法律と命令を批判し、非難する文書は、完全な禁止に服する。……その他の点ではこれまでの検閲諸規定が厳正に遵守されなければならない。(25)

次のものは、皇帝フランツ二世の一七九五年二月二二日付の「更新検閲規則」(26)であり、検閲を申請する際の細かな手続きと留意点が述べられており、当時の検閲実務を窺わせるものである。

第四項　いかなる書籍印刷業者も、前もって原稿を読みやすい文字で、正しくページを打ち、また欄外に余白を設けて検閲局に提出して検閲庁の出版許可を得ることなしには、けっして印刷に付してはならない。許可は検閲官によって与えられるのではない。検閲官 Zensor の与える許可 admittitur では十分ではなく、検閲案件に要する手続きと規則に基いて、検閲局員 Revisor によって自筆で、その署名とともに原稿に添記する出版許可 imprimatur によって確認されなければならない。

第五項　原稿は通常、同文のもの二部が提出されなければならない。

第七項　何人も自分の書物ないし原稿の検閲官を自分で選ぶ権限はない。

第八項　新たな書物の印刷についてと同様に、既に許可された著作の再版およびどの新版についても、文書による届け出および著作それ自体を検閲局に提出することによって許可を願い出なければならない。

第一〇項　原稿をドイツ系世襲領の検閲局に提出したが、許可されていない著作を、何人も印刷と普及のために国外へ送ってはならない。

同じフランツ二世の一七九八年六月二八日付けの「勅令」(27)は、オーストリアの検閲を逃れて国外で出版した場合の罰則規定を内容とする。

国内の出版業者が国内の検閲に提出されなかった文書を、偽って印刷された国内の発行地を付して外国で印刷する場合には、同人はそのような違反行為ゆえに二五ドゥカーテンの罰金刑を科せられ、またそれを支払うことができない場合には、相応の拘禁刑を科するものとする。だがその書物の内容それ自体が、同時に法律に照らして刑罰をもたらすような性質のものであるならば、この刑罰も特に科せられなければならないであろう。

これまで、本章の対象とする時代よりもかなり以前の日付の諸規定を列挙してきた。だがそれは理由のないことではない。つまり、かつての諸規定のうちどれがのちに廃止され、どれが有効であり続けたかが不明なのである。確信を持って言えるのは、事前検閲制の廃止を明記した「ヨーゼフ二世の一七八七年四月一四日付けの命令」が無効になったことだけであり、その他は新規定が出来てもなお生き続ける場合と、廃棄される場合とがあるのである。それほどまでに事態は不透明なのである。とはいえ、一八一五―一八四八年年間の検閲の基礎をなしたのは、間違いなく、一八一〇年九月一〇日付けの「検閲制度の運営と検閲官の行動のための規定」(28)であろう。その前文のなかの一節が、この「規定」の依拠する立場を明言している。「いずこより来りとも、いかなる光の条《すじ》も、今後、帝国内で無視されたり見過ごされることがあってはならず、あるいはそのありうべき効用が奪い取られてはならないが、注意深い手で未成熟者の心と頭脳が厭うべき空想の有害な所産、我欲に駆られた誘惑者たちの毒を含んだ吐息、歪んだ頭脳の危険な妄想から保護されなければならない」という箇所である。注目すべきは前半部分の美辞麗句ではなく、国民を「成熟者」(＝貴族、大学人、学者、上級官吏等々)と「未成熟者」(＝一般庶民)に区分し、後者には読書に関してもより僅かな自由しか認めない、いわゆる後見制 Bevormundungssystem の表明である。それはまず次の各条項に現れている。

書籍、原稿の判定に際しては、その内容と対象の論じ方が学者および学問に身を捧げている人々だけを予定している著作と、小冊子、民衆本、娯楽本、機知の産物とがとりわけ厳密に区別されなければならない。

第四項

最初の種類の著作はきわめて寛大に扱われ、はなはだしく重要な理由なしには禁止されてはならないものとする。万一制限が必要な場合には、それを公に告知してはならない。

第六項

小冊子、青少年向けの本、民衆本、娯楽本は現行検閲法の最大限の厳格さで扱われなければならない。ここでは、宗教、風紀、皇室にたいする尊敬と愛着、現行の統治形態等々にあからさまにないし包み隠した形で反するものすべてが取り除かれるばかりでなく、知性にも感情にも有利に働かず、その唯一の傾向が官能を揺さぶることにあるような種類の文書もすべて取り除かれなければならない。したがって、そのような有害な小説を読むことを終わらせるように、ごく真剣に努力されなければならない。

第七項

機知の産物、すなわち文学者の作品は大部数を見込んでおり、したがって民衆本の範疇から切り離しえないであろう。だがその種の古典的著作は第六項で与えられた基本規則の最大限の厳格さで扱われえないとするならば、第四項で示された寛大さによっても扱われえない。それらの書物が、第四項で挙げた書籍が目指す本来の傾向である各人ないし全体の幸福を促進するのに適していないだけに、なおさらそうなのである。

だが、後見的思想が最も明瞭な形をとるのは検閲判定度 Zensurgrad を列挙する次の二つの条項である。

第一五項

印刷される著作の判定形式

（一）　無条件許可 admittitur［無制約に公に販売され、広告することを許される文書］

（二）　制限付き許可 transeat［公に販売してもよいが、新聞、雑誌等で宣伝してはいけない文書］

（三）　許可証での許可 erga schedam conceditur［実務家および学者に対して、検閲・警察庁の発行する許可証 Schede と引き換えで販売される文書］

（四）　禁止 damnatur［ごく限られた専門家たちにのみ許可証と引き換えに販売される文書。この場合にも許可証を発行するのは検閲・警察庁であるが、同庁は許可証を与えられた人物のリストを四半期ごとに皇帝に提出しなければならなかった。］

ただし、一八三六年二月六日付けの検閲・警察庁の命令によってより厳しい次の二段階が加えられた。この二段階は、実際の禁止度としては、ほぼ同等のものであったとされる。

（五）　許可証拒否の禁止 damnatur nec erga schedam［許可証は例外的にしか発給されず］

（六）　没収を伴う禁止 damnatur cum confiscatione［文書の同時的没収を伴う禁止。この場合、検閲申請された書物ないし原稿は、規定に反して、申請者に返還されない］

第一六項

教授および実際の専門学者にたいしては、その専門に属するかないしはそれに関連する書籍は、たとえそれらが「許可証での許可」ないし「禁止」の指定を受けていようとも、決して拒まれてはならない。

検閲・警察庁は入手者層を自ら決定する目的だけのために、無害な書物にわざと「禁止 damnatur」の判定を下したこともあったといわれる。

さらに、すべての出版物の事前検閲を二〇ボーゲン（＝三二〇ページ）以下に限定するカールスバート決議の「連邦出版法」（一八一九年九月二〇日）[29]との関連で物議を醸す条項も含まれる。

第九項
いかなる著作も検閲を免除されない。

辛辣な同時代人A・ヴィースナーはこう記している。

一八一九年九月二〇日の連邦出版法が他の連邦諸国家で苦痛に満ちたセンセーションを巻き起こしたこと、それらの地では分別ある言論と書物の墓場と名付けられたあの法律が、もし連邦のオーストリア部分で公布されたならば、オーストリアの出版事情を著しく緩和しただろうということは、十分覚えておくに値すると言っておきたい。この法律は、他の連邦諸国家ではとても非難を受け、悲しまれ、恐れられたが、オーストリアでは亡霊たちのマグナ・カルタとして歓呼をもって迎え入れられたであろう。[30]

オーストリアの現行検閲規定よりも緩やかであるとみなされたためであろうか、ドイツ連邦の上記の「出版法」はオーストリアで公表されることはなかった。

他方、ハプスブルク家とカトリックにたいする一切の批判を許さないのは、オーストリア帝国の国是である。

第一〇項

最高国家元首とその王朝あるいはまた外国の国家行政諸機関を攻撃し、その傾向が不満と不穏を拡大し、君主と臣民のあいだの絆を緩め、キリスト教、とりわけカトリックを蝕み、道徳を腐敗させ、迷信を助長することに向うような書物、理神論、唯物論を説く書籍、最後にあらゆる種類の誹謗文書は、謀殺犯が許しを求めるのと同様に、寛大さを求めることはできない。それらはこれまで存在する諸規定の厳格さで取り扱われなければならない。

ウィーン文士たちがその無意味さを訴えた「異議申立ての権利」に関する規定は、第一二項にある。また既に述べたとおり、彼らが現実を反映していないと強く反論するのは次の条項である。

第八項

国家行政を全体ないし個々の部門で評価して欠陥と失策を暴き、改善策を示唆し、利益を得る手段と方法を示し、過去の出来事を解明する等々の内容の著作は、たとえ著者の主義、見解が国家行政機関のそれでなくても、他の十分な理由なしには禁止されてはならない。ただその種の書物は品位と慎みをもって、ある人物の本名を挙げたり、あてこすったりすることをすべて避けて執筆されなければならず、またその他に宗教、風紀、国家にとって有害なものを含んではならない。

九七人の怒りは納まらない。

国家行政の何らかの部門に触れる論稿はたいてい、検閲官が判定を下したあと、さらに特別に、論じられている題材がその管轄に属する宮内諸政庁に報告される。いやそれどころか、その論稿の公刊によって自らのうぬぼれがひょっとしたら傷つけられるかもしれない私人たちにも、あるいはただ所見を求めるだけのために専門家たちにも、伝えられるかもしれないのである。ある場合には数年にも及ぶ……このようなやり方によってもたらされる遅延を度外視しても、文筆家はそれによって新たな妨害を蒙るだけである。(31)

一八一〇年の「規定」は、ナポレオン軍のウィーン侵攻を背景として、比較的自由主義的であるとされているのだが、オーストリアの場合すべては実際の運用との関連で考察し、それに隠然と背後に構える過去の諸規定を加味しなければ、全貌を摑み切れないようである。ここで紹介した以外にも、検閲に関わる様々な勅令、警察命令が発せられたことが各種の研究文献中で指摘されているが、それらのテクストは後世に遺されておらず、伝聞で伝わっているにすぎない。

2　検閲機構

オーストリアの警察、検閲機構はマリア・テレージアの時代以来、様々な改組を経てきたが、一七九三年に「最高警察庁」(“Oberste Polizeihofstelle”)が設立され、一八〇一年、同庁に検閲業務も任される。こうして出来上がったのが「ウィーン最高検閲・警察庁」である。「警察」と「検閲」の結びつきによって同時代の人々が感じた恐怖感は、想像に難くない。検閲行政の最高官庁としての同庁は合議制官庁ではなく、検閲官の判定、各種の「所見」(“Gutachten”)に基いて、長官(一八一六―四八年はセドルニツキィ伯爵)があらゆる案件を単独で最終決定することが原則であった。なお後にメッテルニヒは国務政庁内に「警察・検閲・出版特別部局」(“Sonderreferat für Polizei, Zensur und Presse in der Staatskanzlei”)を設置して検閲業務に直接的に介入した。(32)その結果、オーストリアの検閲機構は一層複雑化したと言えよう。

検閲の実務を行うのは「ウィーン中央書籍検閲局」("Central-Bücherrevisionsamt in Wien")と帝国内各州の首都に八つ置かれた「地方書籍検閲局」("Bücherrevisionsamt/Länderstelle")である(リンツ、ザルツブルク、グラーツ、インスブルック、ライバッハ、トリエスト、プラハおよびブリュンがその所在地)。地方検閲局の数は本来一一局でなければならなかったが、数州で一局を形成した場合もあったのである。地方局は各州 Provin の検閲を管理したが、その権限は小さかった。つまり、検閲申請者から必要書類を受けとってウィーンへ発送することや検閲結果の伝達などが業務の中心であり、ごく重要でない案件の場合にしか独自の検閲を行うことは許されなかった。また禁書の所持者に対する捜査活動のような執行警察的業務もその一つの任務であった。ウィーン中央検閲局には検閲・警察庁によって任命される検閲官が配属され、本来の意味での検閲機構の一部をなしていた。検閲官 Zensor は常任検閲官 wirklicher Zensor と臨時検閲官 Aushilfzensor に区別される。彼らは、通常、すでに公務に就いている者のうちから、専門検閲の必要に応じて、任命された。一八四〇年代のウィーンには二四名のいわゆる正検閲官 ordentlicher oder politischer Zensor がおり、そのうち一一名は常任検閲官で、その他は臨時検閲官であったという[33]。

なお、ここで「検閲用語」("Zensurformel")について説明しておく。先の一八一〇年九月一〇日付けの「検閲制度の運営と検閲官の行動のための規定」第一五項で定められている用語は、検閲・警察庁が下す「検閲判定度 Zensurgrad」であり、ここで説明される用語は検閲局および検閲官が用いるものである。

中央および地方検閲局員 Revisor が検閲の終えた原稿を申請者に返還する場合、自分の署名と共に次の用語を添記したことが判明している。

imprimatur（変更、削除なしの印刷許可）
imprimatur ommissis ommittendis, correctis corrigendis（抹消された箇所を削除し、指示に従って語句を変更し、検閲の過程で生じた空所を埋めた場合にのみ印刷が許可される）
toleratur（印刷は許可され、カタログでの広告は許されるが、新聞広告は許されない）
reimprimatur（新版での印刷許可）

検閲官がその所見 Gutachten を検閲用紙 Zensurzettel に記す場合の用語は以下の通りである。

admittitur（無条件許可）
admittitur ommissis ommittendis または admittitur correctis corrigen（制限付き許可）
non admittitur（不許可）

検閲官には imprimatur（印刷許可）という用語を用いる権限はないのである。Typum non meretur も検閲用紙に現れる場合があるが、それは自らを好んで批評家とみなし、この語句によってその内容が浅薄で無意味な書物の出版差し止めを提案する場合に用いられる。これも上述のウィーン文士の『請願』で槍玉に挙げられたものの一つである。(34)

3　検閲実務

ここでは実際の検閲がどのような手順で行われたのかを、素描してみる。それによって当時の検閲のさまざまな問題点が浮かび上がるかもしれないからである。

まずはオーストリア国内で「書籍原稿」を地方検閲局に提出した場合である。

原稿は通常、同文のもの二部が地方検閲局 Revisionsamt に提出されなければならないが、既出の一八一〇年の「規定」第一九項に基いて、ページ数の多い学術的著作の場合には一部でかまわない。それらの原稿はウィーンの中央検閲局 Central-Büicherrevisionsamt in Wien を経由して二名の検閲官に送付される。ただし、同時にではなく、まず一部を一名の検閲官に送付し、彼がそれを処理し終えて検閲局に送還したときに初めて、もう一部をもう一名の検閲官に送付するというやり方で。この送付は直ちにではなく、一週間に二回のみ行われる。検閲官はその書物（＝原稿）の検閲を終えると、所見 Gutachten を書く。拒否の場合には、ある時はその理由が記され、またある時は危険な箇所を含んでいるか、ないしはそうとされるページ数のみが示される。所見は規定された検閲用語 Zensurformel で検閲用紙 Zensurzettel（著書名、著者名、著者の身分や住所等を記された四つ折り判）に記され、その用紙は原稿と共にウィーン検閲局に送り返される。同局は原稿を今度はもう一枚の検閲用紙と共に第二の検閲官に送付し、彼も先の検閲官と同様の作業をする。原稿が二名の検閲官から検閲局に返却されたならば、彼らの意見の記された二枚の検閲用紙と共に、検閲・警察庁に送付される。というのも、検閲官には印刷許可を認めたり拒んだりする権限はないからである。二人の検閲官の所見が大きく異なると検閲・警察庁が判断した場合には、同庁は原稿をさらに三人目の検閲官に割り振る。つまり原稿は検閲・警察庁から再びウィーン検閲局へ戻され、そこから第三の検閲官へ送付され、逆の道を辿ってまた検閲・警察庁に辿りつく。同庁は決定を下して再び原稿をウィーン検閲局に返還し、そこから申請が行なわれた地方検閲局へ返送され、そこへ当事者たち（著者、印刷業者、書籍商など）は提出した原稿を引き取りに来るのである。既述の通り、検閲局のみが、検閲・警察庁の下した判定に従って、印刷許可（＝imprimatur など）を原稿に添記する権限を有するのである。(35) このやり方によって、著者と検閲官が直接に接触する可能性も完全に排除される。

右の例は、「国家ないし国家の諸機関には触れないもの、あるいは宗教、学術・教育、商業の動向、工業の状態等に関連しない書物の場合」である。それらに関わる書物の場合にはより複雑で、規定上、検閲局、定められた二名の検閲官および検閲・警察庁のほかに、印刷許可 imprimatur が与えられる前に、さらに一つないし幾つかの関係諸官庁に所見 Gutachten を求めなければならない。つまり、検閲機関は次の場合、宮内諸政庁 Hofstelle の所見を問う必要があるのである。（一）法律 Gesetze ないし一般政令 allgemeine Verordnungen、法解釈を論じる書物はボヘミア・オーストリア統合政庁 Hofkanzlei、（二）学校施設用の書物は宮内学術委員会 Studienhofkommission、（三）重要な内容の書物、特に国法の分野ないし政治の分野に属する書物は国務政庁。雑誌論文の場合も、重要だと思われるときはすぐに国務政庁に提出される。宗教に関わる場合はもっと微妙である。（四）大司教、司教ないし枢機卿会議にたいしては、すべての神学に関する書物、指定された宗教教科書、省察の書、信心の書、祈禱書がとりあえずは閲覧のために提示されるが、彼らがそれらにたいして意見ないし異議を唱えたいと考え、その異議に検閲機関が関連する現行訓令規定 Direktiv-Regel に照らして同意しえないと考える場合には、皇帝にこの案件を提出して決定を仰がなければならないのである。こんなにも多くの官庁がいわば「検閲官」として介入してしまうと、「著作はついにはまったく別の色合いを帯び、個性の一体性は完全に廃棄され、著者は矛盾に陥入り、他者の意見の担い手になってしまったと感じ、出来上がったつぎはぎ細工、さまざまな意見の多色のモザイクを自分の精神的産物として世に送り出す勇気を失うのである。(36)」

かような有様であるから、最終決定が再び地方検閲局 Revisionsamt に届くまでには概してきわめて時間がかかる。そしてある著作の印刷が出来あがると、販売前に三部を提出しなければならない（= drei Pflichtexemplare）。印刷許可 imprimatur が拒否された場合でも、出版業者はたいていは異議申立て Rekurs を行わなかった。それはふつう成功しないし、決定までにまたしても数カ月かかるからである。

次は国外で出版された書物の検閲の例である。

オーストリア帝国内へ輸入される小冊子、書籍はすでに印刷されているのであるから、事前検閲 Vorzensur は不可能であり、事後検閲 Nachzensur と国境での検査の対象でしかありえない。だがこの点でもオーストリアは独自のやり方をする。すなわち、ドイツ連邦内では一八三二年六月五日の「連邦決議」に基いて、同年以降、連邦圏外でドイツ語で出版された政治的内容の二〇ボーゲン以下の書物ないし雑誌の場合にのみ特別な販売許可 (Vertriebs- bzw. Debiterlaubnis) を必要としたのにたいして、オーストリアはすべての出版物が許可を受けるべきものとして、ドイツ連邦の基準すら遵守しなかったのである。オーストリア帝国圏外で印刷された書物はすべて、国境で留め置かれる。書籍商宛ての書籍の梱は税関から所轄の地方書籍検閲局に送られる。そこに各書籍商は収納箱を一つ以上有しており、それには「会社名が記され、二重の錠前が付いている。それを開ける鍵の一つは書籍商が持ち、もう一つは検閲局が持っていた。」送付された書籍荷物の開封は税関役人、検閲局員各一名の同席でのみ許され、検閲局員は禁書と許可された書籍とを区別する。書籍商は後者のみを持ち帰ることが許され、残りはウィーンの中央検閲局に送られて、国内で出版される書籍の場合と同等の煩雑な検閲に付されたのである。(37)

ではどのくらいの数の外国からの書物が検閲による制限を受けたのであろうか。

ウィーン中央検閲局が一八一〇―一八四八年に作成したいわゆる「公的禁書リスト」("amtliche Verbotslisten") には、検閲当局によって「禁止」、「許可証拒否の禁止」ないし「没収を伴う禁止」の判定を下された書物が記載されている。このリストは二週間ごとに作成され、石版刷りで一六〇部以上が各官庁へ配布された。同リストの一八三五―一八四八年分を分析したJ・マルクスの研究によると、(38) 同年間に一三四件の「没収を伴う禁止」("damnatur cum confiscatione") と七八件の「許可証拒否の禁止」("damnatur nec erga schedam") 判定が国外からの書物に対して下された（後者の場合個々人に例外的に入手が許可されることもあったが、実際上は両者のあいだほとんどちがいはなかった。したがって、実態は別にしても、合計二一二冊が公衆の目に触れないように配慮されたのである。）。外国の刊行物に関しては、検閲判定度 Zensurgrad のほかに、輸入禁止 Einfuhrverbot が重要である。それがある出版社の全刊行物に対して下された場合には、特に持続的影響をもたらした。例えば一八四五年ライプツィヒのオットー・ヴィーガント Otto Wigand 社の出版物に対して全面的輸入禁止が下され、ドナウ帝国という広大な市場を失って出版社側が妥協したことなどは、その典型的な例である。(39)

このような厳しい措置の結果生じたのが、外国の書物のオーストリア国境を越えての密輸のますますの増加であった。オーストリアの書籍商は、税関役人の買収、表紙のすげ替えといった「古典的方法」から始まって、検閲を免れるさまざまな方策を考案する。次の例はライプツィヒからのある秘密報告である。その地のメッテルニヒの元スパイの言葉によると、「オーストリアは禁書の最良の市場であり、これからますますそうなる」というのである。その報告が述べるには、書籍商は「ふつう二つの大きな梱の書籍」を発注し、そのうちの一つは自社用、もう一つはミラノないしトリエステの会社宛の通貨荷物 Transit として申告する。通貨荷物の梱は税関によって鉛で封印され、書籍商の倉庫 Magazin へ運ばれるが、彼は倉庫内でその梱を密かに注意深く開封し、非合法の書物を取り出して、許されている書物と取り替え、再びうまく封印するというのである。(40)

多くの書物の販売・読書の禁止ゆえに、多くの人々が読書欲を駆りたてられる、長期的にみて書籍の密輸は他の品物のそれよりも防ぎ難い、というのが一八四四年五月にセドルニツキィが到達した結論であったという。(41) 一八四〇年代になると、オーストリア帝国の他国に対する「封鎖体制」もほころび始めてきたのである。

結び

三月前期オーストリアの検閲制度を特徴づけるのは、まず第一に検閲法の欠如である。実際の運用は、手続き、基準、規則等を規定する勅令、警察命令などによって行われたのであるが、それらは一般には公表されず、関係諸機関と限られた範囲の人々に伝達されるにすぎなかった。そのために、それらのうちの少なからぬものが後世に遺されないことにもなる。たとえば、J・マルクスが言及する一八〇三年九月一二日の「検閲規定」(ヨーゼフ二世治下で許可された書物を再検閲する際の指針といわれる)、既述の一八四五年の『請願書』で触れられる一八一二年七月一四日および一八一九年一〇月二日の「検閲・警察庁命令」などがその例である。[42] 同じ『請願書』が指摘する検閲業務の不透明性、恣意性、文筆家の無権利状態などは、公表された法律の欠如から生じるものであった。この事実は、同時代のプロイセン等の検閲が法律に基いて行われ、しかも徐々に緩和されていったことと好対照をなすものである。

次に目につくオーストリア的特質は、一八一〇年九月一〇日付けの「検閲制度の運営と検閲官の行動のための規定」第一、六―七、一五―一六項にみられるような、教育程度に基く国民の検閲制度上の差別待遇である。それによると、貴族、高級官吏、学者等は一般には禁じられた書物をも入手できる一方で、庶民はほとんどの書物に触れることができなかったのである。「成熟者」とされる上層階層のみに制限付き書物の「許可証 Schede」が与えられるさまにオーストリア的「情実」(Protektion) の匂いをかぎとったとしても、あながち不当ではないであろう。この状況との関連で、J・ゴルトフリードリヒは次のように述べる。

実際の効果の点で『制限付き許可』（transeat）、『許可証での許可』（erga schedam）、『新聞広告を許さない許可』（torelatur）がどれほど禁書に等しかったかは、明白である。申込者の政治的考え、地位、名前、教育程度の評価に基いて警察が特別に、まれにしか与えない許可と引き換えにはじめて購入することのできる著書、その書物の利用を他の誰にも許可しないという対証と引き換えで購入できる著書が、完全な禁書とどれほど違っていたというのか。特に、各州の首都ないし管区事務所 Kreisamt のある諸都市にしか書店が設立されてはならなかった国において、公に販売されるが新聞で広告されない書物（torelatur）、あるいは広告もされず、書店でのみ展示されるが、その他では公に販売に供されてはならない書物（transeat）とは、書籍商売上どんなものであったろうか。[43]

また、当時のオーストリア検閲制度を考察することは、ハプスブルク的官僚世界へ足を踏み入れることでもある。一九世紀になっても依然としてラテン語の教養を誇り、彼らなりの公平さを求めて煩雑な手続きを次々と編み出し、職務に忠実であるがゆえに非能率的であった「古き良きオーストリア官僚たち」（J・マルクス）。文筆家たちの嘆く検閲の煩雑さもそれに起因するのであろうか。さらに、「批評家 Kritiker を気取る」と非難される検閲官にしても、ヨーゼフ時代のJ・v・ゾンネンフェルスから一九世紀に至るまで、オーストリアの検閲官たちのあいだには啓蒙主義・自由主義を理念とする「批評家」としての自己了解が生き続けていた事実を忘れてはならないであろう。

だがそれにしても、一八四八年までのオーストリアの検閲制度が当時のヨーロッパで最も過酷なものの一つであったことは否定しえない。同年三月の出版の自由とともに、おびただしい数の新聞、小冊子、ビラ等がウィーンに満ち溢れた事実がそれを証明している。

（1） Walter, Friedrich: Die Organisierung der staatlichen Polizei unter Kaiser Joseph II., in: Mitteilungen des Vereines für Geschichte der Stadt Wien, Bd. VII, 1927, S. 22-27 u. S. 48-44.

（2） Vgl. Denkschrift über die gegenwärtigen Zustände der Zensur in Österreich, Wien, am 11. März 1845, in: Stefan Hack (Hrsg.), Eduard von Bauernfelds Gesammelte Aufsätze, Nelden/Liechtenstein, 1975 (Reprint), S. 1-27. この九七名のウィーンの文士たちの『請願書』については、あとで触れられる。

（3） この時代のオーストリアの検閲制度に関する研究史の概略については、Vgl. Thomas Christian Müller, Der Schmuggel politischer Schriften. Betrachtungen exilliterarischer Öffentlichkeit in der Schweiz und im Deutschen Bund (1830-1848), Tübingen, 2001, S. 253-256.

（4） 以下の一二州である。（一）エンス川下方のオーストリア（ニーダーエスターライヒ）、首都ウィーン、（二）エンス川上方のオーストリア（ザルツブルク、インフィーアテルおよびハウスルックフィーアテルを含むオーバーエスターライヒ）、首都リンツ、（三）シュタイアーマルク、首都グラーツ、（四）ティロール・フォアアールベルク、首都インスブルック、（五）ボヘミア王国、首都プラハ、（六）モラヴィア伯爵領（オーストリア領シュレージエンを含む）、首都ブリュン、（七）ガリツィア・ロドメリア王国、首都レンベルク、（八）ヴェネツィア・ロンバルディア王国（ヴェネツィアを首都とするヴェネツィア・グーベルニウムとミラノを首都とするロンバルディア・グーベルニウムに分割されていた）、（九）ダルマティア王国、首都ジャーラ、（一〇）イリリア王国（ケルンテンとクラインを含むライバッハ・グーベルニウムおよび一八二二年まではフィームとアドリア沿海地方を含むトリエステ・グーベルニウムからなる）、（一一）ハンガリー王国（クロアティアと南スラヴィアおよび一八二二年からはフィームとアドリア沿海地方をも含む）、首都ブダペスト、（一二）ジーベンビュルゲン公国、首都クロンシュタット。Ernst Rudolf Huber: Deutsche Verfassungsgeschichte seit 1789, Bd. II, Stuttgart, 1988 (3. Auflage), S. 11-12.

（5） ハプスブルク帝国の二重性と行政機構の関連を最も明確に論じているのは、Brunner, Otto: Staat und Gesellschaft im vormärzlichen Österreich im Spiegel von J. Beitels Geschichte der österreichischen Staatsverwaltung

1740-1848, in: Werner Conze (Hrsg.), Staat und Gesellschaft im deutschen Vormärz 1815-1848, Stuttgart, 1962, S. 39-78であり、本章のこの箇所もそれに依拠している。

（6）これらの中央官庁のうちで最も重きをなしたのは国務政庁であり、その長は伝統的に宰相（Staatskanzler）という称号を与えられた。一八一〇年にこの地位に就いたメッテルニヒは、一八二一年五月二五日、皇帝フランツ一世により宰相に任命された。財務本庁はハンガリーに関しては、部分的にしか影響を及ぼすことができなかった。

（7）同時期のオーストリアの中央官庁については、とりあえず次の諸文献が有益である。Brunner, O.: a. a. O., S. 55-59. E. R. Huber: a. a. O., Bd. II, S. 10-15. ブルンナーが推奨するFriedrich Walter: Die österreichische Zentralverwaltung, 10 Bdeは、本章脱稿までに目にすることができなかった。

（8）Vgl. Walter, F.: a. a. O., S. 51.

（9）Ludwig August Frankl (hrsg. von Stefan. Hock): Erinnerungen, Prag, 1910, S. 148.

（10）F・ハルトゥング（成瀬治、坂井栄八郎訳）『ドイツ国制史——一五世紀から現代』岩波書店、一九八〇年、一五九—一六〇頁。引用箇所はプロイセンの例だが、オーストリアにもほぼ当てはまると思われる。Vgl. auch O. Brunner: a. a. O., S. 57-58.

（11）皇帝フランツ一世（二世）の「人格」について、F・ヴァルターはこう述べる。彼は叔父ヨーゼフ二世の性格の悪い面だけを受け継いだ人物であり、「不信と何事についても情報を得ていたいという嗜癖が、つまらない噂話にたいする密かな楽しみと結びついて、警察、とくに秘密諜報活動への彼の関心をひきおこしたのである。」Walter, F.: a. a. O., S. 53.

（12）Vgl. Brunner, O.: a. a. O., S. 58.

（13）プロケシュ＝オステンの伝えるところによると、皇帝フランツ一世は秘密機関Postlogeによって密かに開封された書簡の内容の書き写しを、日々何時間も眺めて過ごしたという。Vgl. Josef Karl Mayr: Metternichs geheimer Briefdienst Postlogen und Postkurse, Wien, 1935, S. 4. ユーリウス・マルクスは皇帝フランツがヨーゼフ時代の緩やかな検閲規定のもとで出版された書物の再検閲を命じたこと、普段は臆病なほど遵法的であったのに、検閲に関しては規定を無視して干渉したこと、一般に禁じられた書籍の「入手許可証」(後出の“Schede”)が拒否されるべき人々の範囲を自ら定めた事実などを挙げて、同皇帝の検閲業務への大きな関わりを主張する。「官房制」下にあっては皇帝があらゆる案件において「最高決定機関」をなしたという意味では、その通りであろう。だが、フランツの直接関与を明確に示す資料をマルクスは提示していない。また、彼の論述は概して不明瞭である。Vgl. Julius Marx: Die österreichische Zensur im Vormärz, Wien, 1959, S. 12 u. S. 25-30.

(14) Vgl. Frank Thomas Hoefer: Pressepolitik und Polizeistaat Mtternichs. Die Überwachung von Presse und politischer Öffentlichkeit in Deutschland und den Nachbarstaaten durch das Mainzer Informationsbüro, München, 1983, S. 68.

(15) Ebd., S. 60-61.

(16) Vgl. E. R. Huber: a. a. O., Bd. I, S. 746-749.

(17) Vgl. Fr. Th. Hoefer: a. a. O., S. 72f.

(18) Ebd., S. 66-67.

(19) Th. Ch. Müller: a. a. O., S. 263.

(20) ポスト・ロージェについてはJ. K. Mayr: a. a. O., S. 3-43. 後出の「暗号解読所」についてはVgl., Stix, F.: Zur Geschichte und Organisation der Wiener Geheimen Ziffernkanzlei (Von ihren Anfängen bis zum Jahre 1848), in: Mitteilungen des österreichischen Instituts für Geschichtsforschung, Bd. LI, 1937, S. 131-160.

(21) Vgl. J. K. Mayr: a. a. O., S. 43-125.

(22) Denkschrift über die gegenwärtigen Zustände der Zensur in Österreich, Wien, am 11. März 1845, in: Stefan Hack (Hrsg.), Eduard von Bauernfelds Gesammelte Aufsätze, Nelden/Liechtenstein, 1975 (Reprint), S. 1-27. この請願文は、Edda Ziegler: Literarische Zensur in Deutscland 1819-1848. Materialien, Komentare, München,

1983, S. 52-59にも抜粋で収められている。

（23） “Verordnung Josephs II. vom 14. April 1787”, in: Alfred Kleinberg（Hrsg.）: Die Zensur im Vormärz, Prag, 1917, S. 12. この時期のオーストリアの検閲制度に関する同時代の資料集として、Adolph Wiesner: Denkwürdigkeiten der Österreichischen Zensur vom Zeitalter der Reformation bis auf die Gegenwart, Stuttgart, 1847があるが、今回は参照することができなかった。

（24） “Joseph II. Widerruf der Zensurfreiheit. 20. Jänner 1790”, in: A. Kleinberg（Hrsg.）, a. a. O., S. 12.

（25） “Hofdekret Kaiser Leopolds II. vom 1. September 1790”, in: ebd., S. 12-13.

（26） “Erneuerte Zensurordnung Kaiser Franz II. vom 22. Feber 1795”, in: ebd., S. 14. この検閲規則は、J. Marx: Die österreichische Zensur im Vormärz, S. 68-73にも「付録」（“Anhang”）として全一七項が載録されている。

（27） “Hofdekret Franz II. vom 28. Juni 1798”, in: A. Kleinberg（Hrsg.）, a. a. O., S. 14-15.

（28） “Ah. Entschließung Franz I. vom 10. September 1810: Vorschrift für die Leitung des Zensurwesens und für das Benehmen der Zensoren”, ebd., S. 15-18. J. Marx: Die österreichische Zensur im Vormärz, S. 73-76にも、前文および全二三項が収録されている。

（29） Vgl., E. R. Huber: a. a. O., Bd. I, S. 742-745.

（30） A. Kleinberg（Hrsg.）: a. a. O., S. 20.

（31） Stefan Hack（Hrsg.）: a. a. O., S. 7.

（32） 組織的にみると、「最高検閲・警察庁」と国務政庁内の「警察・検閲・出版特別部局」とのあいだには、一種の競合関係が存在したが、メッテルニヒとセドルニツキィという二人の長の良好な人間関係を反映して、協力は摩擦なく機能したようである。検閲業務に関しては、文学作品はもっぱら検閲・警察庁が担当し、国制、歴史、宗教政策等に関わる著作の場合にはつねに国務政庁の「所見」（“Gutachten”）が求められた。また、あらゆる「政治的に重要な著作」の場合にも国務政庁の意見が求められたのであるから、国務政庁（＝メッテルニヒ）はすべての重要案件に口を出したことになる。J・マルクスによると、警察庁の検閲はきわめて規定どおり行われたのに対し、国務政庁のそれは政治的配慮によって規定から逸脱する傾向がしばしばみられ、両者の検閲判定が異なった場合の多くは、国務政庁側の判定のほうがより厳しかったという。Vgl. Marx, Julius: Die Zensur der Kanzlei Metternichs, in: Österreichische Zeitschrift für öffentliches Recht, Bd. IV, 1952, S. 170-237.

(33) A. Kleinberg (Hrsg.): a. a. O., S. 20-21, Johann Goldfriedrich: Geschichte des deutschen Buchhandels vom Beginn der Fremdenherrschaft bis zur Reform des Börsenvereins im neuen Deutschen Reiche. (1805-1889), Leipzig, 1913, S. 270-272.

(34) A. Kleinberg (Hrsg.), a. a. O., S. 21. Vgl. auch J. Goldfriedrich: a. a. O., S. 273.

(35) A. Kleinberg (Hrsg.), a. a. O., S. 22-23, J. Goldfriedrich: a. a. O., S. 274. Vgl. auch Th. Ch. Müller: a. a. O., S. 260-261.

(36) A. Kleinberg (Hrsg.): a. a. O., S. 23-24. Vgl. auch J. Goldfriedrich: a. a. O., S. 274-275.

(37) J. Goldfriedrich: a. a. O., S. 270-271. Vgl. auch Th. Ch. Müller: a. a. O., S. 267-268.

(38) Vgl., Marx, J.: Österreichs Kampf gegen die liberalen, radikalen und kommunistischen Schriften 1835-1848 (Beschlagnahme, Schedenverbot, Debitentzug), in: Archiv für österreichische Geschichte, Bd. 128/1, 1969, S. 7.

(39) Vgl. Fr. Th. Hoefer: a. a. O., S. 64.

(40) Hans Adler (Hrsg.): Literarische Geheimberichte. Protokolle der Metternichi-Agenten, Bd. I (1840-1843), Köln, 1977, S. 249.

(41) Vgl. Fr. Th. Hoefer: a. a. O., S. 270.

(42) Vgl. J. Marx: Die österreichsche Zenzur im Vormärz, S. 12 u. Denkschrift über die gegenwärtigen Zustände der Zensur in Österreich, Wien, am 11. März 1845, in: Stefan Hack (Hrsg.) a. a. O., S. 3.

(43) J. Goldfriedrich: a. a. O., S. 273-274.

ハンガリーのビーダーマイヤー
——「都市派」との関連性から

伊藤義明

はじめに

一九世紀前半はヨーロッパの市民社会が形成された時代である。その担い手となったブルジョアジーは政治、経済ばかりでなく、それまで王侯、貴族、高位聖職者といった上層階級の専有物であった文化の領域でも着実に進出した。こうしたブルジョアの進展は小市民の文化をも育成し、絵画、美術工芸、文学の分野でそれを開花させた。学問の分野では産業革命の進行と資本主義の発展が科学と技術の飛躍的な進歩を促し、またロマン主義運動とナショナリズムの高まりは各民族におのおのの歴史的関心と伝統に対する憧れを呼び起こした。一九世紀が「科学の世紀」とも、「歴史の世紀」とも呼ばれる所以である。

西欧で起こったこの市民的変革は東中欧では事情が異なっていた。ハンガリーではヨーゼフ二世の啓蒙的専制政治により啓蒙思想が社会に浸透し貴族層、知識層にも広まったが、依然として支配的貴族階級の力は強く、封建制を温存することになった。そのことはハンガリーの中産階級の発展を阻害し、そればかりか中産市民の性格にも反映していた。もっぱら中小貴族が歴史的急務とされた中間層の確立をみずから担うべく、当時ハンガリーの市民文化の中心になりつつあったブダとペストに活動の場を見出した。

ハンガリーではトルコ軍の撤退後、国内の住民数が激減したためドイツ人入植者を受け入れることになったが、マリア・テレジアとヨーゼフ二世のハンガリーへの植民地政策はハンガリー国内のドイツ人を著しく増加させ、彼らによって都市と町は大きく発展した。従って、一九世紀前半のブダとペストの住民も大半がドイツ系住民で占められていた。そして彼らのもたらした文化的、精神的遺産は世紀末ブダペストの小市民文化にまで脈々と受け継がれ、「都市派」の源泉となっている。

ハンガリーの精神世界は大きく分けると「都市派」と「民衆派」の二つの系譜からなっており、この二元性は文学、美学、思想にまで及んでいる。ブダペストの小市民文化はまさにこの「都市派」とは切り離せない関係にあり、一九世紀前半に起こったビーダーマイヤーもブダペストの小市民文化に流れ込み、「都市派」の形成に何らかの形で影響を与えているに違いない。本章はこのような素朴な疑問のもとに、「都市派」との関連性から「ビーダーマイヤー」的現象を探ろうとするささやかな試みである。

一　ハンガリーのビーダーマイヤー研究

ナポレオン帝国の没落後、ウィーン会議から三月革命の期間は文学、芸術において「ビーダーマイヤー」時代と呼ばれることがある。そして主に中欧のドイツ語文化圏の現象としてみられている。ドイツとオーストリアを中心とするこの現象が、果たして中欧の隣接する他の諸民族にもみられるのかどうか——実を言うと私はハンガリー滞在中に「ハンガリーのビーダーマイヤー」という言葉を一度も聞いたことがなかった——ということがここでの問題なのである。一般に政治的民族とみられているハンガリー人とビーダーマイヤーとの関係は何か程遠い感じがしないでもないが、かつて同じ国家、同じ文化圏にあった両民族の間に影響が全く無かったというほうが不自然であろう。ブダペストとウィーンは我々が思っているよりもずっと近いのである。

ビーダーマイヤー的現象は広義で捉えれば、ある意味で時代を超えて、地域を越えて普遍的にみられる現象であろうから、何もこの時代、この地域に限定する必要もないわけであるが、ここでは狭義の、本来的な意味での「ビーダーマイヤー」時代とハンガリー文化との関わり、その現象について論ずることにする。

このビーダーマイヤーという名称が、文学史のカテゴリーとして使われ一般的に広まったのは、文学史家クルックホーンやビータクらの著作によってである。一九二〇年代から主にドイツ語圏で広まったこの精神史的傾向は、ハンガリーでは「精神史学派」といわれる文学史家たちによって、一九三〇年代に再認識され論じられた。

これに先だってすでに一九世紀後半に、ハンガリー側からビーダーマイヤーを取り上げたという点で銘記するならば、新聞記者でもあったユダヤ人ヘヴェシ・ラヨシュを挙げることができる。彼は一八七五年にウィーンに移り住み、一八八五年からウィーンの『フレムデンブラット』紙の編集に携わり、一八九〇年代に同紙でビーダーマイヤーという言葉に光りを当てた。ハンガリー語とドイツ語で執筆活動を行い、とくに両言語で出版された『書と絵におけるオーストリア・ハンガリー君主国』の共著者として彼の名はおそらく最もよく知られている。一九〇九年にハンガリーのキシュファルディ協会の会員となった。

続いてビーダーマイヤーに関心を示したのは、主に美術評論家であった。まず最初に名前を挙げられるのは、ファルカシュ・ゾルターンである。彼はクローチェやロダンの翻訳を手がける傍ら、一九一一年から『日曜新聞』に幅広い専門知識で美術評論を執筆した。そして、一九一四年にドイツのビーダーマイヤーに関する書『ビーダーマイヤー』を書き、そこで興味深いことを次のように述べている。

ハンガリーのビーダーマイヤーの最初の担い手は、ハンガリー人に同化したドイツ人市民であった。ハンガリーには県と村の生活しかなかった。そのため市民の理想をあらわすビーダーマイヤーは存在することができなかった。すなわち、今日の状況では広範なビーダーマイヤー研究は続けることができない。(1)

ここでファルカシュは「ハンガリーのビーダーマイヤー」とドイツ人市民(当然ブダペストを念頭に置いていると思われる)との密接な関係について言及している。つまり、ハンガリーのビーダーマイヤーを探究する手がかりとして、ドイツ人、とくにドイツ人市民層を媒介に研究すべきことを示唆しているわけである。ハンガリーのドイツ人とその影響については後に触れることにする。

一八八七年にミュンヘンにあるホッローシ・シモンの学校の門を叩き、翌八八年からミュンヘン造形美術アカデミーで学び、帰国後美術教育にも力を入れた美術評論家にユカ・カーロイがいる。彼は美術高等専門学校の校長として教育改革を実現し、さらにハンガリーの造形美術の普及において大きな成果をあげた。評論家としての彼の功績は、トランシルヴァニアのナジバーニャ派の重要性を指摘し、正当な評価を与えたことである。そしてもう一つの功績は、一九二二年に出版された、ハンガリーのビーダーマイヤーについて触れられている著書『治安判事の世界』であろう。治安判事(英国の justice of the peace とは無関係)はハンガリーの歴史上幾つかの意味を与えられ容易に説明はできないのであるが、知事によって「治安判事」táblabíró の称号を授けられた王城県内の貴族のことである。一九世紀になるとすべての土地所有貴族がこの称号を与えられ、地方の名誉職の肩書きをもつ小地主のようなものだった。元来、司法事務の職務に由来していたためこのような名称がついている(bíró とは判事のこと)。彼らは各王城県に一〇〇人から五〇〇人ほどいて、ハンガリー全土でおよそ八、〇〇〇人から一万人の人数を数えた。彼ら「治安判事」は美術品の取引やその趣味を全般的に決定していて(「治安判事の芸術」táblabíróság művészete ともしばしば言われる）、彼らのつくるこうしたミクロコスモスは一般に「治安判事の世界」táblabíró-világ と呼ばれた。ユカはだいたい一八二〇年から一八五〇年頃までの期間をハンガリー美術史におけるビーダーマイヤー様式、すなわち「治安判事の様式」táblabíró-stílus と命名した。ヨーカイ・モールは一九世紀前半にこの「治安判事の世界」について小説を書き、「治安判事」の名を不滅のものにした。

二人の美術評論家はほぼ同時代の人間であるけれども、彼らの照射する精神世界は対照的である。ファルカシュはハンガリーのビーダーマイヤーをドイツ市民層と都市生活 urbanizumus の中に見ようとし、ユカはハンガリーの地域的封建社会の中にそれを発見し、ハンガリー特有のビーダーマイヤーの世界を描き出そうとした。こうした視点は彼ら二人の個性にとどまらず、ハンガリーの二つの大きな潮流、「都市派」urbánus と「民衆派」népies の世界観を象徴しているように思われる。

ところで、ビーダーマイヤーを美術のみならず、三月前期の生活全般から文学にわたって詳細に取り上げた人にヴェールテシ・イェヌーがいる。彼はハンガリーでビーダーマイヤーを文学、文化史として真正面から取り上げた最初の文学史家であった。一八九八年から亡くなるまでの間、国民博物館の付属図書館で働き、生粋のアカデミストでもあった。一九一三年に出版された『ハンガリーのロマン主義一八三七―一八五〇年』はハンガリーのビーダーマイヤー研究における大きな功績である。後に精神史学派の文学史家ゾルナイ・ベーラはこの作品について「最もすばらしいハンガリーの学術書のひとつである。ヴェールテシは、ハンガリーのビーダーマイヤー研究と最近一五年間に精神史の領域で優勢である、ドイツ人の綱領を模したビーダーマイヤーの氾濫の二十年も前に先を行っていた」と絶賛している。ヴェールテシは一八四〇年代の作家とそれを取り巻く雰囲気を次のように描写している。

彼らは比較的よく働く……。劇場では夕暮れが規則正しく過ぎていく。上演の後は、蝸牛亭に集まり、笑い話を話して聞かせ、時には朗読し、歌う。すでに幾つかの水差しが空になると、ヴェレシュマルティもお気に入りの歌謡を歌って聞かせる。彼らの周りに広がるビーダーマイヤーの世界のように、これが穏やかな、落ち着いた生活だ。路上では奥方たちが控え目な帽子をかぶり、張り骨入りのスカートをはき、往来している。殿方たちは腰のピッチリした外套をはおり、金ボタンのついた暗緑色、そうでなければ青色の燕尾服を着て、シルクハットをかぶり、なかには幾つかの飾りひものついた黒っぽいハンガリー服ドルマーニ、房状のネクタイ、ブーツがまじっている…。しかし、作家の小市民的生活から感情の激しい爆発も無くなってはいない。ヴィクトル・ユゴーが言うように、これが英雄と市民の時代なのだ。(2)

二 精神史学派とビーダーマイヤー

一九世紀末から二〇世紀初頭のドイツ精神史の影響は、ハンガリーの若い世代の間でも徐々にあらわれた。この頃のルカーチ、バラージュ、マンヘイムなども全般的に自由思想的実証主義と対立する立場をとっていて、こういったドイツの理想主義的、非合理主義的傾向が強くみられた。彼らが一九一七年に創立した「精神諸科学自由学院」という名称にもそのことがはっきりとみてとれる。ルカーチは一九一四年に書かれた『小説の理論』を右翼的な傾向をもたない唯一の精神史的な書物であると、この小説論に関する自己評価を下している。このように精神史的傾向は第一次大戦前、大戦後を通してハンガリーの精神界にゆるぎない地歩を占めるようになり、とくに歴史、文学の領域で広範囲に浸透した。実証主義から精神史的立場に転じた歴史学者ホーマン・バーリントは当時のハンガリー歴史学界の動向を「最も若い歴史家世代の活動が、すでに圧倒的な精神史の完全ないし一部の影響下で始まり、さらに年長者の活動にも新しい見方で、漸進的な試みの台頭がますますはっきりとみてとれる」(3)と述べた。そして精神史の包括的な評価を必然的なものとみなして、決してそれが合目的性からではなく、歴史記述の根本を、すなわちその真理を最も大きな人間的価値とみなすことの中に「理想主義的歴史観」の本質をみようした。ホーマンの「我々の最終目的はこの哲学による抽象的な真理の認識である」という言葉の中に彼の学問的姿勢が端的に現れている。

すでに述べたように大戦後、最も主導権をもった一派は精神史的傾向の人たちであった。一九二〇年にセクフュー・ジュラは『三世代』を発表して戦後国内の精神史の先陣を切り、あるいは一九二一年の「ミネルヴァ協会」の設立、二二年に創刊された同協会の雑誌『ミネルヴァ』は精神史の広がりを裏付けていた。基本的にブルジョア的保守主義の傾向をもつ精神史的思想は、歴史、文学、哲学など学問内の閉鎖的ないち学派に組織されるというよりも、実際には一つの傾向として、戦間期に右傾化する社会状況と結びつきながら、文化史、歴史哲学、文学史、民族性格学などの書物の中で書かれることが多かった。

ハンガリー文学史においても、その名の通り「精神史学派」と呼ばれている精神史的立場の文学史家がいる。これは別に党派性の強いグループの名称ではなく、その精神史的傾向からそう呼ばれているわけであるが、「精神史学派」について語る前に、その経緯を述べる必要があるので、文芸誌『西欧』とこの時代のハンガリー文学界の状況についても簡単に触れておこう。

ハンガリー文学界は一九〇八年に『西欧』が創刊されたことによって、西欧的近代文学の方向性をはじめて明確に打ち出した。創刊号は『監視人』のリニューアル版として出版されたように、『西欧』が誕生するにあたって『一週間』(一八九〇)、『新ハンガリー評論』(一九〇〇)、『ハンガリー・ゲニウス』(一九〇二)、『未来』(一九〇三)、『監視人』(一九〇五)、『水曜日』(一九〇六)といった先例となるべき雑誌があった。

『西欧』は詩人アディ・エンドレを中心に、一面では進歩的、革命的文学を志向していたため、保守的文芸学はこの新しい文学傾向に敵意をあらわにし、対立するようになった。この新しい方向性と進歩的な作家、詩人はアカデミー、大学、文学協会から反動的な攻撃を受けていた。当時学界ではまだ実証主義的傾向が支配的で、無味乾燥な、皮相な、重箱の隅をつつくような研究の中で、ますます行き詰まっていた。一九一一年にその改革的打開策として「ハンガリー文学史協会」が設立され、現代的方法論と文学の開放性を主張したのであるが、結局はしばらくして元どおり保守的実証主義の牙城となってしまった。

「ハンガリー文学史協会」の発起人の一人、ホルヴァート・ヤーノシュは実証主義から精神史への推移の中で特異な立場にある文学史家である。彼は当時の「体制」側の人物としては珍しくアディに対しても理解を示し、実証主義と精神史的方法を合わせた複雑な文学理論を構築した。このような精神史への傾斜は後に精神史活動の中心的サークル「ミネルヴァ協会」を設立したときに、その発起人の一人として協力したことからも明らかである。

こうした精神史的傾向が時代の大勢を決しつつある中で、ハンガリー文芸学に「ハンガリー精神史学派」と呼ばれる一群の文学史家が現れた。トゥローツィ=トロストレル・ヨージェフ、ティーネマン・ティヴァダル、ゾルナイ・ベーラといった人たちである。トゥローツィ=トロストレルはユダヤ系ハンガリー人であり、ティーネマンはドイツ系ハンガリー人でもあり、押し並べてハンガリー文化におけるヨーロッパ性に関心が強く向けられている点で、彼ら「精神史学派」も「都市派」に位置づけられる人たちである。このうち、「ビーダーマイヤー」に注目したティーネマンとゾルナイ、とりわけ最も「ビーダーマイヤー」に傾注したゾルナイに焦点を当てて「ビーダーマイヤー」と彼らの時代を考えてみることにする。

ティーネマンはブダペスト、ライプツィッヒ、ベルリンで学び、一九一八年にポジョニ（スロバキア名ブラチスラバ）大学、一九二一年にペーチ大学で教鞭を執り、一九三四年からブダペスト大学の教授となった。一九二一年にホルヴァート・ヤーノシュと共に精神史のメッカ、「ミネルヴァ協会」を設立した中心的人物の一人で、同協会の『ミネルヴァ叢書』を編集した。そして精神史の思想に基づく文学理論の包括的著作において、精神史による本質の見極めの原則と現代的形式を創り上げるために現代の観点から過去を再現する方法を精神的継続性の原理の上に構築し、この唯一絶対の原理によって詳細に調べ上げた。こうした姿勢は一九三一年に出版された主著『文学史の基本的概念』に貫かれており、ここでビーダーマイヤーに関しても論じられている。

ゾルナイはブダペスト大学で学び、フランスに留学した後、一九二三年ブダペスト大学、一九二四年ペーチ大学、一九二四年から一九四〇年までセゲド大学、一九四〇年から一九四五年までコロジュヴァール（ルーマニア名クルージュ）大学、一九四五年から一九五〇年までブダペスト大学と国内の大学を転々と移りながら、教鞭を執った。一九二一年に設立された「ミネルヴァ協会」にも参加し、このサークルで最も多様な、最も創意に富んだ人物の一人であった。精神史の活動としては「ミネルヴァ協会」の他に、一九二七年に彼自身の編集で出版された文学、学術週刊誌『セープハロム』がセゲド大学時代とコロジュヴァール大学時代を通して、一九四四年まで続いた。作家サボー・レーリンツ、詩人ユハース・ジュラ、ラドノーティ・ミクローシュなども執筆し、その編集の根本方針には精神史的、学術的先見性がみられ、政治的急進性に対する抑制が特徴づけられる。

ゾルナイは文学と言語学に精通し、戦前のビーダーマイヤー、ジャンセニズム、人文主義、プラトン主義などを研究する文学史家の顔と戦後の現代ハンガリー語文体論（比較的古い論文も包括しながら、冷静かつ慎重な分析で体系づけられた一九五七年の『言語と文体』、言語の音響学的問題の美学的特徴を考察した一九六四年の『言語と気分』）を研究する言語学者の二つの顔をもっている。彼は文芸学において精神史が蔵する比較傾向の影響に対して大きな統合の誕生を期待しながらも、フランスの「比較文学」に向かうことで、偏向するドイツ的志向性を克服し、比較方法の再生をはかった。

ビーダーマイヤー研究は一九三六年に『文学とビーダーマイヤー』（第一部はフランスのビーダーマイヤー現象に関する研究）、一九四〇年に『ハンガリーのビーダーマイヤー』として現れた。ビーダーマイヤー研究を進める上でドイツ精神史の影響、とくにクルックホーンら文学史家の研究によって、ビーダーマイヤーに目を開かされたことが次のような言葉から窺える

ビーダーマイヤーの発見における最大の功績者はウィーン大学教授クルックホーンだった。彼は市民的性格と並んで、この時代の音楽礼賛をも指摘し、同じく歴史的絵画と自然絵画のビーダーマイヤー的特徴を指摘した。クルックホーンの主な観点は、諦観であった。すなわち安らぎの探究、諦めのモチーフの、ビーダーマイヤー的精神との同一視である。(4)

このようにドイツ精神史の影響が強く認められるにもかかわらず、ゾルナイがフランスへの接近を示したのは、単にそこに留学して身近なものを感じていたからだけではあるまい。やはり次第にドイツ的精神に圧倒的絶対性を感じ取り、ハンガリーの文化的、政治的状況がバランスを失い始めていると感じ取ったからであろう。さらに第一次大戦後のハンガリー社会に蔓延する閉塞感、無力感といった雰囲気はハンガリー民衆にある種諦め切った感情を抱かせていたであろうし、そういう意味では一九世紀前半の「ビーダーマイヤー時代」とも共通する部分があり、充分に彼の研究対象になりえたのだと思う。

当時のハンガリーは、確かにドイツ精神史の影響を強く受けていたが、その現れ方はゾルナイら「都市派」とは違って「民衆派」の中には民族性格学と手を結びハンガリー人の民族起源や東方的要素を強調するグループも

現れた。

二〇世紀の民族性格学 nemzetkarakterológia は科学的方法を放棄し、歴史哲学の思弁と「生の哲学」の影響を強く受けていた。これによって生まれた精神史的思想はさまざまな民族と地方のエスニック・グループの性格を定義するようになった。ディルタイ、トレルチ、ヴォリンガー、ノールらはいわゆる集団的個性を各民族に与え、何か基本的な共同体的特徴の成果を諸民族の歴史と文化の中に探し、しばしば民族性を文学の象徴において捉えようとした。ドイツのカイザーリング、スペインのマダリャーガなどの主要なヨーロッパ民族の性格を比較する試みや民族性の定義を試みる文学、あるいは非学問的な思弁、学問的ヴェールを身にまとう民族神話もこの頃広範囲に影響を及ぼした。

ハンガリーでのこれらの精神史による影響は、プロハースカ・ラヨシュの一九三六年に出版された『放浪者と逃亡者』(『ミネルヴァ』誌で一九三二年から三五年の間に掲載された)においてドイツ帝国主義の拡張政策に抵抗して、「逃走する」ハンガリー人の位置づけを「拡張し、移動する」ドイツ人と対立させることで特徴づけられており、ハンガリー人の民族性に関する戦間期最大の論争を引き起こした。他にドイツ的志向性に反対する人たち――コドラーニ・ヤーノシュ、フェーヤ・ゲーザ、カラーチョニ・シャーンドル、リュケー・ガーボルなど――はハンガリー人のアジア起源と文化の東方的関係を引き合いに出した。彼らも精神史を基盤に出発し、ユーラシア大陸の「ステップ文化」の国境線をもたない経験をハンガリー人の思考と文学の中に発見しようと考えた。またソフィスティケートされた小説を書いたネーメト・ラースロのような作家にも紛れもなくこのような精神史の影響と思われる「浅いハンガリー人」、「深いハンガリー人」といった概念が潜んでいた。

こうした戦間期のハンガリー精神界の状況をみてわかるように、ハンガリー文学は精神史の影響を免れることはできなかったであろうし、学問性への要求を満たし、文学作品を評価しうる現代文芸学の方向性を考えるとき、ロシアのフォルマリズム、チェコの構造主義、英米の新批評などこのような新たな運動基盤を生まなかったハンガリーでは、ドイツ精神史の志向性がおよそ四半世紀の間ハンガリー文芸学を支配し、強力な影響力を与えた一つの原因となった。

「都市派」も「民衆派」も精神史の強い影響を受けてはいたが、その中でハンガリー人の位置づけを模索するゾルナイら「精神史学派」は全体主義化するドイツ的志向性にも、東方的神話に基づく民族性にも偏向することなく、より幅広いヨーロッパ的精神と小市民的文化に結び付けられたハンガリーを思い描いていたのかもしれない。ゾルナイの「ビーダーマイヤー」研究には戦間期ハンガリーの置かれている微妙な立場、国情が投影されているとみられる。

三　ペスト＝ブダとドイツ劇場

「ビーダーマイヤー」時代と呼ばれるウィーン会議から三月革命までの間、現在大都市となったブダペストもまだ一つに統合されず（一八七三年にペスト、ブダ、古ブダが合併して現在の「ブダペシュト」という名称になった）、別々に活動する小さな都市であった。ブダはドイツ人がつくった町で、ペストはユダヤ人のつくった町としばしば言われるが、この頃のペストも、ブダもドイツ人住民の断然に多い都市であった。

ハンガリーの「都市派」というのは、単なる都市のことではなく、本質的にブダペストのあの文化的雰囲気から醸し出される生活様式であり、そこから生まれる考え方、世界観をあらわしている。とはいっても、もちろん一九世紀前半にはまだこのような都市に成熟していたわけではなかったが、一九世紀後半、とりわけ世紀末から活発になる「都市派」の土壌はこの世紀の前半から造られていったものであり、多数のドイツ人住民の影響なくしてはつくり得なかったものであろう。私にはどうも「ドイツ人住民」Ungarndeutschtum、「都市派」、「ビーダーマイヤー」はこの時代のブダとペストを考える際、何かと結びついてしまうタームなのである。ハンガリーでは一八世紀後半から一九世紀前半はあらゆる面で演劇が重要な役割を果たした時代である。そこでペスト＝ブダの劇場と演劇活動を通して、ペスト＝ブダとドイツ人住民、ドイツ人とハンガリー人の文化的交流をみてみようと思う。

ドイツ人はハンガリー史において幾度となく植民定住したが、トルコの撤退は一つの大きな節目である。一六八六年にブダがトルコ人から奪還された後、ハンガリー国内へのドイツ系民族の移住は住民数が激減した都市だけではなく、ハンガリー全土におこなわれ国内全体の住民数が増加する先駆けとなった。ウィーン政府はハンガリーを占領地域とみなし、ドイツ人移住者は植民入植者とみなされていた。ブダとペストは当初二〇年間官房管理の統治権下に置かれ、軍司令部もそこにあった。ブダ城郭内、居城区域内ではカトリック教徒とドイツ人住民しか定住することができなかったが、その他特権を与えられた住民は軍隊の要求を満たし、さらに土木建築に貢献する熟達した手工業者たちであった。ブダ郊外、ペストへもさまざまな移住者が住みはじめたが、ドイツ人移住者の割合はおよそ六〇％ぐらいで、彼らはブダの住民と比べると貧しく、商人、日雇い農夫が多かった。

ドイツ人移住者はドナウ川の流れに沿ってこの地に到来し、最初の移住者集団のなかではバイエルン人が最大の割合を占めていた。それからドナウ川流域、オーストリアのアルプス山岳地域、最後にはドイツのあらゆる地域からも移住してきた。

第一世代はハンガリー人市民と共に都市生活を再び築き上げ、一七〇三年に都市の復権を勝ち取った。ラーコーツィの自由戦争、そして一七〇九年から一七一〇年にかけて伝染病ペストの猛威が広範囲に住民に襲いかかり、ハンガリー人住民数の割合が減少したこともあって、新たなドイツ人移住者の集団が軍隊の移動と入れ代わりに到来した。これらの五四%から六〇%の人たちがドイツ、オーストリアからの入植者で、とりわけ特殊技能をもった職人の確保と育成がはかられた。

マリア・テレジアの時代になると、大掛かりな南ハンガリーへのドイツ人入植がはじまり、ブダとペストはトルナ王城県、バナート地方、バーチュカ地方へ入植するドイツ人移住者の滞在地の一つとなり、ドイツ人の往来が盛になったが、それ以前にもドイツ人入植を奨めるハンガリー貴族がいた。たとえば、ズィヒ家は古ブダへドイツ人を招こうとして、一七一六年から一七四〇年までの間におよそ三〇〇人の入植者——その大部分は日雇い農夫の一家とあまり多くはない職人一家——を集めるために、その代理人がドイツ全国を隈なく訪れた。あるいは、一八一〇年にシレージアからドイツ人家具職人四〇家族が、アルベルトファルヴァ（現在ブダ側の一一区）へ移り住んだ。この職人集団はその後二世紀にわたってブダの発展に寄与したが、ブダのドイツ人移住者にしては珍しく、最も堅固な自治体をつくり物心両面にわたる文化的、民族的慣習を二〇世紀半ばまで頑なに保ちつづけた。

ドイツ人移住者はブダ側の地域では西方と南方へ、すなわちブダの山々が連なる地域、そしてそれより少し離れたゲレチェ、ヴェールテシュと西北部のピリシュヴェレシュヴァール山間部の無人村へ入植した。ペスト側の地域ではドナウ川の中洲チェペル島、同じくドナウ川沿いのショロクシャール、ラーコシパタク付近に定住した。ペスト郊外の村々でも一七一〇年代から一七二〇年代、さらに一七三九年に再び猛威をふるう伝染病（ペスト）の後、一七四〇年代以降入植がはじまった。村への移住者はたいがい郷土の諸税から、あるいは独仏戦争で荒廃した村から自由を求めて入植した貧農であった。そして、新しい領主とは有利な契約を結び、政府も彼らに対して解放状によって便宜をはかった。

ドイツ人を住民数の点からみると、一七八〇年頃には今日のブダペストにあたる地域で、およそ五万五、〇〇〇人の住民が暮らし、そのうちドイツ人移住民、あるいはドイツ語を母語とする住民の割合は、六五％から七〇％ぐらいであった（一八五一年にはブダの六四・九％、ペストの四〇・四％がドイツ系住民であった）。彼ら移住民の流入はその後もなお続き、一八世紀末から一九世紀初頭に至るまで中断されることがなかった。これらドイツ人には、国家の植民地政策をよそに、彼ら自身みずからを植民地入植者とみるよりも、単なる移住者としかみていない意識があり、その上さらに彼ら自身ハンガリー人といった認識があった（このことは一九世紀前半の改革期において、ドイツ人教養市民層にとって進歩的思想がハンガリー人への同化と同義とみられていたことと何か関係があるのかもしれない）。彼らの言語、ドイツ語はブダとペストのハンガリー人の日常語に影響を与え、ブダとペストが首都として成熟した市民的、文化的生活を形成していくのに決定的要因となった。ただし彼らはブダとペストに独立した文化を創り出そうとはせずに、もっぱらそのモデルをウィーンに求めていた。そのことは、一九世紀前半のブダとペストの演劇と劇場、あるいは文学がドイツ人を介在してウィーンないしドイツの影響の下で成熟していったことを明らかにしている。

ハンガリーのドイツ演劇はすでに一五、一六世紀にドイツ人が居住する都市で上演されていたが、ハンガリーの都市は必ずしもまだ発展しておらず、人口密度も高くなかったので、ハンガリーの演劇、劇文学に大きな影響を与えるまでに至らなかった。確かにハンガリー演劇はすでに中世にその痕跡がみられるとはいえ、本質的には一九世紀初頭に現われた。そして、ハンガリー演劇全盛の背景には、一八世紀後半からのブダとペストのドイツ演劇の活動が大きく作用していた。ペストのハンガリー劇場などは、しばらくの間完全にドイツ劇場の影響下にあって、ドイツ劇場で成功した作品はすぐにハンガリー語に翻訳され上演されていた。

ドイツの移動劇団は一七世紀から定期的にハンガリーを訪れるようになるが、一八世紀の資料として明らかになっているのは、一七六〇年にブダ城内の「赤はりねずみ亭」とヴィーズヴァーロシュ（現在ブダ側のバッチャー二広場付近）の「白十字亭」でドイツ人の劇団が上演したことである。その後、ブダのドイツ演劇の育成にはヨーゼフ二世の政策が反映されていて、一七八七年にブダ城内のカルメリ修道会の修道院と教会は劇場に造りかえられ、これによって「ヴァール（城塞）劇場」が創設された。一八世紀のブダの演劇はドイツの劇場の演劇と比べてもほとんど遜色がなかった。プログラムに載るシェイクスピア、レッシング、シラーはお決まりの作家であり、流行する妖精劇、茶番劇、ロマン主義風騎士劇、市民劇が盛んに演じられた。オペラ作曲家のレパートリーはイタリア・オペラ以外にもハイドン、モーツァルト、ケルビーニの作品が演奏された。このさまざまなプログラムとすばらしい演奏も、しかしながら「ヴァール劇場」の観客席を常時一杯にすることはできなかった。その一つの理由は、ブダの住民にとってこの劇場は大きすぎたこと、加えて冬季にドナウ川が凍結するとペストの人たちは劇場に通うことができなかったことである（ブダとペストを結ぶ最初の橋「鎖橋」が開通したのは一八四九年のことである）。しかしこの建物は一八二四年までペスト・ドイツ劇場の共同施設としての機能も果たし、移動劇団のゲスト出演に非常に役だった。ブダに現れた次のドイツ劇場は、一八四三年にホルヴァートケルトに設立された「ブダ小劇場」であるが、この劇場は一八七〇年以降にはもうハンガリー語でしか上演しなくなっていた。

他方、ペストのドイツ演劇は中世の堡塁（古代ローマ時代の遺跡の上に築かれていた）で、「円塔」rondellaと呼ばれていた建造物からはじまった。この円塔はペスト市議会によってベルナー・ドイツ児童劇団に譲り渡され、劇場に造りかえられると一七七四年八月一四日にパウアースバッハの『インディアンの未亡人』の上演で幕を開けた。この「円塔劇場」はハンガリー人の最初の職業劇団が一七九〇年一〇月二七日にシマイ・クリシュトーフのハンガリー語訳でイグナーツ・ブリュールの『真実の家の、慈悲深いすばらしい父』（ドイツ語の原題は『市長』）によって、はじめてペストでの上演を行った劇場である（この作品は同劇団によって二日前の一〇月二五日にブダの「ヴァール劇場」でハンガリーでの初演が行われた）。「円塔劇場」は一八一五年に都市美観保護委員会によって町の美観を理由に取り壊されることになり、その役割に終止符が打たれた。

「円塔劇場」と向かい合った場所に、一七八四年「ライシュル小劇場」（bódé という言葉からすれば「芝居小屋」のほうが適当かもしれない）がつくられた。この劇場はドイツ人の役者が出演していたが、後に前述したハンガリー人の職業劇団にも場を提供した。

「円塔劇場」と「ライシュル小劇場」は定期的に夕方以降開幕し、大抵の場合流行の、あまり硬くない合唱劇、道化芝居、見世物、バレーなどが演じられていたが、幾人かの古典主義作家、すなわちシェイクスピアの『ハムレット』、ボーマルシェの『セビーリャの理髪師』、シラーの『たくらみと恋』といった作品も舞台にのぼった。

ペスト＝ブダで最も大規模かつ重要な劇場は一八一二年に創設された「ペスト・ドイツ劇場」である。この劇場は今日のヴェレシュマルティ広場、ヴィガドーの敷地の裏手にあり、擬古典様式の三階建ての建物だった。建築にあたってはウィーンの宮廷建築家ヨハン・フォン・アマンが立案し、ポラツク・ミハーイが直接建築に携わった。この擬古典様式の劇場はヨーゼフ二世のドイツ化政策がその建設を後押しし、後継者によって実現されたもので当時中欧で最大級の三、五〇〇人の観客を収容することができた。一八一二年二月九日の柿落としにはコツェブーがこのために書いた二つの祝祭劇の作品、『シュテファン王、あるいはハンガリー人の最初の善政者』と『アテネの廃墟』が上演され、その伴奏音楽をベートーヴェンが作曲した。

「ペスト・ドイツ劇場」も「ヴァール劇場」と同じようにしばらくして財政難に陥らなければならなかった。というのは当時わずか三万三、〇〇〇人の住民しかいなかったペストで毎晩この大きな劇場の観客席をうめることは至難なことであったからである。しかしその高い要求水準からプログラムと上演のスタイルにおいて譲歩しようとはしなかったし、実際にドイツ、オーストリアの劇場と比べても見劣りするものではなかった。ただ幾つかの課題として、たとえばウィーンの五つの劇場に対抗して演劇とオペラだけではなく、しばしば内容の乏しい軽妙かつ娯楽的なジャンルの演出をも独立して請け負わなければならないといった大変さがあった。上演されたシェイクスピア、シラー、ゲーテ、レッシング、グリルパルツァー、ユゴー、大デュマ、ボーマルシェ、カルデロン、モレートの戯曲と並んで、相変わらず人気の絶えない騎士劇の作家コツェブー、イフラント、ツィーグラーの作品がプログラムの骨格を支えていた。

さらに演劇以上に観客を魅了させたジャンルはオペラだった。とくに最も好んで取り上げられ、オペラのレパートリーになっていたのはロッシーニの作品であったが、次第にモーツァルト、スポンティーニ、ベッリーニ、ドニゼッティ、オーベール、マイアベーア、ヴェルディなどの作品も人気を呼ぶようになった。またトゥツェク、クラインハインツ（前者はペスト・ドイツ劇場の、後者はペスト、それからブダのドイツ人劇団の指揮者でもあった）など何人かの地元で活躍する作曲家の作品も演奏されることがあった。

ハンガリーのドイツ語による演劇はハンガリーの文化にではなく、ウィーンの文化に根ざしていたので、ハンガリー出身のドイツ人役者が「ペスト・ドイツ劇場」の舞台に立つことは比較的少なかったが、そのうち例外的にミンツ夫人シュベイツェル・リナとゼルネル・フュレプは重要な役者となった。一八二三年に「ハンガリーの役者の名誉を救済するために」出演したデーリ夫人セープパタキ・ローザ(5)（ハンガリーで最初の女性オペラ歌手でもあった）が大成功を納めたのは、従ってひとつの事件であった。しかし、全般的に国外から集まってきた有名な役者が客演で成功していた。「神々しい」ファニー・エルスラーなどもその一人で、彼女がこの運命の扉を開いた後、カロリーネ・ヴラニツキ、アントン・バブニヒ、アウグスタ・シュネーダー、アーグネス・シェベスト、ヘンリエッテ・カール、カール・マティアス・ロット、アデーレ・ムザレリ、あげくのはては二人の最も有名なドイツのシェイクスピア役者ヨーゼフ・ワーグナーとルートヴィヒ・ドゥソワーなどの役者も次々と出演するようになった。収益赤字に追われるペスト・ドイツ劇場は、これらの役者の輝かしい知名度のおかげでどうにか存続することができたが、次第に強まるハンガリー化の波と一八三七年にハンガリー国民劇場が創立されたことで、ドイツ劇場とドイツ語による演劇芸術の問題はますます困難を伴うようになった。一八三八年のドナウ川の氾濫はこの劇場に損傷を与え、一八四七年二月二日に劇場は全焼した。その後、再建はされたものの一八四九年五月以降、オーストリア軍ヘンツィ将軍によりブダから繰り返し発砲される砲弾によって破壊され、ペスト＝ブダのドイツ演劇芸術の最も重要な時代は幕を閉じた（実質的にはペスト・ドイツ劇場の全盛期は一八一二年から一八四七年までであった）。

「ペスト・ドイツ劇場」に代わって、「緊急劇場」が一八五三年に新市場広場（現エルジェーベト広場）に建てられ（柿落としにはシラーの『オルレアンの処女』が上演された）、一八六九年に焼失するまで活動は続けられた。そしてこの都市の最後のドイツ語による劇場、「羊毛通りドイツ劇場」が一八六九年一二月二一日に幕を開けた。柿落としにはヨーハン・シュトラウス（父）のオペレッタ作品『青きドナウ川』が上演された。この劇場は一八七五年までは寄席演芸場として、その後一八八九年に焼失するまでは劇場として、主に活動を行った。この時代になると、首都ブダペストでのドイツ劇場の活動はほとんど姿を消し、「ヴァーロシュリゲト小劇場」のように時折ドイツ語による上演が行われる程度であった。

ドイツ劇場とその演劇活動は、ハンガリー人の民族覚醒とドイツ人住民のハンガリー化に伴って段々と下火になっていくが、当初彼らの劇場と演劇活動はハンガリー人のそれが育成され、成熟するのに欠かせないものだった。前述したハンガリー人の最初の職業劇団（カジンツィ・フェレンツとケレメン・ラースローを中心につくられた）は「ヴァール劇場」と「円塔劇場」で上演した後、繰り返し同劇場の舞台に立ったが、「ライシュル小劇場」での上演はドイツ人の劇場支配人の反対にあい一七九二年五月五日まで実現しなかった。だが、これ以後「ライシュル小劇場」、「円塔劇場」、あるいは「ヴァール劇場」を順繰りに回って上演した。プログラムにはドイツ語から翻訳された古典主義並びにロマン主義の戯曲、たとえばレッシングの『ミンナ・フォン・バルンヘルム』、ゲーテの『シュテラ』、シラーの『たくらみと恋』やハンガリー人作家の作品では、ドゥゴニチの『エテルカ』、ベッシェニェイの『哲学者』、メーレイの『サボルチ将軍』、ヴェルシェギの『セーチ・マーリア』、ペーツェイの『ソンディ・ジェルジ』などの作品名がみられた。この劇団の上演は一七九六年に財政難と政治的圧力（マルティノヴィチのジャコバン運動による）の下で中断せざるをえず、これによって一八〇七年までペスト＝ブダではハンガリー人の演劇芸術は影を潜めた。

当時ドイツ文学からハンガリー語に翻訳された作品は多く、戯曲においては翻訳ばかりか、翻案も数多くあった。ハンガリー文学界ではカズィンツィ・フェレンツを中心とする、ドイツ派とハンガリー派の二つの傾向がみられ、ドイツ派はハンガリー文学の再生と若返りの源泉をドイツ文学のなかにみていた。ドイツ派の領袖カズィンツィは芸術の解釈、趣味においてドイツ＝ギリシアの擬古典主義を理想的モデルとみなし、ゲーテ、シラーの純粋な人間的理想性を信奉した。しかし、ハンガリー派とはいえドイツ文学の影響を免れたわけではなく、ドイツの影響は両派の境界線をはるかに超えていた。ハンガリー派の最も有力な作家ドゥゴニチ・アンドラーシュなどはドイツ人の戯曲を翻訳し、一見すると題名や登場人物の名前はハンガリー風に変えられているのに、作品のストーリーの展開は忠実にドイツ人作家の原作に倣っていた。他にもバーローツィ・シャーンドルの『道徳の手紙』はヤーコプ・ドゥシュの作品に基づいているし、クーン・ラースローの戯曲はフリードリヒ・ベルトゥーフの作品に、バートリ・マーリアの戯曲はハインリヒ・ゾーデンの作品に倣って書かれていた。また一八世紀末から一九世紀初頭にかけて、ハンガリーではとくに奇抜な行動と感傷的な響きを帯びたドイツの騎士物語の翻訳がはやった。この影響はバルツァファルヴィ・サボー・ダーヴィドの『スィグヴァルト』（原作はゲッチンゲン森林同盟のヨハン・マルティン・ミラーの Siegwart）の翻訳に現れている。その上人気の高かった騎士物語や喜劇においては非常に多くのものをコツェブーに負っており、ハンガリーの小作家群の面々も競ってコツェブーを翻訳し、模倣し、改作した。

一九世紀にはいると、トランシルヴァニアのコロジュヴァールで一七九二年に結成されたハンガリー人の役者グループがペストで活動をはじめ、一八〇七年から数回にわたって「円塔劇場」、その後「ハッケル・ホール」（デーリ夫人セープパタキ・ローザ、カーントル夫人エンゲルハルト・アンナ、バログ・イシュトヴァーンらはここでデビューした）で、そして一八一二年から一五年の間再び「円塔劇場」でヴィダ・ラースローとクルチャール・イシュトヴァーンの指導の下で上演がなされた。一八一五年に「円塔劇場」が取り壊されると、これらのハンガリーの役者たちは国内を巡演せざるをえなくなった。そしてこれを境に一八三三年までペスト＝ブダでは、折りにふれて地方の劇団がカッシャ（スロヴァキア名コシツェ）、ミシュコルツ、セーケーシュフェヘールヴァールなどから訪れるようになった。これらの劇団はベレズナイ庭園の城館（ベレズナイ・ミクローシュ夫人ポドマニツキ・アンナが文学サロンを開き、地方の劇団が上演する場を提供した）、「金の白鳥亭」（当時は黒鷲通り、現国王通り）、あるいは「ヴァール劇場」で演劇活動を行った。一八三三年にカッシャのハンガリー人劇団員の一部が空席となっていた「ヴァール劇場」に身を置きながら、シモンチチ・ヤーノシュ古ブダ行政長官（後に国民劇場の支配人となった）の指導によって役者協会を設立した。ここで国内の最も有名な役者が演技を競いラボルファルヴィ・ローザなども役者として出発した。この協会は一八三七年に創設された「ペスト・ハンガリー劇場」のバックボーンとなり、一八四〇年には「国民劇場」の名称を得てそれまでペスト王城県の管理下にあった劇場は国家が引き継ぐことになった。「国民劇場」はハンガリー語を普及させるのに大きな力となったが、それ以上にハンガリー人としての民族的自覚を促し、民族を再興するための重要な役割を担った。しかし、そのことは逆に言えばペスト＝ブダのドイツ劇場とドイツ文化の衰退をも意味していた。

これまでみてきたように、ペスト＝ブダの芸術、文化は恐らく一八世紀後半から一九世紀前半までのドイツ劇場の成立と活動を抜きにしては考えられないことであろう。ドイツ劇場の演劇文化は、後にハンガリーの劇場が誕生し国民演劇が盛んになる礎となった（ハンガリー人の役者と劇団もドイツ劇場で活動していたわけだから）。そしてこの都市文化の発展はドイツ文化、ドイツ的要素を飲みこんでより大きく開花する可能性を手に入れた（だからといってブダペストがドイツ的都市だというわけではもちろんない）。またドイツ劇場の全盛期がほぼ「ビーダーマイヤー」期と重なり合っていることは「ハンガリーのビーダーマイヤー」的現象とドイツおよびウィーンとの密接な関係を示している。

四　「ビーダーマイヤー」と「都市派」を結ぶもの

ペスト＝ブダのドイツ劇場の全盛はハンガリーのドイツ文学の活動とも深く関わっていた。ウィーン文化に根ざしていたペスト＝ブダのドイツ文化は、文学活動においてもウィーン的趣味と密接に結びついていて、出版社までもが多くの場合共通しているとか、あるいは劇場のプログラムもほとんど同じで、その上ショプロン、ポジョニ（現在スロヴァキアの首都ブラチスラバ）などの地方都市のドイツ人観客すら同じような傾向を示していた。

ウィーンとの関係でみてみると、ドナウ川の大洪水のあった一八三八年に文芸年報『ペストとブダの被災者救済のためのアルバム』が出版され、ウィーンの寄稿者が数多く執筆している。ペスト生まれで、改革派の政治とコシュートに対立し、一時ウィーン警察の密偵すらやっていた王政派のマイラート・ヤーノシュ伯は、ドイツ語の雑誌をペストで出版し、その寄稿者にはビーダーマイヤーの代表的作家グリルパルツァー、シュティフター、ザイドルなどの名がみられた（マイラートは二〇年代後半にブダで刊行されていたドイツ語雑誌『イリス』に寄稿していたが、その後四〇年代にウィーンで同名の文学年鑑を編集し、グリルパルツァーもそこに寄稿していたようである)。その他にも幾つかのドイツ語の書名によって、ウィーンあるいはビーダーマイヤーとの関係が推測される。たとえば、一八一九年に出版されたガルトナーという作家の『家庭行事のための花飾りならびに友情と恋愛の関係』、一八二二年出版の『最新外国図書精選』、一八三〇年に世界文学の名作からなるアンソロジー『忘れな草』が出版された。「家庭行事」、「花飾り」、「忘れな草」、そして『最新外国図書精選』の原題にみられる Aehrenlese という語にも、ビーダーマイヤーの影響が感じられる。

このビーダーマイヤー的雰囲気はハンガリー文学にも漂っていた。一八三八年に創設された「年刊図書目録協会」から出されている目録『花づな、ヒヤシンス、七弦竪琴』というセンチメンタルな表題は明らかにビーダーマイヤー的である。そして、この時代に最も人気のあった雑誌『風俗描写』は「風俗描写」életképek という名前もさることながら、この時代の生活に密着した文学的試みにおいて最もビーダーマイヤー的であった。この雑誌はフランケンブルグ・アドルフによって編集され、一八四四年から一八四八年の間刊行されていた。フランケンブルグはドイツ語作家としてデビューした人であるが、ドイツ語紙『ペスト日報』の編集者であったり、ペスト・ドイツ劇場で彼の喜劇作品が演じられたこともあり、当時そこそこ知られていた人物だったのかもしれない。この雑誌は一八四三年に最初は月刊誌『ハンガリー風俗描写』の名前で文学アンソロジーとして出版された。その後、週刊流行誌に編集方針を変え、ガライ・ヤーノシュ、ヴァイダ・ペーテル、ナジ・イグナーツ、エルデーイ・ヤーノシュらの寄稿者、バラバーシュ・ミクローシュ、ボルショシュ・ヨージェフなどのビーダーマイヤー的画風のイラストが人気を支えた。一八四七年にフランケンブルグはヨーカイ・モールに編集者のポストを譲り、副主筆にパールフィ・アルベルト、ベレツ・カーロイ、補助編集委員にシュケイ・カーロイを迎えることで雑誌の性格が一変した。確かに、『風俗描写』はブルジョア的ハンガリーを達成することが目的とされていたが、『祖国快晴』（この雑誌は『朝焼け』Morgenröthe の名でドイツ語版も出版されていた）と『ペスト流行紙』の文学論争や政治的行為からもそれまで距離を置いて活動していたのが、これを転機に『風俗描写』の名に似合わない、よりラディカルなサークル「若きハンガリー」[6]の機関紙となったのは、一八四八年独立戦争前夜のハンガリーの国情が大きく影を落としているからに違いない。

ところで、先ほどから「花」に関わる名前が多いことに気がつかれるだろう。同時代のウィーンのビーダーマイヤー的雑誌のリストが一九二九年にカール・ゲーデケよって発表されているものをファルカシュ・ジュラが記しているので、ここに挙げてみようと思う。『花と小さな花飾り』（一八一〇）、『すみれ』（一八一〇―五〇）、『柏の葉』（一八二一）、『鳳仙花』（一八二三）、『忘れな草』（一八二三）、『花と蕾』（一八二四）、『恋愛と友情の花』（一八二六）。ハンガリーの書名と同じものもあるし、僅かな例ではあるがどことなく似たような名前ばかりである。ペスト＝ブダのドイツ語、ハンガリー語の雑誌、新聞、書籍の名前を隈なく調べていけば似たような名前がもっと多数出てくるのかもしれないが、前述したものだけからもウィーンとペスト＝ブダとの密接な関係が垣間見られる。

ゾルナイによれば、「花への崇拝」そのものがビーダーマイヤーの精神性の象徴であるという。さらに、彼の説によれば、ビーダーマイヤーの「花への崇拝」は本質的に古代ギリシア・ローマのメタモルフォシス、中世の花の象徴表現、ドイツ・ロマン主義の到達できない「青い花」、デカダンスの罪深い花とは異なり、ビーダーマイヤーの花の理想は慎ましさを意味することになる。そう言われてみれば、なるほど題名に使われている花はどれも華やいだ感じのしない、目立たず何となく片隅にひっそりと咲いているような花ばかりだ。ビーダーマイヤーの花はどこにでも見られ、日常的なすべての植物が対象になる。そして飾り気のない「清教徒的」な花は道徳を説き、デカダンスの花のようにエキゾチックで、エロチックな貴族的な孤独を好まない。ビーダーマイヤー的傾向を示すトンパ・ラースローの「花への崇拝」は擬人化した花を登場させる寓話的、感傷的叙事詩として好んで取り上げられる「花物語」virágregeをひとつのジャンルにまで高めた。

改革期以前のハンガリーで最も特徴的な性格の一つは「歴史主義」historizmusである。この時代は二つの顔をもっていて、一方の顔は改革と進歩への渇望であり、もう一方の顔は過去へと遡り歴史思想を育成する。一九世紀は「歴史の世紀」と呼ばれているように、ドイツ、フランスで著名な歴史家を生んでいるが、民族存立において常に危険にさらされている、みずからの独立のために闘う諸民族も同じ歴史的基盤に立って、自民族の熱心な試みを正当化するのに骨を折らなければならなかった。ハンガリーでは歴史的主題全般を取り上げる作家の方が歴史家よりも重要な役割を演じていたが、「ペストの三位一体」(7)の一人ホルヴァート・イシュトヴァーンと主にドイツ語で執筆したイグナーツ・アウレール・フェスラーは言及するに値する歴史家である。ホルヴァートは世界最古の民族がハンガリー人であることを立証しようとするあまり、ハンガリーの太古の歴史をできるだけ栄光に満ちたものとして描き出そうと努力して、しばしば不用意に思慮のない非科学的仮説を立てて論じた。しかし、こういったことは程度の差はあれハンガリーに限らず東中欧の小族の間ではよくみられる現象であった。たとえば、ルーマニア人のトランシルヴァニア学派によって展開されたダキア・ローマ人説やチェコ人フランティシェク・パラツキーの研究成果もその例外ではなかった。一八二〇年代に現われたホルヴァートの空想的な、ロマン主義的歴史観は多数の作家に少なからず影響を与え、四八年革命に通ずる愛国的激情を奮い起こす推進力のひとつとなった。

もう一人の歴史家フェスラーは本来聖職者であったが、後に聖ペテルスブルクのアカデミーで東洋学の教鞭をとるようになり、その地で生涯を終えた。彼の功績は『アールパード王家出身のハンガリーの三大王』や『ハンガリーの歴史と自由借地人』などハンガリーの歴史に関してドイツ語で執筆し、ドイツ国内外のドイツ人に紹介したことであろう。ちなみに同じくハンガリーを紹介した人物として少し世代は後になるが、詩人カール・ベックがいる。彼はハンガリーの大平原、地方の異国情緒、ベチャールのロマンなどをテーマにした作品で人気を博した。二人のハンガリー出身のドイツ人はドイツ語文化圏でつくりだされるハンガリーのイメージ（ハンガリー的モチーフを取り上げるビーダーマイヤー期のドイツ文学との関係はどうなのだろうか）に何らかの影響を及ぼしていると思われる。

これらは「歴史主義」における一方の傾向、ロマン主義的歴史観であったが、「歴史主義」にはより実践的かつ具体的なビーダーマイヤーの精神性によるもう一つの傾向がみられる。それは過去の記憶の念入りな収集と保存を重んずる「収集と保護」の思想である。そして、この時代に盛に行われた国民博物館、国民劇場、図書館、アカデミーの設立は歴史的事柄の「収集と保護」の思想を現実化したものである。言葉の文化遺産と美術品の文化遺産のために収集家と保護者を獲得し、これらを保存するための施設を完成させること自体ビーダーマイヤー的現象とみられなくもない。つまり改革期のリアリズム、冷静な現実的、実用的なものの考え方をビーダーマイヤー的理想と結びつけることができるのではないか。この時代のハンガリーの作家、政治家にはこういった現実を直視する姿勢と自らの政治的独立といった理想の狭間で苦悩する姿が多くみられる。

ヴェレシュマルティ・ミハーイは一八〇〇年に生まれ、五五年に没した詩人で劇作家である。彼はハンガリーのロマン主義で最も重要な作家といわれており、その存命した時代をみれば、生まれながらにしてビーダーマイヤー時代の人間である。思想的には、「芸術のための芸術」と政治の狭間で、そして過去に対する省察と未来への衝動の狭間で揺れ動く。一八二五年に出版され、名声を確立した大叙事詩『ザラーンの逃走』はハンガリー人のビーダーマイヤー的国家理性を表明している作品だといわれる。ここでハンガリー人は倫理的、軍事的優勢から一つのまとまった国民となり、詩人によって再構成される建国のパワーをもった民族となるが、結局詩人はけたたましい戦士の舞台から自然の生活と牧歌的恋愛といったより穏やかな世界へと逃走する。一八三一年に出版された劇作品『チョンゴルとチュンデ』は、ひたすら無限に進むロマン主義の申し子チョンゴルが、魔法によって白鳥に変えられてしまった乙女チュンデを救い出すために旅立つ話である。遙かなる目標までの道中、大きな危険と期待を裏切られる体験がチョンゴルを待ちうけているが、最後にはこの恋人たちはめぐり合い、一体となる。そして、おとぎの国でも現世でもなく、天と地の間のどこか愛だけが生きている場所に到達する。そこには感傷的な妥協があり、その妥協によって悲劇的結末を避けようとする。一八四四年の詩『夢みる人によせて』でヴェレシュマルティは若い娘の幻想に嫉妬する年老いた詩人の目を通して、夢と情熱の世界を断念することへの戒めを説いており、これは文学における彼自身の基本的特徴を否定することにもなるが、「夢想のために現実にあるものを売ってはならない」と冷静なリアリズムも忘れてはいない。ヴェレシュマルティは、詩人は自らの空想力が自らを不合理に導かないように留意しなければならないし、詩人は空想から不必要な、無意味な逸脱へ旅立つことを許されてはいないと、考える。このように現実と理想の狭間で揺れ動きながら、作品の中では妥協という解決策をとることがしばしばあるが、常にそこには現実的な眼が潜んでいる。ヴェレシュマルティが一八六七年「妥協」での立役者デアーク・フェレンツについて、一八四五年のエピグラムの中で彼の知恵だけが自分にとって真の理想だと語っているのは非常に興味深い。

同じような傾向が他の同時代人の言葉の中にもみられる。セーチェーニ・イシュトヴァーンは現実と理想の狭間で「我々は精神でも動物でもなく、人間である」と言い、詩人ガライ・ヤーノシュは自らを架橋にたとえて、『導音』の中で「過去と未来の狭間で詩は架橋だ、現実ではないが、御伽噺でもない」と書く。「橋」は二つのものを結び付け、和解させる。これはガライの妥協的解決策である。他にも一方で作家、詩人でありながら、他方で実務家という形で、現実と理想の折り合いをつけようとする人たちがいた。たとえば、ファーイ・アンドラーシュは童話と小説を書きながら、ハンガリーではじめて貯蓄銀行を設立し、詩人ベルジェニ・ダーニエルは耕地整理に関する学術論文『ハンガリー農地の若干の勤労障害について』を書き、詩人ヴァイダ・ペーテルは「くつろぎを得てそれを実行するための、肌、頭、手、首、胸、そして髪、ひげ、眼、歯などまさに身体を保つために、美しくなるため」の『美飾の技芸』という手引書を書いた。さらにヴァイダは言語学、植物学、養蜂のハンドブックまで書いている。画家ボルショシュ・ヨージェフは『速記術』という題で実用的な手引書を書き、ワインの改善とブレンドの秘密に関する本（一八四六）を出版し、最後は「セープユハース夫人亭」のオーナーとして生涯を終えた。

ゾルナイ・ベーラはこの時代に顕著に現れる理想に対する現実的、実用的、実践的解決策のことを「現実的理想主義」と称し、この「現実的理想主義は、ロマン主義的自然すらそこから実現されるほどハンガリーのビーダーマイヤーにおいて生き生きとしている」と論じている。ハンガリーのビーダーマイヤーの大きなうねりは世紀末まで追うことができるが、ゾルナイも言うように、精神史学派の研究に先行して、半ばロマン主義的、半ば市民的時代の雰囲気を小説に有効に取り込もうとするビーダーマイヤー的文学傾向がクルーディ・ジュラ、シュラーニ・ミクローシュ、トルマイ・ツェツィルなどの世紀転換期の作家に現れている。一九一四年にペーツェイ賞を取ったトルマイのビーダーマイヤー的小説、『古びた家』は前世紀のブダペストの繁栄を背景にドイツ人出自のウルヴィング家一族を扱った作品である。「ドイツ人」で都市に住むウルヴィング家の末裔アンナと彼女の夫で零落したハンガリー人地主貴族のイレイの争いが「ハンガリー人」の結末を暗示している。中産階級の都会人アンナが「古びた家」に執着している間、イレイは自分の死後実現されることになる先祖伝来の土地を再び獲得することを夢見る。ここでの「ドイツ人」と「ハンガリー人」の対立は、進歩的中産階級の「都市派」と保守的、家父長的小領主層の「民衆派」の対立そのものをあらわしている。

一般に「都市派」は「民衆派」を田舎の偏狭さprovincializmusにおいて非難し、それに対して「民衆派」は「都市派」の中にコスモポリタン的な考え方をみてとる。「都市派」と「民衆派」の対立は世紀転換期以降、とりわけ戦間期に激しさを増した。スヴァトコー・パールは一九三八年に『インド・ゲルマン系ハンガリー人』という論文において、「都市派」の立場からハンガリーが西欧世界からますます離れていくように思われて、インド・ゲルマン系移住者が自ら持ち込んだ精神性をハンガリー社会に融合させ、どんな役割を演じているのかをナードラーの説によって次のように論じた。

我が国でインド・ゲルマン系ハンガリー人の都市派の形式と土着ハンガリー人の民衆派のノスタルジーについて語るならば、同じように精神界の興味ある二元性を（中略）説明することになる。もちろん我々の構造はようやく今日影響を及ぼし、ナードラーの学説のように、何もかも歴史で導くことはできない。過去六〇年、八〇年の異種族混交の後、都市派と民衆派の精神は今日なによりもまず、確かめることのできる論題であらわれ、（中略）ハンガリー人に吸収されたインド・ゲルマン性の精神は依然として都市の中に生きている。（中略）二つの形式はハンガリーの釜の中で煮え立ち、両者のものから純良な蒸留液が生まれる。都市派は物の見方と活動のし方でリアリズムに達し、民衆派は悲しみと怒りにおいて社会主義的体験を積極的な活動力に変える。そしてハンガリー人の生活において二つの形式がまさに最もうまく発展する両派の昇華した結果、都市派のリアリズムと民衆的思想の社会主義が実際非常に必要となってくる。（中略）都市派は都市の文芸作品の青ざめた花々の傍らで次第に手際良くハンガリー人に冷静さという薬味を配っている。そして国民全体が強い香を真剣に受けとめて、子供たちを喫煙から、先入観から解放するように、ひょっとしたら時代が現実的アプローチから、時にはまだハンガリーを擁護しなければならないことに相応しくないのだとしても、そのことが現実のものとなるならば、それでも迷いを覚まさせた姿勢は早晩ハンガリー人の変革にとって不可欠な構成要素となる。都市派の精神の贈り物、すなわち現実的感覚が民衆的傾向の良質な蒸留液と一つになるとき、重大な瞬間となる。(中略)個人的美徳と集団的美徳、都市派のリアリズムと民衆派の社会的体験によって奇跡は行われる。(8)

スヴァトコーは「都市派」のリアリズムがハンガリーにとって必用不可欠なものだと力説しているように、冷静な現実的なものの見方は「都市派」の一つの特徴であり、ゾルナイがハンガリーのビーダーマイヤーにみる「現実的理想主義」と直接結びついてくるものである。ハンガリーのビーダーマイヤーの現実的、実用的、実践的なものの見方は、紛れもなくブダペストという土壌において「都市派」の中に受け継がれているのである。

おわりに

ハンガリーのビーダーマイヤーとは何なのか。ウィーン文化との密接な関係からその共通性を指摘することはできるだろうし、実際に同じような傾向がみられるはずである。しかし、ここではその違いの方に目をやるべきであろう。

ビーダーマイヤーはどちらかといえばマイナスのイメージで捉えられることが多い。日常的なもの、身近なものへの関心、小さなもの、かわいらしいものへの嗜好、諦観、非政治的などどれも皆内へと向かっている。確かに、この時代のハンガリーにおいてもこのような現象はみられるのであるが、しかし同時に、現実的、実践的に対処していこうとする見方も捨て去ってはいないのである。従って、彼らのこうした志向性というのは、しばしば妥協を伴わざるを得ないのであるが、しかし逆に彼らに冷静な眼をも与えているように思われる。

ハンガリーのビーダーマイヤーは同じ特徴をもっているが、その現れ方は非常にハンガリー的だということである。

（1）Zolnai Béla : A magyar biedermeier, Franklin-Társulat kiadása, 1940, 7. o.
（2）Uo. 7. o.
（3）Hanák Tibor : Az elfelejtett reneszánsz, Göncöl Kiadó, 1993, 97. o.
（4）Zolnai, i. h. 8. o.
（5）ドイツ系ハンガリー人で元の姓をSchenbachといった。元々旅役者で、戯曲の翻訳も手がけた。飾らない言葉、冷静さ、穏やかなユーモアによって、ビーダーマイヤー的特徴をしめす彼女の回想記はハンガリーの回想録文学において異彩を放っている。またハンガリー劇場史の資料としても貴重なものとなっている。
（6）「若きドイツ」にちなんで使われた名称。カズィンツィ・ガーボルを中心に集まる若い作家たち（エルデーイ・ヤーノシュ、ドブロシ・イシュトヴァーン、クティ・ラヨシュなど）を非難する際に、チャトー・パールが一八三九年に最初に使った。ペトゥーフィによれば、一八四六年に「一〇人協会」をつくり、一八四七年以降の『風俗描写』の編集者であり、一八四八年の「三月の若者」であったヨーカイ・モール、ベレツ・カーロイ、パールフィ・アルベルト、シュケイ・カーロイ、デグレー・アラヨシュ、ドブシャ・アラヨシュ、ヴァシュヴァーリ・パールなどをさしている。
（7）カズィンツィ・フェレンツの精神的指導の下に文学のブルジョア化をめざすセメレ・パール、ホルヴァート・イシュトヴァーン、ヴィトコヴィチ・ミハーイがペストで交友サークルを結成し、そこからカズィンツィの「ペストの三位一体」と呼ばれるようになった。ホルヴァートは一八一二年にカズィンツィとセメレの「六つのソネット」を出版した。彼は一八三二年以来ペストの大学で教鞭をとった。

（8） Szvatkó Pál : Indogermán magyarok, Magvető Könyvkiadó, Budapest, 1938; 1989 (hasonmás), 54-57. o.

※ ハンガリー人名はすべて姓を先にしたが、ドイツ人名でもハンガリー化している場合は姓を先にした。

参考文献

Zolnai Béla : Irodalom és biedermeier, Szeged, 1935.

A magyar irodalom története, Kossuth Könyvkiadó, Budapest, 1982.

A magyar irodalom története 1849-ig, Gondolat, Budapest, 1964.

A magyar irodalom története 1905-től napjainkig, Gondolat, Budapest 1967.

Magyar irodalmi lexikon, Kassák Kiadó, Budapest, 1926.

Új magyar irodalmi lexikon, Akadémiai Kiadó, Budapest, 1994.

Esztétikai kislexikon, Kossuth Könyvkiadó, Budapest, 1972.

Magyar színházművészeti lexikon, Akadémiai Kiadó, Budapest, 1994.

Budapest lexikon, Akadémiai Kiadó, Budapest, 1993.

14　演劇の「近代」　近代劇の成立と展開　A５判 536頁　本体 5,400円

イプセンから始まる近代劇は世界各国でどのように受容展開されていったか，イプセン，チェーホフの近代性を論じ，仏，独，英米，中国，日本の近代劇を検討する．

15　現代ヨーロッパ文学の動向　中心と周縁　A５判 396頁　本体 4,000円

際立って変貌しようとする20世紀末ヨーロッパ文学は，中心と周縁という視座を据えることで，特色が鮮明に浮かび上がってくる．

16　ケルト　生と死の変容　A５判 368頁　本体 3,700円

ケルトの死生観を，アイルランド古代／中世の航海・冒険譚や修道院文化，またウェールズの『マビノーギ』などから浮び上がらせる．

17　ヴィジョンと現実　十九世紀英国の詩と批評　A５判 688頁　本体 6,800円

ロマン派詩人たちによって創出された生のヴィジョンはヴィクトリア時代の文化の中で多様な変貌を遂げる．英国19世紀文学精神の全体像に迫る試み．

18　英国ルネサンスの演劇と文化　A５判 466頁　本体 5,000円

演劇を中心とする英国ルネサンスの豊饒な文化を，当時の思想・宗教・政治・市民生活その他の諸相において多角的に捉えた論文集．

19　ツェラーン研究の現在　A５判 448頁　本体 4,700円

20世紀ヨーロッパを代表する詩人の一人パウル・ツェラーンの詩の，最新の研究成果に基づいた注釈の試み．研究史，研究・書簡紹介，年譜を含む．

20　近代ヨーロッパ芸術思潮　　A 5 判 320頁　本体 3,800円

価値転換の荒波にさらされた近代ヨーロッパの社会現象を文化・芸術面から読み解き，その内的構造を様々なカテゴリーへのアプローチを通して，多面的に解明．

21　民国前期中国と東アジアの変動　　A 5 判 600頁　本体 6,600円

近代国家形成への様々な模索が展開された中華民国前期(1912～28)を，日・中・台・韓の専門家が，未発掘の資料を駆使し検討した国際共同研究の成果．

22　ウィーン　その知られざる諸相　　A 5 判 424頁　本体 4,800円

—もうひとつのオーストリア—

二十世紀全般に亙るウィーン文化に，文学，哲学，民俗音楽，映画，歴史など多彩な面から新たな光を照射し，世紀末ウィーンと全く異質の文化世界を開示する．

23　アジア史における法と国家　　A 5 判 444頁　本体 5,100円

中国・朝鮮・チベット・インド・イスラム等アジア各地域における古代から近代に至る政治・法律・軍事などの諸制度を多角的に分析し，「国家」システムを検証解明した共同研究の成果．

24　イデオロギーとアメリカン・テクスト　　A 5 判 320頁　本体 3,700円

アメリカ・イデオロギーないしその方法を剔抉，検証，批判することによって，多様なアメリカン・テクストに新しい読みを与える試み．

25　ケルト復興　　A 5 判 576頁　本体 6,600円

19世紀後半から20世紀前半にかけての「ケルト復興」に社会史的観点と文学史的観点の双方からメスを入れ，その複雑多様な実相と歴史的な意味を考察する．

26　近代劇の変貌
—「モダン」から「ポストモダン」へ—
ポストモダンの演劇とは？　その関心と表現法は？英米，ドイツ，ロシア，中国の近代劇の成立を論じた論者たちが，再度，近代劇以降の演劇状況を鋭く論じる．

A５判 424頁
本体 4,700円

27　喪失と覚醒
—19世紀後半から20世紀への英文学—
伝統的価値の喪失を真摯に受けとめ，新たな価値の創造に目覚めた，文学活動の軌跡を探る．

A５判 480頁
本体 5,300円

28　民族問題とアイデンティティ
冷戦の終結，ソ連社会主義体制の解体後に，再び歴史の表舞台に登場した民族の問題を，歴史・理論・現象等さまざまな側面から考察する．

A５判 348頁
本体 4,200円

29　ツァロートの道
—ユダヤ歴史・文化研究—
18世紀ユダヤ解放令以降，ユダヤ人社会は西欧への同化と伝統の保持の間で動揺する．その葛藤の諸相を思想や歴史，文学や芸術の中に追究する．

A５判 496頁
本体 5,700円

30　埋もれた風景たちの発見
—ヴィクトリア朝の文芸と文化—
ヴィクトリア朝の時代に大きな役割と影響力をもちながら，その後顧みられることの少くなった文学作品と芸術思潮を掘り起こし，新たな照明を当てる．

A５判 660頁
本体 7,300円

31　近代作家論
鷗外・茂吉・『荒地』等，近代日本文学を代表する作家や詩人，文学集団といった多彩な対象を懇到に検討，その実相に迫る．

A５判 432頁
本体 4,700円

執筆者紹介（執筆順）

阿《あ》　部《べ》　雄《ゆう》　一《いち》　中央大学人文科学研究所客員研究員

篠《しの》　原《はら》　敏《とし》　昭《あき》　法政大学非常勤講師

戸《と》　口《ぐち》　日《ひ》出《で》夫《お》　中央大学商学部教授

飯《いい》　豊《とよ》　道《みち》　男《お》　中央大学名誉教授

荒《あら》　川《かわ》　宗《むね》　晴《はる》　明治大学非常勤講師

新《あら》　井《い》　　裕《ゆたか》　中央大学商学部教授

喜《き》多《た》尾《お》　道《みち》　冬《ふゆ》　中央大学経済学部教授

デトレフス，ハンス・ヨアヒム　中央大学文学部教授

富《とみ》　田《た》　　裕《ひろし》　中央大学商学部兼任講師

松《まつ》　岡《おか》　　晋《すすむ》　駒澤大学外国語部教授

伊《い》　藤《とう》　義《よし》　明《あき》　中央大学人文科学研究所客員研究員

ハプスブルク帝国のビーダーマイヤー　研究叢書32

2003年3月25日　第1刷印刷
2003年3月30日　第1刷発行

編　　者　中央大学人文科学研究所
発 行 者　中 央 大 学 出 版 部
代表者　辰　川　弘　敬

192-0393　東京都八王子市東中野 742-1
発行所　中 央 大 学 出 版 部
電話 0426（74）2351　FAX 0426（74）2354
http://www2.chuo-u.ac.jp/up/

十一房印刷工業㈱・東京製本

ISBN4-8057-5323-4

索　　引

人名索引

凡　例

1．項目は本文の実在人物名に限定して，五十音順に配列した。
2．原地読みを原則としたが，日本での慣用に従った場合がある。
3．ハンガリー語での人名標記は，日本語と同様に姓，名の順番である。

ア

アーベック，ルイーゼ
Louise ABECK　*198*
アールント，ヨーハン
Johann ARND　*320*
アイヒェンドルフ，ヨーゼフ・フォン
Josef Frh. von EICHENDORFF　*96, 97, 108, 252*
アイヒェンドルフ，ルイーゼ
Louise EICHENDORFF　*96*
アイヒロット，ルードヴィッヒ
Ludwig EICHRODT　*281*
アスパー，ヘルムート
Helmut ASPER　*155, 156*
アディ，エンドレ
ADY Endre　*382*
アプレント，ヨハネス
Johannes APRENT　*87, 89, 90, 96, 104*
アマン，ヨハン・フォン
Johann von AMANN　*391*
アムベルク，ドームヘル
Domherr AMBERG　*114*
アルニム，フーヒム・フォン
Achim von ARNIM　*126*
アルノルト，ゴットフリート
Gottfried ARNOLD　*320*
アルヒェンホルツ，ヨーハン
Johann W. ARCHENHOLZ　*101*
アレクサンドル一世
ALEXANDRE I.　*322*
アレティン
K. O. v. ARETIN　*282, 283*
アンジョリーニ
190
アンドレーエ，ヨーハン・ヴァレンティーン
Johann Valentin ANDREÄ　*331*

イ

イェンガー，ヨーハン・バプティスト
Johann Baptist JENGER　*232*
イソップ
AESOP　*94, 98*
インマーマン，カール
Karl IMMERMANN　*281*

ウ

ウーラント，ルートヴィヒ
Ludwig UHLAND　*95, 100, 101, 252*
ウアバッハ，ラインハルト
Reinhard URBACH　*174*
ウェーバー，カール・マリーア・フォン
Carl Maria von WEBER　*236, 242-244, 251*
ヴァイスケルン，フリードリヒ・ヴィルヘルム
Friedrich Wilhelm WEISKERN　*164, 165, 172*
ヴァイダ，ペーテル
VAJDA Péter　*397, 402*
ヴァイントリット，ヴィンツェンティウス
Vincentius WEINTRIDT　*221*
ヴァッカーナーゲル，フィリップ
Philipp WACKERNAGEL　*96, 97, 100*
ヴァッケンローダー，ハインリヒ
Wilhelm Heinrich WACKENRODER　*277*
ヴァルター，フリードリヒ
Friedrich WALTER　*343*
ヴァレロッティ
WALLEROTTY　*166*
ヴィーク，クラーラ
Clara WIECK　*243*
ヴィースナー，アードルフ
Adolph WIESNER　*359*
ヴィーヒェルン，ヨーハン・ハインリヒ

Johann Heinrich WICHERN　333-335
ヴィダ，ラースロー
VIDA László　395
ヴィルディッシュ，カタリーネ
Katharine WIRDISCH　198
ヴィルフルト，アンドレアス
Andreas WILLFURTH　198
ヴィルヘルム四世
WILHELM IV.　326, 329, 333
ヴィンケルマン，ヨーハン・ヨアヒム
Johann Joachim WINCKELMANN　94, 101, 293
ヴェーラー
H. U. WEHLER　282
ヴェールテシ，イェヌー
VÉRTESY Jenö　379
ヴェルシェギ，フェレンツ
VERSEGHY Ferenc　394
ヴェルディ，ジュゼッペ
Giuseppe VERDI　392
ヴェルフェル，フランツ
Franz WERFEL　4
ヴェルレーヌ，ポール=マリー
Paul-Marie VERLAINE　260-262
ヴェレシュマルティ，ミハーイ
VÖRÖSMARTY Mihály　380, 400, 401
ヴォリンガー，ヴィルヘルム
Wilhelm WORRINGER　385
ヴラニツキ，カロリーネ
Caroline WRANITZKY　392

エ

エーダー，アロイス
Alois EDER　62, 63, 66, 72
エーティンガー，フリードリヒ・クリストフ
Friedrich Christoph OETINGER　320, 332, 335
エウリピデス
EURIPIDES　101
エクスナー，フランツ・セラフィン
Frantz Seraphin EXNER　101, 102
エスターハージ，カロリーネ
Karoline Komtesse ESTERHAZY　233
エラスムス，デジデリウス
Desiderius ERASMUS　149, 151
エルスハイマー，アダム
Adam ELSHEIMER　289
エルスラー，ファニー
Fanny ELßLER　392
エルスラー，ヨーハン
Johann ELßLER　203
エルスラー姉妹
Therese ELßLER, Fanny ELßLER　194, 198, 203, 205
エルデーイ，ヤーノシュ
ERDÉLYI János　397
エンゲル，ヨーハン・ヤーコプ
Johann Jakob ENGEL　98
エンツィンガー，モーリツ
Moriz ENZINGER　92, 105, 107, 115, 117
エンドラー，フランツ
Franz ENDLER　208

オ

オーベール，ダニエル
Daniel AUBER　392
オシアン
OSSIAN　101
オメール，ジャン・ピエール
Jean Pierre AUMER　193
オリヴィエ，フリードリヒ
Friedrich OLIVIER　252

カ

カール，カール
Carl CARL (egtl. Carl Ferdinand Bernbrunn)　159
カール，ヘンリエッテ
Henriette CARL　392
カーロルスフェルト夫妻
Ludwig Schnorr von CAROLSFELD, Malwina Schnorr von CAROLSFELD　267
カーロスフェルト，ルートヴィヒ（ルートヴィヒの父）
Ludwig Ferdinand Schnorr von CAROLSFELD　267
カーントル夫人エンゲルハルト，アンナ
Kántorné ENGELHARDT Anna　395
カイザーリング，ヘルマン
Hermann KEYSERLING　385
カウニッツ=リートベルク，アロイス・フォン
Alois Fürst von KAUNITZ-RIETBERG　193, 202-207, 209
鹿島茂

205
カジンツィ，フェレンツ
KAZINCZY Ferenc 393, 394
カラーチョニ，シャーンドル
KARÁCSONY Sándor 385
カルステンス，ヤーコプ
A. Jakob CARSTENS 287
カルデロン・デ・ラ・バルカ
Pedro CALDERÓN de la Barca 392
カロ，ジャック
Jacques CALLOT 177
カント，イマヌエル
Immanuel KANT 92, 95, 96, 102, 107, 111, 112, 116, 121, 280
ガーヒー，ヨーゼフ・フォン
Josef von GAHY 232
ガール，カーロイ
Károly GAÁL 133
ガライ，ヤーノシュ
GARAY János 397, 401
ガルトナー
F. W. GARTNER 397

キ

キートン，バスター
Buster KEATON 152, 154
キケロ
CICERO 305
キューゲルゲン，ゲルハルト・フォン
Gerhard von KÜGELGEN 252, 259
ギルトラー，ローラント
Roland GIRTLER 141

ク

クー，エーミル
Emil KUH 113, 114
クーニッシュ，ヘルマン
Hermann KUNISCH 121
クーペルヴィーザー，レーオポルト
Leopold KUPELWIESER 230-233
クールベ，ギュウタヴ
Gustave COURBET 260
クーン，ラースロー
KÚN László 394
クスマウル，アードルフ
Adolf KUSSMAUL 281
クノル，ユーリウス
Julius KNORR 241
クライスト，ハインリヒ・フォン
Heinrich von KLEIST 8, 9, 14, 252
クライスト=レッツォ，ハンス=フーゴ・フォン
Hans Hugo von KLEIST-RETZOW 325
クラインハインツ，フランツ
Franz Xaver KLEINHEINZ 392
クリークス=アウ，アードルフ・フォン
Adolf Frh. von KRIEGS-AU 91, 116
クリューデナー，ユリアーネ・フォン
Juliane von KRÜDENER 322, 323, 325, 333
クルーディ，ジュラ
KRÚDY Gyula 402
クルチャール，イシュトヴァーン
KULTSÁR István 395
クルックホーン，パウル
Paul KLUCKHOHN 377, 384
クルツ(クルツ・ベルナルドン)，ヨーハン・ヨーゼフ・フェリックス・フォン
Johann Josef Felix von KURZ (gen. Kurz Bernardon) 162-169, 172-174, 176-178, 185, 186
クローチェ，ベネデット
Benedetto CROCE 377
クロプシュトック，フリードリヒ
Friedrich KLOPSTOCK 96, 101
グライヒ，ヨーゼフ・アロイス
Joseph Alois GLEICH 206
グライヒ，ルイーゼ
Louise GLEICH 206
グライフ，ヴォルフガング
Wolfgang GREIF 50
グラッベ，クリスティアン・ディートリヒ
Christian Dietrich GRABBE 7, 10-14, 281
グリム，ヤーコプ
Jacob GRIMM 100, 125, 126, 128, 135-137
グリム，ヴィルヘルム
Wilhelm GRIMM 125, 133, 135-137
グリム兄弟
Brüder GRIMM 94, 95, 125, 126, 128, 130, 133, 136-138, 145, 249
グリューン，アナスタシウス
Anastasius GRÜN 96
グリューンタール，テレーゼ

Therese GRÜNTHAL　*206*
グリルパルツァー，フランツ
Franz GRILLPARZER　*3-31, 96, 97, 99, 101, 102, 113, 220, 221, 223, 224, 227, 228, 233, 242, 352, 392, 396, 397*
グロース＝ホフィンガー，アントン・ヨーハン
Anton Johann GROß-HOFFINGER　*62*

ケ

ケーフェンフュラー＝メッチュ
R. Graf KHEVENHÜLLER-METSCH　*189*
ケスマイアー，エーアリヒ
Erich KAESSMAYER　*50*
ケルスティング，ゲオルク・フリードリヒ
Georg Friedrich KERSTING　*251, 252, 254, 256, 258-261, 264*
ケルナー，テーオドーア
Theodor KÖRNER　*217, 218, 220, 251-254, 266*
ケルビーニ，ルイージ
Luigi CHERUBINI　*390*
ケレメン，ラースロー
KELEMEN László　*393*
ケンナー，ヨーゼフ
Josef KENNER　*214*
ゲーテ，ヨーハン・ヴォルフガング・フォン
Johann Wolfgang von GOETHE　*8, 9, 92-95, 98, 101, 102, 107, 108, 120, 121, 187, 218, 252, 254, 280, 285, 295, 305, 392, 394*
ゲーテ，ヴァルター
Walter GOETHE　*242*
ゲーデケ，カール
Karl GOEDEKE　*398*
ゲスナー，サロモン
Salomon GESSNER　*285, 306*
ゲルスドルフ，ヘンリエッテ・カタリーナ・フォン
Henriette Katharina von GERSDORF　*323*
ゲルラッハ，エルンスト・ルードヴィッヒ・フォン
Ernst Ludwig von GERLACH　*333*
ゲルラッハ，オットー・フォン
Otto von GERLACH　*333*
ゲルラッハ，レオポルト・フォン
Leopold von GERLACH　*333*
ゲレス，ヨーゼフ・フォン
Joseph von GÖRRES　*104*

コ

コシュート，ラヨシュ
KOSSUTH Lajos　*396*
コットヴィッツ，ハンス・エルンスト・フォン
Hans Ernst von KOTTWITZ　*326*
コッホ，ヨーゼフ・アントン
Joseph Anton KOCH　*277-279, 284, 287-289, 292-296*
コツェブー，アウグスト・フォン
August von KOTZEBUE　*391, 395*
コドラーニ，ヤーノシュ
KODOLÁNYI János　*385*
コハリイ伯爵，ヤーノシュ
Janos Graf KOHARY　*172*
コルネーリウス，ペーター・フォン
Peter von CORNELIUS　*228, 236, 252*
ゴッキング，レオポルト・フォン
Leopold F. G. von GOCKING　*99*
ゴットシェート，ヨーハン・クリストフ
Johann Christoph GOTTSCHED　*158, 164, 166, 168, 189*
ゴルドーニ，カルロ
Carlo GOLDONI　*168*

サ

サボー，レーリンツ
SZABÓ Lőrinc　*383*
サルスティウス
SALLUST　*305*
サンド，ジョルジュ
George SAND　*262-264*
ザイドラー，ルイーゼ
Luise SEIDLER　*254, 255*
ザイドル，ヨーハン・ガブリエル
Johann Gabriel SEIDL　*96, 396*
ザックス，ハンス
Hans SACHS　*236*
ザックス，ルイーゼ
Luise SACHS　*236*

シ

シェイクスピア，ウィリアム
William SHAKESPEARE　*8, 149, 156, 161, 287, 390-392*
シェッフェル，ヨーゼフ・ヴィクトーア・フォ

ン
Josef Viktor von SCHEFFEL *103*
シェベスト，アーグネス
Agnes SCHEBEST *392*
シェリング，フリードリヒ ヴィルヘルム
Friedrich Wilhelm von SCHELLING *102*
シェンケンドルフ，マックス・フォン
Max von SCHENKENDORF *252*
シマイ，クリシュトーフ
SIMAY Kristóf *390*
シモニー，フリードリヒ
Friedrich SIMONY *103*
シモンチチ，ヤーノシュ
SIMONTSITS János *395*
シャイベル，ヨーハン・ゴットフリート
Johann Gottfried SCHEIBEL *329, 331*
シャドウ，ゴットフリート
Gottfried SCHADOW *252*
シャフツベリー，アンソニー
Anthony SHAFTESBURY *293*
シャブリエ，アレクシス・エマニュエル
Alexis Emmanuel CHABRIER *260*
シャミッソー，アーダルベルト
Adelbert CHAMISSO *95, 96, 117*
シュースター，イグナーツ
Ignaz SCHUSTER *175*
シューベルト，フェルディナント
Ferdinand SCHUBERT *243*
シューベルト，フランツ
Franz SCHUBERT *213 - 219, 221 - 233, 236, 237, 239 - 242, 244, 251, 259, 262, 264-267, 271, 281*
シューマン，クラーラ
Clara SCHUMANN *241, 257*
シューマン，ローベルト
Robert SCHUMANN *241-244, 259-261, 264, 265*
シュケイ，カーロイ
SUKEY Károly *397*
シュタイガー，エーミール
Emil STAIGER *255*
シュタイン，カール
Carl STEIN *252*
シュティフター，アーダルベルト
Adalbert STIFTER *60, 72 - 74, 87, 89 - 92, 94 - 97, 99, 100, 102, 104 - 109, 111 - 121, 280, 352, 396*
シュティフター，アマーリエ
Amalie STIFTER *115*
シュテルツハーマー，フランツ
Franz STELZHAMER *115*
シュトラウス，ヨーハン
Johann STRAUß *215, 272, 393*
シュトラウス，リヒャルト
Richard STRAUSS *270, 271*
シュトラニツキー，ヨーゼフ・アントン
Josef Anton STRANITZKY *156, 158 - 163, 177*
シュトルミュラー，アントン
Anton STULLMÜLLER *198*
シュトルム，テオドーア
Theodor STORM *95*
シュナイダー
H. J. SCHNEIDER *307*
シュニッツラー，アルトゥール
Arthur SCHNITZLER *207*
シュネーダー，アウグスタ
Augusta SCHNÖDER *392*
シュノル，カーロスフェルト・フォン
Carolsfeld von SCHNORR *288, 299*
シュパウン，ヨーゼフ・フォン
Josef von SPAUN *216-218, 225, 232, 233*
シュピーゲルフェルト，フランツ・フォン
Franz X. Frh. von SPIEGELFELD *109*
シュピッツヴェーク，カール
Carl SPITZWEG *239, 265, 285*
シュペーナー，フィリップ・ヤーコブ
Philipp Jakob SPENER *319, 320, 332*
シュラーニ，ミクローシュ
SURÁNYI Miklós *402*
シュライアーマッハー，フリードリヒ
Friedrich SCHLEIERMACHER *252*
シュライバー，アウグステ
Auguste SCHREIBER *200, 201*
シュルツ，ヨーハン
Johann SCHULZ *173*
シュレーゲル，アウグスト ヴィルヘルム
August Wilhelm SCHLEGEL *95*
シュレーゲル，フリードリヒ
Friedrich SCHLEGEL *104, 284, 299*
シュレーダー，ユルゲン
Jürgen SCHRÖDER *13, 14, 31*
シュレーダー，ヴィルヘルミーネ

Wilhelmine SCHRÖDER *198*
シュロッサー，フリードリヒ・Ch
Friedrich Ch. SCHLOSSER *103*
シュヴァルツェンベルク，フェリクス・フォン
Felix Fürst von SCHWARZENBERG *110*
シュヴィント，モーリッツ・フォン
Moritz von SCHWIND *213, 214, 216, 217, 221, 224, 228 - 230, 232, 233, 236 - 242, 244 - 247, 249 - 251, 258 - 261, 263 - 267, 271, 272*
シュヴェンクフェルト，カスパー・フォン
Kaspar von SCHWENCKFELD *329*
ショーバー，フランツ・フォン
Franz von SCHOBER *217 - 219, 224 - 226, 229, 230, 232, 233, 238, 239, 264*
ショパン，フレデリック
Frederic CHOPIN *242, 262-264*
ショルツ，ヴェンツェル
Wenzel SCHOLZ *79*
シラー，フリードリヒ
Friedrich SCHILLER *8, 14, 92, 94, 98, 101, 102, 121, 187, 250, 296, 305, 390 - 394*
シンケル，カール・フリードリヒ
Karl Friedrich SCHINKEL *277*
ジャン・パウル
JEAN PAUL *95, 241, 306*

ス

スタニスラフスキー，コンスタンティン・セルゲイエヴィッチ
Konstantin Sergejewitsch STANISLAWSKIJ *153*
ステーン，ヤン
Jan STEEN *292*
ストレーレル，ジョルジョ
Giorgio STREHLER *169*
スネイデルス，フランス
Frans SNYDERS *292*
スポンティーニ，ガスパレ
Gaspare SPONTINI *392*
スヴァトコー，パール
SZVATKÓ Pál *403, 404*
鈴木晶
210

セ

セーチェーニ，イシュトヴァーン
SZÉCHENYI István *401*
セクフュー，ジュラ
SZEKFŰ Gyula *381*
セドルニツキィ，ヨーゼフ・フォン
Joseph Graf von SEDLNITZKY *343, 347, 349, 351, 361, 367*
セバスティアーニ
SEBASTIANI *197*
セルバンテス，ミゲル・デ
Miguel de CERVANTES *149*
ゼルネル，フュレプ
ZÖLLNER Fülöp *392*
ゼン，ヨーハン・クリゾムトムス
Johann Chrysostomus SENN *221, 224, 233*
ゼングレ，フリードリヒ
Friedrich SENGLE *284*
ゼンパー，ゴットフリート
Gottfried SEMPER *307*

ソ

ソクラテス
SOKRATES *94, 156*
ゾーデン，ハインリヒ
Heinrich SODEN *394*
ゾマルガ，フランツ・フォン
Franz Frh. von SOMMARUGA *88*
ゾルナイ，ベーラ
ZOLNAI Bëla *379, 382 - 384, 386, 398, 402, 404*
ゾンネンフェルス，ヨーゼフ・フォン
Joseph von SONNENFELS *99, 101, 165, 167, 168, 172, 369*

タ

高橋康也
149, 156-158
タリオーニ，マリーア
Maria TAGLIONE *205*
ダーヴィッド，ジャック=ルイ
J. Louis DAVID *293*
ダンテ・アリギエーリ
Dante ALIGHIERI *263, 287*

チ

チョドヴィエキー，ダニエル
Daniel CHODOWIECKI 285

ツ

ツァムピエーリ，ヨーゼフ
Josef ZAMPIERI 112
ツィンゲルレ，イグナーツ・フォン
Ignaz Vincenz von ZINGERLE 128
ツィンゲルレ兄弟
Gebrüder ZINGERLE 128, 129
ツィンツェンドルフ，ニコラウス・ルードヴィッヒ・フォン
Nikolaus Ludwig von ZINZENDORF 320, 323, 330, 332
ツェドリッツ，ヨーゼフ・フォン
Joseph Ch. Frh. von ZEDLITZ 96
塚部啓道
175
ツヴァイク，シュテファン
Stefan ZWEIG 207

テ

ティーク，ルートヴィヒ
Ludwig TIECK 100, 277
ティーネマン，ティヴァダル
THIENEMANN Tivadar 382
テニールス，ダーフィット
David TENIERS 292
デーリ夫人セープパタキ，ローザ
Déryné SZÉPPATAKI Róza 392, 395
デアーク，フェレンツ
DEÁK Ferenc 401
ディートリヒ，アルベルト
Albert DIETRICH 259
ディーペンブロック，メルヒオール
Melchior DIEPENBROCK 102
ディルタイ，ヴィルヘルム
Wilhelm DILTHEY 385
デニス，ミヒャエル
Michael DENIS 89, 101
デュマ（大）
DUMAS Père 392
デュラー，アルブレヒト
Albrecht DÜRER 285, 299, 300, 303
デンナー，ゴットフリート
Gottfried DENNER 157

ト

トールヴァルセン，ベルテル
Bertel THORVALDSEN 287
トゥーン，レオ・フォン
Leo Graf von THUN 88, 89, 102, 106, 109-111, 116
トゥツェク，ヴィンツェンズ
Vincenz TUCZEK 392
トゥローツィ＝トロストレル，ヨージェフ
TURÓCZI-TROSTLER József 382
トラウトマンスドルフ，フェルディナント・フォン
Ferdinand Fürst von TRAUTMANNSDORFF 193
トルマイ，ツェツィル
TORMAY Cecil 402
トレルチ，エルンスト
Ernst TROELTSCH 385
トンパ，ラースロー
TOMPA László 399
ドイチュ，オットー・エーリヒ
Otto Erich DEUTSCH 213, 214
ドゥゴニチ，アンドラーシュ
DUGONICS András 394
ドゥシュ，ヤーコプ
Jakob DUSCH 394
ドゥソワー，ルートヴィヒ
Ludwig DESSOIR 392
ドゥポン男爵，アルフォンス・フォン
Alfons Frh. von DEPONT 348
ドニゼッティ，ガエターノ
Gaetano DONIZETTI 392
ドマンドル，ゼップ
Sepp DOMANDL 105, 113, 115
ドラクロア，ウージェーヌ
Eugène DELACROIX 260-264

ナ

ナードラー，ヨーゼフ
Josef NADLER 403
ナジ，イグナーツ
NAGY Ignácz 397
ナポレオン・ボナパルト
Bonaparte NAPOLÉON 217, 251, 279, 282, 283, 317, 319, 320

ニ

ニーチェ，フリードリヒ
Friedrich NIETZSCHE　*265*
ニコリーニ
NICOLINI　*188, 189, 197*
ニッペルデイ，トーマス
Thomas NIPPERDEY　*282*

ネ

ネーミア，ルイス
Lewis Bernstein NAMIER　*20*
ネストロイ，ヨーハン
Johann NESTROY　*37－39, 41, 45－47, 49, 62, 65, 77, 79, 159, 160, 177, 178, 187, 200, 201, 208, 210*
ネッティ，アンナ
Anna Hönig NETTY　*228, 230*

ノ

ノール，ヘルマン
Hermann NOHL　*385*
ノイベリン（ノイバー）
NEUBERIN (egtl. Friederike Caroline Neuber)　*164, 166, 189*
ノベール，ジャン=ジョルジョ
Jean-Georges NOVERRE　*190, 191*

ハ

ハーネマン，ザームエル
Samuel HAHNEMANN　*286*
ハーフナー，フィリップ
Philipp HAFNER　*167, 168, 170, 173*
ハーン，フィリップ・マテェウス
Philipp Matthäus HAHN　*320*
ハーン，ヨーハン・ミヒャエル
Johann Michael HAHN　*320*
ハイダー=プレークラー，ヒルデ
Hilde HAIDER-PREGLER　*167, 168*
ハイディング，カール
Karl HAIDING　*128, 129*
ハイドン，ヨーゼフ
Josef HAYDN　*203, 236, 390*
ハイネ，ハインリヒ
Heinrich HEINE　*11, 95, 101, 281, 328*
ハウク，フリードリヒ
Friedrich HAUG　*98*
原研二
155-157
ハルス，フランツ
Franz HALS　*260*
ハルトマン，フェルディナント
Ferdinand HARTMANN　*252-254*
ハルムス，クラウス
Claus HARMS　*327*
ハン，ミヒァエル
Michael HANN　*43, 46, 47, 67, 68, 70*
バーダー，フランツ・フォン
Franz von BAADER　*322*
バートリ，マーリア
BÁTORI Mária　*394*
バーローツィ，シャーンドル
BÁRÓCZI Sándor　*394*
バウエルンフェルト，エドゥアルト・フォン
Eduard von BAUERNFELD　*214, 216, 221, 233, 240, 352*
バウマー，フランツ
Franz BAUMER　*112*
バクーニン，ミハイル
Mikhail BAKUNIN　*266*
バッハ，エドゥアルト・フォン
Eduard Frh. von BACH　*109*
バフチーン，ミハイール・ミハイロヴィッチ
Michail Michailovic BACHTIN　*157, 169*
バブニヒ，アントン
Anton BABBNIG　*392*
バラージュ，ベーラ
BALÁZS Béla　*380*
バラバーシュ，ミクローシュ
BARABÁS Miklós　*397*
バルツァファルヴィ・サボー，ダーヴィド
BARCZAFALVI SZABÓ Dávid　*394*
バログ，イシュトヴァーン
BALOGH István　*395*
バンク，カール
Carl BANCK　*264*
パールフィ，アルベルト
PÁLFFY Albert　*397*
パウアースバッハ
PAUERSBACH　*390*
パシ，ゲオルク
Georg PASSY　*127, 128, 130*
パラツェルズス
PARACELSUS [Theophrastus Bombastus von

Hohenheim] *329*
パラツキー，フランティシェク
Frantisek PALACKÝ *399*
パルフィ，フェルディナント・フォン
Ferdinand Graf von PALFFY *193-195, 197, 199, 209*

ヒ

ヒルト，アロイス
Aloys HIRT *295*
ヒルファーディング一座
HILVERDING *158*
ヒルファーディング，フランツ
Franz HILVERDING *190*
ビータク，ヴィルヘルム
Wilhelm BIETAK *377*
ビアバウマー，ウルフ
Ulf BIRBAUMER *165*
ビゴッティーニ，エミーリア
Emilia BIGOTTINI *193*
ビスマルク，オットー・フォン
Otto von BISMARCK *326*
ビューヒナー，ゲオルク
Georg BÜCHNER *9-14, 29, 30, 281, 306*
ビューロー，ハンス・フォン
Hans von BÜLOW *267-270*
ピルカー，マックス
Max PIRKER *165*

フ

ファーイ，アンドラーシュ
FÁY András *401*
ファイト，フィリップ
Philipp VEIT *252, 299*
ファルカシュ，ジュラ
FARKAS Gyula *398*
ファルカシュ，ゾルターン
FARKAS Zoltán *377-379*
ファン・アイク，フーベルト
Hubert van EYCK *303*
ファンタン=ラトゥール，アンリ・ジャン・テオドル
Henri-Jean-Théodore FANTIN-LATOUR *260*
フィッケルト，ゲオルク・フリードリヒ
George Friedrich FICKERT *330*
フィッシャー，アロイス
Aloys FISCHER *87, 108-110, 115*
フィヒテ，ヨーハン・ゴットリープ
Johann Goltlieb FICHTE *102, 116, 252*
フェーヤ，ゲーザ
FÉJA Géza *385*
フェアナレケン，テオドーア
Theodor VERNALEKEN *97, 102-106, 128, 129*
フェスラー，イグナーツ・アウレール
Ignaz Aurel FESSLER *399*
フェルノー，カール・リードヴィッヒ
Carl Ludwig FERNOW *296*
フォークト，ヘンリエッテ
Henriette VOIGT *241*
フォーグル，ヨーハン
Johann Michael VOGL *219, 226, 229, 230, 233, 237, 239*
フォーグル，ヨーハン ネポムク
Johann Nepomuck VOGL *96*
フォーゲルヴァイデ，ヴァルター・フォン・デア
Walther von der VOGELWEIDE *94, 103*
フォール，カール・フィリップ
Carl Philipp FOHR *294*
フォス，ヨーハン・ハインリヒ
Johann Heinrich Voß *93*
フォルスター，ゲオルク
Georg FORSTER *280*
フケー，フリードリヒ・ド・ラ・モッテ
Friedrich de la Motte FOUQUÉ *95*
フッテン，ウルリヒ
Ulrich HUTTEN *103*
フュースリー，ヨハン・ハインリヒ
Johann Heinrich FÜßLI *295*
フランクル，ルートヴィヒ・アウグスト
Ludwig August FRANKL *346*
フランケ，アウグスト・ヘルマン
August Hermann FRANCKE *320, 323, 332*
フランケ，ゴットヒルフ・アウグスト
Gotthilf August FRANCKE *320*
フランケンブルグ，アドルフ
FRANKENBURG Adolf *397*
フランツ・ヨーゼフ帝
Kaiser Franz JOSEPH *101, 109, 112, 115*
フランツ・シュテファン，フォン・ロートリン

ゲン
Franz Stephan von LOTHRINGEN　*164, 189*
フランツ二世（一世）
FRANZ　II（I）.　*6, 26, 27, 99, 111, 195, 343, 346, 347, 355*
フリース，エルンスト
Ernst FRIES　*294*
フリーゼン，カール・フリードリヒ
Karl Friedrich FRIESEN　*252-254*
フリードナー，テオドーア
Theodor FLIEDNER　*331*
フリードリヒ，カスパー・ダヴィット
Caspar David FRIEDRICH　*252, 259, 289-291*
フリードリヒ・ヴィルヘルム三世
Friedrich WILHELM III.　*317, 326, 328*
フリードリヒ大王（フリードリヒ二世）
FRIEDRICH der Große　*101, 257, 275*
フレーリヒ姉妹
Anna, Katharina, Barbara, Josefine FRÖHLICH　*223*
フンボルト，アレクサンダー・フォン
Alexander von HUMBOLT　*102, 104, 281*
フンボルト，ヴィルヘルム・フォン
Wilhelm von HUMBOLDT　*88, 92, 95, 100-102, 121, 280*
ブッシュ，ヴィルヘルム
Wilhelm BUSCH　*286*
ブラームス，ヨハネス
Johannes BRAHMS　*259*
ブラトラネク，フランツ
Frantz Th. BRATRANEK　*104, 107*
ブリュール，イグナーツ
Ignaz BRÜHL　*390*
ブルームハルト，ヨーハン・クリストフ
Johann Christoph BLUMHARDT　*332, 335*
ブルクフーバー，フィリップ
Philipp BURGHUBER　*174*
ブルンナー，オットー
Otto BRUNNER　*346*
ブレンターノ，クレメンス
Clemens BRENTANO　*126*
プッサン，ニコラ
Nicolas POUSSIN　*289*
プフェフル，ゴットリープ
Gottlieb K. PFEFFL　*98*
プラトン
PLATON　*94*
プルータルコス
PLUTARCH　*305*
プレハウザー，ゴットフリート
Gottfried PREHAUSER　*156, 157, 162-165, 172*
プレラー，フリードリヒ
Friedrich PRELLER　*294*
プロハースカ，ラヨシュ
PROHÁSZKA Lajos　*385*

へ

ヘーゲル，ゲオルク・ヴィルヘルム・フリードリヒ
Georg Wilhelm Friedrich HEGEL　*102, 111, 281*
ヘーニヒ，アンナ
Anna HÖNIG　*233*
ヘーベル，ヨーハン
Johann P. HEBEL　*95, 102, 104*
ヘーベレ，テレーゼ
Therese HEBERLE　*198*
ヘヴェシ，ラヨシュ
HEVESI Lajos　*377*
ヘッケンアスト，グスタフ
Gustav HECKENAST　*87, 96, 116*
ヘッツェンエッカー，カロリーネ
Karoline von HETZENECKER　*236-239*
ヘッベル，フリードリヒ
Friedrich HEBBEL　*119*
ヘルダー，ヨーハン ゴットフリート
Johann Gottfried HERDER　*92, 95, 101, 121*
ヘルダーリン，フリードリヒ
Friedrich HÖLDERLIN　*94, 100*
ヘルファート，アレクサンダー・フォン
Alexander Frh. von HELFERT　*110-112, 114, 115*
ヘンゼル，ヴィルヘルム
Wilhelm HENSEL　*242*
ヘンツィ将軍
Heinrich HENTZI　*393*
ベートーヴェン，ルートヴィヒ・ファン
Ludwig van BEETHOVEN　*193, 198, 223, 237, 271, 391*

ベーメ，ヤーコプ
Jacob BÖHME 318, 320-325, 327, 329, 330, 332, 334, 335
ベック，カール
Karl BECK 400
ベッシェニェイ，ジェルジ
BESSENYEI György 394
ベッリーニ，ヴィンツェンツォ
Vincenzo BELLINI 236, 392
ベネット，ウィリアム
William BENNET 242
ベルシュ=ズーパン
BÖRSCH-SUPAN 286
ベルジェニ，ダーニエル
BERZSENYI Dániel 402
ベルトゥーフ，フリードリヒ
Friedrich BERTUCH 394
ベルナー，フェーリックス
Felix BERNER 190, 197
ベルネ，ルードヴィッヒ
Ludwig BÖRNE 281
ベレズナイ・ミクローシュ夫人ポドマニツキ，アンナ
Beleznay Miklósné PODMANICZKY Anna 395
ベレツ，カーロイ
BERECZ Károly 397
ベンゲル，ヨーハン・アルブレヒト
Johann Albrecht BENGEL 317, 319, 320, 330
ペーツェイ，ヨージェフ
PÉCZELY József 394
ペヒト，エメ
Aimee PETITE 193

ホ

ホーエンツォレルン家
HOHENZOLLERNS 258
ホーフマンスタール，フーゴー フォン
Hugo von HOFMANNSTHAL 117, 207
ホーマン，バーリント
HÓMAN Bálint 380, 381
ホイスラー，ヴォルフガング
Wolfgang HÄUSLER 41
ホイフラー，ルートヴィヒ・フォン
Ludwig Ritter von HEUFLER 105, 106
ホガース，ウィリアム
William HOGARTH 294, 295
ホッローシ，シモン
HOLLÓSY Simon 378
ホフマン
W. HOFMANN 283
ホフマン，E・T・A
E. T. A. HOFFMANN 242
ホメロス
HOMER 93, 94
ホルシェルト，フリードリヒ
Friedrich HORSCHELT 194, 197, 198
ホルニー，フランツ・テオバルト
Franz Theobald HORNY 294
ホルヴァート，イシュトヴァーン
HORVÁTH István 399
ホルヴァート，ヤーノシュ
HORVÁTH János 382, 383
ボーデルシュヴィンク，フリードリヒ・フォン
Friedrich von BODELSCHWINGH 334, 335
ボードレール，シャルル
Charles BAUDELAIRE 260, 265
ボーマルシェ，ピエール=オーギュスタン・カロン・ド
Pierre-Augustin Caron de BEAUMARCHAIS 391, 392
ボアセレ兄弟
Brüder BOISSERÉE 286
ボイエルレ，アードルフ
Adolf BÄUERLE 174, 200
ボルショシュ，ヨージェフ
BORSOS József 397, 402
ポーリツァー，ハインツ
Heinz POLITZER 18
ポッター，パウルス
Paulus POTTER 292
ポラツク，ミハーイ
POLLACK Mihály 391

マ

マーラー，グスタフ
Gustav MAHLER 269, 272
マイアー，マリーア
Maria MEYER 250
マイアー，ヨーハン・フリードリヒ
Johann Friedrich von MEYER 332
マイアーホーファー，ヨーハン
Johann MAYRHOFER 217, 218, 222-

225, 227, 233, 262
マイアベーア，ジャコモ
Giacomo MEYERBEER　242, 392
マイヤー，アンジョレッタ
Angioletta MAYER　198
マイヤー，テレーゼ
Therese MAYER　198
マイラート，ヤーノシュ
MAILÁTH János　396
マクシミリアン，ヨーゼフ
Josef MAXIMILIAN　189
マグリス，クラウディオ
Claudio MAGRIS　3, 4, 13, 14, 121, 171
マサッチォ
MASACCIO　294
マスタリエ，カール
Karl MASTALIER　101
マダリャーガ，サルヴァドール・デ
Salvador de MADARIAGA　385
マッツィーニ，ジューゼッペ
Giuseppe MAZZINI　348
マッテイ，ヨーハン・フリードリヒ
Johann Friedrich MATTHÄI　259
マネ，エドゥアール
Edouard MANET　260, 261, 269
マリア・テレージア
Maria Theresia　89, 164, 171, 174, 176, 189-191, 206, 361, 376, 388
マリネッリ，カール
Karl MARINELLI　172, 173
マルクス，ユーリウス
Julius MARX　344, 366, 368, 369
マルティノヴィチ，イグナーツ
MARTINOVICS Ignác　394
マン，トーマス
Thomas MANN　117
マングストル
MANGSTL　236, 237
マンヘイム，カーロイ
MANNHEIM Károly　380

ミ

ミラー，ヨハン・マルティン
Johann Martin MILLER　394
ミンツ夫人シュベイツェル，リナ
Mintzné SCHWEITZER Lina　392

ム

ムザレリ，アデーレ
Adele MUZARELLI　392

メ

メーリケ，エードゥアルト
Eduard MÖRIKE　245, 249 - 251, 266, 271, 272
メーレイ，シャンドル
MÉREY Sándor　394
メスマー，フランツ・アントン
Franz Anton MESMER　321
メッテルニヒ，クレーメンス・フォン
Clemens von METTERNICH　4, 7, 27, 221, 322, 328, 343, 347-351, 361, 367
メニンガー，ヨーハン・マティアス
Johann Matthias MENNINGER　172, 173
メムリング，ハンス
Hans MEMLING　303, 304
メランヒトン，フィリップ
Philipp MELANCHTHON　324, 330
メルク，ヨーハン・ハインリヒ
Johann Heinrich MERCK　285, 306
メンクス，アントン・ラファエル
Anton Raphael MENGS　293
メンツェル，アードルフ
Adolph MENZEL　256, 257, 266
メンデルスゾーン，ファニー
Fanny MENDELSSOHN　242
メンデルスゾーン，フェーリクス
Felix MENDELSSOHN　241, 242

モ

モーザー，フランツ・ヨーゼフ
Franz Joseph MOSER　173
モーツァルト，ヴォルフガング・アマデーウス
Wolfgang Amadeus MOZART　101, 193, 213, 242, 245, 250, 271, 272, 390, 392
モーツァルト，ヨーゼフ
Josef MOZART　97, 100-102
モーン，ルートヴィヒ
Ludwig MOHN　233
モシェレス，イグナーツ
Ignaz MOSCHELES　242
モリス，ウィリアム
William MORRIS　118

モレート，アグスティン
Agustin Moreto　*392*

ヤ

山口昌男
149, 151, 153, 155–158, 170, 172, 176, 178
ヤルケ，カール・エルンスト
Karl Ernst Jarcke　*110*

ユ

ユカ，カーロイ
Lyuka Károly　*378, 379*
ユゴー，ヴィクトル
Victor Hugo　*380, 392*
ユハース，ジュラ
Juhász Gyula　*383*
ユング=シュティリング，ヨーハン・ハインリヒ
Johann Heinrich Jung-Stilling　*94, 297, 323*

ヨ

ヨーアヒム，ヨーゼフ
Joseph Joachim　*244, 245, 257, 259, 260, 265*
ヨーカイ，モール
Jókai Mór　*379, 397*
ヨーゼフ二世
Joseph II.　*7, 25, 26, 31, 99, 174, 190–192, 199, 208, 343, 345, 346, 353, 354, 356, 368, 369, 375, 376, 390, 391*
ヨゼッファ，マリア
Maria Josepha　*190*

ラ

ラ・ロッシュ，ヨーハン
Johann La Roche　*172, 174*
ラーケマン，ルイーゼ
Louis Rakemann　*241*
ラーコーツィ，フェレンツ二世
Rákóczi Ferenc II.　*387*
ラースロ，ネーメト
Németh László　*385*
ラーバター，ヨーハン・カスパー
Johann Kaspar Lavater　*295*
ラーブ，ヨハンナ
Johanna Raab　*198*
ライスダール，サロモン
Salomon Ruysdael　*292*
ライナー大公，ヨーゼフ
Josef Rainer　*349*
ライヒマン，エーヴァ
Eva Reichmann　*65*
ライムント，フェルディナント
Ferdinand Raimund　*159, 174, 176–178, 187, 200, 206, 208, 210*
ラインハルト，クリスティアン
J. Christian Reinhart　*287, 296*
ラスキン，ジョン
John Ruskin　*118*
ラチキー，ヨーゼフ・フランツ
Josef Franz Ratschky　*99*
良知力
74
ラッパルト，カール・フォン
Carl von Rappard　*326*
ラップ，ゲオルク
Georg Rapp　*320*
ラドノーティ，ミクローシュ
Radnóti Miklós　*383*
ラハナー，フランツ
Franz Lachner　*229, 233, 236–238, 245, 264, 266–272*
ラブレー，フランソワ
François Rabelais　*149, 169*
ラボルファルヴィ，ローザ
Laborfalvi Róza　*395*
ランナー，ヨーゼフ
Josef Lanner　*215*
ランボー，アルテュール
Arthur Rimbaud　*260–262*

リ

リウィウス
Livius　*94, 104, 305*
リヒター，ハインリヒ
Heinrich Richter　*308*
リヒター，ハンス
Hans Richter　*268–271*
リヒター，ルードヴィッヒ
Ludwig Richter　*275, 279, 284–286, 288–290, 294, 296–301, 303–307*
リヒテンベルガー，エリーザベト

Elisabeth LICHTENBERGER　*55, 67*
リヒテンベルク，ゲオルク・クリストフ
Georg Christoph LICHTENBERG　*294*
リュケー，ガーボル
LÜKŐ Gábor　*385*
リュッケルト，フリードリヒ
Friedrich RÜCKERT　*95, 100, 252*
リュルプ，ラインハルト
Reinhard RÜRUP　*282*

ル

ルーデン，ハインリヒ
Heinrich LUDEN　*103*
ルートヴィヒ二世
LUDWIG II.　*267*
ルイ十四世
LUDWIG XIV.　*276*
ルカーチ，ジェルジ
LUKÁCS Gyöbrgy　*380*
ルター，マルティン
Martin LUTHER　*21, 103, 300, 322, 324, 328-330, 333*
ルモール，カール・フリードリヒ・フォン
Carl Friedrich von RUMOHR　*287, 296*
ルンゲ，フィーリップ・オットー
Philipp Otto RUNGE　*252*

レ

レーエ，ヴィルヘルム
Wilhelm LÖHE　*334*
レーオポルト二世
LEOPOLD II.　*99, 354*
レーナウ，ニコラウス
Nikolaus LENAU　*96, 216*
レーヴェ，カール
Carl LOEWE　*242*
レッケ=フォルマーシュタイン，アーダルベルト・フォン・デア
Adalbert von der RECKE-VOLMARSTEIN　*326*
レッシング，ゴットホルト・エフライム
Gotthold Ephraim LESSING　*96, 98, 101, 168, 390, 392, 394*
レンツ，ラインホルト
J. M. Reinhold LENZ　*295*
レンブラント，ファン・レイン
RÉMBRANDT van Rijn　*260*

ロ

ロート，ヨーゼフ
Joseph ROTH　*22, 31*
ロートシルト，ザロモン
Salomon ROTHSCHILD　*45*
ロダン，オーギュスト
Auguste RODIN　*377*
ロッシーニ，ジョアッキーノ
Giaocchini ROSSINI　*200, 392*
ロット，カール・マティアス
Karl Mathias ROTT　*392*
ロットマン，カール
Carl ROTTMANN　*294*
ロラン，クロード
Claude LORRAIN　*289, 292*

ワ

ワーグナー，コージマ
Cosima WAGNER　*268*
ワーグナー，ヨーゼフ
Joseph WAGNER　*392*
ワーグナー，リヒャルト
Richard WAGNER　*118, 198, 266-268, 270, 272, 307*
ワイゲル，ハンス
Hans WEIGEL　*208*
若きドイツ派
Das junge Deutschland　*95*
ワトー，アントワーヌ
Antoine WATTEAU　*275-277, 308*